Jorge Antonio Bre

Glosa de la Teoría General del Proceso

UNIVERSIDAD AUTÓNOMA DE
CHIHUAHUA

Facultad de
**Ciencias Políticas
y Sociales**

CIDEHM

Centro de Investigación, Desarrollo
y Habilidades Mediáticas

bsph

Borderland Studies | Publishing House

Borderland Studies Publishing House

Breceda Pérez, Jorge Antonio

Glosa de la Teoría General del Proceso

Ciudad Juárez, Chihuahua: 2013.

ISBN-13: 978-0615946740

ISBN-10: 0615946747

Corrección editorial: Guillermo Enrique Cervantes Delgado

Diseño editorial y formación electrónica: Guillermo Enrique Cervantes Delgado

Diseño de portadas: Guillermo Enrique Cervantes Delgado

Coordinación editorial: Universidad Autónoma de Chihuahua.

Primera edición, diciembre de 2013.

Impreso en Estados Unidos de Norteamérica / Printed in United States of America.

Para

Alejandra, Santiago, Sebastián e Isabella

Mi fortaleza.

La presente obra ha sido sometida para su arbitrio y revisión ante una comisión interdisciplinaria compuesta por académicos investigadores en el área de las ciencias sociales pertenecientes a la Facultad de Ciencias Políticas y Sociales de la Universidad Autónoma de Chihuahua.

Índice

Apoderado es una persona que tiene poderes de otro individuo para proceder en su nombre. El apoderado, por lo tanto, representa a la otra persona y actúa por cuenta de ésta

A

Abrogación: La anulación o revocación de lo que por ley o privilegio se hallaba establecido (Escriche, 1851).

[TA]; 9a. Época; T.C.C.; S.J.F. y su Gaceta; Tomo XVII, Junio de 2003; Pág. 939; Número de registro 184203

CÓDIGO PENAL PARA EL DISTRITO FEDERAL DE MIL NOVECIENTOS TREINTA Y UNO, ABROGACIÓN DEL. DURANTE LOS CIENTO VEINTE DÍAS ANTERIORES A LA ENTRADA EN VIGOR DEL NUEVO CÓDIGO PENAL CONTINUARON VIGENTES LOS PRECEPTOS DEL ANTERIOR CÓDIGO PENAL, PORQUE LA ABROGACIÓN SE DA EN EL LÍMITE DE APLICACIÓN DEL NUEVO CÓDIGO. El artículo primero transitorio del Nuevo Código Penal para el Distrito Federal, publicado en la Gaceta Oficial del Distrito Federal el dieciséis de julio del año dos mil dos, establece que entrará en vigor a los ciento veinte días de su publicación en dicho medio de difusión, o sea, el doce de noviembre siguiente, y el artículo quinto transitorio del mismo ordenamiento establece que se abroga el anterior Código Penal. [...]Ahora bien, de la interpretación teleológica, armónica y sistemática de los preceptos mencionados, se desprende que hasta la entrada en vigor del Nuevo Código Penal se abrogaría el Código Penal de mil novecientos treinta y uno, toda vez que la voluntad del legislador no fue la de dejar impunes las conductas señaladas como delitos en dicho ordenamiento durante los ciento veinte días en que tardaría en entrar en vigor el nuevo código, por lo que durante ese periodo siguieron vigentes los preceptos del ordenamiento punitivo sustantivo de mil novecientos treinta y uno, ya que la abrogación se da en el límite de la aplicación de la nueva ley.

[TA]; 5a. Época; 3a. Sala; S.J.F.; Tomo XCI; Pág. 715; Número de registro 347104

ABROGACION DE LAS LEYES, COMO DEBE ENTENDERSE. Conforme el artículo 16 del actual Código de Procedimientos Civiles para el Distrito y Territorios Federales, desde el día de su vigencia quedaron abrogadas la leyes anteriores de procedimiento civiles en todo lo que se opongan a la actual; pero esa disposición sólo se refiere a los asuntos posteriores a su vigencia y no comprendidos en otras disposiciones transitorias, como el caso que prevé el artículo 2o., relativo a los negocios pendientes y a la tramitación de las apelaciones contra el fallo que en ellos se pronuncie.

[TA]; 5a. Época; 2a. Sala; S.J.F.; Tomo LIV; Pág. 2882; Número de registro 332474

LEYES, ABROGACION DE. Es de universal doctrina que el poder de abrogar una ley, es facultad de quien tuvo el poder de hacerla, y éste, en nuestro régimen político, corresponde al Poder Legislativo, con exclusión del Ejecutivo, entre cuyas facultades no está la de revocar la abrogación o derogación de las leyes; por lo que el gobernador de un Estado, ejecutando un acto administrativo, no puede revocar la condonación concedida por su antecesor, en uso de facultades extraordinarias.

Absolución: (del latín absolutio) remisión, descargo, libertad, cumplimiento de una deuda; dimanante de absolveré, desatar dar por libre de algún cargo, supone la terminación de un proceso mediante sentencia favorable (Diccionario juridico mexicano, 1993).

Acción o efecto de absolver. Termino de un proceso por sentencia favorable al demandado o procesado (Piña, 2008).

Que se otorga una pluralidad de personas; en la demanda es la terminación del pleito enteramente favorable al demandado (Española d. d., 2001).

[TA]; 8a. Época; T.C.C.; S.J.F.; Tomo II, Segunda Parte-1, Julio-Diciembre de 1988; Pág. 286; Número de registro 230113

IMPROCEDENCIA, CAUSAL DE, POR ABSOLUCION DEL PROCESADO EN SEGUNDA INSTANCIA. Es improcedente el juicio de garantías, si la quejosa fue absuelta en segunda instancia de la acusación formulada por el Ministerio Público, por la comisión de un delito, en virtud de que, de conformidad con el artículo 4o. de la Ley de Amparo, el juicio aludido únicamente puede promoverse por la parte a quien perjudique el acto y en ese caso la sentencia absolutoria no causa agravio, surtiéndose la causal de improcedencia prevista en la fracción V del artículo 73 de la Ley de Amparo.

[TA]; 8a. Época; T.C.C.; S.J.F.; Tomo IX, Mayo de 1992; Pág. 492; Número de registro 219409

PRESTACION NO RECLAMADA POR LA ACTORA. LA ABSOLUCION DE SU PAGO NO CAUSA AGRAVIO. La absolución del pago de una prestación no reclamada por la actora, a virtud de existir desistimiento expreso de ella, aunque evidentemente incorrecta, no afecta la esfera jurídica de aquélla y, por tanto, no puede causarle agravio alguno.

Absolución de la Instancia: Era una resolución que no decidía que si inculpado era culpable o inocente, pues se limitaba a señalar normalmente que, como las pruebas eran insuficientes se absolvía al inculpable pero solo de la instancia que se había seguido hasta entonces , por lo que podía ser sometido a un nuevo proceso (Solís, 1997).

Antiguamente además de la absolución de la demanda, se conocía la absolución de instancia. Esto se verificaba cuando no aparecían meritos bastante de las practicadas para condenarle ni absolverle libremente, y no obstante arrojaban los autos lo necesario para persuadirse el juez de la justicia o de la injusticia de las reclamaciones o defensas, aunque no por un pleno convencimiento (Cavero Ruiz, Calvinho, Ciancia, & Cornejo, Bogotá, 2005).

Con la absolución de la instancia se dejaba el litigio en suspenso y la puerta abierta a un segundo juicio, a la espera de que sobrevivieran nuevas pruebas condenatorias, reproduciendo entonces los autos del primer proceso por vía de prueba (Meléndez, 2008).

[TA]; 9a. Época; T.C.C.; S.J.F. y su Gaceta; Tomo XXIII, Enero de 2006; Pág. 2313; Numero de registro 176410

ABSOLUCIÓN DE LA INSTANCIA. LOS PRECEPTOS 203, FRACCIÓN IV Y 215, AMBOS DEL CÓDIGO FISCAL DE LA FEDERACIÓN Y 36, FRACCIÓN V, DE LA LEY ORGÁNICA DEL TRIBUNAL FEDERAL DE JUSTICIA FISCAL Y ADMINISTRATIVA EN LOS QUE SE FUNDAMENTA LA RESOLUCIÓN QUE DECRETA EL SOBRESEIMIENTO EN EL JUICIO CONTENCIOSO ADMINISTRATIVO FEDERAL POR HABERSE REVOCADO LA RESOLUCIÓN IMPUGNADA, NO LA ACTUALIZAN Y, POR ENDE, NO TRANSGREDEN LA GARANTÍA DE SEGURIDAD JURÍDICA PREVISTA EN EL ARTÍCULO 23 DE LA CONSTITUCIÓN FEDERAL. La garantía de seguridad jurídica prevista en el artículo 23 constitucional no se limita a la materia penal, en atención a que, conforme al diverso 14 constitucional, debe regir en todas las ramas jurídicas, [...] luego entonces, el hecho de que los artículos 203, fracción IV y 215, ambos del Código Fiscal de la Federación, así como el diverso 36, fracción V, de la Ley Orgánica del Tribunal Federal de Justicia Fiscal y Administrativa no señalen expresamente que la revocación que la autoridad demandada haga en el juicio contencioso administrativo respecto de la resolución impugnada, debe ser lisa y llana, en forma tal que destruya todos sus efectos, de manera que las cosas vuelvan al estado que tenían antes de la violación alegada, no significa que contravengan dicha garantía, pues en términos generales la "absolución de la instancia" consiste en la suspensión del procedimiento jurisdiccional decretada por el tribunal administrativo que conoce de él, ocasionando que la situación jurídica del demandado permanezca indeterminada en forma indefinida, con la posibilidad de reanudarlo posteriormente con el propósito de que la autoridad demandada, una vez que allegue mejores pruebas, obtenga una sentencia condenatoria en contra de aquél; por ende, al decretarse el sobreseimiento con fundamento en los aludidos preceptos, el tribunal que conoce del procedimiento administrativo declara que existe un obstáculo jurídico que impide su decisión sobre el fondo de la controversia, en este caso, que cesaron los efectos de la resolución impugnada, con lo que incuestionablemente termina de manera definitiva el juicio de nulidad, lo que implica que el acto administrativo reclamado, al haber sido revocado y, en consecuencia, dejado sin efectos, no podrá ser materia indeterminable de juicio y, por tanto, la situación jurídica de los contendientes en ese procedimiento no se deja indeterminada en forma indefinida.

Absolviendo: Dictar una sentencia absolutoria contestar a las preguntas o posiciones formuladas para la práctica de la prueba testifical o la de confesión respectivamente. Cumplir algún encargo o comisión (Pina, 2008).

Dar por libre al reo demandado civil o criminalmente, puede absolver el que puede demandar, mas no siempre puede condenar el que puede absolver (Escriche, 2002).

Dar por libre algún cargo u obligación (Española, 2001)

[TA]; 9a. Época; T.C.C.; S.J.F. y su Gaceta; Tomo XXVII, Marzo de 2008; Pág. 1747; Número de registro 170109

CONFESIONAL, SU PREPARACIÓN. SI QUIEN DEBE ABSOLVER LAS POSICIONES TIENE SU RESIDENCIA O SE ENCUENTRA FUERA DEL

LUGAR DEL JUICIO. Si los que deben absolver las posiciones tienen su residencia o se encuentran fuera del lugar del juicio, entonces, la prueba confesional debe prepararse y desahogarse atento a lo dispuesto por el artículo 1219 del Código de Comercio, librando el correspondiente exhorto, acompañando, cerrado y sellado, el pliego en que consten las posiciones, mismas que deben ser previamente calificadas. Esto, aun cuando los absolventes hayan comparecido a juicio y señalado domicilio para oír y recibir notificaciones, pues a pesar de ello sigue rigiendo lo dispuesto en el citado precepto legal.

Abstención: Acto en virtud de lo cual un juez o magistrado se separa espontáneamente del conocimiento de un proceso por considerarse incurso en cualquier causa legítima de recusación. Es el voto de los dudosos, ordinariamente por falta de convicción o de valor moral. En las actuaciones electorales se admite la abstención, a menos que rija un sistema de voto obligatorio, si bien este sistema jamás ha probado su eficacia (Pina, 2008).

Acción y efecto de abstenerse (Española, 2001).

Esta segunda sala de la suprema corte es incompetente para conocer en revisión de las sentencias dictadas por los jueces de distrito en juicios de garantías en los que se reclamen actos pertubatorios en la posesión de parcelas, así como la abstención de expedir certificados de derechos agrarios, pues tales actos, en todo caso, afectarían derechos individuales; por lo que resulte competente para conocer del recurso un tribunal colegiado de circuito.(sala)

[J]; 10a. Época; 1a. Sala; S.J.F. y su Gaceta; Libro XXIII, Agosto de 2013, Tomo 1; Pág. 326; Número de registro 2004140

ACCIÓN   PENAL.   CONTRA LA ABSTENCIÓN DEL MINISTERIO PÚBLICO DE RESOLVER SOBRE SU EJERCICIO, DEBE AGOTARSE EL RECURSO DE QUEJA PREVISTO EN

LOS ARTÍCULOS 28, PÁRRAFO ÚLTIMO Y 29 DEL CÓDIGO DE PROCEDIMIENTOS PENALES PARA EL ESTADO DE QUINTANA ROO, ANTES DE ACUDIR AL JUICIO DE AMPARO. [...] Ahora bien, de los artículos 28, párrafo último y 29 del Código de Procedimientos Penales para el Estado de Quintana Roo, se advierte que contra la abstención del Ministerio Público de resolver sobre el ejercicio de la acción penal en una averiguación previa, procede el recurso de queja ante la Sala Constitucional y Administrativa del Tribunal Superior de Justicia de esa entidad federativa; de ahí que al preverse ese medio de defensa en una ley formal y material, cuyo efecto sería modificar, revocar o nulificar dicho acto de autoridad, se impone al quejoso agotar dicho medio de defensa antes de acudir al juicio de amparo para cumplir con el principio de definitividad. Lo anterior, aunado a que no se actualiza el supuesto de excepción contenido en el párrafo último de la fracción XV del artículo 73 de la ley de la materia, pues la abstención de la autoridad no constituye un acto que carezca de fundamentación por ser un acto negativo; además, porque la observancia del citado presupuesto de procedencia exige la exclusión de interpretaciones arbitrarias ambiguas, pues de lo contrario se generaría una amplia gama de excepciones ajenas a las establecidas legalmente y contrarias a la excepcionalidad del medio extraordinario de defensa que representa, sumado a que la referida Sala al conocer del recurso de queja no actúa como órgano de control de la constitución local, sino como órgano de carácter administrativo-jurisdiccional.

[J]; 9a. Época; Pleno; S.J.F. y su Gaceta; Tomo XIII, Junio de 2001; Pág. 5; Número de registro 189500

CONTRADICCIÓN DE TESIS.

LA ABSTENCIÓN DEL PROCURADOR GENERAL DE LA REPÚBLICA DE EXPONER SU PARECER DEBE ENTENDERSE EN EL SENTIDO DE QUE NO ESTIMÓ PERTINENTE INTERVENIR EN

ELLA. El artículo 197-A, primer párrafo, de la Ley de Amparo concede una facultad potestativa al procurador general de la República para que, por sí o por conducto del agente del Ministerio Público que al efecto designe, emita su parecer dentro del plazo de treinta días en relación con las contradicciones de tesis que sustenten los Tribunales Colegiados de Circuito; en consecuencia, cuando el mencionado servidor público se abstiene de formular su parecer en el término de referencia, debe entenderse que no estimó pertinente intervenir en el asunto de que se trate, lo que posibilita dictar la resolución que corresponda.

Absuelto: (del latín absolutus) que significa desatar, liberar; parte irregular de absolver (Española, 2001).

Dar por quito y libre al reo no precisamente de un delito, si no solo del juicio que se ha seguido, esto es, de los autos hechos (Escriche, 2002).

[TA]; 8a. Época; T.C.C.; S.J.F.; Tomo XI, Abril de 1993; Pág. 201; Número de registro 216556

ACCION, QUIEN RESULTA ABSUELTO DE LA. CARECE DE INTERES JURIDICO PARA PEDIR AMPARO. Ningún perjuicio puede resentir quien resulta absuelto de la acción ejercitada en su contra, originándose así la causal de improcedencia prevista por el artículo 73, fracción V, de la Ley de Amparo, que conduce el sobreseimiento en términos del artículo 74, fracción III del mismo ordenamiento.

[TA]; 7a. Época; T.C.C.; S.J.F.; Volumen 26, Sexta Parte; Pág. 23; Número de registro 256996

INTERES JURIDICO. CASO EN QUE EL DEMANDADO EN UN JUICIO LABORAL, QUE FUE ABSUELTO PUEDE OCURRIR AL JUICIO DE GARANTIAS. No es exacto que el demandado absuelto en un laudo, carezca de interés jurídico para promover juicio de amparo directo en contra de dicha resolución, si se atiende a que también la actora en ese procedimiento laboral solicitó la protección de la Justicia de la Unión, por no estar conforme con la parte que absolvió al demandado, de manera que al resolverse éste último juicio de garantías podría concederse la protección federal a la actora, dejando por ella en estado de indefensión al quejoso, al que la Junta no le estudió las excepciones que oportunamente opuso, en virtud de que con esa parte está conforme la actora, circunstancia esta, que sí afecta el interés jurídico del demandado.

Abuso: Uso de una cosa o ejercicio de un derecho en forma contraria a su naturaleza y con una finalidad distinta de lo que sea licito perseguir. Exceso o demasía indebidas en la realización de un acto (Pina, 2008).La violación o el mal uso que uno hace de la confianza que se ha puesto en el, mal uso que hace uno de una cosa suya o ajena que tiene en su poder, o el uso que uno hace de alguna cosa empleada en un fin u objeto diferente de aquel a que por su naturaleza está destinada (Escriche, 2002).

Ejercicio de un derecho en sentido contrario a su finalidad propia y con perjuicio ajeno (Española, 2001).

[TA]; 10a. Época; T.C.C.; S.J.F. y su Gaceta; Libro XXIII, Agosto de 2013, Tomo 3; Pág. 1749, Número de registro 2004358

VELO CORPORATIVO. SU LEVANTAMIENTO CONSTITUYE UNA SOLUCIÓN PARA EVITAR EL ABUSO DE LA PERSONALIDAD JURÍDICA SOCIETARIA. Cuando una sociedad sea utilizada con la sola intención de defraudar a terceros o burlar la aplicación de la ley, evadiendo sus responsabilidades, se estará ante un caso común de abuso de la persona jurídica, y habrá necesidad de buscar remedios específicos para resolver ese problema, y encontrar una solución justa al conflicto. A través de la doctrina del alter ego, se ha encontrado una solución a este conflicto, y en la mayoría de los casos en que un Juez encuentre que la sociedad fue utilizada sólo como un instrumento para las personas que la integran y a fin de realizar los actos ilícitos de éstas, no dudará en responsabilizarlos directamente por las deudas de la sociedad, levantando el velo corporativo.

Accesorios: Negocio accesorio (Diccionario Juridico Mexicano, 1993).

Objetos o derecho que se encuentran en una relación de dependencia con otro llamado por esta circunstancia principal (Pina, 2008).

Lo que se une a lo principal o depende de ello, hay cosas pues que son accesorias porque se unen o incorporan natural o artificialmente con otra principal, de manera que forman con ella un solo todo, como la tierra que el río lleva del campo superior al inferior, hay otras que los son porque acompañan, siguen o van adheridas a otro más principal para su servicio o adorno (Escriche, 2002).

[TA]; 6a. Época; 3a. Sala; S.J.F.; Volumen XLVIII, Cuarta Parte; Pág. 151, Número de registro 271027

DAÑOS Y PERJUICIOS. LA ACCION PARA OBTENER SU PAGO NO TIENE SIEMPRE CARACTER ACCESORIO (LEGISLACION DEL ESTADO DE GUANAJUATO). No es verdad que la acción para obtener el pago de daños y perjuicios debe ser siempre accesoria o subsidiaria. El artículo 362 del Código de Procedimientos Civiles establece: "Cuando hubiere condena de frutos, intereses, daños o perjuicios, se fijará su importe en cantidad líquida, o, por lo menos, se establecerán las bases con arreglo a las cuales deba hacerse la liquidación, cuando no sean el objeto principal del juicio". De este precepto se deduce en efecto que hay casos, entre los que se encuentra la responsabilidad proveniente de una causa extracontractual, en que la acción tiene como objeto principal obtener esa indemnización.

Accidente: Acontecimiento eventual que ocasiona un daño, produciendo determinados efectos jurídicos. (Pina Vara & de Pina, 2008)

II.-En términos generales, la calidad secundaria, lo que no constituye la naturaleza o esencia de algo. | Hecho imprevisto, suceso eventual; y, más especialmente, cuando origina una desgracia. | Para e Derecho, es todo acontecimiento que ocasiona un daño. (V. CASO FORTUITO, IMPRUDENCIA, RESPONSABILIDAD, RIESGO PROFESIONAL.) | DEL TRABAJO. Suceso imprevisto, sobrevenido en el acto o con motivo del trabajo, que produce una lesión o perturbación funcional transitoria o permanente. Todo acontecimiento que, por razón de su trabajo, ocasione un daño fisiológico o psicológico al obrero o empleado, y que le impida proseguir con toda normalidad sus tareas, constituye accidente. Puede originarse este por culpa del mismo trabajador, porla del patrono, por la de ambos, por la de un tercero, por circunstancia o naturaleza del trabajo por causas indeterminables. | EN EL TRAYECTO. Conocido comúnmente como accidente "in itinere", es el que ocurre al trabajador en el trayecto de ida o de regreso al trabajo. (V. "IN ITINERE")

[TA]; 9a. Época; T.C.C.; S.J.F. y su Gaceta; Tomo XVI, Septiembre de 2002; Pág. 1320; Número de registro 186086

ACCIDENTE. CUÁNDO SE PRESUME QUE ES DE TRABAJO. El artículo 48 de la Ley del Seguro Social, vigente hasta el treinta de junio de mil novecientos noventa y siete, correlativo del numeral 41 de la ley actual, establece que son riesgos de trabajo los accidentes y enfermedades a los que están expuestos los trabajadores en ejercicio o con motivo del trabajo; de ahí que si el accidente ocurre en el lugar donde el asegurado desempeña sus labores, esta circunstancia da origen a la presunción legal a su favor en el sentido de que éste constituye un accidente de trabajo; empero, no se surte esa presunción si la causa que dio origen a una lesión orgánica aconteció cuando se dirigía a su centro de trabajo o regresaba a su domicilio, en cuyo caso, para establecer que se trata de un accidente de trabajo en tránsito, debe probarse plenamente esta circunstancia.

Acción: Es un derecho, subjetivo, público. Es un derecho porque tiene como correlativa la obligación del órgano estatal al cual se dirige, de resolver afirmativa o negativamente. Es un derecho subjetivo porque constituye una facultad conferida al gobernado por el derecho objetivo para reclamar la prestación del servicio jurisdiccional. Y es un derecho subjetivo público porque significa una facultad del gobernado frente al Estado como entidad de derecho público y porque el contenido del objeto que se persigue (la obtención del servicio jurisdiccional) es de carácter público (SCJN, 2007).

II.-La acción se define como aquella actividad que realiza el sujeto, produciendo consecuencias en el mundo jurídico, en dicha acción debe de darse un movimiento por parte del sujeto...
La acción consiste en una actividad corporal, externa, y el Derecho se ocupa sólo de estos actos, en virtud de que los actos puramente espirituales, los pensamientos, las ideas o intenciones solas, no son sancionados penalmente, por estar fuera del Derecho Positivo.
La acción en sentido estricto, es la actividad voluntaria realizada por el sujeto, consta de un elemento físico y de un elemento psíquico, el primero es el movimiento y el segundo la voluntad del sujeto; esta actividad voluntaria produce un resultado y existe un nexo causal entre la conducta y el resultado. (Betancourt, 2007)
II.- Es el título de propiedad de una empresa. Es indivisible y constituye la unidad del capital social, es decir, el capital

social se encuentra dividido en acciones y cada una de ellas significa que quien la posee tiene derecho a parte de las utilidades de la empresa.

Se dividen en comunes y preferenciales, las preferenciales no tienen derecho a voto, por lo que los accionistas preferenciales no pueden opinar acerca del funcionamiento de la empresa (Enciclopedia Jurídica Omeba, 2012).

III.- Ejercicio de una potencia o facultad, efecto o resultado de hacer. Ademán o postura que puede constituir desde un acto obligatorio, como la entrega de la cosa del vendedor, hasta lo punible en cierta cosa(Cabanellos, 2011).

IV.- Derecho que se tiene a pedir alguna cosa o la forma legal de ejercer ésta (Cabanellos, 1993).

V.-Ante todo la acción representa la fracción del capital social de una sociedad. El capital está dividido en partes que se llaman acciones las que en su conjunto, integran el capital. Cada acción tendrá un valor fraccionario del capital, que es lo que se expresa en las acciones corrientes como valor de las mismas. Este valor nominal o abstracto se debe expresar en el texto del documento, según exigencia de la ley y se obtiene dividiendo el capital social por el número de acciones. El valor concreto o real se obtiene dividiendo el patrimonio por el número de acciones. Las acciones no pueden dividirse (Rodríguez, 2007).

Como derecho, facultad, poder o posibilidad Jurídica de las partes para provocar la actividad del órgano jurisdiccional del Estado, con objeto de que se resuelva sobre una pretensión litigiosa (Favela, 2003).

Derecho subjetivo publico que se concede a las personas para acudir a los tribunales a deducir derechos. Facultad para excitar a los órganos jurisdiccionales del Estado, a fin de que se avoquen a resolver una controversia de contenido jurídico (Bailón, 2003).

De acuerdo con Couture (1981), la palabra acción tiene en el Derecho procesal, cuando menos, 3 acepciones distintas:

1) Derecho subjetivo material

2) pretensión o reclamación

3) Como la facultad que las personas tienen para promover un proceso ante un órgano jurisdiccional, con el fin de que, al concluir el proceso emita una sentencia sobre una pretensión litigiosa y, en su caso, ordena la ejecución de la sentencia. (Couture, 1974)

[J]; 10a. Época; 1a. Sala; S.J.F. y su Gaceta; Libro XXIII, Agosto de 2013, Tomo 1; Pág. 326; Número de registro 20041406080

ACCIÓN PENAL. CONTRA LA ABSTENCIÓN DEL MINISTERIO PÚBLICO DE RESOLVER SOBRE SU EJERCICIO, DEBE AGOTARSE EL RECURSO DE QUEJA PREVISTO EN LOS ARTÍCULOS 28, PÁRRAFO ÚLTIMO Y 29 DEL CÓDIGO DE PROCEDIMIENTOS PENALES PARA EL ESTADO DE QUINTANA ROO, ANTES DE ACUDIR AL JUICIO DE AMPARO. En términos del artículo 73, fracción XV, de la Ley de Amparo,vigente hasta el 2 de abril de 2013, el juicio de amparo es improcedente contra actos de autoridades distintas de los tribunales judiciales, administrativos o del trabajo, que deban revisarse de oficio, conforme a las leyes que los rijan, o proceda contra ellos algún recurso, juicio o medio de defensa legal por virtud del cual puedan modificarse, revocarse o nulificarse, siempre que conforme a las mismas leyes se suspendan los efectos de dichos actos, mediante la interposición del recurso o medio de defensa legal, sin que exista obligación de agotarlo si el acto reclamado carece de fundamentación. Ahora bien, de los artículos 28, párrafo último y 29 del Código de Procedimientos Penales para el Estado de Quintana Roo, se advierte que contra la abstención del Ministerio Público de resolver sobre el ejercicio de la acción penal en una averiguación previa, procede el recurso de queja ante la Sala Constitucional y Administrativa del Tribunal Superior de Justicia de esa entidad federativa; de ahí que al preverse ese medio de defensa en una ley formal y material, cuyo efecto sería modificar, revocar o nulificar dicho acto de autoridad, se impone al quejoso agotar dicho medio de defensa antes de acudir al juicio de amparo para cumplir con el principio de definitividad. Lo anterior, aunado a que no se actualiza el supuesto de excepción contenido en el párrafo último de la fracción XV del artículo 73 de la ley de la materia, pues la abstención de la autoridad no constituye un acto que carezca de fundamentación por ser un acto negativo; además, porque la observancia del citado presupuesto de procedencia exige la exclusión de interpretaciones arbitrarias ambiguas, pues de lo contrario se generaría una amplia gama de excepciones ajenas a las establecidas legalmente y contrarias a la excepcionalidad del medio extraordinario de defensa que representa, sumado a que la referida Sala al conocer del recurso de queja no actúa como órgano de control de la constitución local, sino como órgano de carácter administrativo-jurisdiccional.

Acción cautelar: Estas tiene por objeto conseguir una resolución judicial de carácter provisional que garantice la efectividad del derecho sustancial(De Pina & De Pina Vara, 2008).

Facultad de lograr una medida de seguridad o cautela. Como, por ejemplo, un embargo preventivo (Salvador, 2012).

La acción cautelar es una manifestación de la acción procesal, acorde con los fines de la función jurisdiccional. Ello significa que para existir la acción cautelar no depende de los presupuestos que condicionan el éxito de la demanda y la acción principal, sino que está condicionada por presupuestos propios(SCJN, 2010).

Son aquellas por las que la parte actora solicita al juzgador una resolución para que se protejan, de manera provisional y hasta en tanto se dicte la sentencia definitiva en el proceso de conocimiento, las personas, los bienes o los derechos que serán objeto de este último (Favela, 2005).

En sentido estricto, las llamadas acciones cautelares no constituyen acciones autónomas o distintas a las acciones que ya hemos hecho referencia, y es en ejercicio de estas últimas que se solicita la resolución que decrete la medida cautelar correspondiente (Arias, 2004).

Las medidas cautelares surgen de la necesidad de evitar el peligro que puede correr un derecho por el retardo que implica el pronunciamiento de la sentencia definitiva, pero normalmente requieren que quien las solicite acredite, al menos, la apariencia del derecho que se busca proteger. En el proceso penal, la prisión preventiva es una medida cautelar que impide la libertad del inculpado durante el proceso, que sólo puede decretar si se han acreditado el cuerpo del delito y la probable responsabilidad (Favela, 2005).

[TA]; 9a. Época; T.C.C.; S.J.F. y su Gaceta; Tomo XXII, Septiembre de 2005; Pág. 1573; Número de registro 177132

SUSPENSIÓN DEL PROCEDIMIENTO PENAL. ES IMPROCEDENTE LA MEDIDA CAUTELAR SOLICITADA EN EL AMPARO INDIRECTO PROMOVIDO CONTRA AQUELLA DETERMINACIÓN, SI EL INCULPADO SE ENCUENTRA SUSTRAÍDO DE LA ACCIÓN DE LA JUSTICIA (LEGISLACIÓN DEL ESTADO DE CHIAPAS).

Por regla general el procedimiento judicial, al ser de orden público e interés social, no puede ser suspendido. Empero, tal regla admite excepciones cuando la ley de la materia así lo establece, como en el caso previsto en la fracción I del artículo 445 del Código de Procedimientos Penales del Estado de Chiapas, al disponer que una vez iniciada la averiguación de un delito, podrá suspenderse el procedimiento si el indiciado se sustrae de la acción de la justicia. Lo anterior encuentra justificación, pues si bien a la sociedad le interesa la continuación de los procesos para que se castigue al culpable o se absuelva al inocente, no debe soslayarse que el procedimiento penal está conformado por un conjunto de actos y fases que deben observar todos los sujetos de la relación jurídico-procesal que intervienen en él; por consiguiente, es evidente que la sustracción del justiciable impide su continuación, al existir imposibilidad jurídica para concretar los actos de defensa previstos en la ley, pues en el proceso penal mexicano no es posible la sustitución o representación del inculpado, lo que implica que debe comparecer personalmente en la causa a defender sus intereses. Por ello, si en el amparo indirecto se señala como acto reclamado la determinación de suspender el procedimiento penal porque se dictó orden de reaprehensión, la medida cautelar que se solicita con la finalidad de aportar pruebas de descargo resulta improcedente, ya que tendría por efecto reanudarlo por todas sus fases, lo cual no es jurídicamente posible, pues la relación jurídico-procesal no estaría integrada, precisamente por la ausencia del indiciado.

Acción Civil: La que compete n uno para reclamar en juicio sus bienes o intereses pecuniarios. Nace del derecho sobre las cosas y de las mismas fuentes que las obligaciones; es decir, de la ley, de los contratos, cuasicontratos, delitos y cuasidelitos.

II.-Lo que corresponde a una persona para exigir judicialmente sus derechos de índole privada. En la jurisdicción pena. Nace para la restitución del daño, y la indemnización de perjuicios causados por el hecho punible. Entablado al efecto por el perjudicado, o por el ministerio federa, si no consta la renuncia de aquel. (Diccionario de la UNAM, 2005).

III.- Es la que compete a uno para reclamar sus cosas o sus intereses pecuniarias.

La acción civil nace de derecho en la cosa y de las mismas fuentes que la obligación, esto es, no solo de los contratos, cuasicontratos, pactos deliberados y de la ley sino también de los delitos y cuasidelitos dimana pues de todo delito dos acciones, una civil para pedir intereses y el resarcimiento de los daños que otro nos ha causado. La acción civil se ejerce por el interesado, puede intentarse en contra del obligado y sus herederos pasa a los herederos del interesado y se da contra los herederos del obligado.

[TA]; 9a. Época; T.C.C.; S.J.F. y su Gaceta; Tomo XXXIII, Mayo de 2011; Pág. 1003

ACCIÓN DE RESPONSABILIDAD CIVIL OBJETIVA.

CÓMPUTO DEL TÉRMINO PARA EJERCITARLA (LEGISLACIÓN DEL ESTADO DE JALISCO). Es regla general de la interpretación de las normas legales, que sean interpretadas en forma tal que sin excluirse se complementen, luego, el precepto 1411 del Código Civil del Estado dispone: "La acción para exigir la reparación de los daños causados en los términos del presente capítulo, prescribe en dos años contados a partir del día en que se haya causado el daño."; en tanto que el artículo 1749 del mismo ordenamiento legal establece: "Desde el momento en que el crédito es exigible, empieza a correr el término para la prescripción que se cuenta por años y no de momento a momento, excepto en los casos en que así lo determine la ley expresamente.". De modo que la interpretación conjunta de los transcritos dispositivos, permite inferir que en el término previsto para ejercitar la acción de responsabilidad civil objetiva, derivada de los supuestos daños causados, a que se refiere el primero de los artículos, están comprendidos todos los días que natural o cronológicamente comprenden dos años conforme al número de días calendario que les correspondieron, esto es, del día de un determinado mes y año, al propio día y mes del segundo año transcurrido pues, incluso, de acuerdo al transcrito artículo 1749, para el cómputo de la prescripción en una forma especial o distinta a la que se trata, sólo se exceptúan los casos en que el legislador así lo hubiese determinado expresamente, lo que evidentemente no ocurre con el artículo 1411 que simplemente establece "dos años contados a partir del día en que se haya causado el daño". Por tanto, para el cómputo del término para que opere la prescripción de las acciones no trasciende lo que dispone el artículo 129 del Código de Procedimientos Civiles del Estado de Jalisco, sobre la exclusión de días inhábiles para la práctica de actuaciones judiciales, toda vez que la aplicación de tal precepto está orientada a las cuestiones procedimentales dentro del juicio y no a la oportunidad en el ejercicio de las acciones conforme a las disposiciones del Código Civil, ya que es de explorado derecho que la ley sustantiva establece derechos y la adjetiva la forma para ejercitarlos; por ende, los términos que establece el Código Civil son para la adquisición o pérdida de algún derecho y los que prevé el código procesal civil para hacerlos valer ante la autoridad jurisdiccional.

Acción colectiva: Acción colectiva en sentido estricto, de naturaleza indivisible. Se ejerce para tutelar los derechos colectivos, cuyo titular es una Colectividad determinada o determinable. Su objeto es reclamar del demandado, la reparación del daño consistente en la realización de una o más acciones o abstenerse de realizarlas, así como a cubrir los daños en forma individual a los miembros del grupo. Deriva de un vínculo jurídico común existente por mandato de ley entre la colectividad y el Demandado (Walther, 2011).

La acción colectiva ocurre cuando se requiere que más de una Persona contribuya con un esfuerzo para lograr un resultado.
Las personas que viven en zonas rurales y que usan recursos naturales participan en la acción colectiva a diario cuando:
• siembran o cosechan alimentos conjuntamente,

• usan una instalación común para comerciar sus productos,
• dan mantenimiento a sistemas de irrigación local o patrullan un bosque local para asegurar que los usuarios respeten el reglamento y
• se reúnen para decidir sobre las reglas relacionadas con todo lo anterior(Indiana University, 2002)

La acción colectiva tiende a configurarse principalmente a través de cuatro ejes: la democratización política; la democratización social o lucha contra la exclusión y por la ciudadanía; la reconstrucción y reinserción de las economías nacionales o la reformulación del modelo de desarrollo económico, y la redefinición de un modelo de modernidad(Abril 2002).

La interpenetración entre dos tipos sociedades, que a su vez sintetizan o incorporan otros: la sociedad Industrial de Estado nacional y la sociedad post-industrial globalizada. Dos, la desarticulación de una relación entre Estado, representación y sociedad civil, de tipo nacional-popular o político-céntrico y la búsqueda, aún incierta, de nuevas relaciones entre los elementos Señalados. La segunda hipótesis es que pasamos del paradigma clásico que veía en la posición estructural el elemento determinante en la conformación de la acción colectiva y los actores sociales. (Garretón, 2001)

[TA]; 10a. Época; T.C.C.; S.J.F. y su Gaceta; Libro XIX, Abril de 2013, Tomo 3; Pág. 1998

ACCIÓN COLECTIVA. CARACTERÍSTICAS DE LA LEGITIMACIÓN CUANDO SE PROMUEVE EN LA VÍA DE AMPARO. La acción colectiva promovida en la vía de amparo protege los derechos de un grupo social determinado o determinable, con base en circunstancias comunes, por lo cual, sus miembros deben estar ligados entre sí o con la contraparte, por un vínculo jurídico previo. Por tanto, para actuar en su representación y poder legitimar dicha acción es necesario acreditar la pertenencia a ese grupo, respecto del cual pueda advertirse una afectación, aunque fuere indirecta o refleja, para establecer que efectivamente son titulares de un derecho colectivo en relación con los actos que reclaman en el juicio constitucional.

[TA]; 10a. Época; T.C.C.; S.J.F. y su Gaceta; Libro XIX, Abril de 2013, Tomo 3; Pág. 1998; Número de registro 2003198.

ACCIÓN COLECTIVA PROMOVIDA EN LA VÍA DE AMPARO. SU DEFINICIÓN.

Con motivo de las reformas a los artículos 17 y 107, fracción I, de la Constitución Política de los Estados Unidos Mexicanos, publicadas en el Diario Oficial de la Federación el 29 de julio de 2010 y 6 de junio de 2011, respectivamente, se tutela la protección de los derechos colectivos, con lo que se reconoce el carácter de parte agraviada en el juicio de amparo a aquel que sea titular de éstos. Consecuentemente, la acción colectiva en la vía de amparo se define como la promovida por quien cuenta con una legitimación derivada de la pertenencia a un grupo social determinado o determinable, en el que sus miembros están ligados entre sí o a la contraparte, por una relación jurídica previa, que hace que la pertenencia a ese grupo sea definida, cuya pretensión es evitar la afectación de intereses comunes por una misma situación jurídica.

Acción constitutiva: Es aquella por medio de la cual se hace valer el derecho del demandante al cambio jurídico, o sea, a la constitución de una situación jurídica distinta a la que existía, en relación con el caso, con anterioridad a la pretensión del accionante(De Pina & De Pina Vara, 2008).

Las acciones por medio de las cuales se solicita de la jurisdicción y de su órgano de creación, modificación o extinción de un derecho, o situación jurídica(Valletta, 2004).

Es aquella mediante la cual se persigue una sentencia constitutiva, es decir de creación, modificación o extinción de un derecho o de una situación jurídica. El cambio producido en el derecho o en la situación jurídica mediante el ejercicio de una acción constitutiva surge de una decisión judicial y desde el momento en que la misma se produce; solo por excepción puede tener efecto retroactivo (Scribd, 2012).

[TA]; 9a. Época; T.C.C.; S.J.F. y su Gaceta; Tomo XII, Diciembre de 2000; Pág. 1433; Número de registro 190797

SERVIDUMBRE LEGAL DE PASO. EL MEDIO IDÓNEO PARA ACREDITAR LA ACCIÓN CONSTITUTIVA LO ES LA PRUEBA PERICIAL (LEGISLACIÓN DEL ESTADO DE TAMAULIPAS). Tratándose de la servidumbre legal de paso, el artículo 993 del Código Civil para el Estado de Tamaulipas, establece que si hubiere varios predios por donde pueda darse el paso a la vía pública, el obligado será aquél por donde fuere más corta la distancia, siempre que no resulte muy incómodo y costoso el paso por ese lugar, y también dispone que, si la distancia fuere igual, el Juez designará cuál de los predios ha de dar el paso. En esas condiciones, es claro que el medio probatorio idóneo para demostrar la procedencia de la acción, lo es la prueba pericial, ya que solamente con la intervención de expertos se podría lograr la convicción en el ánimo del juzgador de que, sin lugar a dudas y con base a medidas exactas y opiniones externadas por profesionales en la materia, ese predio que se pretende calificar como sirviente, efectivamente resulta ser la distancia más corta para el paso a la vía pública.

Acción de condena: La acción de condena tiene como causa de pedir, una situación de hecho en la que el actor denuncia la lesión de un derecho del que es titular, por parte de otra persona, obligada a dar, hacer, o no hacer alguna cosa(SCJN, 2010).

La que se ejercita ante un juez o un tribunal pretendiendo que se imponga al demandado una obligación de hacer o de no hacer(Salvador, 2012).

[TA]; 8a. Época; T.C.C.; S.J.F.; Tomo VI, Segunda Parte-1, Julio-Diciembre de 1990; Pág. 42; Número de registro 224318

ACCION DE DIVISION DE COSA COMUN.

ES DE CONDENA. La división de cosa común es una acción de condena en términos del artículo 187 del Código de Procedimientos Civiles del Estado de Puebla y no una acción declarativa. Sería declarativa si estuviese en disputa la existencia de la copropiedad y se pretendiera una resolución sobre el particular; pero este criterio no es aplicable en casos en que se controvierta el cambio de la propiedad sobre la parte alícuota o proporcional de un bien inmueble determinado, pues en esta hipótesis se resolverá condenando a la división, o, en caso de que sea indivisible al remate del bien. TERCER TRIBUNAL COLEGIADO DEL SEXTO CIRCUITO.

[TA]; 6a. Época; 3a. Sala; S.J.F.; Volumen XXXII, Cuarta Parte; Pág. 21; Número de registro 271545

ACCION PLENARIA DE POSESION.

ES DE CONDENA, NO DECLARATIVA. La acción plenaria de posesión compete al poseedor civil de una cosa, contra el que posee sin título o con otro, pero con menor derecho, para que le sea restituida; por tanto, si la actora afirmó en su demanda inicial que ella tiene la posesión del predio objeto del debate y así lo admitió como cierto la demandada, la acción intentada no se identifica con la plenaria de posesión por no haberse demandado la restitución del predio, ni de sus frutos y accesiones, que es el objeto de esa acción, de conformidad con el artículo 9 del Código de Procedimientos Civiles; tal acción es de condena y no declarativa.

Acción de inconstitucionalidad: La Acción de Inconstitucionalidad es un procedimiento seguido en única instancia ante Suprema Corte de Justicia de la Nación (Pleno) que tiene por finalidad preservar la supremacía de la Constitución mediante la derogación de leyes y tratados internacionales que la contraríen (Pina Vara & de Pina, 2008).

II.-La Acción de Inconstitucionalidad constituye una petición —una solicitud— de control de validez normativa, más que una acción (pese a que así se denomine), pues, a diferencia del Juicio de Amparo y de la Controversia Constitucional, en ella no existe contienda entre partes propiamente dicha (no es un juicio). Por tratarse de un medio de control abstracto no exige agravio de parte, sólo requiere que se tilde de inconstitucional una ley (formal y materialmente) o un tratado internacional. Tampoco se prevé la aptitud del desistimiento de parte.

Las normas que pueden impugnarse por esta vía son leyes que deriven del Congreso de la Unión, de las legislaturas locales y de la Asamblea Legislativa del Distrito Federal, incluidas las orgánicas de los Congresos federal y estatales que tengan por objeto regular la organización, funcionamiento y atribuciones del Poder Legislativo de que se trate, así como los tratados internacionales celebrados por el Presidente de la República y ratificados por el Senado. Se dispone de 30 días naturales siguientes a la fecha de publicación de la norma para impugnarla en esta vía (Salgado, 2011).

II.- Proviene el vocablo acción del latín actionem, acusativo de actio (radical action) "acción", de actus"hecho", participio pasivo de agere "hacer" + io

52

"hecho" de, "acción de" (BDELE). De las variadas acepciones que le otorga el Diccionario de la Lengua Española a esta palabra, destacan por su aplicabilidad al sentido de la expresión que se analiza, las siguientes:

a) Ejercicio de una potencia o facultad;

b) efecto de hacer;

c) posibilidad o facultad de hacer alguna cosa, y especialmente de acometer o defenderse;

derecho que se tiene a pedir alguna cosa en juicio;

d) modo legal de ejercitar el mismo derecho, pidiendo en justicia lo que es nuestro o se nos debe.

En palabras de Niceto Alcalá-Zamora (1998), la acción es tan sólo la posibilidad jurídicamente encuadrada, de recabar los proveimientos jurisdiccionales necesarios para obtener el pronunciamiento de fondo; y, en su caso, la ejecución de una pretensión litigiosa.

El tratadista Orgaz (1992) afirma además, en ingeniosa expresión, que "la acción es el derecho en acto; y el derecho, la acción en potencia, algo así como el anverso y el reverso de una moneda".

[J]; 10a. Época; Pleno; S.J.F. y su Gaceta; Libro X, Julio de 2012, Tomo 1; Pág. 7; Número de registro 2001056

ACCIÓN DE INCONSTITUCIONALIDAD.

EL CARÁCTER POTESTATIVO DE LAS NORMAS NO ES MOTIVO SUFICIENTE PARA DETERMINAR SU CONSTITUCIONALIDAD O INCONSTITUCIONALIDAD CUANDO SE REFIEREN AL GOCE O EJERCICIO DE DERECHOS HUMANOS. Aun cuando las normas impugnadas en una acción de inconstitucionalidad requieran de la voluntad de las personas para ser aplicadas en casos concretos, deben estudiarse de manera abstracta, esto es, al margen de la posibilidad fáctica de su aplicación concreta, voluntaria o no, en todos aquellos casos en los que se pretenda regular el goce o ejercicio de derechos humanos, pues su carácter potestativo no es motivo suficiente para determinar su constitucionalidad o inconstitucionalidad cuando se refieren al goce o ejercicio de esos derechos.

[J]; 9a. Época; Pleno; S.J.F. y su Gaceta; Tomo X, Noviembre de 1999; Pág. 791; Número de registro 192841

ACCIÓN DE INCONSTITUCIONALIDAD. LAS PARTES LEGITIMADAS PARA PROMOVERLA SÓLO ESTÁN FACULTADAS PARA DENUNCIAR LA POSIBLE CONTRADICCIÓN ENTRE UNA NORMA GENERAL Y LA PROPIA CONSTITUCIÓN. Al ser la acción de inconstitucionalidad un tipo especial de procedimiento constitucional en el que, por su propia y especial naturaleza, no existe contención, las partes legitimadas para promoverla, en términos de lo dispuesto por el artículo 105, fracción II, de la Constitución Política de los Estados Unidos Mexicanos, no ejercen la acción para deducir un derecho propio o para defenderse de los agravios que eventualmente les pudiera causar una norma general, pues el Poder Reformador de la Constitución las facultó para denunciar la posible contradicción entre aquélla y la propia Carta Magna, a efecto de que la Suprema Corte de Justicia de la Nación, atendiendo al principio de supremacía constitucional, la someta a revisión y establezca si se adecua a los lineamientos fundamentales dados por la propia Constitución.

Acción de nulidad: Es la ejercida para alcanzar el reconocimiento y declaración de nulidad de un acto jurídico determinado. De acuerdo con el C.C.D.F (Art.8) los actos ejecutados contra el tenor de las leyes prohibitivas o de orden publico serán nulos, excepto en los casos en que la ley ordene lo contrario (Pina Vara & de Pina, 2008).

[TA]; 9a. Época; T.C.C.; S.J.F. y su Gaceta; Tomo XXIX, Febrero de 2009; Pág. 1815; Número de registro 167992

ACCIÓN DE NULIDAD. LA ENTREGA O RESTITUCIÓN DE LA PRESTACIÓN RECIBIDA POR EL ACTOR NO ES PRESUPUESTO PARA SU PROCEDENCIA, SINO EN TODO CASO SERÁ EFECTO DE LA SENTENCIA QUE LA DECLARE (LEGISLACIÓN DEL ESTADO DE PUEBLA). La nulidad relativa de los actos jurídicos se encuentra regulada en los artículos 1924 a 1929, 1932 y 1933 del Código Civil para el Estado de Puebla, y consiste en que cuando menos uno de los elementos de validez del acto jurídico se realizó imperfectamente. La nulidad relativa puede surtir efectos provisionales, los cuales serán destruidos retroactivamente al dictarse la sentencia de nulidad, lo que necesariamente supone que se haya ejercido la acción respectiva. De manera que las causas de nulidad relativa son distintas a los efectos que genera la declaración judicial de nulidad, por lo que no deben confundirse. Por tanto, la destrucción retroactiva del acto nulo no es, lógica y jurídicamente, una de sus causas, sino un efecto del reconocimiento de la causa de nulidad y, por consiguiente, la entrega o restitución de la prestación recibida por el actor no es un presupuesto de procedencia de la acción de nulidad, sino en todo caso será efecto de la sentencia que la declare.

Acción de petición de herencia: Es la que ejerce para que sea declarado heredero del demandante, se le haga entrega de los bienes hereditarios con sus accesorios y te rindan cuentas (art14 C.P.C.D.F)

Esta acción se deducirá por el heredero testamentario o interesado, por que haga sus veces en la disposición testamentaría; y se da contra el albacea contra el poseedor de la cosa hereditaria con el carácter de heredero. O cesionario de éste, y contra el que no alega titulo ninguno de posesión del bien hereditario, o dolosamente dejo de poseerlo (Art. 13 C.P.C.D.F).

La acción de petición de herencia, de acuerdo con la calificación de la suprema corte de justicia de la nación tiene naturaleza real. Esta acción es a la herencia dice Pallares lo que la reivindicatoria es a un bien particular. Sin embargo, el mismo autor aclara que estas acciones no deben confundirse. El acento en la de petición de herencia recae sobre la cualidad de heredado del actor: este punto es esencial en el juicio.

En la consecuencia la acción se pone en juego bajo el supuesto de que el actor es heredero y con tal carácter reclama la herencia. Si el demandado, no discute esta calidad, el actor triunfa en un punto básico de su demanda (Pina Vara & de Pina, 2008).

[TA]; 8a. Época; T.C.C.; S.J.F.; Tomo VI, Segunda Parte-1, Julio-Diciembre de 1990; Pág. 220; Número de registro 224601

PETICION DE HERENCIA, ACCION DE. La acción prevista en el artículo 13 del enjuiciamiento civil para el Estado de Jalisco, tiene dos finalidades: La primera radica en que el demandante sea declarado heredero y, la segunda, persigue la entrega de los bienes hereditarios, con sus accesiones, así como la indemnización y rendición de cuentas. Ahora bien, el primero de los anteriores objetivos involucra lo que doctrinariamente se conoce en sentido estricto como acción de petición de herencia, porque lo que propiamente se busca con el ejercicio de esa acción, es la declaración de que el promovente es heredero del de cujus. En ese orden de ideas, resulta claro que el mencionado precepto regula dos tipos de acciones, la de petición de herencia propiamente dicha, y la de entrega de los bienes hereditarios, en favor de algún heredero excluido, las cuales pueden ejercitarse separada o simultáneamente. Así, no es cierto que, para su ejercicio, la acción de petición de herencia requiera, siempre y en todos los casos, la comprobación de que los demandados poseen los bienes hereditarios, toda vez que cuando se entabla esa acción, por ejemplo, con motivo de lo dispuesto por los artículos 841 y 846 del adjetivo civil local, todavía no puede demandarse la devolución de los bienes hereditarios, puesto que en esas hipótesis, por regla general, aquéllos aun no se adjudican ni se ponen en posesión de algún heredero en particular.

Acción de posesión: Es la que uno tiene para adquirir la posesión de laguna cosa que antes no ha poseído o para conservar pacíficamente la posesión que ya disfruta y que otro intenta quitarle o para recobrar la posesión que gozaba y ha perdido.

II.-la tendiente a adquirir o conservar la posesión, de una cosa, o a recobrar la posesión perdida. Se denomina también acción intedicta por utilizarse a través del procedimiento de los interdicto Art. 446 C.C.

[TA]; 10a. Época; T.C.C.; S.J.F. y su Gaceta; Libro IV, Enero de 2012, Tomo 5; Pág. 4283; Número de registro 160466

ACCIÓN PLENARIA   DE POSESIÓN.

CALIFICACIÓN DE TÍTULOS CON MEJOR DERECHO. La acción plenaria tiene por objeto determinar a quién asiste un mejor derecho a poseer un inmueble, en dicha acción no existirá pronunciamiento sobre la propiedad, sino únicamente el mejor derecho a poseer que puede asistir a las partes. Conforme al artículo 1281 del Código Civil para el Distrito Federal la herencia es la sucesión en todos los bienes del difunto, en tanto que el artículo 291 Quáter del citado ordenamiento legal refiere que el concubinato genera entre los concubinos derechos alimentarios y sucesorios. En ese contexto, el derecho personal del concubino no puede oponerse al derecho real del heredero a título universal y adjudicatario de los bienes del de cujus, de modo que éste prevalece frente al derecho personal de la concubina, que es insuficiente para destruir el justo título del heredero y adjudicatario.

[J]; 9a. Época; 1a. Sala; S.J.F. y su Gaceta; Tomo VII, Marzo de 1998; Pág. 99; Número de registro 196640

ACCIÓN PLENARIA DE POSESIÓN. NO ES REQUISITO DEMOSTRAR HABER DISFRUTADO DE LA POSESIÓN MATERIAL DEL BIEN. Para que se declare fundada la acción publiciana deben acreditarse los siguientes elementos: a) tener justo título para poseer; b) que ese título se haya adquirido de buena fe; c) que el demandado posee el bien a que se refiere el título; y d) que es mejor el derecho del actor para poseer materialmente, que el que alegue el demandado. Por lo que el juzgador debe examinar únicamente la existencia de tales requisitos, sin que deba exigir la comprobación de que el actor tuvo la posesión material del bien, ya que, de acuerdo con las circunstancias especiales del caso, lo dejaría en estado de indefensión, a pesar de contar con los elementos anteriores, al ser improcedentes la reivindicación, por no tener el dominio de la cosa, y los interdictos posesorios que proceden, dentro de un año, cuando se ha sido despojado de la posesión material del bien, o existe perturbación en la posesión; de tal manera que la acción publiciana protege la posesión jurídica y no la material.

Acción pauliana: Acción mediante la cual el acreedor quirografario puede conservar su garantía de pago contra el deudor, quien tiene el propósito de eludir el cumplimiento de las obligaciones, producir en estado de insolvencia, o bien, por apartarla sustituyendo bienes de fácil embargo, por otros que sean ocultables a la persecución de los acreedores mediante actos de enajenación o de gravamen o de renuncia de derechos(Rodríguez, Bermúdez, Estrada, & Sánchez, 2006).

Facultad concebida al acreedor a fin de que se nulifiquen los actos celebrados de mala fe por su deudor en su perjuicio, si de estos actos resulta la insolvencia de este ultimo cuando el crédito motivo de la acción es anterior a dichos actos (Jurídicas, 1993).

Es aquella que tiene por objeto la nulidad de los actos o contratos celebrados por el deudor en fraude de su acreedor (De Pina & De Pina Vara, 2008).

La situación que el ejercicio de esta acción presupone en el tiempo la existencia de una cesión de bienes o la apertura de concurso (Repertorio de legislación y jurisprudencias Chilenas, 1998).

Se otorga también al acreedor para demandar la nulidad de los actos fraudulentos celebrados por el deudor, en virtud de los cuales este resulte insolvente en perjuicio del primero (Favela, 2005).

Tiene por objeto dejar sin efecto los actos celebrados por el deudor en fraude de sus acreedores (Hurtado, 1991).

[J]; 9a. Época; 1a. Sala; S.J.F. y su Gaceta; Tomo XXXIV, Septiembre de 2011; Pág. 11; Número de registro 161149

ACCIÓN PAULIANA. PARA SU PROCEDENCIA, SIEMPRE QUE SE TRATE DE ACTOS A TÍTULO GRATUITO, NO SE REQUIERE LA EXISTENCIA PREVIA DE UNA SENTENCIA FIRME QUE DECLARE EL DERECHO DEL ACREEDOR (LEGISLACIONES DE LOS ESTADOS DE GUANAJUATO Y YUCATÁN).

La acción pauliana regulada en los Códigos Civiles de los Estados de Guanajuato y Yucatán, tiene por objeto reconstruir el patrimonio del deudor para que salga de la insolvencia parcial o total en que se encuentra fraudulentamente y en perjuicio del acreedor, por lo que se instituye en defensa de este último y es de carácter conservativo y no ejecutivo, dado que su fin, una vez declarada la nulidad del acto materia de la acción, es que el tercero beneficiario devuelva al deudor el bien recibido, y no que se ejecute en esa vía el crédito que legitima al actor para ejercer dicha acción. Ahora bien, de los artículos 1654 y 1656 del Código Civil para el Estado de Guanajuato, así como de los diversos numerales 1313 y 1315 del Código

Civil del Estado de Yucatán, se concluye que tratándose de actos a título gratuito, para la procedencia de la acción pauliana se requiere únicamente que el deudor realice un acto de esa naturaleza en perjuicio del acreedor, aun cuando haya buena fe del contratante, que tenga como consecuencia la insolvencia del deudor, y que el crédito, en virtud del cual se intenta la acción, sea anterior a dicho acto, sin que se requiera la existencia previa de una sentencia firme que declare el derecho del acreedor para ejercerla. Lo anterior es acorde con la naturaleza de la vía, ya que la procedencia de la acción tiene el efecto, como se dijo, de que una vez declarada la nulidad del acto a título gratuito fraudulento, el tercero beneficiario devuelva al deudor el bien recibido, a fin de que el actor, en la vía correspondiente, pueda exigir el pago del crédito que lo legitimó para ejercer la acción citada. Finalmente, se aclara que el criterio que prevalece en esta jurisprudencia no contiene pronunciamiento alguno en tratándose de actos a título oneroso por no haber sido punto de contradicción.

[TA]; 9a. Época; T.C.C.; S.J.F. y su Gaceta; Tomo XXIV, Diciembre de 2006; Pág. 1240; Número de registro 173861

ACCIÓN PAULIANA. CORRESPONDE AL DEMANDADO LA CARGA DE LA PRUEBA PARA EVIDENCIAR QUE NO ESTÁ EN ESTADO DE INSOLVENCIA ECONÓMICA. En la justificación de los elementos de la acción de nulidad por fraude de acreedores, también conocida como acción pauliana, concretamente el relativo al estado de insolvencia al que arribó el deudor con motivo del acto cuya anulación se pide, por tratarse de un hecho de difícil demostración en la medida en que para ello el acreedor tropezaría con muchos obstáculos, dada la diversidad de situaciones que en la vida práctica se presentan para encubrir una operación fraudulenta, debe atenderse al resultado de la prueba presuncional, en virtud de que si se aplicara la regla general consistente en que al actor corresponde demostrar los hechos en que sustenta su pretensión y, por ello, se le exigiera prueba directa de ese extremo, se le impondría una carga de difícil satisfacción; de ahí que se justifique que es al demandado a quien corresponde la carga probatoria para evidenciar que no está en estado de insolvencia económica.

Acción penal: Es la acción que ejercita el Ministerio Público ante el juez competente para que se inicie el proceso penal y se resuelva sobre la responsabilidad del inculpado, y en su caso se aplique la pena o medida de seguridad que corresponda. (Jurídicas, 1993)

Poder jurídico de excitar y promover el ejercicio de la jurisdicción penal, para el reconocimiento de una determinada relación y obtener su definición mediante la sentencia. (De Pina & De Pina Vara, 2008)

Poder jurídico de promover la actuación jurisdiccional a fin de que el juzgador se pronuncie acerca de la punibilidad de hechos que el titular de la acción reputa constitutivo de delitos. (Valletta, 2004)

[J]; 9a. Época; 1a. Sala; S.J.F. y su Gaceta; Tomo XXIX, Enero de 2009; Pág. 402; Número de registro 168073

PRESCRIPCIÓN DE LA ACCIÓN PENAL. CONTRA LA NEGATIVA DEL MINISTERIO PÚBLICO A DECLARARLA DURANTE LA AVERIGUACIÓN PREVIA PROCEDE EL AMPARO INDIRECTO. Conforme al artículo 21 de la Constitución Política de los Estados Unidos Mexicanos, que confiere al Ministerio Público las facultades de investigación y persecución de los delitos, dicha institución es titular del monopolio del ejercicio de la acción penal; sin embargo, acorde con los numerales 137, fracción IV, y 138 del Código Federal de Procedimientos Penales, el legislador ha establecido ciertas limitaciones a dichas facultades, pues cuando durante el proceso se extinga legalmente la pretensión punitiva, la institución ministerial no sólo debe abstenerse de ejercitar la acción persecutoria, sino que habrá de promover el sobreseimiento y la libertad absoluta del inculpado. En ese sentido, se concluye que contra la negativa del Ministerio Público a declarar la prescripción de la acción penal durante la averiguación previa procede el juicio de amparo indirecto, sin que sea necesario esperar a que esta última se resuelva en definitiva, porque de actualizarse la extinción de la acción persecutoria, la referida negativa implica una violación a las garantías del indiciado, en la medida en que al quedar sujeto a una investigación de carácter penal se le impide gozar de su libertad absoluta.

Acción plenaria: Concedida al adquirente con justo título y de buena fe contra el poseedor de mala fe o contra el que teniendo un título de igual calidad ha poseído menos tiempo que el actor. El objeto de dicha acción es la restitución de la cosa con sus frutos y accesiones y la declaración de que el actor tiene dominio sobre ella, aun cuando no haya transcurrido el término de la prescripción, en su caso. (Jurídicas, 1993)

Es la que compete al adquirente de buena fe para que, aun cuando no haya prescrito, le restituya la cosa con sus frutos y accesiones. El poseedor de mala fe; o el que teniendo título de igual calidad ha poseído por menos tiempo que el actor. (De Pina & De Pina Vara, 2008)

Se establece que la acción plenaria de posesión compete al adquiriente con justo título y de buena fe, para que se le restituya el bien con sus frutos y accesiones. (SCJN, 2008)

[TA]; 9a. Época; T.C.C.; S.J.F. y su Gaceta; Tomo XIV, Octubre de 2001; Pág. 1073; Número de registro 188708

ACCIÓN PLENARIA DE POSESIÓN. PARA QUE SEA PROCEDENTE DEBEN COMPROBARSE SUS ELEMENTOS, COMO ES EL DE LA IDENTIDAD, CON INDEPENDENCIA DE QUE EL REO OPONGA O NO EXCEPCIONES Y DEFENSAS (LEGISLACIÓN DEL ESTADO DE MÉXICO). Uno de los requisitos esenciales para la procedencia de la acción plenaria de posesión es el de la identidad entre el bien reclamado y el que detenta el demandado; ante ello, según dicha temática resulta innecesario que la parte reo haga valer como defensa o excepción tal falta de identidad en razón a que la Sala Civil, al asumir plenitud de jurisdicción por haberse declarado operante el agravio relativo, está en aptitud legal de analizar esa circunstancia conforme a lo dispuesto por el artículo 269 del Código de Procedimientos Civiles para el Estado de México, en cuanto estatuye que el actor ha de probar los hechos constitutivos de su pretensión, con independencia de que la enjuiciada oponga o no defensas o excepciones. Ello atento a que, en las condiciones anotadas, de oficio el juzgador o el tribunal de alzada deben analizar tal acción, pues para que proceda se requiere de la satisfacción plena de los elementos que la justifiquen.

Acción real: Es la que tiene por objeto garantizar el ejercicio de algún derecho real, o sea aquella que ejercita el demandante para reclamar o hacer valer un derecho sobre alguna cosa, con entera independencia de toda obligación personal por parte del demandado(De Pina & De Pina Vara, 2008).

Acción por la cual se pida que se reconozca o se proteja un derecho real principal o accesorio sobre un bien inmueble y a veces también sobre uno mueble. (Guillien & Vincent, 1966).

Medios de hacer declarar la existencia, plenitud y libertad de los derechos reales, con el accesorio, cuando hubiere lugar, de indemnización de daño causado(Valletta, 2004).

[TA]; 5a. Época; Pleno; S.J.F.; Tomo XXIX; Pág. 1050; Número de registro 364360

ACCION REAL. Si se demanda la nulidad de un contrato, la acción que se ejercita es enteramente personal, y aun cuando como consecuencia de la nulidad, se condene al demandado a devolver un inmueble, con los frutos, daños y perjuicios, etcétera, no por esto puede sostenerse que la acción que se ejercita es real, ni tampoco mixta.

Acción revocatoria: la acción revocatoria concedida a los acreedores, si con el acto del deudor que se pretende nulificar, aquél cayó en una insolvencia premeditada a fin de no cumplir con sus obligaciones o no. (SCJN, 2012)

Es aquella que tiene por objeto la nulidad de los actos o contratos celebrados por el deudor en fraude de su acreedor. (De Pina & De Pina Vara, 2008)

[TA]; 8a. Época; T.C.C.; S.J.F.; Tomo XIII, Marzo de 1994; Pág. 298; Número de registro 213030

ACCION PAULIANA O REVOCATORIA, ELEMENTOS QUE SE REQUIEREN PARA LA PROCEDENCIA DE LA. (LEGISLACION DEL ESTADO DE CHIAPAS). Para la procedencia de la acción pauliana o revocatoria, se requiere en términos del artículo 2137 del Código Civil para el Estado de Chiapas, la satisfacción de los elementos siguientes: a).-Que el deudor realice un acto que no sea simplemente material, sino jurídico, puesto que está sujeto a ser anulado; b).-Que de la celebración del acto resulte o se agrave como consecuencia la insolvencia del deudor; c).-Que la celebración del acto perjudique a los acreedores; y, d).-Que el crédito sea anterior al acto impugnado; y, además conforme a lo dispuesto por el numeral 2138 del ordenamiento legal citado, la nulidad sólo podrá tener lugar cuando haya mala fe tanto en el deudor, como en el tercero que contrató con él.

[TA]; 5a. Época; 3a. Sala; S.J.F.; Tomo CXXIX; Pág. 619; Número de registro 339258

ACCION REVOCATORIA, PRUEBA DE LA. Por regla general la acción revocatoria se demuestra mediante prueba indirecta y debe ser declarada por el Juez cuando por el enlace interior de las pruebas rendidas y de las presunciones formadas, el tribunal adquiera la convicción de que en el contrato impugnado, las partes consumaron una enajenación, con el propósito doloso de producir la insolvencia del deudor en fraude del acreedor.

Acción subrogatoria: Dícese de aquella cuya pretensión consiste en el ejercicio por parte del acreedor, de las demandas que pudo haber promovido su deudor negligente u omiso, a fin de obtener por este medio la satisfacción de su derecho(De Pina & De Pina Vara, 2008).

Se da la subrogación cuando un tercero que tiene interés jurídico paga la obligación de un deudor y se sustituye en la posición de acreedor(C. Meján, 2005).

Acción que se concede al acreedor para que reclame los derechos que corresponden a su deudor, cuando éste se rehúse a hacerlo y aquellos consten en título ejecutivo (Ovalle Favela, 2005).

Puede definirse la acción subrogatoria, indirecta u oblicua, como la facultad que concede el ordenamiento jurídico al acreedor que carezca de cualquier otro recurso para hacer efectivo su crédito, para ejercitar todos los derechos de crédito y entablar todas acciones de carácter patrimonial, excepto los denominados derechos de personalidad, dado que son inherentes a la propia persona del deudor, que no hayan sido utilizados por el deudor contra su deudor (Penco, 2010).

Se concede al acreedor para que reclame los derechos que corresponden a su deudor, cuando este rehúse hacerlo y aquellos consten titulo ejecutivo (Favela, 2005).

Es una legitimación que el ordenamiento concede a cualquier acreedor ejecutante para que ocupe la posición del deudor inactivo y en su lugar ejercite en interés propio las acciones y derechos de este (Calera, 2003).

[TA]; 8a. Época; T.C.C.; S.J.F.; Tomo VII, Junio de 1991; Pág. 209; Número de registro 222434

ARRENDAMIENTO. SUBROGACION DE DERECHOS Y OBLIGACIONES A LA MUERTE DEL ARRENDATARIO. Si el arrendador demanda acciones derivadas de un contrato de arrendamiento a la sucesión del arrendatario, habiendo fallecido éste, es correcto otorgar legitimación pasiva en tal juicio a los hijos del de cujus que acudieron a contestar la demanda en su carácter de poseedores del inmueble arrendado, pues a la muerte del arrendatario, aquéllos se subrogaron en los derechos y obligaciones de éste.

Acciones declarativas: "Declaratory judgment action" (acción declarativa de certeza). (Cabanellas & Hoague, 1996)

"Son aquellas a través de las cuales la parte actora pide al juzgador una sentencia que elimine la incertidumbre en torno a la existencia, inexistencia o modalidad e una relación jurídica". (Ovalle, 2001)

"Se promueven a fin de obtener una declaración de existencia de una determinada relación jurídica o de un derecho". (SCJN, 2003)

[TA]; 6a. Época; 3a. Sala; S.J.F.; Volumen IX, Cuarta Parte; Pág. 9; Número de registro 272713

ACCIONES DECLARATIVAS. El objeto de las acciones meramente declarativas lo constituye por regla general un derecho, una relación jurídica y, excepcionalmente, un hecho. Es verdad que desde luego es esencial y aún más importante que la existencia de la relación, la existencia del interés jurídico que justifique la mera declaración; interés que existe cuando encontrándose el actor en una situación de inseguridad o incertidumbre respecto de determinada relación jurídica, ese estado puede cesar por la mera declaración judicial, lo que significa que no es indispensable que el derecho se haya violado, sino que basta con que se presente oscuro, se niegue extrajudicialmente o que el sujeto pasivo de la relación se jacte de tener derecho o de que su contraparte no lo tiene. Hay circunstancias que se presentan en los contratos de cumplimiento diferido, de tracto sucesivo o de etapas en el desarrollo de la ejecución de las obligaciones que, o no son claras o contienen lagunas o se prestan a múltiples interpretaciones. En tal caso la incertidumbre sobre la conducta que deben de seguir las partes funda jurídicamente el interés de ellas para obtener, mediante la intervención judicial, la interpretación correcta o la línea de conducta que en lo futuro deba seguirse. De esta manera se patentiza la importancia social y jurídica de la acción meramente declarativa: fija derechos, desvanece dudas y oscuridades y previene litigios futuros. Esta última función de prevención de litigios y de aseguramiento de la paz entre los individuos ha sido la causa fundamental del desarrollo de esta institución en los pueblos de mayor adelanto jurídico, y precisamente es lo que impulso al legislador mexicano a acogerla. El interés para desvanecer incertidumbres y señalar conductas no solo existe en una declaración positiva de un derecho, sino también en una declaración negativa.

Acciones ejecutivas: Entendemos por acción ejecutiva aquella mediante la cual se puede iniciar un proceso ejecutivo, ósea el procedimiento generalmente sumario mediante embargo y venta de bienes cuyo objeto es el cobro de créditos que constan en un titulo al que la ley otorga la facultad de hacer prueba plena (José, 1980).

Son aquellas a través de las cuales el actor pretende una resolución que ordene la realización coactiva de un derecho reconocido en un titulo ejecutivo (Favela, 2005).

Es en la cual el deudor se declaraba sometido en su persona y bienes a la ejecución por parte del acreedor sin la previa intervención judicial, siempre y cuando hubiera habido incumplimiento de esa obligación (Víctor, 1969).

"Aquella mediante la cual se puede iniciar un proceso ejecutivo, o sea el procedimiento generalmente sumario mediante embargo y venta de bienes cuyo objeto es el cobro de créditos que constan en un titulo". (IIJ/UNAM, 2001).

"Action of plaintiff to initiate a summary lawsuit to collect on a negotiable instrument" (Acción del demandante para iniciar un juicio sumario para recoger en un instrumento negociable). (Cabanellas & Hoague, 1996).

"Es la que se funda en la declaración definitiva del derecho a la prestación, como son las sentencias o títulos ejecutivos que la ley equipara a la sentencia". (Pallares, 1999)

[TA]; 5a. Época; Pleno; S.J.F.; Tomo IV; Pág. 254; Número de registro 289561

ACCIONES EJECUTIVAS. Las establecidas por la ley: en los interdictos, en los aseguramientos precautorios de bienes y otras, por razones de orden público, restringen los derechos del demandado, sólo por el tiempo absolutamente necesario para ser oído en el juicio, en cuya resolución final se decida sobre sus derechos; y tales acciones no son contrarias al artículo 14 constitucional.

Acciones públicas: "Acción ejercida ante una jurisdicción represiva para la aplicación de penas o medidas de seguridad al autor de un crimen, de un delito o de una contravención". (Guillien & Vincent, 1996)

"Es la acción que ejercita el Ministerio Publico y que tiene por objeto pedir la aplicación de las sanciones establecidas en leyes penales". (Pallares, 1999)

"Recibe esta denominación la acción que por disposición legal expresa se ejerce de oficio". (De Pina, 2008)

[TA]; 10a. Época; T.C.C.; S.J.F. y su Gaceta; Libro XXIV, Septiembre de 2013, Tomo 3; Pág. 2432; Número de registro 2004368

ACCIÓN PÚBLICA PREVISTA EN EL ARTÍCULO 106 DE LA LEY DE DESARROLLO URBANO DEL DISTRITO FEDERAL. EL TRIBUNAL DE LO CONTENCIOSO ADMINISTRATIVO DE LA ENTIDAD ES COMPETENTE PARA CONOCER DE AQUÉLLA. De conformidad con el artículo 106 de la Ley de Desarrollo Urbano del Distrito Federal, las personas físicas o morales o los órganos de representación ciudadana que se consideren afectados por construcciones, cambios de uso del suelo o cambios del destino del suelo u otros aprovechamientos de inmuebles que contravengan dicho ordenamiento, su reglamento, el de construcciones y los programas general, delegacionales y parciales de desarrollo urbano de la entidad, podrán ejercer acción pública ante el Tribunal de lo Contencioso Administrativo local. Por su parte, la fracción XII del artículo 31 de la ley orgánica del mencionado tribunal, establece que sus Salas son competentes para conocer de los demás asuntos que expresamente se señalen en esa ley y en otras leyes. En consecuencia, el referido tribunal es competente para conocer de la indicada acción pública, por lo que el procedimiento y resolución relativos deben sujetarse a la citada ley orgánica, en virtud de que en su artículo 39 establece que los juicios que se promuevan ante el tribunal se sustanciarán y resolverán con arreglo al procedimiento ahí previsto.

Aceptación de herencia: Acto de voluntad del heredero, llamado por testamento o por la ley, por el cual se precisa su cualidad de tal". (Baqueiro, 2005)

"Es una declaración de voluntad del heredero o legatario, llamado en términos de la cual determina afirmativamente su voluntad de adquirir la herencia o el legado". (IIJ/UNAM, 2001)

"Acceptance of estate in full by heir" (Aceptación de los bienes en su totalidad por el heredero). (Cabanellas & Hoague, 1996)

"Acto jurídico por medio del cual el heredero y el legatario, o ambos, aceptan los beneficios y las cargas de una sucesión". (Torres, 2006)

[TA]; 5a. Época; Pleno; S.J.F.; Tomo X; Pág. 263; Número de registro 286823

ACEPTACION DE LA HERENCIA. Debe presumirse que los herederos han aceptado la herencia, cuando ejecutan actos de los que se deduce su intención de aceptar.

[TA]; 8a. Época; T.C.C.; S.J.F.; Tomo VI, Segunda Parte-1, Julio-Diciembre de 1990; Pág. 171; Número de registro 224533

HERENCIA, ACEPTACION TACITA DE LA. El hecho de comparecer a deducir y justificar derechos a la masa hereditaria, así como a solicitar se les tuviese como herederos, respectivamente, implica la tácita aceptación del acervo hereditario, de acuerdo con el artículo 1571 del Código Civil para el Estado de Jalisco, en razón de que los llamados a suceder comparecieron a juicio con la expresa intención de asumir, sin reserva alguna, la calificación de herederos; lo cual no hubiesen podido ejecutar sino en su calidad de tales.

Aceptación lisa: "Que no implique ninguna modificación la oferta". (Treviño, 2007)

"La aceptación debe ser […] clara". (Vázquez, 2001)

La definición se puede obtener a contrario sensu del texto del artículo 1810 del Código Civil Federal que dice: "el proponente quedará libre de su oferta cuando la respuesta que reciba no sea una aceptación lisa y llana, sino que importe, modificación de la primera". (Codigo Civil Federal, 2012)

[TA]; 9a. Época; T.C.C.; S.J.F. y su Gaceta; Tomo XXXIII, Mayo de 2011; Pág. 1236; Número de registro 162062

OFERTA DE COMPRAVENTA. LA FORMACIÓN DEL CONSENTIMIENTO ESTÁ SUJETA A ACEPTACIÓN LISA Y LLANA. Los artículos 1804, 1805, 1806, 1807 y 1810 del Código Civil para el Distrito Federal establecen que toda persona que propone a otra la celebración de un contrato fijándole un plazo para aceptar, queda ligada por su oferta hasta la expiración del plazo; que cuando la oferta se haga a una persona presente, sin fijación de plazo para aceptarla, el autor de la oferta queda desligado si la aceptación no se hace inmediatamente, que el contrato se forma en el momento en el que el proponente reciba la aceptación, estando ligado a su oferta según lo procedente; y, que el proponente quedará libre de su oferta cuando la respuesta que reciba no sea una aceptación lisa y llana, sino que importe modificación de la primera; en consecuencia, la oferta o propuesta de contratar debe contener el elemento plazo o término para llevar a cabo la operación.

Aceptación llana: Que no haya duda de que la voluntad del aceptante es la de adherirse a la oferta". (Vázquez, 2001)

"Quiere decir que la aceptación debe contener las mismas bases de la propuesta". (Gutiérrez y González, 2008)La definición se puede obtener a contrario sensu del texto del artículo 1810 del Código Civil Federal que dice: "el proponente quedará libre de su oferta cuando la respuesta que reciba no sea una aceptación lisa y llana, sino que importe, modificación de la primera". (Codigo Civil Federal, 2012)

[TA]; 9a. Época; T.C.C.; S.J.F. y su Gaceta; Tomo XXXIII, Mayo de 2011; Pág. 1236; Número de registro 162062

OFERTA DE COMPRAVENTA. LA FORMACIÓN DEL CONSENTIMIENTO ESTÁ SUJETA A ACEPTACIÓN LISA Y LLANA. Los artículos 1804, 1805, 1806, 1807 y 1810 del Código Civil para el Distrito Federal establecen que toda persona que propone a otra la celebración de un contrato fijándole un plazo para aceptar, queda ligada por su oferta hasta la expiración del plazo; que cuando la oferta se haga a una persona presente, sin fijación de plazo para aceptarla, el autor de la oferta queda desligado si la aceptación no se hace inmediatamente, que el contrato se forma en el momento en el que el proponente reciba la aceptación, estando ligado a su oferta según lo procedente; y, que el proponente quedará libre de su oferta cuando la respuesta que reciba no sea una aceptación lisa y llana, sino que importe modificación de la primera; en consecuencia, la oferta o propuesta de contratar debe contener el elemento plazo o término para llevar a cabo la operación.

Acta: Documento que denota el estado civil de la persona. A partir de la existencia de este documento la persona adquiere ciertos derechos y obligaciones que sin inherentes a su condición de familia. Emana del registro civil, por medio de un funcionario público, que necesariamente debe intervenir en el acto de inscripción. (Bustos, 2006)

Anotación o inscripción en que se hace constar por escrito un acontecimiento o acto jurídico. (Baqueiro, 2004)

Documento procesal extendido por un funcionario público, que relata comprobaciones o deposiciones, este documento tiene carácter autentico (Jean, 1996).

[TA]; 10a. Época; T.C.C.; S.J.F. y su Gaceta; Libro III, Diciembre de 2011, Tomo 5; Pág. 3759; Número de registro 160569

DOCUMENTO DE FECHA CIERTA. NO TIENE ESE CARÁCTER EL ACTA NOTARIAL SI LE FALTA LA FIRMA Y SELLO DEL NOTARIO (LEGISLACIÓN DEL ESTADO DE YUCATÁN). El artículo 95 de la Ley del Notariado del Estado de Yucatán establece que en toda acta notarial se observarán, entre otros requisitos, el nombre y apellido del notario, el número de la notaría, el lugar y la fecha en que se extienda el acta que firmarán las partes o las personas que éstas designen, también los testigos y los intérpretes si los hubiere y las personas que, en su caso, hubiesen leído el acta por alguna de las partes y, por último, el notario, quien además de su firma pondrá su sello -ambos requisitos son necesarios-. Por su parte, el diverso numeral 97 prevé que después de cumplir los requisitos previos, el notario, bajo cuya fe haya pasado el acto o contrato, extenderá al margen de las escrituras razón de su autorización, con mención de la fecha y el lugar de ésta. Consecuentemente, si en la certificación relativa al acta notarial, el fedatario hace constar que se trata de una copia fiel y exacta del original que obra en su protocolo, sin señalar que puso su firma y sello, siendo ambos requisitos necesarios, como lo dispone el referido artículo 95, entonces no tiene el carácter de documento de fecha cierta al no cumplir con esos requisitos esenciales.

Acta de defunción: Acta del estado civil que declara la muerte de la persona. Este documento será indispensable para iniciar los trámites sucesorios pendientes. Debe ser confeccionada partir de un certificado médico legalmente autorizado, ha de contener los datos que el funcionario requiera y será firmada por dos testigos. (Jean, 1996).

El registro deberá levantar acta de defunción cuando se asegure de un fallecimiento por medio legalmente autorizado. El acta contendrá los datos necesarios para identificación del difunto, así mismo los conyugues y sus padres, las causas de muerte, la hora, día y lugar de esta y el sitio donde se inhumara o cremara el cuerpo. (Bustos, 2006).

Ninguna inhumación o cremación se hará sin autorización escrita del jefe de la oficina, quien se asegurara del fallecimiento. Toda inhumación o cremación se hará dentro del término que establezca la legislación. (Chihuahua).

[TA]; 7a. Época; 3a. Sala; S.J.F.; Volumen 205-216, Cuarta Parte; Pág. 12; Número de registro 239886

ACTA DE DEFUNCION. PRUEBA EL DOMICILIO DEL FALLECIDO (LEGISLACION DEL ESTADO DE MEXICO). De conformidad con lo dispuesto por los artículos 112, fracción I, y 50 del Código Civil del Estado de México, el acta de fallecimiento debe contener el nombre, apellido, edad ocupación y domicilio que tuvo el difunto; las actas del Registro Civil hacen prueba plena y las declaraciones de los comparecientes, hechas en cumplimiento de lo mandado por la ley, hacen fe hasta que se pruebe lo contrario. De lo anterior se sigue que si no se ha discutido su autenticidad, ni se ha probado que es falso lo que se declaró al momento de levantar dicho atestado, debe considerarse apto para acreditar en qué lugar estaba ubicado el domicilio del fallecido.

Acta de divorcio: Acta del estado civil que declara la disolución del vínculo, matrimonial. Aquí debe diferenciar si se trata de un divorcio administrativo o de divorcio judicial (Baqueiro, 2004). En caso de divorcio judicial, el juez que haya decretado el divorcio deberá remitir al funcionario del registro civil copia de la sentencia para que sea inscrita la misma. Divorcio administrativo las partes deberán hacer petición por escrito ente el funcionario del registro civil mediante solicitud que contenga los siguientes datos nombre, apellido, edad, domicilio y ocupación de los solicitantes informando fecha y lugar de la celebración del matrimonio y el numero de acta correspondiente. (Jean, 1996).

[TA]; 5a. Época; 3a. Sala; S.J.F.; Tomo CIX; Pág. 328; Número de registro 342581

DIVORCIO, ANOTACION MARGINAL DEL, EN EL ACTA DE MATRIMONIO. La circunstancia de que no exista constancia respecto a la anotación marginal del divorcio en el acta de matrimonio no puede implicar la inexistencia del fallo de divorcio, ya que la falta de esa anotación no puede tener como consecuencia la subsistencia del vínculo matrimonial cuya disolución ya fue pronunciada por la autoridad judicial.

Acta de emancipación: Las actas de emancipación por resolución judicial se formaran insertado a la letra aquella.

Se anotara el acta de nacimiento, expresado al margen de ella haber quedado emancipación el menor, citado la fecha de la emancipación y el numero y foja del acta respectiva. (Codigo Civil Del Estado De Jalisco, 2013).

En los casos de emancipación por efecto del matrimonio no se formara acta separada; el jefe de la oficina anotara las respectivas actas de nacimiento de los cónyuges, expresándose al margen de ellas quedar estos emancipados en virtud del matrimonio y citado la fecha en que este se celebro así como el numero y la foja del acta relativa (CcpCh, 2013).

[TA]; 5a. Época; Pleno; S.J.F.; Tomo XVII; Pág. 871; Número de registro 283897

EMANCIPACION. La emancipación sólo surte efectos respecto de la persona del menor; pero no respecto de sus bienes, que continúan en la administración del que o de los que ejercen la patria potestad o del tutor, en su caso; el menor emancipado será representado en juicio por el que ejerce la patria potestad o por el tutor, hasta que llegue a la mayor edad; esta representación en juicio sólo corresponde al que ejerce la patria potestad o la tutela, cuando el pleito verse sobre los bienes del menor; pero no cuando se afecten la garantía personal de su libertad o su integridad; y así, en el amparo que el menor pida, por la violación de esa garantía, tendrá personalidad bastante, en su carácter de emancipado, pudiendo tener su representación legal las personas que la ley determina.

Acta de matrimonio: Documento jurídico por el cual se da publicidad a la sentencia dictada por un juez de familia y por medio del cual se crea una relación análoga a la que existe entre padres e hijos. (Jean, 1996).

Documento expedido por el estado que certifica la adopción de un menor o un incapacitado. (Baqueiro, 2004).

Documento jurídico mediante el cual se confiere el adoptado la situación de hijo del o de los adoptantes y a estos, los deberes y derechos inherentes a la relación paterno- filial (Codigo Cvil Del Estado De Jalisco). Acta del estado civil que declara unidad en matrimonio a dos personas y es la prueba irrefutable de dicho acto jurídico. en primer lugar, las personas que desean unirse en matrimonio, que de ahora en más se llamaran solicitante, deberán presentar una petición ante el funcionario del registro civil de domicilio de cualquiera de los contrayentes, en donde se expresen los datos siguientes, nombre, apellido, edad, ocupación y domicilio de los solicitantes y de sus padres. (Baqueiro, 2004).

Acta del estado civil que declara unidad en matrimonio a dos personas y es la prueba irrefutable de dicho acto jurídico. en primer lugar, las personas que desean unirse en matrimonio, que de ahora en más se llamaran solicitantes, deberán presentar una petición ante el funcionario del registro civil de domicilio de cualquiera de los contrayentes, en donde se expresan los datos siguientes, nombre, apellido, edad, ocupación y domicilio de los solicitantes y de sus padres. (Jean, 1996).

[TA]; 9a. Época; T.C.C.; S.J.F. y su Gaceta; Tomo XXVI, Julio de 2007; Pág. 2655; Número de registro 171990

MATRIMONIO. SÓLO SE ACREDITA CON LA COPIA CERTIFICADA DEL ACTA DEL REGISTRO CIVIL RESPECTIVA (LEGISLACIÓN DEL ESTADO DE PUEBLA). El artículo 842 del Código Civil de la entidad, establece que el estado civil de las personas sólo se comprueba con las constancias respectivas del Registro del Estado Civil, sin que sea admisible ningún otro documento ni medio de prueba, excepto disposición de la ley en otro sentido. De lo que se sigue que el matrimonio como acto del estado civil no puede probarse con la simple manifestación de las partes, pues esa expresión por sí sola no engendra la certeza de tal acto jurídico, sino que debe ser demostrado con la correspondiente copia certificada del acta del Registro Civil.

[TA]; 7a. Época; 3a. Sala; S.J.F.; Volumen 181-186, Cuarta Parte; Pág. 32; Número de registro 240232

ACTA DE MATRIMONIO. PRUEBA IDONEA PARA ACREDITAR LA PROCEDENCIA DE SU RECTIFICACION EN EL DATO RELATIVO A LA NACIONALIDAD DE UNO DE LOS CONTRAYENTES. De conformidad con el artículo 30, inciso A), fracción II, de la Constitución Política, es mexicano por nacimiento el que nazca en el extranjero de padres mexicanos. Por consiguiente, si se demanda la rectificación de un acta de matrimonio en el dato relativo a la nacionalidad de uno de los contrayentes, por no ser éste mexicano sino extranjero al haber nacido fuera del territorio nacional aun cuando sea de padres mexicanos, es necesario que se aporte como prueba el comprobante de renuncia de la nacionalidad mexicana presentado ante la Secretaría de Relaciones Exteriores, por ser éste el único documento que hace prueba plena respecto a que se optó por la nacionalidad extranjera, ya que de acuerdo con lo dispuesto en el precepto constitucional citado el hecho de haber nacido fuera del territorio nacional no implica la pérdida de la nacionalidad mexicana si los padres son mexicanos, debiendo considerarse que las demás pruebas, como serían la testimonial y la documental consistente en la tarjeta de identidad y registro del Servicio Americano Extranjero, son insuficientes por sí sola para acreditar la nacionalidad norteamericana, máxime si dicha prueba documental no se encuentra vigente y carece de la legalización correspondiente.

Acta de nacimiento: Acta del estado civil por la cual se prueba el nacimiento de una persona. El nacimiento debe ser declarado ante el funcionario del registro civil del lugar del nacimiento dentro de los seis meses de producción y están obligados por la ley a hacerlo el padre o madre del recién nacido, para el caso que falten estos, los abuelos paternos o en su defecto los maternos. (Jean, 1996).

Las declaraciones de nacimiento se harán presentado al niño ante el jefe de la oficina o en la casa donde aquel hubiere nacido.

Para el registro de nacimiento de indígenas del estado, la ley reconoce como fedatarias a las autoridades indígenas tradicionales, para acreditar hechos de filiación y residencia de los indígenas que debe intervenir en el registro, cuando los catos se asienten en las respectivas comunidades. (Chihuahua).

[J]; 8a. Época; T.C.C.; Gaceta S.J.F.; Núm. 62, Febrero de 1993; Pág. 42; Número de registro 217183

ACTA DE NACIMIENTO, RECTIFICACION DE LA. Si bien es verdad que la H. Suprema Corte de Justicia de la Nación, ha exteriorizado el criterio de que procede rectificar una acta de nacimiento con la finalidad de ajustarla a la realidad social, como es el caso en que una persona ha usado constantemente nombre diverso al asentado en dicha acta, no es menos cierto que esa modificación no procede cuando se pretende registrar el apellido de su padre y relegar a segundo término el de su madre, que ostenta únicamente su referida acta; lo cual no es permisible, porque en esa hipótesis la respectiva acción de rectificación de acta, en realidad encierra una cuestión de filiación que no se puede ventilar a través del ejercicio de dicha acción.

Acto ilícito: Acción u omisión consistente en hacer lo que está legalmente prohibido u omitir lo que, en determinadas circunstancias, se está obligado a realizar. Ilícito es todo acto contrario al derecho. (De Pina & De Pina Vara, 2008)

Es ilícito el hecho que es contrario a las leyes de orden público o a las buenas costumbres. (Codigo Civil para el Distrito Federal , 1928)

Hecho, típico y antijurídico, constitutivo de cualquiera de los delitos de delincuencia organizada, secuestro, robo de vehículos y trata de personas; aun cuando no se haya determinado quien o quienes fueron sus autores, participaron en él o el grado de su intervención. (Ley de Extinción de Dominio para el Distrito Federal, Julio 2008)

[TA]; 5a. Época; 3a. Sala; S.J.F.; Tomo LXXXIX; Pág. 2458; Número de registro 347802

DELITOS, LA DENUNCIA DE LOS, NO CONSTITUYE UN ACTO ILICITO. La denuncia de un delito ante la policía no puede constituir acto ilícito ni contra las buenas costumbres, si el denunciante tiene motivos para creer fundadamente que el delito se ha cometido; y aun la determinación de la persona cuya responsabilidad sospeche, es lícita, cuando se basa en datos positivos suficientes y obedece a un interés legítimo. Por lo demás, el ofendido está autorizado por el artículo 9o. del Código de Procedimientos Penales para el Distrito y Territorios Federales, para poner a disposición del Ministerio Público y el Juez instructor, todos los datos que conduzcan a establecer la culpabilidad del acusado y a justificar la reparación del daño.

Acto inexistente: Llamase inexistente al acto Jurídico al que para su validez le falta cualquier requisito considerado esencial para su formación. (De Pina & De Pina Vara, 2008).

Actos nulos o acciones (por ejemplo, en caso de incumplimiento de los requisitos legales). estos actos o acciones que no reúnen las condiciones para calificar como los actos y acciones que suponen para ser. (Cabanellas de las Cuevas, 1996)

Son los que carecen de sus elementos esenciales y que, por tanto, no pueden engendrar ningún efecto jurídico. (Fraga, 2007)

[TA]; 9a. Época; T.C.C.; S.J.F. y su Gaceta; Tomo XIX, Junio de 2004; Pág. 1453; Numero de registro 181315

LETRA DE CAMBIO EN BLANCO. ES UN ACTO JURÍDICO INEXISTENTE, CUANDO NO HA CIRCULADO. SUSPENSIÓN DE LA JURISPRUDENCIA 172 INTITULADA: "LETRA DE CAMBIO EN BLANCO". Un título de crédito es antes que ello, un acto jurídico que tiene como elementos de existencia el consentimiento y objeto y como elementos accesorios de mera eficacia la fecha de vencimiento, el lugar de pago, etcétera. Luego, para que nazca la obligación derivada de un título de crédito debe hacerse expreso el consentimiento de contraer la obligación de dar, previamente constituida. De otra manera se otorgaría un consentimiento sin objeto. Así, consentimiento sin objeto o bien objeto sin consentimiento, ambas hipótesis dan por resultado una obligación inexistente. Por ende, si en autos se acredita que tanto lo relativo a la suerte principal como a los intereses, que constituyen el objeto de tal acto jurídico, fueron puestos por el beneficiario con posterioridad a la aceptación del título de crédito, es evidente que no llegó a nacer la obligación acreditada derivada de tal título. No obsta a lo anterior que la entonces Tercera Sala de la H. Suprema Corte de Justicia de la Nación haya sustentado la jurisprudencia 172 intitulada "LETRA DE CAMBIO EN BLANCO." que sostiene lo contrario, pues a partir de 1988 el control de la legalidad dejó de estar en ese Alto Tribunal y pasó a los Tribunales Colegiados, por lo que en términos del artículo 6o. transitorio de la reforma de tal fecha, este tribunal suspende en un aspecto dicha jurisprudencia para sentar en su lugar la que exprese, que una letra de cambio en blanco, es un acto jurídico inexistente, porque consentimiento y objeto, son elementos de los que supedita la obligación crediticia y que tal excepción personal sólo puede invocarse cuando el título de crédito no ha circulado o habiéndolo hecho quien ejercita la acción es el propio beneficiario. Cosa distinta es, que el documento haya circulado y que quien ejercita la acción sea un endosatario al cual no puede oponérsele tal excepción. Razonar en contrario, implicaría que el Poder Judicial Federal soslaye y permita que el agio nacional o internacional unilateralmente y a su antojo determine el objeto de la obligación, llenando con la cantidad que quisiere el concepto de suerte principal e intereses, lo que es inadmisible en un estado de derecho que busca y pretende la buena fe en las operaciones crediticias para que los deudores cumplan con la obligación pactada, pero nunca el exigirles el cumplimiento de lo que no fue pactado. Este principio, sin embargo debe sucumbir en aras de la autonomía de los títulos de crédito cuando se ha trasmitido por endoso a un tercero que desconocía la irregular conducta del beneficiario endosante, pues en este caso la ley que da a los títulos de crédito el carácter de autónomos desvinculados de su causa, impide que el aceptante oponga excepciones personales al endosatario.

Acto jurídico: Manifestación de la voluntad humana susceptible de producir efectos jurídicos. Para que produzca efecto además de la capacidad para realizarlo, se precisa que se verifique de acuerdo con los requisitos legales previamente establecidos para cada caso. (De Pina & De Pina Vara, 2008)

Expresión exterior de voluntad unilateral o plurilateral, realizada con el propósito de generar consecuencias de derecho autorizadas por la norma jurídica. (Bejarano Sanchez, 2006)

Son las acciones de un sujeto cuando estas sean licitas y su finalidad es la creación, la transmisión, la modificación y la extinción de obligaciones y derechos. (Garcia Maynez, 1940)

Acto: Es una manifestación exterior de voluntad, bilateral o unilateral, cuyo objeto directo es engendrar, fundado en un regla de derecho o en una institución jurídica, en contra o en favor de varias personas, un estado, es decir, una situación jurídica permanente y general o por , el contrario un efecto jurídico, cuando produce consecuencias jurídicas. (Bonnecase, 1993)

[TA]; 10a. Época; T.C.C.; S.J.F. y su Gaceta; Libro XXIII, Agosto de 2013, Tomo 3; Pág. 1698; Número de registro 2004285

PRINCIPIO DE BUENA FE CONTRACTUAL. ES VINCULANTE PARA QUIENES INTERVIENEN EN LA CELEBRACIÓN DE UN ACTO JURÍDICO.

Conforme a lo dispuesto en los artículos 1796 y 1910 del Código Civil Federal, la buena fe que debe observarse en la celebración de actos jurídicos implica una serie de obligaciones que se tornan exigibles según las circunstancias y naturaleza de la actuación de los sujetos que intervienen, que se traducen en un deber de información frente al otro sobre aspectos esenciales del acto jurídico a celebrarse o celebrado, de no actuar en forma reticente, en cada una de las fases que integran el tracto contractual, y debe abarcar la ejecución de su contenido obligacional, que no debe impedirse. Por tanto, todas las personas, todos los miembros de una comunidad jurídica deben comportarse con buena fe en sus relaciones recíprocas, no sólo en la fase previa, sino también en el desenvolvimiento de las relaciones jurídicas ya constituidas, sea por intervención directa del sujeto obligado o bien a través de interpósita persona; de ahí que la buena fe no puede evadirse para proteger conductas ilícitas o para reparar las consecuencias de una conducta que la contraríe, sino que debe vincularse en el desarrollo del pacto hasta su cumplimiento.

Acto procesal: Especie de actos jurídicos realizados para la constitución, conservación, desarrollo, modificación o definición de una relación procesal. (De Pina & De Pina Vara, 2008)

Para que un acto de voluntad humana sea un acto procesal, es indispensable que de manera directa o inmediata produzca efectos en el proceso, impulsándolo, modificándolo o extinguiéndolo y, además, se realiza en el proceso. (Pallares, 1978)

Actos procesales Los producidos dentro del procedimiento (v.), en la tramitación por los órganos jurisdiccional les, las partes o terceros, y que crean, modifican o extinguen derechos de orden procesal. (Ossorio)

Se les denomina así a los acontecimientos cuando aparecen denominados por una voluntad humana idónea para crear, modificar o extinguir derechos procesales. (Carnelluti, 1944)

Acto jurídico emanado de las partes, de los agentes de jurisdicción o aun de los procesos ligados en el proceso, susceptibles de crear, modificar o extinguir efectos procesales. (Couture, 1974)

Actos procesales Los producidos dentro del procedimiento (v.), en la tramitación por los órganos jurisdiccional les, las partes o terceros, y que crean, modifican o extinguen derechos de orden procesal. (Ossorio)

[TA]; 9a. Época; T.C.C.; S.J.F. y su Gaceta; Tomo XV, Abril de 2002; Pág. 1347; Número de registro 187073

SOBRESEIMIENTODECRETADO RESPECTO DE UN ACTO PROCESAL DE EJECUCIÓN DE SENTENCIA. NO IMPIDE EL ANÁLISIS DE LOS CONCEPTOS DE VIOLACIÓN TENDENTES A IMPUGNARLO, FORMULADOS AL RECLAMARSE LA ÚLTIMA RESOLUCIÓN PRONUNCIADA EN ESE PROCEDIMIENTO. De conformidad con el artículo 114, fracción III, de la Ley de Amparo, los actos emitidos dentro de un procedimiento de ejecución de sentencia son susceptibles de impugnación mediante los conceptos de violación esgrimidos al promover el juicio de garantías contra la última resolución emitida en tal procedimiento. Esa fracción fue adicionada por decreto publicado en el Diario Oficial de la Federación el treinta de abril de mil novecientos sesenta y ocho, adición que, de acuerdo a la iniciativa formulada por el Senado de la República, tiene su razón de ser en evitar la promoción innecesaria y excesiva de juicios de amparo contra cada determinación que se pronuncie en el procedimiento de ejecución. Por tanto, el hecho de que se reclame un acto procedimental, respecto del cual el juicio de amparo resulte improcedente y, por ende, se decrete el sobreseimiento respectivo en lo que a él hace, no impide su análisis como violación procedimental, si en la propia demanda se reclama la última resolución dentro del procedimiento de ejecución. Lo contrario implicaría dejar en estado de indefensión a la quejosa sólo por haber reclamado de manera destacada un acto respecto del cual, si bien es improcedente el juicio de garantías cuando se reclama en forma autónoma, sí es susceptible de ser analizada la violación procedimental que con su dictado se hubiese cometido.

Acto procesal de disposición: A través de esta clase de actos, las partes disponen (o renuncian, al menos parcialmente) a sus derechos materiales controvertidos en el proceso. Son actos de disposición el desistimiento de la acción, el allanamiento y la transacción. (Ovalle Favela, 2005)

Especie de actos jurídicos realizados para la constitución, conservación, desarrollo, modificación o definición de una relación procesal. Las realidades del proceso, pues, nos muestran la existencia de actos jurídicos procesales y de simples hechos jurídicos con influencia en el proceso. (JURÍDICAS I.D., 2001)

Las partes pueden realizar actuaciones de disposición sobre los derechos e interese que se discuten en el proceso, siempre que sean titulares de los mismos.(Gómez Lara, 2004)

[TA]; 9a. Época; T.C.C.; S.J.F. y su Gaceta; Tomo XV, Marzo de 2002; Pág. 1332; Número de registro 187555

DONACIÓN. SE CONFIGURA ÉSTA Y NO UN ACTO DE DISPOSICIÓN TESTAMENTARIA, CUANDO EN LA REPARTICIÓN DE LOS BIENES CONCURRE LA ACEPTACIÓN DE LOS BENEFICIADOS (LEGISLACIÓN DEL ESTADO DE MÉXICO). Si el autor de un texto que denomina "acta testamentaria", donde relaciona los bienes que se reparten a los hijos que ahí se citan, manifiesta que la decisión de distribuir sus bienes no se hace tan sólo unilateralmente, sino, como ahí se asienta, tal determinación se toma con y en presencia de los tres hijos y las seis hijas, quienes firman al final del documento, deviene manifiesto que no se trata en sí de un testamento como un acto final de voluntad por el cual una persona hace disposición libre y voluntaria de sus bienes, para que se cumpla después de su muerte, sino de una simple y pura donación, pues de lo contrario no habría razón lógica ni jurídica para que la disposición relativa se hiciera "... porque viva o porque mañana o pasado muera ...", y que la decisión respectiva se tome con el acuerdo común de sus hijos y, sobre todo, no existiría razón para que éstos firmaran dicho acuerdo jurídico mediante el cual se realiza tal acto de donación o "traspaso" gratuito de los inmuebles por la donante a cada uno de sus descendientes. Así, para la comprensión y decisión de ese acto jurídico tiene preponderancia el uso o la costumbre de la comunidad, disipándose así la incertidumbre que generase ese documento, como así lo autoriza el texto del artículo 1685 del Código Civil para el Estado de México.

Acto procesal de ejecución: Son aquellos a través de los cuales el órgano jurisdiccional hace cumplir sus propias resoluciones. Debemos distinguir entre los actos con los que el tribunal hace cumplir sus autos, es decir, las resoluciones que dicta durante el desarrollo del proceso; y los actos con los que lleva a cabo la ejecución coactiva de la sentencia definitiva. Por lo que se refiere a la ejecución de la sentencia, es preciso distinguir entre el proceso penal y los procesos no penales. Couture advierte que "en tanto la sentencia penal se ejecuta in personam la sentencia civil se ejecuta in rem". (Ovalle Favela, 2005)

Las resoluciones judiciales son los actos procesales que dictan los órganos jurisdiccionales para decidir sobre las peticiones y los demás actos procesales de las partes y los otros sujetos procesales. La resolución procesal por excelencia es la sentencia, ya que resuelve el fondo del asunto sometido a proceso. (Juridicas, 2001)

[TA]; 9a. Época; Pleno; S.J.F. y su Gaceta; Tomo XX, Octubre de 2004; Pág. 9; Número de registro 180415

ACTOS DE EJECUCIÓN IRREPARABLE. CRITERIOS PARA DETERMINAR LA PROCEDENCIA O IMPROCEDENCIA DEL JUICIO DE AMPARO INDIRECTO. Para determinar cuándo se trata de actos que por sus consecuencias dentro del juicio son de imposible reparación, según los artículos 107, fracción III, inciso b), de la Constitución Política de los Estados Unidos Mexicanos y 114, fracción IV, de la Ley de Amparo, el Tribunal en Pleno de la Suprema Corte de Justicia de la Nación ha partido de dos criterios orientadores para determinar la procedencia o improcedencia del juicio de amparo indirecto, a saber: el primero, considerado como regla general, dispone que los actos procesales tienen una ejecución de imposible reparación cuando sus consecuencias afectan de manera directa e inmediata alguno de los derechos sustantivos previstos en la

Constitución Federal, ya que la afectación no podría repararse aun obteniendo sentencia favorable en el juicio, por haberse consumado irreversiblemente la violación de la garantía individual de que se trate; y el segundo, considerado como complementario del anterior, establece que los actos procesales o formales tienen una ejecución de imposible reparación cuando sus consecuencias afectan a las partes en grado predominante o superior. De no actualizarse ninguno de estos supuestos, en el orden previsto, será improcedente el juicio de amparo indirecto y el gobernado deberá esperar hasta que se dicte la sentencia de fondo para controvertir la posible violación cometida a través del juicio de amparo directo, según lo dispuesto en los artículos 158, 159 y 161 de la Ley de Amparo.

Acto procesal de impugnación: Por medio de los actos de impugnación las partes combaten la validez o la legalidad de los actos u omisiones del órgano jurisdiccional, con la finalidad de que se determine la nulidad, revocación o modificación de los actos impugnados o se ordene la realización de los actos omitidos. Dentro del procedimiento impugnativo, los actos procesales más importantes de las partes son fundamentalmente dos: la interposición del acto impugnativo (es decir, la manifestación que hace la parte que se considera afectada, ante el órgano jurisdiccional, de que impugna determinado acto) y la motivación del acto impugnativo (que consiste en la exposición de los argumentos jurídicos por los que el impugnador estima que el acto combatido no se apega a derecho). (Ovalle Favela, 2005)

Son actos procesales de la parte que se estima agraviada por acto de resolución del juez o tribunal. Por lo que acude al mismo o a otro superior, pidiendo que revoque o anule el o los actos gravosos, siguiendo el procedimiento previsto por las leyes. (Gómez Lara, 2004)

[TA]; 5a. Época; 3a. Sala; S.J.F.; Tomo LXXVII; Pág. 6015; Número de registro 350960

VIA EJECUTIVA, IMPUGNACIÓN DE LA. La circunstancia de que hubiera precluído el auto de embargo que admitió en la en la vía ejecutiva mercantil, la acción ejercitada en contra del quejoso, no imposibilita a éste para reclamar la procedencia de la vía ejecutiva por medio de excepción, pues la Tercera Sala de la Suprema Corte de Justicia ha estimado que la precedencia de la vía ejecutiva puede reclamarse por medio del recurso de apelación, contra el auto de ejecución, por medio de excepción, o por ambas cosas.

[TA]; 6a. Época; 2a. Sala; S.J.F.; Volumen CVIII, Tercera Parte; Pág. 79; Número de registro 265641

INFRACCIONES, IMPUGNACION EN AMPARO DE. Si la Oficina de Inspección de Reglamentos impone dos infracciones, por no tener libro de visitas ni placas de empadronamiento en un giro mercantil, mas no por la falta de licencia de funcionamiento; y en ellas se consigna que el infractor deberá ocurrir, a efecto de ser oído, ante la Oficina Central Calificadora de Infracciones, la que fijará las multas que procedan en caso de que estime comprobadas las infracciones, estas no son definitivas, sino que están sujetas a revisión, de aquí que solamente sean impugnables en amparo cuando en tal procedimiento administrativo se pronuncie resolución definitiva.

Acto procesal de prueba: Estos actos de las partes se dirigen a obtener la certeza del juzgador sobre los fundamentos de hecho de la pretensión del actor o del acusador; o sobre los fundamentos de hecho de la excepción o la defensa del demandado o del inculpado. Estos actos son básicamente de tres clases: actos de ofrecimiento o proposición de las pruebas; actos de preparación, y actos de ejecución o práctica de las pruebas (Ovalle Favela, 2005)

Actos procesales complejos son, exclusivamente, los realizados dentro del proceso. Los actos procesales son las manifestaciones de la voluntad emitidas por los órganos personales de la jurisdicción, por el Ministerio Público, por las partes y por quienes tienen en el proceso alguna intervención legítima (v. gr., los testigos y peritos). (Pina Vara, 2008)

El proceso se ha iniciado por una exposición de "apariencias de hechos", narrada por una de las partes, y contradicha por la otra. A estas "apariencias", se trata, tanto por la parte que las expuso como por el propio órgano jurisdiccional que ha de resolver, de ponerlas en contacto con la realidad exterior de las cosas, para saber si coincide aquella versión subjetiva o "apariencia narrada en juicio" con la realidad del objeto narrado, en los límites en que al hombre le es posible llegar a conocer tal "realidad". (Arrellano, 1999)

[TA]; 5a. Época; 2a. Sala; S.J.F.; Tomo XLVII; Pág. 831

ACTO RECLAMADO, A QUIEN TOCA LA PRUEBA DEL. A las autoridades responsables corresponde probar que es cierto el hecho por el cual imponen una sanción, en contra de la cual se pide el amparo.

Acto procesal simple: Tomando en cuenta al sujeto que realiza el acto procesal, éste puede ser clasificado en simple, es decir, cuando se lleva a cabo con la intervención de un solo sujeto procesal. (Ovalle Favela, 2005)

El acto procesal, escribe CARNELUTTI, "es una especie de acto jurídico, caracterizado por la naturaleza procesal de la modificación jurídica en qué consiste la juridicidad del hecho, esto es, por el efecto jurídico del hecho material; teniendo en cuenta este criterio, para determinar la naturaleza procesal de un acto jurídico es preciso determinar si es o no procesal la situación jurídica que queda por aquel acto constituida, sustituida o modificada. Por lo tanto, la procesalidad del acto no se debe a que se verifique en el proceso, sino que valga para el proceso. Así es que un acto realizado fuera del proceso, sino que valga para el proceso. Así es que un acto realizado fuera del proceso puede ser procesal (por ejemplo, el compromiso o el acuerdo relativo a la competencia) y, a la inversa, un acto realizado en el proceso puede no ser procesal (por ejemplo, la renuncia o el reconocimiento)". (JURÍDICAS I.D., 2001)

Son hechos humanos realizados dentro del proceso" con el destino que se verá; son "hechos procesales" "acciones o inacciones" humanas sucedidas fuera del proceso, que repercuten en su interior. (Gómez Lara, 2004)

[TA]; 6a. Época; 4a. Sala; S.J.F.; Volumen LXII, Quinta Parte; Pág. 17; Número de registro 274458

AUDIENCIA DE RESOLUCION, NO ES UN ACTO PROCESAL QUE PUEDA SER IMPUGNADO POR MEDIO DE AMPARO DIRECTO, ANTE UN TRIBUNAL COLEGIADO. La audiencia de resolución constituye un acto procesal constitutivo del pronunciamiento que dictan las Juntas responsables, porque es precisamente ese momento del proceso, cuando se integra la decisión de dichas Juntas y es por ello que la Cuarta Sala de la Suprema Corte ha conceptuado y decidido, que no constituye un acto procesal de los que puedan ser materia de reclamación por medio de un amparo directo ante un Tribunal Colegiado de Circuito, cuya competencia se define en la fracción VI del artículo 107 constitucional.

Acto revocable: Anulación de un acto administrativo por el autor de él, sinónimo unas veces de retiro y otras de abrogación. (Guillien & Vincent, 1996)

Acto: Es un escrito necesario para la validez o la demostración de una situación jurídica. (Guillien & Vincent, 1996)

Anulación casación retracción y en general hace referencia a actos unilaterales emanados de una voluntad que se rectifica; Anular o rescindir una resolución judicial. (Pallares, 1978)

Acto: Manifestación de voluntad o de fuerza. | Hecho acción de lo acorde con la voluntad humana. (Ossorio)

Voluntad de las partes o del autor (revocación unilateral y resolución convencional). (BuenRostro Baez & Baqueiro Rojas, 2009)

[TA]; 8a. Época; T.C.C.; S.J.F.; Tomo III, Segunda Parte-2, Enero-Junio de 1989; Pág. 822; Número de registro 229236

TERMINO SUPLETORIO, EL ACTO QUE LO NIEGA ES REVOCABLE. (LEGISLACION DEL ESTADO DE PUEBLA). Como el auto que deniega el término supletorio de prueba no es recurrible en queja, porque ésta sólo procede cuando la ley concede ese recurso, o en caso de retardo en el despacho del negocio o en el de exceso, defecto o incumplimiento en la ejecución de las resoluciones del superior, ni tampoco procede el recurso de apelación a que se refiere el artículo 477 del Código de Procedimientos Civiles, es indudable que en esas condiciones el recurso procedente es el de revocación de conformidad con el artículo 305 del abrogado Código Procesal Civil del Estado, correlativo del 471 del Código en vigor.

Acto solemne: Es aquel en que la forma establecida por el legislador para su celebración tiene un valor esencial, hasta el punto de que sin ella carece de toda eficacia (De Pina & De Pina Vara, 2008).

Acto jurídico que no es válido si no cuando la manifestación de voluntad va acompañada del cumplimiento de ciertas formalidades exigidas por la ley. (Guillien & Vincent, 1996)

Acción que debe cumplir con ciertos requisitos formales para que sea válido y vinculante. (Cabanellas de las Cuevas, 1996)

[TA]; 7a. Época; Sala Aux.; S.J.F.; Volumen 103-108, Séptima Parte; Pág. 38; Número de registro 245756

ACTO SOLEMNE. SUS CARACTERISTICAS. Cuando para realizarse un acto jurídico se necesita cumplir con ciertas formalidades, admitidas como únicas aptas para la declaración de voluntad, y cuando a las formalidades se les exigen determinados requisitos como elementos constitutivos del acto, se está en presencia de un acto solemne, el que sin el cumplimiento de esos requisitos sería inexistente; en resumen, la solemnidad es el conjunto de elementos de carácter externo que rodean la declaración de voluntad en mérito de su autenticidad.

[TA]; 8a. Época; T.C.C.; S.J.F.; Tomo XII, Septiembre de 1993; Pág. 218; Número de registro 214923

DONACION, CONTRATO DE. NO ES UN ACTO SOLEMNE (LEGISLACION DEL ESTADO DE SAN LUIS POTOSI). No puede considerarse que la donación sea un "contrato solemne", ya que legalmente no existen propiamente, sino acaso los actos solemnes. Efectivamente, no deben confundirse las solemnidades que revisten algunos actos jurídicos, como el matrimonio, con la forma de los contratos, pues las primeras se refieren a manifestaciones o expresiones que sacramentalmente deben cumplirse, y que por lo mismo, deben constar por escrito invariablemente, en tanto que las segundas son sólo la manera escrita en que se traduce el acuerdo de voluntades en las que no hace falta, incluso, llamar al contrato por su nombre específico, o llamarlo por uno equivocado, según se desprende de la jurisprudencia número 517 del Apéndice al Semanario Judicial de la Federación, 1917-1988 que dice: "CONTRATOS,

INTERPRETACION DE LOS.- La naturaleza de los contratos depende, no de la designación que le hayan dado las partes, que puede ser errónea, sino de los hechos y actos consentidos por las mismas, en relación con las disposiciones legales aplicables atenta la regla de interpretación del Código Civil vigente: 'si las palabras parecieren contrarias a la intención evidente de los contratantes, prevalecerá ésta sobre aquellas'."

Actor: La parte actora o acusadora es la que reclama una decisión jurisdiccional estimatoria de la pretensión. (Ovalle Favela, 2005)

Cualquier acto ejecutado en el proceso y susceptible de consecuencias jurídicas, es un acto jurídico procesal, independientemente del sujeto que lo realice. La calificación depende de su trascendencia en el proceso, no de su origen. En nuestro concepto, la denominación de procesal ha de recaerse al acto que tiene lugar en el proceso, sin que esto signifique negar que existan actos jurídicos no procesales que son capaces de producir efectos en el proceso (por ejemplo, el otorgamiento de un poder para representar una de las partes no es procesal). (JURÍDICAS I.D., 2001)

Persona que presenta una demanda contra otra persona en el juzgado en reclamación de un derecho. (Arrellano, 1999) [TA]; 5a. Época; 2a. Sala; S.J.F.; Tomo CXX; Pág. 1458; Número de registro 3178121096

ACTOR EN JUICIO FISCAL. Aunque invoque como agravio el quejoso que no fue actor en el juicio fiscal relativo porque, según él, el requerimiento y embargo practicados no tienen valor, si en la misma demanda de nulidad el quejoso manifestó que el primer requerimiento por el cual conoció la resolución impugnada fue en fecha tal que hace exceder con mucho el plazo señalado por el artículo 179 del Código Fiscal, para demandar la oposición, el quejoso debe estimarse actor en el juicio para el efecto de sobreseer, con fundamento en la fracción II del artículo 196 del propio Código Fiscal.

[TA]; 5a. Época; 4a. Sala; S.J.F.; Tomo LXV; Pág. 3537; Número de registro 3780971096

TRABAJO, PERSONALIDAD DEL ACTOR EN LOS CONFLICTOS DE. Si el demandado no objeta ante la Junta la personalidad del actor, pierde el derecho para reclamarla en el amparo, sin que obste legar que la personalidad del actor es uno de los elementos de la acción, que el propio actor tiene que justificar, porque esto es contrario a nuestra legislación, según la cual, la falta de personalidad es materia de excepción, y consiguientemente, no puede ser elemento de la acción.

Actos celebrados: El acto celebrado por un deudor en perjuicio de su acreedor, puede anularse a petición de éste, si del acto resulta la insolvencia del deudor. Una vez anulado el acto fraudulento, si hubiere habido enajenación de propiedades, éstas deben devolverse, con todos sus frutos, por el que las adquirió de mala fe. Además este tiene la obligación de indemnizar a los acreedores de los daños y perjuicios que hubieren sufrido. (Gonzalez, 2001)
Los actos celebrados por un deudor en perjuicio de su acreedor, pueden anularse, a petición de este, si de esos actos resulta la insolvencia del deudor, y el crédito en virtud del cual se intenta la acción, es anterior a ellos. (Código Civil Federal, Articulo. 2163)

[TA]; 6a. Época; 3a. Sala; S.J.F.; Volumen LXXXII, Cuarta Parte; Pág. 107; Número de registro 270198

MANDATO. ACTOS CELEBRADOS POR   EL MANDATARIO DESPUES DE LA MUERTE DEL MANDANTE. Si el apoderado hace uso del mandato, cuando ya se ha extinguido por muerte del mandante, la sucesión de este, es la única titular del interés jurídico que de acuerdo con la ley, se requiere, para estar legitimado a pedir la declaración de nulidad del acto celebrado, el cual no causa perjuicio a personas ajenas a la relación derivada del contrato de mandato.

Actos del estado civil: Pueden ser definidos como aquellos que son creativos de las cualidades que constituyen la individualidad jurídica de la persona física o que son susceptibles de afectarla en cualquier forma (De Pina & De Pina Vara, 2008)

Es la situación de las personas físicas determinada por sus relaciones de familia, provenientes del matrimonio o del parentesco, que establece ciertos derechos y deberes. (Zea & Monsalve)

Los actos del estado civil representan el estado jurídico de los individuos con relación a sus semejantes. (Revista Jurídica , 1945)

[TA]; 10a. Época; T.C.C.; S.J.F. y su Gaceta; Libro XVII, Febrero de 2013, Tomo 2; Pág. 1300; Número de registro 159880

ACTOS DEL ESTADO CIVIL DE LAS PERSONAS. LOS ARTÍCULOS 370, 371 Y 373 DEL CÓDIGO CIVIL DEL ESTADO DE GUERRERO, AL FACULTAR A LOS JUECES DEL PODER JUDICIAL ESTATAL PARA RECTIFICAR O MODIFICAR LAS ACTAS REGISTRALES A FIN DE ADAPTARLAS A LA REALIDAD SOCIAL, MEDIANTE LA ACCIÓN CORRESPONDIENTE, NO VULNERAN EL ARTÍCULO 130, PÁRRAFO SEXTO, DE LA CONSTITUCIÓN POLÍTICA DE LOS ESTADOS UNIDOS MEXICANOS. De acuerdo con la citada norma constitucional, los actos del estado civil de las personas son de la exclusiva competencia de las autoridades administrativas en los términos que establezcan las leyes, y

tendrán la fuerza y validez que éstas les atribuyen. Por otro lado, los citados preceptos legales al facultar a los Jueces del Poder Judicial del Estado para rectificar o modificar las actas registrales del estado civil de las personas a fin de adaptarlas a la realidad social, mediante el ejercicio de la acción correspondiente, no vulneran el referido precepto constitucional, ya que mientras éste otorga la competencia exclusiva a la autoridad administrativa (Registro Civil) para que ante ella se celebren dichos actos, las señaladas disposiciones legales facultan al Poder Judicial para rectificar o modificar las actas respectivas.

Actos lícitos: todo acontecimiento voluntario al que el ordenamiento legal ya le ha señalado las consecuencias a actualizarse por su verificación. (Martinez, 2008)

El Acto Jurídico es la manifestación de voluntad humana y licita destinada a crear, regular, modificar o extinguir relaciones jurídicas.(Emilio, 1959)

El acto jurídico lícito es un hecho o acto humano voluntario y que tiene por fin inmediato producir efectos jurídicos. (Vazquez, 1998)

[TA]; 9a. Época; T.C.C.; S.J.F. y su Gaceta; Tomo XVII, Febrero de 2003; Pág. 1140; Número de registro 184780

RESPONSABILIDAD CIVIL PROVENIENTE DE DELITO Y RESPONSABILIDAD CIVIL PROVENIENTE DE HECHOS ILÍCITOS NO PENALES Y DE HECHOS LÍCITOS. SU DIFERENCIA CONSISTE EN EL ORIGEN DE LOS HECHOS O ACTOS QUE LAS PRODUCEN (LEGISLACIÓN DEL ESTADO DE PUEBLA). De lo dispuesto por los artículos 853, 866 y 867 del Código de Procedimientos Civiles del Estado de Puebla, se colige que tanto en la acción de responsabilidad civil proveniente de delito, prevista por la sección primera del capítulo sexto del código invocado, como en la diversa responsabilidad civil proveniente de hechos ilícitos no penales y de hechos lícitos, establecida por el artículo 874 de dicho ordenamiento, la pretensión consiste en que se resarza al actor de los daños causados en su perjuicio, y sólo las diferencia el origen de los hechos o actos que los producen. Esto es, si tales daños o perjuicios surgen a virtud de hechos o actos que provienen de la comisión de un delito, se estará en la hipótesis relativa a la acción de responsabilidad proveniente de delito; empero, cuando éstos provienen de hechos o actos ilícitos no penales o lícitos, se entenderá que se surte la acción de responsabilidad civil.

Actuación de oficio: Se denomina actuación de oficio a un trámite o diligencia administrativa o judicial que se inicia sin necesidad de actividad de parte interesada, es decir, no es a instancia de parte.

[TA]; 9a. Época; T.C.C.; S.J.F. y su Gaceta; Tomo XXXIII, Enero de 2011; Pág. 3157; Número de registro 163221

CASACIÓN. SI SE ADVIERTE ALGUNA VIOLACIÓN PROCESAL QUE HAYA DEJADO SIN DEFENSA AL SENTENCIADO, EL TRIBUNAL QUE CONOZCA DE DICHO RECURSO PUEDE EJERCER UN CONTROL SUBSIDIARIO DE CONSTITUCIONALIDAD, NO PARA DECLARAR LA INCONSTITUCIONALIDAD DE UNA LEY SECUNDARIA, SINO EXCLUSIVAMENTE PARA PREFERIR EN SUACTUACIÓN PÚBLICA LA APLICACIÓN DE UNA NORMA SUPREMA Y ANALIZARLA DE OFICIO (NUEVO SISTEMA DE JUSTICIA PENAL EN EL ESTADO DE CHIHUAHUA). Los artículos 400, 408 y 421 del Código de Procedimientos Penales del Estado de Chihuahua no deben constituir una limitante de las garantías individuales de defensa, audiencia y debido proceso contenidas en los artículos 14 y 20 de la Constitución Política de los Estado Unidos Mexicanos, las cuales deben prevalecer por encima de las normas procesales, en atención al principio de supremacía constitucional consagrado en el diverso 133 de nuestra Carta Magna, consistente en que ésta, las leyes generales del Congreso de la Unión y los tratados internacionales que estén de acuerdo con ella constituyen la Ley Suprema de la Unión, esto es, conforman un orden jurídico superior de carácter nacional, en el que la Constitución Federal se ubica en la cúspide y por debajo de ella los tratados internacionales y las leyes generales. De ahí que si se advierte alguna violación procesal que haya dejado sin defensa al sentenciado, el tribunal que conozca del recurso de casación puede ejercer un control subsidiario de constitucionalidad observando el principio de supremacía constitucional, no para declarar la inconstitucionalidad de una ley secundaria, sino exclusivamente para preferir en su actuación pública la aplicación de una norma suprema y así analizarla de oficio.

Actuaciones judiciales: Acto más o menos solemne que se desenvuelve en el proceso, debidamente autorizado por el ministro de fe que debe intervenir en el, requiere: Se practique en días y horas hábiles, se deje testimonio escrito en el proceso, debe ser autorizada por funcionario competente (Campell, 1997).

El debido proceso se aplicara a todas las acciones judiciales y administrativas; en consecuencia. Toda persona tiene derecho a ser notificada de los cargos por los cuales se le investiga, de acceder a las pruebas y de disponer del tiempo y de los medios adecuados para su defensa. (Temas actuales de Derecho Procesal Penal, 2003).

Se pueden designar genéricamente todos los actos procesales del órgano jurisdiccional. (Castillo, 1972).

Conjunto de las actividades de un órgano jurisdiccional desarrolladas en el curso de un proceso. Cuaderno o expediente en que constan las actividades de referencia (denominados también autos). (De Pina & De Pina Vara, 2008)

Actuación es la acción y efecto de actuar, de realizar un acto. Judicial proviene del latín judicialis, lo judicial o perteneciente al foro. (Jurídicas, 1993)

Son todos los actos de un juicio, como providencias, autos declaraciones emplazamientos notificaciones y demás diligencias que debidamente autorizados constituyen el proceso. Revisten el carácter de documentos públicos. Reciben de manera indistinta el nombre de procesos autos expediente sumario plenario. (Código Procesal Penal Del Distrito Federal)

[J]; 9a. Época; Pleno; S.J.F. y su Gaceta; Tomo XXIII, Mayo de 2006; Pág. 5; Número de registro 175165

ACTUACIONES JUDICIALES. PARA SU VALIDEZ BASTA LA FIRMA DE LOS SERVIDORES PÚBLICOS QUE EN ELLA INTERVENGAN, EN SU CASO, ANTE LA FE DEL SECRETARIO, SIENDO INNECESARIO QUE TAMBIÉN SE ASIENTEN LOS NOMBRES Y APELLIDOS DE PROPIA MANO. La firma tiene como función esencial identificar a su autor, así como de imputarle la autoría del texto que le precede, partiendo del principio de que algunos rasgos de la escritura de una persona siempre serán los mismos, lo que permite determinar, a simple vista o a través de medios científicos, [...]Por tanto, se concluye que la obligación legal de que las actuaciones judiciales estén firmadas por el servidor público que en ellas intervenga, no comprende la obligación de asentar su nombre y apellido de propia mano, salvo que la legislación aplicable lo exija expresamente, toda vez que aquéllos no son elementos inherentes a la firma, en tanto que no son esenciales para cumplir con el propósito de identificación.

Actuar: Según Freud, hecho en virtud del cual el sujeto, dominado por sus deseos y fantasías inconscientes, lo vive en presente con un sentimiento de actualidad, tanto más vivo cuanto que desconoce so origen y su carácter repetitivo. (Machado Schiaffino, 1992)

Formas autos, redactar o instruir en el proceso. (Escriche, 1851)

Tomar parte en un proceso judicial. (Anónimo, The free Dictionary, 2004)

[TA]; 9a. Época; T.C.C.; S.J.F. y su Gaceta; Tomo XXXIV, Agosto de 2011; Pág. 1454; Número de registro 161157

TRIBUNALES DE AMPARO. NO PUEDEN ACTUAR COMO ÓRGANOS TÉCNICOS DE CONSULTA. Resulta inadecuado que la parte quejosa pretenda que el tribunal de amparo le ilustre explicándole, a manera de excepción, de qué forma serían reparables en una sentencia definitiva los daños que refiere, ya que independientemente de que no existe motivo legal que sustente tal excepción, lo cierto es que la Ley de Amparo no faculta al Tribunal Colegiado de Circuito para actuar como órgano técnico de consulta.

[TA]; 7a. Época; 4a. Sala; S.J.F.; Volumen 46, Quinta Parte; Pág. 48; Número de registro 244244

TRABAJADOR, LEGITIMACION DEL, PARA ACTUAR ANTE LAS JUNTAS. Si bien según el contrato colectivo de trabajo suscrito por Ferrocarriles Nacionales de México y el sindicato de sus trabajadores, éste es el representante del interés profesional, lo cierto es también que el artículo 460 de la Ley Federal del Trabajo de mil novecientos treinta y uno, faculta a los trabajadores para obrar directamente, lo que implica que por sí pueden acudir ante las Juntas solicitando su intervención en los conflictos suscitados por la falta de aplicación de un derecho individual.

Actuario: En el derecho procesal se denomina actuario al secretario de juzgado o de cámara que da fe de ciertos actos y autoriza con su firma determinada actuaciones. En el moderno derecho procesal las facultades de los actuarios o secretarios judiciales se han extendido a otras materias dentro del proceso, por lo que sus tareas no se limitan ya a dar fe de lo actuado y a autorizar ciertas diligencias. El código procesal civil y comercial argentino (Decreto-ley 17454/ 67), en su título I, capítulo V, determina los deberes del os secretarios en el proceso, sin perjuicio de los que en particular se les señalan en otras disposiciones del propio código en las leyes de organización judicial. Actuarios son aquellas personas especializadas en cálculos matemáticos y en la ciencia del seguro que, mediante la obtención del título habilitante, asesoran a las empresas o a los particulares que se dedican a actividades afines con esos conocimientos. (gonzalez, 2000).

Actuario: asesor experto perito auxiliar (Flores, 2006)

[J]; 8a. Época; Pleno; Gaceta S.J.F.; Núm. 82, Octubre de 1994; Pág. 11; Número de registro 205423

ACTUARIO, HIPOTESIS EN QUE DEBE SER SEÑALADO COMO AUTORIDAD RESPONSABLE. De conformidad con lo establecido en el artículo 11 de la Ley de Amparo, el actuario tiene la calidad de autoridad responsable, por lo que si en el amparo indirecto, el quejoso se ostenta como extraño al juicio, y le atribuye omisiones o irregularidades respecto al emplazamiento, debe señalarse a ese funcionario como autoridad responsable, toda vez que el mismo está obligado a cumplir cabalmente con los lineamientos legales que regulan tal acto; consecuentemente es el directamente encargado de defender la legalidad de su actuación, puesto que es el que conoce los pormenores de la misma, que lleva a cabo bajo su estricta responsabilidad, ello, con independencia de que el titular del Tribunal que igualmente puede tener el carácter de autoridad responsable, cumpla con su deber de revisar de oficio el actuar de su subalterno.

[TA]; 8a. Época; T.C.C.; S.J.F.; Tomo XI, Marzo de 1993; Pág. 202; Número de registro 216814

ACTUACION JUDICIAL DE UN ACTUARIO. SU VALOR EN JUICIO. No basta para desvirtuar la fe dada por un funcionario judicial, como lo es un actuario, en ejercicio de su encargo, el aseverar que lo asentado por éste es falso; por cuanto que, como se encuentra investido legalmente de fe pública, corresponde a quien impugna esa actuación demostrar, con los medios de prueba idóneos, que son ciertos los vicios, ya sea de forma o materiales, que le atribuye a dicha actuación, y si no se hace así, es evidente que la misma conserva su valor probatorio para tener por cierto que lo ahí asentado corresponde a la verdad de cómo sucedieron los hechos o actos jurídicos de los cuales dio fe esa autoridad.

Acuerdo: v. Consentimiento, resoluciones judiciales. (Jurídicas, 1993)

Este concepto tiene diversos significados. Equivale a concierto a que llegan dos o más personas respecto de algún punto o tópico. Indica también el mismo cuerpo de personas que se reúnen para deliberar y tomar decisiones sobre alguna cuestión. (Burgoa O., 1996)

Manifestación de la voluntad de dos o más personas para crear consecuencias jurídicas respecto de un mismo objeto, porque su voluntad está encaminada hacia el mismo acto jurídico y ambas quieren celebrarlo por su respectivo interés. (Torres Estrada, 2006)

[TA]; 10a. Época; T.C.C.; S.J.F. y su Gaceta; Libro XXIII, Agosto de 2013, Tomo 3; Pág. 1708; Número de registro 2004300

QUEJA EN CONTRA DEL AUTO QUE TIENE POR NO PRESENTADA LA DEMANDA DE AMPARO. ES MATERIA DE ELLA LA LEGALIDAD DEL ACUERDO QUE MANDA ACLARARLA O COMPLETARLA (APLICACIÓN DE LA LEY DE

AMPARO VIGENTE A PARTIR DEL 3 DE ABRIL DE 2013). Contra el auto que manda aclarar o completar la demanda de garantías, dictado con fundamento en el artículo 114 de la Ley de Amparo, no procede el recurso de queja porque no ocasiona, por sí mismo, un perjuicio irreparable, como lo exige el inciso e), fracción I del artículo 97 de la misma ley, en la medida en que, de cumplimentarse lo prevenido, procedería la admisión de la demanda. Así, el perjuicio irreparable sólo se produciría si el Juez de Distrito, por estimar no cumplimentado o indebidamente cumplimentado el requerimiento formulado, tuviera por no presentada la demanda. Ahora bien, si contra el acuerdo preventivo no procede el recurso de queja previsto en el inciso e), fracción I del artículo 97 de la ley de la materia y es el auto que tiene por no presentada la demanda el que actualiza ese perjuicio al promovente del amparo, en contra del cual procede dicho recurso conforme a lo dispuesto en el inciso a), fracción I del citado precepto legal, se concluye que en la queja en contra del auto que tiene por no presentada la demanda puede plantearse y examinarse la legalidad del auto preventivo, cuyo incumplimiento es la base y fundamento de la determinación de tener por no interpuesta la demanda.

Acuerdo arbitral: Rubro: Arbitraje comercial. Acuerdo o compromiso arbitral y características del Laudo pronunciado por el Tribunal Arbitral cuando se encuentra expresamente facultado para decidir como "amigable componedor" y/o "en conciencia". El compromiso arbitral o acuerdo de arbitraje (como se denomina en la regulación referida) consta en un acuerdo de voluntades previo al surgimiento del conflicto como "cláusula compromisoria", o puede revestir la forma de pacto independiente y acordarse coetáneamente al surgimiento del conflicto que puede ser objeto del arbitraje (artículos 1416, fracción I, 1423, 1435, 1436 y 1437). Así, el tribunal arbitral o el árbitro único, según sea el caso, decidirá el litigio conforme con las normas elegidas por las partes; salvo acuerdo en contrario, se entenderá que toda indicación del derecho u ordenamiento jurídico de un país determinado se refiere al derecho sustantivo, y si las partes no acuerdan la norma que debe regir el fondo, el tribunal arbitral, tomando en cuenta las características y conexiones del caso, determinará el derecho aplicable. Asimismo, el árbitro o tribunal arbitral podrá decidir la contienda como "amigable componedor" y/o "en conciencia", pero sólo si las partes lo han autorizado expresamente para ello (artículo 1445, párrafo tercero), en el entendido de que resolver en "amigable composición" y/o "en conciencia" implica un procedimiento eminentemente contractual donde la solución a la controversia se presenta mediante una decisión más equitativa y justa que jurídica, o estrictamente apegada al derecho aplicable y que está fundada en la propia voluntad de las partes en disenso, lo que se presenta por una transmisión de la voluntad. Por ello jurídicamente resulta válido afirmar que esta forma de solución de conflictos concluye con un acuerdo o convención que tiene los efectos de la transacción y por tales motivos no tiene que estar fundado ni motivado, razones por las cuales se le considera un mecanismo convencional de autocomposición a pesar de la intervención de terceros, pues la intervención del tribunal arbitral (único o por varios árbitros) materialmente significa una decisión propia y autoimpuesta por las partes, adoptada por su representante con facultades suficientes para comprometerlas contractualmente y donde su decisión les afecta como si fueran tomadas por propia voluntad y auto sometimiento a la decisión de avenencia emitida, siendo precisamente esta característica, por otra parte, lo que implica "fallar en conciencia", es decir, la valoración de las pruebas, así como la argumentación, motivos y fundamentos de la sentencia no requieren constar por escrito sino que pueden ser obviadas y pasar de inmediato a la decisión, es decir, se pueden resolver de plano y sin ninguna explicación detallada (las cavilaciones y razonamientos quedan en la conciencia del árbitro y no pasan al documento del laudo) toda vez que se trata de una actividad cumplida por particulares en ejercicio de sus voluntades; de ahí que no caben las exigencias aplicables a los actos públicos de autoridad, que indefectiblemente deben estar fundados y motivados en congruencia con los artículos 14 y 16 de la Constitución Política de los Estados Unidos Mexicanos. En todos los casos, el tribunal arbitral debe decidir con base en las estipulaciones del convenio y tener en cuenta los usos mercantiles aplicables al caso (artículo 1445, último párrafo); y si no existe pacto en contrario, por regla general el laudo deberá dictarse por escrito, motivado y firmado por el o los árbitros, aunque tratándose de tribunales arbitrales con una composición compleja bastará la firma de la mayoría, siempre que se deje constancia de las firmas faltantes; constará la fecha y el lugar del arbitraje y el fallo se notificará a cada una de las partes mediante entrega de una copia firmada por los árbitros (artículo 1448). (Arbitraje comercial. Acuerdo o compromiso arbitral y características del Laudo pronunciado por el Tribunal Arbitral cuando se encuentra expresamente facultado para decidir como "amigable componedor" y/o "en conciencia", 2009)

ACUERDO ARBITRAL.-(REFORMADO, G.O. 10 DE SEPTIEMBRE DE 2009) ARTICULO 611.El acuerdo de arbitraje es un convenio por el que las partes deciden someter a arbitraje todas las controversias o ciertas controversias que hayan surgido o puedan surgir entre ellas respecto de una determinada relación jurídica, contractual o no contractual. El acuerdo de arbitraje podrá adoptar la forma de una cláusula compromisoria incluida en un contrato o la forma de un acuerdo independiente.

La referencia en el acuerdo de arbitraje, o en sus modificaciones a un reglamento de arbitraje, hará que se entiendan comprendidas en el acuerdo de arbitraje, todas las disposiciones de reglamente de que se trate. (Federal, 2009)

ACUERDO ARBITRAL.- ACUERDO ARBITRAL. TIENE SU ORIGEN EN UNA RELACIÓN JURÍDICA CONTRACTUAL O EXTRACONTRACTUAL (INTERPRETACIÓN DE LA FRACCIÓN I DEL ARTÍCULO 1416 DEL CÓDIGO DE COMERCIO). La fracción I del artículo 1416 del Código de Comercio dispone que el acuerdo de arbitraje es aquel por el que las partes deciden someter a arbitraje todas o ciertas controversias de una determinada relación jurídica, contractual o no contractual, la cual podrá adoptar la forma de una cláusula compromisoria o la forma de contrato independiente. Esta disposición legal confirma que el arbitraje tiene su origen en el acuerdo de las partes que, por un lado, determina qué cuestiones deben resolverse mediante esa institución y, por otro, la previsión de un procedimiento, como el medio necesario para decidir la controversia. En todo arbitraje subyace el hecho de que existe una controversia originada por una relación jurídica, que puede ser contractual o extracontractual. La idea de litigio, diferencia o controversia surge en referencia a un objeto o relación o situación existente entre dos partes diversas, respecto del cual se hallan unidas o bien un hecho extracontractual que trasciende a la esfera jurídica de una de las partes. Se trata de un vínculo jurídico contractual o extracontractual que motiva una controversia arbitrable, la cual puede ser determinada o determinable, como lo refiere el artículo 1416, fracción I, in fine, del Código de Comercio. El acuerdo arbitral incluye dos modalidades: la cláusula arbitral y el compromiso independiente. Por esa virtud, el acuerdo de arbitraje es la base y causa de la institución, porque obliga a las partes a someterse al arbitraje y excluye la intervención del Juez estatal para resolver esa determinada controversia. Ante su existencia, las partes y los tribunales del Estado, deben sujetarse a su cumplimiento. (ACUERDO ARBITRAL. TIENE SU ORIGEN EN UNA RELACIÓN JURÍDICA CONTRACTUAL O EXTRACONTRACTUAL (INTERPRETACIÓN DE LA FRACCIÓN I DEL ARTÍCULO 1416 DEL CÓDIGO DE COMERCIO)., 2011)

[TA]; 9a. Época; T.C.C.; S.J.F. y su Gaceta; Tomo XXXIII, Mayo de 2011; Pág. 1008; Número de registro 162237

ACUERDO ARBITRAL. TIENE SU ORIGEN EN UNA RELACIÓN JURÍDICA CONTRACTUAL O EXTRACONTRACTUAL (INTERPRETACIÓN DE LA FRACCIÓN I DEL ARTÍCULO 1416 DEL CÓDIGO DE COMERCIO). La fracción I del artículo 1416 del Código de Comercio dispone que el acuerdo de arbitraje es aquel por el que las partes deciden someter a arbitraje todas o ciertas controversias de una determinada relación jurídica, contractual o no contractual, la cual podrá adoptar la forma de una cláusula compromisoria o la forma de contrato independiente. Esta disposición legal confirma que el arbitraje tiene su origen en el acuerdo de las partes que, por un lado, determina qué cuestiones deben resolverse mediante esa institución y, por otro, la previsión de un procedimiento, como el medio necesario para decidir la controversia. En todo arbitraje subyace el hecho de que existe una controversia originada por una relación jurídica, que puede ser contractual o extracontractual. La idea de litigio, diferencia o controversia surge en referencia a un objeto o relación o situación existente entre dos partes diversas, respecto del cual se hallan unidas o bien un hecho extracontractual que trasciende a la esfera jurídica de una de las partes. Se trata de un vínculo jurídico contractual o extracontractual que motiva una controversia arbitrable, la cual puede ser determinada o determinable, como lo refiere el artículo 1416, fracción I, in fine, del Código de Comercio. El acuerdo arbitral incluye dos modalidades: la cláusula arbitral y el compromiso independiente. Por esa virtud, el acuerdo de arbitraje es la base y causa de la institución, porque obliga a las partes a someterse al arbitraje y excluye la intervención del Juez estatal para resolver esa determinada controversia. Ante su existencia, las partes y los tribunales del Estado, deben sujetarse a su cumplimiento.

Acumulación: Del latín, accumulatio, es el resultado de reunir o juntar varias cosas, ya sean materiales o inmateriales. En materia procesal ocurren diversas posibilidades de acumulación en cuanto a los sujetos que ejercitan sus acciones y en cuanto a las pretensiones que pueden platearse en la demanda. (Jurídicas, 1993)

En derecho administrativo es la facultad que tiene le órgano administrativo que inicie o tramite un procedimiento cualquiera, que haya sido la forma de su iniciación, para disponer de su acumulación a otros con los que guarde identidad sustancial o íntima conexión.(Rodríguez Guisado, 2005)

Es el acto de juntar o reunir y proviene del verbo latino accumulare formad con la preposición ac y la palabra cumulare. En materia procesal hay acumulación de acciones y de juicios y por lo que concierne al amparo sólo se presenta bajo este último aspecto. (Burgoa O., 1996)

[TA]; 10a. Época; 2a. Sala; S.J.F. y su Gaceta; Libro XXIV, Septiembre de 2013, Tomo 3; Pág. 1852; Número de registro 2004378

ACUMULACIÓN EN EL JUICIO DE AMPARO. PARA EL DICTADO DE LA SENTENCIA, EL JUEZ DE DISTRITO DEBE ANALIZAR TANTO LAS PRETENSIONES COINCIDENTES, COMO LAS DIFERENTES O PARTICULARES DE CADA

EXPEDIENTE ACUMULADO. Los artículos 57 a 63 de la Ley de Amparo vigente hasta el 2 de abril de 2013, regulan la acumulación en el juicio de amparo; figura procesal respecto de la cual esta Suprema Corte de Justicia de la Nación ha determinado que su existencia obedece a razones de economía procesal y a la necesidad y conveniencia de evitar que, de seguirse separadamente los diversos procesos, pudieran dictarse sentencias contradictorias; sin embargo, la circunstancia de decretar la acumulación y emitir una sola sentencia no se traduce en que el Juez pueda dejar de respetar la independencia o individualidad de los expedientes acumulados, o de pronunciarse respecto de todos los argumentos expuestos por las partes, ya que en atención a los principios de exhaustividad y congruencia que rigen en la emisión de toda sentencia, debe analizar tanto las pretensiones coincidentes como las diferentes o particulares, y armonizarlas de forma que una sola sentencia se ocupe de todos los planteamientos de los autos acumulados.

[TA]; 10a. Época; T.C.C.; S.J.F. y su Gaceta; Libro XIX, Abril de 2013, Tomo 3; Pág. 2031; Número de registro 2003205

ACUMULACIÓN. SI A PESAR DE ESTAR PLANTEADO EL CONFLICTO ASÍ SUSCITADO ANTE EL TRIBUNAL COLEGIADO COMPETENTE, UNO DE LOS JUECES DE DISTRITO SOBRESEE FUERA DE AUDIENCIA, DEBE ORDENARSE REPONER EL PROCEDIMIENTO EN ESE JUICIO. La finalidad de la acumulación es evitar el dictado de sentencias contradictorias, por lo que no es dable permitir que con el proceder unilateral de uno de los Jueces de Distrito que resuelve el juicio de su índice, a través del dictado de un auto que sobresee fuera de la audiencia constitucional, limite, restrinja o constriña al otro Juez a que tuviera que dictar sentencia en el juicio a su cargo, condicionada a no incurrir en contradicción con lo resuelto de manera irregular por aquél, puesto que con ello se contraría abiertamente dicha finalidad, que implica, de decretarse la acumulación, que lo procedente sea emitir una sola sentencia que resuelva ambos juicios acumulados. Máxime cuando todavía está pendiente de dictarse la resolución que dirima el conflicto de acumulación sometido a la consideración del Tribunal Colegiado competente, pues tal proceder conlleva el no acatamiento de lo dispuesto por los artículos 58, segundo párrafo y 61, segundo párrafo, de la Ley de Amparo, lo que constituye una violación en sí misma, sui géneris, del procedimiento de acumulación como tal, no de las reglas fundamentales que norman el procedimiento en el juicio de amparo, que necesariamente debe desarrollarse en todas sus fases, para que el tribunal de alzada esté en condiciones de dirimir el conflicto de acumulación sometido a su conocimiento; por ello, en un supuesto así es factible ordenar reponer el procedimiento en el juicio en el que en forma unilateral se sobreseyó fuera de audiencia, a fin de que se regularice el trámite de acumulación, y ésta pueda resolverse por el órgano competente.

Acusación calumniosa: Del latín acussatio, derivado del verbo accusare, acusar. La acusación como concepto general implica el señalamiento ante la autoridad respectiva de que una persona ha realizado una conducta que se considera delictuosa, a fin de que se siga en su contra el proceso judicial respectivo y en su caso, se le aplique la sanción correspondiente. (Jurídicas, 1993)

Requisito de perseguibilidad o procedibilidad que se exige en materia procesal para la mal llamada persecución del delito. (Amuchategui Requena, Griselda; Villasana Díaz, Ignacio, 2006)

Es la imputación directa que se hace a persona determinada de la posible comisión de un delito, ya sea perseguible de oficio o a petición de la víctima. (Osorio y Nieto, 1998)

Toda imputación de un hecho delictuoso a una persona inocente de él. (Baqueiro Rojas, 1999)

ACUSACIÓN CALUMNIOSA.- CALUMNIA. TIPIFICACION DEL DELITO DE.

Conforme al artículo 252 del Código Penal del Estado de Michoacán, el delito de calumnia se tipifica cuando se atribuye a otro falsamente un delito, ya sea porque el hecho es falso o inocente la persona a quien se imputa, siendo necesario el conocimiento por el calumniador de la falsedad de su denuncia, por implicar la concurrencia del carácter doloso en los hechos expuestos ante el representante social. Pues de otra manera se estimaría responsable del delito en cuestión, a quien haciendo uso de la institución procesal de la denuncia, erróneamente consideró como delito los hechos denunciados, a pesar de haber actuado de buena fe. (CALUMNIA. TIPIFICACION DEL DELITO DE., 1993)

ACUSACIÓN CALUMNIOSA.- DAÑOS Y PERJUICIOS. DAÑO INDEMNIZABLE.

Delito civil de acusación calumniosa. Concepto. Derecho aplicable. Prueba. El delito civil de acusación calumniosa consiste en la falsa imputación de la comisión de un delito penal de acción pública. El genera responsabilidad resarcitoria del denunciante si la falsa denuncia ha sido efectuada dolosamente (confr. arts. 1089 y 1090 del C.C.) y, si bien es cierto que también se admite la procedencia de ella por aplicación de las disposiciones que prevén los daños causados por culpa o imprudencia -en los términos de los arts. 1109, 512 y ccdtes. del C.C.-, se requiere en estos casos un prudente ejercicio de la función judicial que exija severamente la prueba de la culpa, so peligro del desaliento de quienes pretenden colaborar con las autoridades mediante la denuncia de los presuntos delitos de los que son víctimas o tomen conocimiento; máxime cuando -como en el caso- los denunciantes asumieron tal calidad en cumplimiento de una obligación legal, supuesto en el cual la severidad en el juicio sobre la culpabilidad debe ser adecuadamente proporcional al riesgo que corría el agente si omitía la "noticia aiminalis". Por ser imprescindible preservar el interés social en la investigación y represión de los delitos penales debe exigirse la existencia de una culpa grave o grosera (cfr. Belluscio, "Código Civil", T.5, Bs.As., 1984, pág. 259; Parellada, "Responsabilidad emergente de la denuncia calumniosa o negligente", en JA. 1979-III, pág. 695). (Consid. V).

ACUSACIÓN CALUMNIOSA.-
RESPONSABILIDAD CIVIL PROVENIENTE DE ACUSACION CALUMNIOSA. Si el quejoso trató de hacer efectiva la responsabilidad civil por una imputación calumniosa, que asegura le hizo otra persona, y la autoridad responsable declaró que aquél no probó su acción, debe estimarse que ajustó sus procedimientos a la ley de la materia, ya que el Código Penal otorga únicamente el derecho de hacer efectiva la responsabilidad civil, a la víctima o parte ofendida en el delito, pero no al acusado, como lo fue el quejoso, y para que la acción por responsabilidad civil intentada por éste, hubiera prosperado, era necesario que previamente acusara a la primitiva acusadora, por el delito de calumnia y que ésta fuera condenada. (RESPONSABILIDAD CIVIL PROVENIENTE DE ACUSACION CALUMNIOSA., 1941)

ACUSACIÓN CALUMNIOSA.- ACUSACIÓN
CALUMNIOSA, CONCEPTO DE.Formula acción calumniosa, el que ocurre ante el órgano encargado del ejercicio de la acción penal, denunciando la comisión de hechos delictuosos que se imputan a persona determinada sabiendo que es inocente o que aquéllos no se cometieron,

a fin de que haga la consignación respectiva y le sea aplicada la pena correspondiente. (ACUSACIÓN CALUMNIOSA, CONCEPTO DE., 1956)

[J]; 9a. Época; T.C.C.; S.J.F. y su Gaceta; Tomo II, Noviembre de 1995; Pág. 366; Número de registro 203910

DIVORCIO. ACUSACION CALUMNIOSA COMO CAUSAL DE, PARA QUE OPERE SE NECESITA ACREDITAR EN EL JUICIO QUE LA DENUNCIA SE HIZO A SABIENDAS DE QUE ERA INOPERANTE Y CON EL UNICO PROPOSITO DE DAÑAR AL CONYUGE EN SU REPUTACION. (LEGISLACION DEL ESTADO DE CHIAPAS). Para que opere la causal de divorcio prevista en la fracción XIII del artículo 263 del Código Civil, se requiere además, acreditar que la denuncia se hizo a sabiendas de que era inocente y con el único propósito de dañar al cónyuge en su reputación y en la consideración social que merece, o sea, que la ley quiere que para que sea calumniosa la acusación, el calumniador obre con conocimiento de que procede contra la víctima, sin contar en su apoyo con ningún elemento de responsabilidad efectiva, imputable al calumniado, guiándose tan sólo por el espíritu de reconocida malevolencia que lo lleva a discernir embustes y urdir apariencias condenatorias para él.

Acusado: Persona física a quien se imputa la comisión de un delito. Al probable sujeto activo se le denomina de diferentes maneras, dependiendo de la etapa preprocesal o procesal en que se encuentre. (Amuchategui Requena, Griselda; Villasana Díaz, Ignacio, 2006)

Estrictamente se habla de acusado cuando ya han sido presentadas las conclusiones acusatorias; como afirma Silva Silva: "Nuestra Constitución (Art. 20) emplea la palabra acusado en el sentido más amplio posible, y esta palabra se equivale con la locución imputada, en un sentido también amplísimo". (Silva Silva, 1997)

Persona a quien se le acusa un proceso penal.(Sevilla, 20002)

[TA]; 5a. Época; Pleno; S.J.F.; Tomo III; Pág. 484; Número de registro 290317

ACUSADO. Tiene interés directo en cualquier amparo que se promueva contra cualquiera providencia dictada en el proceso a que está sujeto.

[TA]; 5a. Época; Pleno; S.J.F.; Tomo III; Pág. 1321; Número de registro 290873

ACUSADO. Siempre que se le pruebe que violó una ley penal, se presumirá que obró con dolo, a no ser que se averigüe lo contrario, o que la ley exija la intención dolosa para que haya delito.

[TA]; 7a. Época; 1a. Sala; S.J.F.; Volumen 10, Segunda Parte; Pág. 29; Número de registro 236965

IMPUTACION EN CONTRA DEL ACUSADO. Es de explorado derecho que la sola imputación no hace prueba en contra del acusado, si no existen otros indicios ni elementos de prueba que la fortalezcan.

Acusador: Es el que ejercita la acción penal al lado del Ministerio Público (Rodríguez, 2005).

(Privado) El que acusa en nombre de la ley, esto es el Ministerio Fiscal(Rodríguez, 2005).

Aquel que sostiene la acusación en procesos por delitos privados, por la calumnia, injuria, en los cuales no procede la acusación del Ministerio Fiscal.

Persona que formula la acusación ante el juez o tribunal que entiende en un proceso penal. (Bustillo Peña, 2008)

[TA]; 5a. Época; 1a. Sala; S.J.F.; Tomo LXXX; Pág. 3796; Número de registro 306771

ACUSADOR O DENUNCIANTE. El carácter de coadyuvante del Ministerio Público, reconocido por la autoridad judicial, al representante de la parte ofendida en el proceso, confiere a dicha parte, la facultad de poner a disposición del representante social y del Juez de la causa, todos los datos conducentes a establecer la culpabilidad del acusado, y a justificar la reparación del daño, pero esto no puede afectar los intereses jurídicos del acusado, dado que el simple reconocimiento de esa personalidad no determina nada sobre la existencia del cuerpo del delito, sobre la presunta responsabilidad del procesado; sobre todo, si se trata de un delito que de acuerdo con la ley penal no requiere para su persecución querella necesaria de la parte ofendida, y en la que la acción penal es deducida por el Ministerio Público, como órgano adecuado para ese efecto. Por otra parte, si la designación de la parte ofendida como coadyuvante del representante social infiere algún agravio al procesado, contra la resolución relativa puede hacer valer los recursos de la ley concede, y si no lo hace, por este solo concepto, independientemente de las otras causas, el amparo es improcedente.

[TA]; 5a. Época; 1a. Sala; S.J.F.; Tomo LXXVI; Pág. 6640; Número de registro 307635

ACUSADOR O DENUNCIANTE, DERECHOS DEL. Si el Juez del proceso se niega a practicar las diligencias solicitadas por el acusador o denunciante, para demostrar la existencia del hecho antisocial y la responsabilidad del autor de éste, su resolución es apegada a la ley, puesto que tales peticiones están en abierta pugna con lo dispuesto por el artículo 21 constitucional que declara que compete exclusivamente al Ministerio Público el ejercicio de la acción penal, uno de cuyos aspectos es cabalmente el allegar las pruebas que sean aptas para demostrar la existencia del delito y la responsabilidad del autor, así como las que acrediten el daño que sea preciso reparar, quedando circunscrita la actividad del ofendido por el delito, a poner a disposición del Ministerio Público y del Juez instructor, todos los datos que conduzcan a establecer la culpabilidad del acusado y a justificar la reparación del daño, pero sin conferirle el papel de parte en el proceso, otorgándole solo la facultad de apelar, cuando coadyuve en la acción reparadora y sólo en lo relativo a ésta, en los casos que expresamente determina la ley.

Acuse de rebeldía: ACUSAR LA REBELDÍA.- Señalar una de las partes al Juez o tribunal la circunstancia de que la otra no ha realizado en el momento previsto al efecto, un determinado acto procesal, con la petición de que, en su virtud, sea declarada en rebeldía. (Bustillo Peña, 2008)

ACUSE DE REBELDÍA.- REBELDIA, ACUSE DE LA. El acuse de rebeldía procede cuando la otra parte no observa los mandamientos del Juez o es omisa en comparecer al juicio, en los términos de la citación o emplazamiento que se le hace, tratándose de actos que, aunque el litigante tiene obligación de practicar, pueden suplirse por declaración o presunción legal, y como la necesidad del acuse de una rebeldía es para que el juicio pueda continuar su curso natural, en el cual no puede quedar comprendido el derecho, perfectamente renunciable por una de las partes, de promover el término supletorio de prueba, es claro que tal derecho no constituye una parte esencial del procedimiento, que haga procedente el acuse de rebeldía, como el emplazamiento para contestar la demanda, el término ordinario de prueba, la citación para alegatos, y la citación para sentencia. (Rebeldía, acuse de la , 1938)

ACUSE DE REBELDÍA.- Es una institución procesal que deviene de una ficción legal, creada por el legislador a fin de hacer precluir la etapa de contestación de, ante la negativa del demandado de comparecer a pronunciarse frente a ella y evitar que por tal motivo el proceso quede suspendido. (Zetino, 2002)
[TA]; 9a. Época; T.C.C.; S.J.F. y su Gaceta; Tomo VI, Julio de 1997; Pág. 367; Número de registro 198266

DEMANDA, CONTESTACIÓN EXTEMPORÁNEA DE LA, EN MATERIA MERCANTIL. NO ES NECESARIO EL PREVIO ACUSE DEREBELDÍA. La declaración de extemporaneidad del escrito de contestación a la demanda, en el que el demandado se opone a la ejecución dictada en su contra en el juicio ejecutivo mercantil respectivo, no está condicionada de ninguna forma a que la parte actora formule previamente el acuse de rebeldía, puesto que tal exigencia no se encuentra contemplada en ninguno de los preceptos que rigen el procedimiento del juicio en comento; por el contrario, de la recta interpretación de los artículos 1078 y 1404 del Código de Comercio, antes de su reforma, se deduce que al concluir los términos fijados a las partes, sin necesidad de que se acuse rebeldía, seguirá el juicio su curso, teniéndose por perdido el derecho que debió ejercitarse dentro del término correspondiente, y que al no verificar el deudor el pago dentro de los cinco días de hecha la traba, ni oponer excepciones contra la ejecución, a pedimento del actor y previa citación de las partes, se pronunciará sentencia de remate.

[TA]; 5a. Época; 3a. Sala; S.J.F.; Tomo LVIII; Pág. 1643; Número de registro 356327

REBELDIA, ACUSE DE LA. El acuse de rebeldía procede cuando la otra parte no observa los mandamientos del Juez o es omisa en comparecer al juicio, en los términos de la citación o emplazamiento que se le hace, tratándose de actos que, aunque el litigante tiene obligación de practicar, pueden suplirse por declaración o presunción legal, y como la necesidad del acuse de una rebeldía es para que el juicio pueda continuar su curso natural, en el cual no puede quedar comprendido el derecho, perfectamente renunciable por una de las partes, de promover el término supletorio de prueba, es claro que tal derecho no constituye una parte esencial del procedimiento, que haga procedente el acuse de rebeldía, como el emplazamiento para contestar la demanda, el término ordinario de prueba, la citación para alegatos, y la citación para sentencia.

Ad perpetuam: **ad perpetuam**.- REGISTRO PÚBLICO DE LA PROPIEDAD. CUANDO EL INMUEBLE QUE PRETENDE INSCRIBIRSE NO TIENE ANTECEDENTES REGISTRALES, DEBE SEGUIRSE EL PROCEDIMIENTO ESPECIAL DENOMINADO INFORMACIÓN AD PERPETUAM O INMATRICULACIÓN (LEGISLACIÓN DEL ESTADO DE SAN LUIS POTOSÍ).La regla general de que en el Registro Público de la Propiedad sólo puede inscribirse la transmisión de un inmueble que está previamente inscrito, para lo cual se requiere proporcionar los antecedentes registrales en cumplimiento del principio de tracto sucesivo, admite una excepción, prevista en el artículo 74 de la Ley del Registro Público de la Propiedad de San Luis Potosí, que a su vez remite al Código de Procedimientos Civiles local, cuando el inmueble que pretende inscribirse no tiene dichos antecedentes, en cuyo caso la ley prevé el procedimiento especial denominado información ad perpetuam o inmatriculación, que tiene por objeto incorporar un bien inmueble que carece de antecedentes registrales al Registro Público de la Propiedad. En efecto, considerando que en estos casos no puede cumplirse el principio de tracto sucesivo, el procedimiento de inmatriculación precisa el cumplimiento de diversos requisitos adicionales al procedimiento normal de inscripción de un inmueble que tiene antecedentes registrales, todos encaminados a garantizar la seguridad jurídica que debe otorgar el Registro Público de la Propiedad, por lo que involucra una investigación para que la autoridad se cerciore de que el inmueble no ha sido inscrito antes; que quien pretende la inscripción tiene la propiedad o posesión del inmueble; y que no exista una persona con un mejor derecho.(REGISTRO PÚBLICO DE LA PROPIEDAD. CUANDO EL INMUEBLE QUE

PRETENDE INSCRIBIRSE NO TIENE
ANTECEDENTES REGISTRALES, 2011)

AD PERPETUAM.- (A perpetuidad.) expr. lat. Se aplica en particular a la información que se hace judicialmente y a prevención, para que conste en lo sucesivo una cosa. Dícese también ad perpetuam re memoriam (para perpetua memoria de la cosa). (Anónimo, Acanomas, 1999)

ad perpetuam.- INFORMACIONES AD PERPETUAM (LEGISLACION DEL ESTADO DE VERACRUZ).
Las informaciones ad perpetuam sólo tienen por objeto acreditar o justificar un derecho en el que no tiene más interés sino la persona que promueve, y por su carácter de actuaciones de jurisdicción voluntaria no pueden tener valor probatorio en cuanto a la posesión, ni como instrumento públicos, ni como información testimoniales; lo primero, porque su protocolización solo implica la autenticidad de la información en cuanto a existencia, pero no en lo que respecta a su fondo; y lo segundo, porque su recepción no satisface las reglas del capítulo VII, título V, libro primero, del Código de Procedimientos Civiles anterior. Solo deben estimarse como una presunción cuando están debida y oportunamente protocolizadas y registradas. (INFORMACIONES AD PERPETUAM (LEGISLACION DEL ESTADO DE VERACRUZ)., 1968)

AD PERPETUAM.- La Información ad-perpetuam es un Acto de jurisdicción voluntaria que tiene por objeto llevar a cabo una averiguación o prueba destinada a justificar algún hecho o acreditar un derecho para que en lo sucesivo conste inequívocamente.

~ adperpétuam, o ~ ad perpétuamrei memóriam. 1. f. Der. La que se hace judicialmente y a prevención, para que algo conste en lo sucesivo. (Anónimo, Buenas Tareas, 2009)

[TA]; 5a. Época; 3a. Sala; S.J.F.; Tomo XXXV; Pág. 2398; Número de registro 362934

INFORMACION AD PERPETUAM,

EFICACIA DE LA. La información ad perpetuam no es por sí sola eficaz para acreditar el dominio de la cosa reivindicada, ya que dicha información sólo procede decretarse cuando importa justificar algún hecho, o acreditar un derecho, en los que no tenga interés más que la persona que la solicita.

[TA]; 5a. Época; 3a. Sala; S.J.F.; Tomo XLII; Pág. 1539; Número de registro 360539

INFORMACION AD-PERPETUAM, FUERZA PROBATORIA DE LA. La información ad-perpetuam, que sólo decreta cuando se trata de acreditar algún hecho o justificar un derecho, en los que no tenga interés más que la persona que la solicita, no puede surtir efecto alguno contra tercero, ni mucho menos puede ser estimada como una información testimonial, ofrecida y rendida con arreglo al la ley, puesto que la misma ordena que esa clase de pruebas se rindan siempre con citación contraria, entregando una copia del interrogatorio a la contraparte, para que ejercite el derecho de repreguntar a los testigos, y dentro del término probatorio, sancionando con la nulidad las que se rindan sin observar estos requisitos; y aun cuando en el juicio, los testigos cuyas declaraciones fueron protocolizadas, hayan ocurrido ante la autoridad a ratificarlas, esa ratificación está muy lejos de constituir la diligencia de prueba testimonial de que habla la ley de procedimientos, desde el momento en que fue recibida sin llenarse ninguno de los requisitos mencionados, excepto el de la oportunidad.

Adición: Cláusula insertada en un contrato de compraventa en virtud de la cual el vendedor se reserva el derecho de rescindirlo en el caso de que en un plazo determinado encuentre quien le ofrezca mejor precio, si el comprador no hace uso de la facultad de mejorarlo. (De Pina Vara, 1965).

Hacer o poner adiciones, esto es, a ser añadiduras a una obra o escrito, o poner notas y reparos a una cuenta. (Escriche, 1874).

[J]; 9a. Época; T.C.C.; S.J.F. y su Gaceta; Tomo XXVI, Agosto de 2007; Pág. 1486; Número de registro 171655

PRUEBA PERICIAL EN EL JUICIO DE AMPARO INDIRECTO. DEBE DESECHARSE LA ADICIÓN AL CUESTIONARIO CONFORME AL CUAL SE DESAHOGARÁ AQUÉLLA SI NO GUARDA RELACIÓN CON LA LITIS O LOS HECHOS CONTROVERTIDOS, EN ATENCIÓN AL PRINCIPIO DE IDONEIDAD. Conforme a los artículos 150 y 151 de la Ley de Amparo, así como 79, 81, 86 y 146 del Código Federal de Procedimientos Civiles, estos últimos de aplicación supletoria al juicio de garantías por disposición del segundo párrafo del artículo 2o. de la citada ley, en el amparo indirecto es admisible cualquier medio de prueba que esté reconocido por la ley, a excepción de la confesional y de las que fueren contra la moral o el derecho. En este sentido, tratándose de la prueba pericial, el derecho a adicionar el cuestionario sobre el cual se desahogará no es pleno, sino que deben cumplirse ciertos requisitos, entre los que se encuentra la relación inmediata que debe tener con los hechos controvertidos, conforme al principio de idoneidad de la prueba, regulado por el mencionado artículo 79, de tal modo que si las preguntas adicionales no guardan relación con la litis o los hechos que se pretenden probar con dicho medio de convicción, no se satisface ese requisito y el ofrecimiento que se haga es ilegal, ante lo cual, el Juez desde su anuncio, debe desechar la referida adición al cuestionario para los peritos.

Agravio: Lesión, daño o perjuicio ocasionada por una resolución judicial o administrativa, por aplicación indebida de un precepto legal o por falta de aplicación del que se debió regir el caso, susceptible de fundar una impugnación contra la misma. (De Pina Vara , Rafael;, 1998)

*Por tal debe entenderse la lesión o afectación de los derechos e intereses jurídicos de una persona, en especial, a través de una resolución judicial y por extensión. También cada uno de los motivos de impugnación expresados en el recurso de apelación contra una resolución de primera instancia. (instituto de investigaciones juridicas, 1993)

*Defensa o perjuicio que se le hace a alguien en sus derechos e intereses.

[TA]; 5a. Época; 3a. Sala; S.J.F.; Tomo LXVII; Pág. 3709; Numero de registro 354126

AGRAVIO INDIRECTO. De conformidad con los establecido por el artículo 4o. de la Ley de Amparo, éste debe promoverse por quien resulte directamente perjudicando con el acto reclamado, y no por quien sólo resienta un perjuicio indirecto, dependiente del que ocasiona a otra persona, pues entonces esta última es quien debe interponer el juicio de garantías.

[TA]; 5a. Época; Pleno; S.J.F.; Tomo XIV; Pág. 103; Número de registro 284719

AGRAVIO. Agravio es el mal, daño o perjuicio que el apelante expone ante el Juez superior, habérsele irrogado por la sentencia del inferior.

Alcance legal: Indicar la distancia que puede alcanzar la acción o la influencia de algo o alguien en alguna cuestión. (http://www.definicionabc.com/general/alcance.php#ixzz2 BtJaLrNZ)

En tanto, también es común que la palabra sea utilizada para dar cuenta de la importancia o la trascendencia que ostenta determinada cuestión o persona

[TA]; 6a. Época; 2a. Sala; S.J.F.; Volumen LXXXIV, Tercera Parte; Pág. 27; Número de registro 266281

CONSTRUCCIONES. ALCANCE LEGAL DEL TÉRMINO. El alcance que dio el legislador al término "contribuciones", no fue el riguroso de "impuesto" o "gravamen", sino más bien el que corresponde a su acepción gramatical de "pago de una cuota", sea cual fuere la naturaleza de ésta en la cual acepción quedan comprendidos no únicamente el "tributo" en el concepto jurídico de la palabra, sino también la "cooperación" que, en los términos de nuestra legislación fiscal, constituye un "derecho".

Alegar: Citar algo como prueba, disculpa o defensa de lo dicho o hecho, exponer o referir méritos, servicios, actitudes, para fundar en ellos una pretensión, citar el abogado leyes, jurisprudencia, casos, razones y otros argumentos en defensa de la causa. Citar algo que sirve de prueba.

Presentar argumentos, razones o pruebas como defensa o disculpa en favor de una persona que ha hecho una cosa determinada o en favor de una acción determinada

Citar algo que sirve de prueba, disculpa o defensa {alega que no ha recibido información.

[TA]; 5a. Época; 3a. Sala; S.J.F.; Tomo LXIX; Pág. 445; Número de registro 353418

AMPAROS DIRECTO E INDIRECTO, VIOLACIONES QUE PUEDEN ALEGARSE EN LOS. Los amparos indirectos no se enderezan contra sentencias definitivas, entendiendo por tales las que define el artículo 45 de la ley orgánica de los artículos 103 y 107 constitucionales, y no pueden alegarse en esos juicios, violaciones de procedimiento, porque éstas solamente caben tratándose de los amparos directos.

Alegato: Llamado también alegación, es, según la Academia, el escrito en el cual expone el abogado las razones que sirven de fundamento al derecho de su cliente e impugna las del adversario. En sentido amplio, y en lo jurídico o no, cualquier razonamiento o expos(Del lat. allegātus).

Argumento, discurso, etc., a favor o en contra de alguien o algo. Escrito en el cual expone el abogado las razones que sirven de fundamento al derecho de su cliente e impugna las del adversario. Disputa, discusión.

Es la expresión oral o escrita de los argumentos de las partes sobre el fundamento de sus respectivas pretensiones, una vez agotada la etapa probatoria y con anterioridad al dictado de la sentencia de fondo en las diversas instancias del proceso.

[TA]; 8a. Época; T.C.C.; S.J.F.; Tomo XII, Septiembre de 1993; Pág. 312; Número de registro 215086

REVISION. ALEGATO INATENDIBLE POR REFERIRSE A CUESTIONES RESUELTAS PREVIAMENTE POR EL PRESIDENTE DEL TRIBUNAL COLEGIADO QUE PREVINO EN EL CONOCIMIENTO DEL ASUNTO. Es inatendible lo alegado por la quejosa en el sentido de que el juez de Distrito indebidamente estimó que procedía el recurso de apelación contra la sentencia recurrida, porque dicho recurso es improcedente conforme a los diversos preceptos legales y tesis de jurisprudencia que cita; pues independientemente de lo correcto o incorrecto de su alegación, cabe hacer notar, que la procedencia del recurso de apelación a que aludió el juez constitucional en la sentencia que se revisa, es una cuestión que fue resuelta previamente por el presidente del tribunal colegiado a quien primeramente tocó conocer del asunto, proveído que causó ejecutoria por no haberse combatido a través del recurso de reclamación que regula el artículo 103 de la Ley de Amparo, en donde en todo caso, debieron hacerse valer las inconformidades que ahora se exponen.

Allanamiento: Acto procesal del demandado, por el que éste abandona su oposición a la pretensión, implica la terminación del proceso sin sentencia, al desplegar su virtualidad como canon rector del contenido de aquélla, que habrá de dictarse de conformidad con las pretensiones del demandante.'" (Arnaldo Alcubilla & Fernández Valverde, 2007)

"El allanamiento se admite en el proceso laboral como una declaración de voluntad del demandado por la que muestra su conformidad con las pretensiones del actor. No exime al órgano judicial de dictar sentencia y tampoco le vincula, si se aprecia por el juzgador que la decisión del demandado, desprovista de todo fundamento de hecho o de derecho o fundada en hechos simulados, persigue causar un perjuicio a otros colitigantes o a terceros en sus derechos irrenunciables." (De la Villa Gil, 2006)

"Designa la actitud auto compositiva propia de la parte demandada en aceptar o en someterse a la pretensión de la parte actora, de la pretensión del demandado." (Ovalle Favela, 2002)

"El allanamiento es una conducta o acto procesal que implica el reconocimiento por el demandado o por quien resiste en el proceso, a las pretensiones de quien acciona. Es una característica del demandado o resistente con respecto a las pretensiones del actor dentro del proceso. En un sentido etimológico, allanarse viene de llano, es decir, de plano y, por lo tanto, allanarse es ponerse plano, no ofrecer resistencia, someterse pues a las pretensiones del contrario." (Bailón Valdovinos, 2004)"Acción y efecto de

allanarse. Acto conforme a una demanda o decisión."
(Jurídica, 2001-2012)

Supone la declaración expresa de voluntad del demandado de no formular oposición, de conformarse con la pretensión planteada por el demandante, y, en consecuencia, de que se dicte sentencia estimatoria. (Pales, 2001)

Allanamiento propiamente dicho es un concepto que se refiere a una conducta exclusiva del demandado o del resistente, al someterse a la pretensión del colitigante actor o accionante. Debemos calificar al allanamiento como un acto de disposición de los derechos procesales. (Bailón Valdovinos, 2004)

El allanamiento es un acto unilateral y espontáneo del atacado o demandado, de manera que no requiere para ser eficaz a la litis, del acuerdo o consentimiento del atacante o demandante. (Moscoso, 19989)

[TA]; 9a. Época; T.C.C.; S.J.F. y su Gaceta; Tomo XXXIII, Marzo de 2011; Pág. 2274; Número de registro 162658

ALLANAMIENTO A LA DEMANDA EN MATERIA MERCANTIL. Conforme al artículo 1405 del Código de Comercio, reformado por decreto publicado en el Diario Oficial de la Federación el veinticuatro de mayo de mil novecientos noventa y seis, el legislador introdujo la figura del allanamiento en el procedimiento mercantil, con el propósito de dar una pronta y mejor solución a los conflictos judiciales y con ello redundar en beneficio de la administración de justicia, evitando en la manera de lo posible la proliferación de juicios complicados y tardados, con el consiguiente aumento del gasto público; de tal suerte que este precepto es el que debe aplicarse cuando el demandado se allane a la demanda, concediéndole el plazo de gracia a que refiere el artículo 1405 citado, para que cumpla con la obligación que se le reclama, prórroga que deberá determinar el juzgador haciendo uso de su arbitrio judicial, atendiendo a las circunstancias del caso, la que deberá ser benéfica para ambas partes. De ahí que no tenga aplicación ni conjunta ni aisladamente el artículo 360 del código de la materia, en virtud de que su aplicación haría nugatorio el beneficio de la prórroga que concede el artículo 1405 del Código de Comercio al demandado al allanarse a la demanda.

[TA]; 9a. Época; T.C.C.; S.J.F. y su Gaceta; Tomo XXIII, Junio de 2006; Pág. 1094; Número de registro 174945

ALLANAMIENTO A LA DEMANDA LABORAL. OPORTUNIDAD PARA FORMULARLO (LEGISLACIÓN DEL ESTADO DE MÉXICO). Los artículos de la Ley del Trabajo de los Servidores Públicos del Estado y Municipios, que reglamentan el procedimiento laboral, incluyendo los términos en que debe desarrollarse la audiencia de conciliación, demanda y excepciones y ofrecimiento y admisión de pruebas, no determinan el momento en que se puede efectuar el allanamiento a la demanda. Por otra parte, atendiendo a que tal allanamiento constituye el sometimiento de la parte demandada a la pretensión de su contraria, sin lucha judicial, pues a través de ese acto, renuncia a defenderse, con lo cual cesa el conflicto o controversia, y que la contestación a la demanda en donde se pueden hacer valer excepciones y oponer defensas, implica subsistencia del conflicto, no es lógico concluir que ese allanamiento forme parte de la contestación a la demanda; sin embargo, atendiendo a lo que dicha figura jurídica constituye, se concluye que es posible efectuarlo desde que la parte demandada es emplazada, hasta antes de que se dicte el laudo correspondiente.

Almoneda: Esta palabra es de origen arábigo; Diego de Urrea dice que su raíz es el verbo nedeye, que equivale a llamar, lo cual unido al artículo al (la) y m, que es aditiia, constitutiva del participio gente, resulta almo-nedeye, almoneda que vale tanto como llamamiento. Según Cobarrubias, la almoneda es la venta de las cosas públicas, que se hace con la intervención de la justicia, ante escribano, y con ministro público, dicho pregonero, porque en alta voz propone la cosa que se vende, y el precio que dan por ella, cuyo precio se va acrecentando." (De P. Mellado, 1831)

"Venta pública de bienes muebles que se realiza en presencia de los interesados, con la posterior adjudicación al mejor postor. Venta de bienes muebles a bajo precio." (Caballenas de Torres, 2005)

"Palabra de origen árabe que en su acepción etimológica original significa gritar. Subasta pública de bienes que se le adjudican al mejor postor. También se le denomina almoneda al establecimiento comercial en el que se subastan o venden a precio de saldo (precios rebajados) objetos diversos, generalmente de segunda mano."(La Gran Enciclopedía de Economía, 2006-2009)

[TA]; 5a. Época; 3a. Sala; S.J.F.; Tomo CXVIII; Pág. 812; Número de registro 341535

COMPRAVENTA EN ALMONEDA, LEY APLICABLE A LA (EVICCION).

El artículo 384 del Código de Comercio debe referirse sólo a la compraventa común, pero no a la que se celebre en una almoneda o remate público, como consecuencia de una operación pignoraticia, pues esta compraventa no debe estar sujeta a los preceptos generales de la compraventa comercial, sino a aquellos preceptos que regulan la compraventa constituida en almoneda por causa de prenda mercantil, entre otros el relativo a los efectos de la responsabilidad por evicción de la cosa rematada por parte del acreedor prendario. Ahora bien, en este caso es aplicable supletoriamente, el artículo 2889 del Código Civil para el Distrito y Territorios Federales, que dispone que el acreedor prendario no responde por la evicción de la prenda vendida, a no ser que intervenga dolo de su parte o que se hubiera sujetado a aquella responsabilidad expresamente.

Ámbito temporal de validez: "Como principio tenemos la irretroactividad de las leyes penales, las conductas delictivas serán sancionadas por la ley penal vigente al momento de ser cometidas. En algunos casos si posteriormente a la ejecución de un delito la ley penal sufre una reforma o surge una nueva ley, es posible que se aplique a los hechos anteriores, siempre que beneficie al indiciado o procesado." (Definición legal)

[TA]; 9a. Época; 2a. Sala; S.J.F. y su Gaceta; Tomo XIV, Julio de 2001; Pág. 512; Número de registro 189267

REFORMAS CONSTITUCIONALES. CUANDO RESTRINGEN ALGÚN DERECHO DE LOS GOBERNADOS, LAS AUTORIDADES CONSTITUIDAS DEBEN APLICARLAS SUJETÁNDOSE AL ÁMBITO TEMPORAL DE VALIDEZ QUE EL PODER REVISOR LES FIJÓ. Como se reconoció por el Pleno de la Suprema Corte de Justicia de la Nación en la tesis jurisprudencial visible con el número 302 en la página 282 del Tomo I del Apéndice al Semanario Judicial de la Federación 1917-1995, de rubro: "RETROACTIVIDAD DE LA LEY, PRECEPTOS CONSTITUCIONALES NO SON IMPUGNABLES POR.", el Poder Revisor de la Constitución puede imprimir a una reforma constitucional el ámbito temporal de validez que estime conveniente e, incluso, puede darle efectos retroactivos. En tal virtud, si de la interpretación de la reforma a un precepto constitucional, mediante la cual se restringe algún derecho de los gobernados, se advierte que fue voluntad de la expresión soberana fijarle un específico ámbito temporal de validez, las autoridades constituidas deben someterse a esa voluntad, con independencia de que ello implique afectar derechos adquiridos o, en el extremo contrario, respetar meras expectativas de derecho, que a juicio del referido poder, deben preservarse; todo ello, en aras de respetar el principio de supremacía constitucional.

Amigable composición: Instrumento útil para la resolución de los conflictos suscitados en desarrollo de un proceso contractual, incluidos aquellos en los cuales interviene el Estado, frente a los cuales el principio de arreglo directo, constituye uno de los pilares fundamentales.(de Otto, 2007)La persona a quien las partes interesada en una contienda promovida o por promover, eligen o designan para que decida dicha contienda según su leal saber y entender.(Atwod, 1978)

Arbitro que ha recibido de las partes el derecho a pronunciar su decisión, no según el derecho, sino según equidad y sin observar las reglas ordinarias del procedimiento.(Raymon, 1996)

[TA]; 9a. Época; T.C.C.; S.J.F. y su Gaceta; Tomo XXVIII, Julio de 2008; Pág. 1698; Número de registro 169342

COMPOSICIÓN AMIGABLE EN EL JUICIO AGRARIO. CUANDO SE LOGRA LA AVENENCIA ENTRE LAS PARTES CONCLUYE LA CONTROVERSIA, POR LO QUE LAS VIOLACIONES VINCULADAS CON LA LITIS PLANTEADA, QUE SE MODIFICÓ EN ATENCIÓN A DICHO ACUERDO DE VOLUNTADES, NO PUEDEN SER MATERIA DE LA RESOLUCIÓN QUE EMITA EL TRIBUNAL COMPETENTE. Conforme al artículo 185, fracción VI, de la Ley Agraria: "El tribunal abrirá la audiencia y en ella se observarán las siguientes prevenciones: ... VI. En cualquier estado de la audiencia y en todo caso antes de pronunciar el fallo, el tribunal exhortará a las partes a una composición amigable. Si se lograra la avenencia (sic), se dará por terminado el juicio y se suscribirá el convenio respectivo, el que una vez calificado y, en su caso, aprobado por el tribunal, tendrá el carácter de sentencia. En caso contrario, el tribunal oirá los alegatos de las partes, para lo cual concederá el tiempo necesario a cada una y en seguida pronunciará su fallo en presencia de ellas de una manera clara y sencilla.". De lo anterior se advierte que cuando las partes en el juicio llegan a la avenencia, la controversia concluye, lo que implica que ya no puede hacerse pronunciamiento de fondo, precisamente porque ésta termina con la firma y homologación del convenio correspondiente. Por tanto, en la referida hipótesis, las violaciones vinculadas con la litis planteada, que se modificó en atención al aludido acuerdo de voluntades, son ajenas a lo decidido y, consecuentemente, no pueden ser materia de la resolución que emita el tribunal agrario.

[TA]; 7a. Época; T.C.C.; S.J.F.; Volumen 163-168, Sexta Parte; Pág. 91; Número de registro 250082

JUSTICIA DE PAZ. AMIGABLE COMPOSICION. El Juez de Paz tiene la obligación de exhortar a las partes para que lleguen a una composición, pues así lo ordena el artículo 20, fracción VI, del título especial; pero la omisión de efectuar dicha invitación no constituye una violación procesal trascendente en los términos del artículo 159 de la Ley de Amparo, porque no deja a las partes en indefensión dentro del juicio, ni el cumplimiento de la obligación aludida es condicionante de la jurisdicción del responsable.

Amparo: Proviene del emparamemtum, o sea, la protección que otorgaban los reyes a los súbditos que lo solicitaban. Sin embargo, este significado histórico no ha perdido actualidad ya que en los términos del artículo 197 fracción 2 de la constitución política de los estados unidos mexicanos, el objeto de la sentencia de amparo es amparar y proteger la institución. Tal y como hay la concebimos como un proceso constitucional que es en realidad una consecuencia del constitucionalismo inspirado en los principios de la división de órganos y competencias (Arilla, 1989).

Amparo es un juicio o proceso que tiene por objeto la protección de las garantías individuales consagradas en la constitución como derechos de los gobernados y que debe respetar el gobierno(Padilla, 1986).

Es el proceso legal intentando para recuperar sumariamente cualquiera de los derechos del hombre consignados en la constitución y atacados por una autoridad de cualquier categoría, o para eximirse de la obediencia de una ley o mandato de una autoridad que a invadido la esfera federal o local respectivamente.(Arellano, 1983)

[J]; 10a. Época; T.C.C.; S.J.F. y su Gaceta; Libro XX, Mayo de 2013, Tomo 2; Pág. 1028; Número de registro 200346629836

AMPARO DIRECTO CONTRA LEYES. LOS EFECTOS DE LA SENTENCIA QUE LO CONCEDE POR LA APLICACIÓN DE UNA NORMA ESTIMADA INCONSTITUCIONAL POR JURISPRUDENCIA ESTABLECIDA POR UN TRIBUNAL COLEGIADO COMO ÓRGANO TERMINAL FUNDADO EN LA SUPLENCIA DE LA QUEJA, DEBE COMPRENDER TANTO LA ANULACIÓN DEL ACTO DE APLICACIÓN COMO LA DESINCORPORACIÓN DE LA LEY INCONSTITUCIONAL DE LA ESFERA JURÍDICA DEL QUEJOSO. Tradicionalmente se ha sostenido que los efectos de la sentencia de amparo directo en que se hace valer la inconstitucionalidad de una ley están limitados a la anulación del acto concreto fundado en dicha norma y a evitar que se reitere en el futuro pero sólo respecto de los mismos hechos, porque en el amparo directo la ley no es señalada como acto reclamado y, por ello, no puede existir un pronunciamiento o declaración sobre su inconstitucionalidad; además, las autoridades legislativas que la emiten no son parte en el procedimiento, por lo que no tienen oportunidad de ser escuchadas ni de interponer recursos y, por ende, la ley no puede desincorporarse de la esfera del quejoso. No obstante, de una interpretación de los artículos 1o. y 133 de la

Constitución Política de los Estados Unidos Mexicanos, se concluye que el amparo concedido en la vía uniinstancial por la aplicación de una ley estimada inconstitucional por jurisprudencia de un Tribunal Colegiado de Circuito como órgano terminal, fundado en la suplencia de la queja prevista en la fracción VI del artículo 76 Bis de la Ley de Amparo, tiene el efecto de desincorporar la norma tanto del acto de aplicación como de la esfera jurídica del quejoso, en tanto el vicio de inconstitucionalidad de la norma no sea superado, dado que no se está realizando un análisis directo y privativo de regularidad de la norma, sino que éste ha sido efectuado previamente a través de los asuntos que condujeron al establecimiento del criterio jurisprudencial invocado, mediante los cuales la ley fue directa y expresamente impugnada y, por ende, las autoridades legislativas tuvieron intervención en su defensa, habiendo estado en aptitud -inclusive- de hacer valer los recursos procesales a su alcance para revertir la estimación de inconstitucionalidad de la ley. Lo anterior, porque las autoridades están obligadas a salvaguardar los derechos fundamentales de los individuos en la forma más amplia posible, lo que conlleva un deber de alcance más eficaz que la simple restauración de derechos conflagrados, y evitar que el mismo derecho fundamental sea afectado en el futuro. Por tanto, ante la conflagración manifiesta de derechos fundamentales, no por el acto de aplicación, sino a través de éste por reflejo de la norma, deben asegurarse tanto su restauración como su salvaguarda y protección futura, desincorporando la norma de la esfera jurídica del afectado.

Ampliación: Duplicado, en una forma autentica de un acto administrativo.(Raymon, 1996)
Acción y efecto de ampliar.(Diccionario enciclopedico, 1991)
Acción y efecto de ampliar.(Diccionario de la lengua española, 1997)

[TA]; 10a. Época; T.C.C.; S.J.F. y su Gaceta; Libro XX, Mayo de 2013, Tomo 3; Pág. 1706; Número de registro 2003471

AMPLIACIÓN DE LA DEMANDA DE AMPARO. PROCEDE CUANDO EN EL ESCRITO INICIAL SE RECLAMÓ LA INMINENTE SUSPENSIÓN DE ACTIVIDADES O CLAUSURA DE UNA NEGOCIACIÓN MERCANTIL Y EN EL TRANSCURSO DEL JUICIO ÉSTA SE LLEVÓ A CABO. Si en la demanda de amparo el quejoso reclamó la inminente suspensión de actividades o clausura de su negociación mercantil, y en el transcurso del juicio ésta se lleva a cabo, al constituir esto último la ejecución del acto inicialmente reclamado, procede la ampliación de la demanda, pues de esa ejecución se advierten los fundamentos y motivos que llevaron a la responsable a decretar la medida, los que pueden controvertirse por el quejoso, pues cuando presentó su escrito inicial sólo tenía datos que le hacían presumir una proximidad temporal en la ejecución del acto reclamado, pero no conocía la manera en que la autoridad la haría.

Antenupcial: Se llaman antenupciales las donaciones que antes del matrimonio hace un esposo al otro, cualquiera que sea el nombre que la costumbre les haya dado. (ISEF, 2005)

En vista de los lazos afectivos que unen a la pareja o por cualquiera otra motivación, es frecuente que los cónyuges se hagan regalos entre sí, ya sea antes de la celebración del matrimonio o durante el. En el primer caso, se llaman donaciones antenupciales.(Brena, 2001)

Son las donaciones que antes del matrimonio hace un esposo al otro, cualquiera que sea el nombre que se les haya dado.(Soto, Prontuario de Introduccion al Estudio del Derecho y Nociones de Derecho Civil, 1982)

134

[TA]; 8a. Época; T.C.C.; S.J.F.; Tomo XII, Diciembre de 1993; Pág. 865; Número de registro 214051

DONACION ANTENUPCIAL (DE INMUEBLE). PARA SU EXISTENCIA NO REQUIERE REALIZARSE POR ESCRITO, PUES ESTE NO ES UN ELEMENTO DE EXISTENCIA (LEGISLACION CIVIL DE BAJA CALIFORNIA). No es correcto considerar inexistente la donación apoyándose en el artículo 2216 del Código Civil para el Estado de Baja California, que establece que no puede hacerse donación verbal mas que de bienes muebles pues la donación en general, sea común o antenupcial, para su perfeccionamiento (existencia), requiere solamente de que el donante conozca los términos de la aceptación "artículo 2214 del Código sustantivo Civil", y su aceptación no requiere ser expresa en tratándose de la donación antenupcial, en atención al artículo 222 del Código Civil del Estado, es decir, en este tipo de donación antenupcial la aceptación puede ser tácita, pudiendo precisar que no se deben confundir los elementos esenciales con los elementos de validez del acto jurídico o contrato, pues el Código Civil vigente en el Estado hace una clasificación de estos elementos en los artículos 1681 y 1682, distinguiendo, el primero, como esenciales, el consentimiento y el objeto posible, y el segundo, como de validez, la capacidad, la forma, la ausencia de vicios del consentimiento, la licitud en el objeto, motivo, fin o condición del contrato, por lo que si bien el artículo 2216 del Código sustantivo Civil, establece: "No puede hacerse donación verbal más que de bienes muebles", sin embargo, éste es un requisito de validez, pues es evidente que tal precepto se refiere a la formalidad que la ley impone para que dicho contrato surta efectos frente a terceros, no siendo indispensable dicho requisito de validez, entre las partes, para la existencia del contrato de donación, pues éste, inclusive, en tratándose de una donación antenupcial se perfecciona con una aceptación tácita del donatario, por

135

tanto, la falta de un elemento de validez no debe implicar la inexistencia del acto jurídico.

Aparejada: Lo mismo que preparado, prevenido o dispuesto. Se dice que traen aparejada ejecución los instrumentos en virtud de los cuales se procede por una vía ejecutiva contra el deudor. (Escriche, 1851)

Indica la condición de ciertos documentos que permite utilizar la vía ejecutiva y conseguir el cumplimiento de las obligaciones contenidas en los mismos. (Cabanellas, 1993)

Preparado, prevenido, dispuesto. Eficacia legalmente reconocida a un documento para ser considerado como titulo de ejecución y por consiguiente, para servir de base a un juicio ejecutivo. (Pina Vara, 1965)

[TA]; 9a. Época; T.C.C.; S.J.F. y su Gaceta; Tomo VI, Agosto de 1997; Pág. 682; Número de registro 197995

CHEQUE. ES UN DOCUMENTO QUE TRAE APAREJADA EJECUCIÓN AUNQUE NO SE CONTENGA EXPRESAMENTE EN EL ARTÍCULO 1391 DEL CÓDIGO DE COMERCIO. El artículo 1391 del Código de Comercio relaciona en forma enunciativa y no limitativa los documentos que traen aparejada ejecución, pues así se advierte de la redacción de su fracción IV, que dispone: "Las letras de cambio, libranzas, vales, pagarés y demás efectos de comercio en los términos que disponen los artículos relativos de este código ...". Entonces, la circunstancia de que el cheque no se encuentre expresamente contenido en este dispositivo de ley, no es suficiente para restarle valor probatorio en su carácter de título ejecutivo, toda vez que en congruencia con el indicado precepto de ley, el artículo 75, fracción XIX, del mismo ordenamiento legal dispone que el cheque es un acto de comercio; por su parte, los artículos 1o. y 5o. de la Ley General de Títulos y Operaciones de Crédito indican que son cosas mercantiles los títulos de crédito y que tienen esta naturaleza los documentos necesarios para ejercitar el derecho literal que en ellos se consigna y, finalmente, el capítulo IV de la ley invocada, que regula todo lo concerniente a este documento, se encuentra contenido en el título primero denominado precisamente "De los títulos de crédito".

Apelable: Dícese de la sentencia que permite apelación o de que puede apelarse. Es regla general que solo puede apelarse de las sentencias definitivas, mas no de las interlocutoras. (Escriche, 1851)

Se dice de la sentencia que admite apelación (v). También, de los autos y providencias, cuando sean susceptibles de apelación ante tribunal superior. (Cabanellas, 1993)

"Resolución judicial que puede ser impugnada mediante el recurso de apelación" (Pina Vara, 1965)

[TA]; 9a. Época; T.C.C.; S.J.F. y su Gaceta; Tomo XXIX, Mayo de 2009; Pág. 1093; Número de registro 167209
PRUEBA PERICIAL EN PSICOLOGÍA. EL AUTO QUE LA ADMITE NO ES APELABLE. Conforme lo establece el artículo 298 del Código de Procedimientos Civiles para el Distrito Federal, se desprende de manera taxativa que el Juez no podrá admitir pruebas o diligencias: a) ofrecidas extemporáneamente; b) que sean contrarias al derecho o a la moral; c) que versen sobre hechos que no hayan sido controvertidos por las partes o hechos imposibles o notoriamente inverosímiles; y, d) que no reúnan los requisitos señalados en el artículo 291 del mismo código procesal. En su último párrafo, el artículo en comento señala, que en asuntos del orden civil sólo serán apelables en el efecto devolutivo los autos a través de los cuales: I) Se deseche cualquier prueba; y, II) Se admitan pruebas que no debían ser admitidas (las antes listadas). Por tanto, como el auto a través del cual se admite una prueba pericial en psicología que fue ofrecida en tiempo, no es contraria al derecho o a la moral, no versa sobre hechos no controvertidos o imposibles o notoriamente inverosímiles y su ofrecimiento cumple con los requisitos señalados por el

artículo 291 del Código de Procedimientos Civiles para el Distrito Federal, evidentemente que al no encuadrar en ninguna de las hipótesis del numeral 298 del código procesal civil, lógicamente debe sostenerse que dicho auto no es apelable.

Apelación: Es un recurso ordinario y vertical a través del cual una de las partes o ambas solicitan al tribunal un segundo grado un nuevo examen sobre una resolución dictada por un juez de primera instancia, con el objeto de que aquel que la modifique o revoque. (Carpizo, 2001)

Es el medio de impugnación de las resoluciones judiciales que tiene por objeto que el tribunal de segunda instancia confirme, revoque o modifique la resolución apelada. (Rosalio, 2003).

La apelación es el medio legal por el cual la parte agraviada provoca la segunda instancia, o grado jurisdiccional en el cual el tribunal superior respectivo del que dicto la resolución apelada la fiscaliza, con el objeto de establecer su acuerdo o desacuerdo con los hechos y el derecho y en definitiva confirmarla o revocarla, en su casa. (Anabalon, 1961)

El recurso que en negocios civiles de menor cuantía hace alguno de los litigantes al ayuntamiento de menor cuantía hace alguno de los litigantes al ayuntamiento para que se reformare la sentencia del juez ordinario. (Escriche, 1851)

Recurso que la parte, cuando se considera agraviada por la resolución de un juez o tribunal, eleva a una autoridad judicial superior; para que, con el conocimiento de la cuestión debatida, revoque, modifique o anule la resolución apelada. Pueden apelar, por lo general, ambas partes litigantes.(Cabanellas, 1993)

La apelación es un recurso ordinario y vertical a través del cual una de las partes o ambas solicitan al tribunal de segundo grado (tribunal ad quem) un nuevo examen sobre una resolución dictada por un juez de primera instancia (juez o quo), con el objeto de que aquel la modifique o revoque. (Cordero, 1982)

[TA]; 10a. Época; T.C.C.; S.J.F. y su Gaceta; Libro XXII, Julio de 2013, Tomo 2; Pág. 1321; Número de registro 20039193825

APELACIÓN DE TRAMITACIÓN INMEDIATA. PROCEDE CONTRA EL AUTO QUE NIEGA DECRETAR LA CADUCIDAD DE LA INSTANCIA EN UN JUICIO DE NATURALEZA MERCANTIL. De la exposición de motivos de la iniciativa presentada ante la Cámara de Senadores el diecinueve de diciembre de dos mil seis, que dio origen a diversas reformas y adiciones al Código de Comercio, publicadas en el Diario Oficial de la Federación de diecisiete de abril de dos mil ocho, por las que se estableció la apelación de tramitación inmediata, se advierte que una de las características de tal clase de apelación es que lo impugnado tenga como consecuencia que el juicio no llegue a sentencia definitiva, cuestión que quedó plasmada en la fracción III del artículo 1345 del citado ordenamiento legal, que dispone que se tramitarán de inmediato las apelaciones que se interpongan contra las resoluciones que por su naturaleza pongan fin al juicio; hipótesis en la que cabe la resolución que niega decretar la caducidad de la instancia, pues es obvio que de llegarse a revocar su efecto sería extinguir la instancia, volviendo las cosas al estado que guardaban antes de la presentación de la demanda, como lo establece el precepto 1076, segundo párrafo, inciso b), fracción I, del mismo código mercantil.

[TA]; 5a. Época; Pleno; S.J.F.; Tomo II; Pág. 261; Número de registro 2910793825

RECURSO DE APELACION. No es procedente si la ley no lo concede de una manera expresa, ni está el caso comprendido entre los que enumera el artículo 390 del Código Federal de Procedimientos Civiles.

Apelación extraordinaria: Siempre tiene como finalidad la corrección de las violaciones de las reglas de procedimiento. Este recurso es equivalente al recurso de revisión o de audiencia. (Pina Vara, 1965)

Como el auto que por extemporáneo, desecha el recurso de apelación extraordinaria, no constituye una simple determinación de trámite ni es de aquéllos que se ejecuten provisionalmente -como lo disponen las fracciones I y II del artículo 79 del Código de Procedimientos Civiles para el Distrito Federal-, sino que es una decisión con fuerza definitiva, que impide o paraliza la prosecución del juicio - en términos de la fracción III del numeral indicado-, participa de la naturaleza de la sentencia a que se refiere el artículo 720 de ese ordenamiento y, por ende, no admite más recurso que el de responsabilidad. (Apelaciòn extraordinaria. Auto que desecha la. No admite mas recurso que el de responsabilidad, por equipararse a la sentencia prevista ene l artìculo 720 del còdigo de procedimientos civiles, 1995)

Cuando se interpone un recurso de apelación contra un auto dictado en una causa penal por un Juez de Distrito que actuó fuera de su competencia ordinaria, en términos del artículo 432 del Código Federal de Procedimientos Penales, es competente el Tribunal Unitario de Circuito que ejerza jurisdicción en el lugar en que acontecieron los hechos presuntamente delictivos y no el Tribunal Unitario que ejerza jurisdicción sobre el que dictó el auto recurrido. Ello es así, debido a que el juzgador de primer grado actuó con base en una competencia que le es reconocida en función de circunstancias extraordinarias, como lo establece el propio artículo 432 referido, de manera que al desaparecer la situación de urgencia, la regla genérica de competencia territorial prevista en el artículo 6o. del mismo Código cobra plena eficacia para regir la causa penal, resultando entonces injustificado que siga conociendo de un delito, un juez de Distrito o un tribunal Unitario de Circuito que no ejerzan jurisdicción sobre el lugar en que aquél aconteció. (Recurso de apelaciòn en materia penal., 2007)

[J]; 9a. Época; 1a. Sala; S.J.F. y su Gaceta; Tomo VII, Mayo de 1998; Pág. 203; Número de registro 196301

APELACIÓN EXTRAORDINARIA. NO ES UN RECURSO O MEDIO DE IMPUGNACIÓN QUE DEBA INTERPONERSE, ANTES DE PROMOVER EL JUICIO DE AMPARO, PARA CUMPLIR CON EL PRINCIPIO DE DEFINITIVIDAD QUE RIGE A ÉSTE. Conforme a lo dispuesto en la fracción XIII del artículo 73 de la Ley de Amparo, es improcedente el juicio de amparo contra las resoluciones judiciales, cuando la ley conceda algún recurso o medio de defensa, dentro del procedimiento, por virtud del cual puedan ser modificadas, revocadas o nulificadas, y el quejoso no lo haya hecho valer oportunamente. La apelación extraordinaria prevista en los artículos 717 y 966 del Código de Procedimientos Civiles para el Distrito Federal y Código de Procedimientos Civiles para el Estado de San Luis Potosí, respectivamente, no es un medio de defensa que se otorgue al demandado en el juicio civil, dentro del procedimiento, en atención a que su interposición está prevista para hacerse valer, durante los tres meses siguientes a la notificación de la sentencia; de tal suerte que si el procedimiento es una serie coordinada de actos que empieza con la emisión de un acto inicial y que concluye con el logro del efecto perseguido: el dictado de la sentencia que dirime la controversia del juicio, debe concluirse que la apelación de referencia es un medio de impugnación que se otorga fuera del procedimiento, y que la omisión de su interposición no actualiza la hipótesis de la fracción XIII en comento, porque conforme a este precepto el recurso que debe disponer el gobernado debe ser otorgado dentro del procedimiento.

Apelante: La parte que interpuesto apelación contra la resolución dictada en el juicio. (Capitant, Vocabulario jurídico, 1986)

Calidad de la persona que interpone recurso de apelación, ósea, al que se designa como actor en la segunda instancia. (Garrone, Buenos Aires)

En cualquier tipo de proceso, las partes reciben denominaciones específicas cuando interponen recursos: por ejemplo, se llama apelante al que interpone el recurso de apelación. (Favela, Teoria General del Proceso, 2005)

El que interpone la apelación. (Cabanellas, 1993)

Parte de un juicio en primera instancia que interpone recurso de apelación y deviene así demandante de la misma. (Pina Vara, 1965)

El que pone el derecho de acción dentro de la apelación. (Zamacona Jorge)

[TA]; 5a. Época; Pleno; S.J.F.; Tomo XV; Pág. 1097; Número de registro 284579

APELANTE. No está obligado a presentarse de una manera, personal a mejorar el recurso; y las prevenciones legales que dicen que se les concede un término para que se presente a continuar el recurso, deben entenderse en el sentido de que pueda comparecer por escrito, por sí, o por medio de su representante legítimo, ante la autoridad superior, pero no en el de que se presente de una manera personal.

Apercibimiento: El apercibimiento, en Derecho procesal, es una comunicación emitida por los jueces o tribunales en la cual se hace un llamado a alguna de las partes implicadas en un proceso judicial de una orden relacionada con el proceso y, al mismo tiempo, se hace una advertencia de las consecuencias que acarrearía dejar de cumplir con lo solicitado en la comunicación. El apercibimiento puede ser emitido por cualquier autoridad como por ejemplo la policía local de un Ayuntamiento, en el que se hace constar que si no realiza una conducta determinada podrá incurrir en una infracción administrativa o incluso en un delito.

Es una corrección disciplinaria, la cual se identifica como una prevención especial, llamada de atención o advertencia para el servidor público para que haga o deje de hacer determinada cosa, en el entendido que de persistir en una conducta indebida, sufrirá una sanción mayor. (FEDERAL)

Fórmula utilizada principalmente en las notificaciones, citaciones y requerimientos, con indicación de las consecuencias que pueden derivarse de determinadas actitudes o actuaciones y de las sanciones en que puede incurrir quien deja de cumplir lo que se le ordena: (htt).

[TA]; 9a. Época; Pleno; S.J.F. y su Gaceta; Tomo V, Marzo de 1997; Pág. 252; Número de registro 199239

MEDIOS DE APREMIO, APERCIBIMIENTO DE SU IMPOSICION. SI ES GENERICO NO PUEDE CONSIDERARSE COMO ACTO DE APLICACION DE LA LEY QUE LOS PREVE. Si en una resolución jurisdiccional se ordena el acatamiento de una determinación a cargo de alguno de los sujetos que intervienen en el proceso, apercibiendo al obligado que en caso de incumplimiento le serán impuestas las medidas de apremio previstas legalmente, sin especificar cuál o cuáles de dichos medios coactivos le serán aplicados, al haber sido decretado el apercibimiento de una manera genérica, no puede considerarse, en rigor, como un acto de aplicación del precepto legal que regula el empleo de los medios de apremio por los Jueces, toda vez que al desconocer la medida coactiva específica que le será aplicada en caso de no cumplir con la orden judicial, el obligado no cuenta con los elementos de defensa necesarios para impugnar en el juicio de garantías, con motivo de su aplicación, la constitucionalidad de la norma que los regula.

Apertura: Acción de abrir. Acto de dar o volver a dar principio a las funciones de una asamblea, teatro, escuela, etc. Acto solemne de sacar de su pliego y dar publicidad a un testamento cerrado. Combinación de ciertas jugadas con que se inicia el juego de ajedrez. En los sistemas ópticos que tienen un eje común de simetría, la relación entre el diámetro del diafragma de entrada y la distancia focal.

La palabra apertura deriva en su etimología del latín "apertūra", siendo muchas veces considerada sinónimo de abertura pero usada sin embargo en otras situaciones y contextos, como cuando se habla en el lenguaje jurídico de apertura del testamento, y no de abertura del mismo, que implica que un testamento cerrado toma estado público, lo que ocurre al deceso del causante; o en el caso de apertura de un comercio, de un teatro o de un salón bailable, entre otros usos. De todos modos, ambas palabras abertura y apertura, están relacionadas, ya que la abertura es el hueco por donde se pasa, por ejemplo una puerta o una ventana.(Vara, 2008)

[TA]; 8a. Época; T.C.C.; S.J.F.; Tomo XII, Agosto de 1993; Pág. 527; Número de registro 215605

PRUEBA. APERTURA DEL JUICIO. NOTIFICACION DE LAS PARTES QUE COMPARECEN A LA AUDIENCIA EN QUE SE DICTA TAL PROVEIDO. La actora apelante queda notificada del auto que ordena abrir el juicio a prueba, si comparece a la audiencia en que se dicta tal proveído, pues es inconcuso que al estar presente en ese acto, la enjuiciante conoce el auto en cuestión, cumpliéndose así con la finalidad de la notificación, que no es otra que la de hacer llegar adecuada y oportunamente al conocimiento de los interesados, la existencia de los actos procesales.

Apoderado: Se denomina apoderado el que tiene el poder o facultada de otro para proceder en su nombre – consliluere apoderado es nombrar uno a otro con las formalidades establecida por las leyes para que puedan representar legítimamente su persona en juicio y fuera de él.

Quien tiene poder para representar a otro en juicio o fuera de él. (v. mandatario, poder, procurador, representante)a la persona que tiene la capacidad jurídica para actuar en nombre y por cuenta de otra.

El apoderamiento debe realizarse mediante lo que se denomina un poder. El poder es una manifestación unilateral de la persona que lo otorga, y debe cumplir una serie de formalidades como, por ejemplo, debe ser autenticado ante notario. Se basa en la confianza de la persona sobre el apoderado, que podrá contratar y realizar acuerdos actuando directamente.

Apoderado es una **persona** que tiene **poderes de otro individuo para proceder en su nombre**. El apoderado, por lo tanto, **representa a la otra persona y actúa por cuenta de ésta**

[TA]; 9a. Época; T.C.C.; S.J.F. y su Gaceta; Tomo XIII, Enero de 2001; Pág. 1682; Número de registro 190401

APODERADO JURÍDICO. NO PUEDE DELEGAR EN UN TERCERO EL PODER CONFERIDO, SI NO LE FUE OTORGADA EXPRESAMENTE ESA FACULTAD. El apoderado jurídico de una de las partes, a quien se le confirió poder en términos del artículo 2554 del Código Civil del Distrito Federal, esto es, sin limitación alguna y con todas las facultades generales y aun con las especiales, puede ejercer todas las facultades que en tal forma se le confirieron; pero no puede delegar a su vez, en favor de un tercero, dichas facultades, puesto que sólo a él fueron conferidas, y entre ellas no se incluye la de poder transmitirlas.

Apoderado especial: Es una persona a la que se le ha otorgado un poder de representación para un negocio o acto jurídico específico. Representa a su mandante sólo para ese negocio, pero nada más. Es lo contrario a un poder general, el cual faculta al apoderado para actuar en nombre de su mandante en un determinado ámbito y en diferentes negocios y actos.

[TA]; 8a. Época; T.C.C.; S.J.F.; Tomo XIII, Junio de 1994; Pág. 642; Número de registro 212354

QUERELLA. EL APODERADO DE LA PARTE OFENDIDA DEBE EXHIBIR PODER CON CLAUSULA ESPECIAL (LEGISLACION DEL ESTADO DE GUANAJUATO). Una correcta interpretación a lo dispuesto en el artículo 112 del Código de Procedimientos Penales del Estado de Guanajuato, lleva a concluir que cuando se formula querella en representación, el poder que para tal fin exhiba el representante requiere cláusula especial, donde se le faculte para querellarse, luego no basta la exhibición de un poder general para pleitos y cobranzas otorgado en términos del artículo 2554 del Código Civil para el Distrito Federal o del correlativo 2064 del Código Civil para la entidad, porque el nombrado numeral 112 de la ley adjetiva penal además de requerir que se cuente "con poder general", exige categóricamente una "cláusula especial para querellarse"; de donde se sigue que, cuando se exhiben poderes sin esta última cláusula expresa, no queda satisfecho el requisito de procedibilidad consistente en la querella.

Apremio: El mandamiento que se dan los intendentes y sublegados contra los pueblos, asentistas y arrendadores para obligarlos al pago de las contribuciones, o al cumplimiento exacto de sus contratos suele ir acompañado de tropa, o de alguaciles y dependientes del reguardo, a quienes debe pagar el apremiado la cuota duraría que el mismo apremio indica.

146

Acción ye efecto de apremiar. Mandamiento del juez en fuerza del cual se compele a uno a que haga o cumpla una cosa.

Mandamiento de autoridad judicial para compeler al pago de alguna cantidad, o al cumplimiento de otro acto obligatorio. Procedimiento ejecutivo que siguen las autoridades administrativas y agentes de la hacienda para el cobro de impuesto o descubiertos a favor de esta o de entidades a que se extiende su privilegio.

[TA]; 10a. Época; T.C.C.; S.J.F. y su Gaceta; Libro XXIV, Septiembre de 2013, Tomo 3; Pág. 2704; Número de registro 2004623

VÍA DE APREMIO. NO CONSTITUYE UNA ETAPA DE CONTINUIDAD EN EL JUICIO ESPECIAL HIPOTECARIO, AUNQUE LA EJECUTANTE TENGA DERECHOS REMANENTES A SU FAVOR. Conforme al artículo 2893 del Código Civil para el Distrito Federal, la hipoteca es una garantía real constituida sobre un bien que no se entrega al acreedor y que da derecho a éste en caso de incumplimiento de la obligación garantizada a ser pagado con el valor del bien en grado de preferencia establecido en la ley. Por lo que si el bien inmueble hipotecado es insuficiente para asegurar la deuda, corresponde al acreedor exigir que se mejore la hipoteca y si quedare comprobada la insuficiencia de la finca, y el deudor no mejorare la hipoteca, se hará efectivo el cobro del crédito hipotecario, dándose por vencida la hipoteca; sin embargo, no se puede ejercitar este juicio especial hipotecario para después de adjudicada la finca hipotecada, proceder al embargo y rematar otros bienes del deudor, porque el acreedor ya hizo uso de la hipoteca. En este contexto, al existir una reserva de derechos a favor del acreedor hipotecario, éstos se deben ejecutar en un procedimiento distinto a la vía de apremio, ya que la finalidad del contrato de hipoteca que es el garantizar el cumplimiento de la deuda contraída por alguna de las partes en caso de incumplimiento se encuentra configurada, por lo que para requerir el remanente generado derivado de la sentencia condenatoria producto del juicio especial hipotecario, el acreedor hipotecario está en aptitud de hacer valer este remanente, por medio de una vía procedimental independiente al juicio especial hipotecario.

Aprobación judicial: Aceptación de algo que se da por bueno o suficiente

La acción y efecto de aprobar se conoce como aprobación. El término procede del latín approbatĭo, mientras que el verbo aprobar refiere a dar por bueno o suficiente algo o a alguien.

[TA]; 9a. Época; T.C.C.; S.J.F. y su Gaceta; Tomo XIV, Diciembre de 2001; Pág. 1679; Número de registro 188319

ALBACEA Y ÚNICO HEREDERO. NO NECESITA APROBACIÓN JUDICIAL PARA CELEBRAR ACTOS DE DOMINIO RESPECTO DE BIENES DE LA HERENCIA U OBLIGAR A LA SUCESIÓN (LEGISLACIÓN DEL ESTADO DE SONORA). Una recta interpretación del artículo 1800 del Código Civil para el Estado de Sonora permite concluir que la aprobación judicial que exige al albacea, además del consentimiento de los herederos o legatarios que representen la mayoría de los intereses de la masa hereditaria, sólo es necesaria cuando exista pluralidad de herederos o legatarios, porque puede suscitarse un conflicto de intereses entre ellos, y la decisión que tomen para celebrar actos de dominio respecto de bienes de la herencia u obligar a la sucesión, tiene que ser aquella que represente la mayoría de tales intereses, lo cual, desde luego, debe homologarse ante el Juez del conocimiento, con la finalidad de tutelar y proteger los derechos de los herederos o legatarios que, atendiendo al conflicto de intereses, pudiera implicar un demérito en el patrimonio de la sucesión. En cambio, tratándose del caso del único heredero y que además ostenta el cargo de albacea, no se necesita de un consenso previo, puesto que no tiene razón de ser; entonces, en este supuesto, ninguna finalidad práctica tiene la aprobación judicial, porque la sanción o autorización de la autoridad respecto de la decisión que hubieran llegado a consolidar los herederos o legatarios, no se hace necesaria al no existir ese conflicto de intereses que el legislador protege con la sanción de inexistencia, y que le da la razón de ser a la propia norma interpretada en su contexto.

Aptitud legal: Es la capacidad de las personas físicas se adquiere por nacimiento se perderá por la muerte; ero desde el momento que el individuo es concebido. (chavez asencio, 2003)capacidad para ejercer un derecho o una función civil. Política o administrativa. (biebrich torres & spindola yañes, 2009).

[TA]; 8a. Época; T.C.C.; S.J.F.; Tomo XIII, Junio de 1994; Pág. 539; Número de registro 212185

COMODATO, CONTRATO DE. BASTA LA POSESION SOBRE EL BIEN PARA ESTAR EN APTITUD LEGAL DE RECLAMAR SU RESCISION O TERMINACION. Habiéndose acreditado en el juicio respectivo que la actora adquirió los derechos sucesorios sobre un inmueble y no la propiedad, ello es irrelevante para que legalmente pueda acudir ante el órgano jurisdiccional en reclamo de su predio; pues si con motivo de aquella operación se le entregó la posesión del inmueble, es claro que tenía la disponibilidad del mismo para convenir su uso gratuito, según se desprende de una acuciosa lectura de los artículos 2007 al 2024 del Código Civil del Estado. En esas condiciones, debe estimarse fundado el concepto de violación aducido, en el sentido de que no es válido involucrar el dominio a título de propietario, que se tenga de los bienes, en tanto que quien pretende obligarse a conceder gratuitamente el uso de los bienes detenta la posesión, máxime que la acción de terminación de comodato es personal y no real.

Arbitraje: del latín arbitratus, es una forma heterocompositiva, es decir una solución al litigio dada por un tercero imparcial (Carnelutti) un juez privado o varios, generalmente designados por las partes contendientes (en ausencia de su conocimiento el nombramiento será hecho por el juez publico nacional) siguiendo un procedimiento que aunque regulado por la ley adjetiva que tiene un ritual menos severo que el del procedimiento del proceso jurisdiccional. La resolución por la que se manifiesta el arreglo se denomina laudo, cuya eficacia depende de la voluntad de las partes o de la intervención jurídica oficial de las diversas variantes que se presenten.

Aunque el arbitraje es una vía que desde muy antiguo se utilizo para dirimir contiendas de repercusiones jurídicas (al grado de que es citado como el inmediato antecedente del proceso jurisdiccional por ejemplo en el primer periodo de las acciones de la ley del procedimiento civil romano) en épocas recientes ha cobrado nuevos bríos y la frecuencia, y porque no decirlo, la preferencia con que se ve favorecida, especialmente en el orden internacional y en el privado va en aumento considerándosele un instrumento practico y útil debido a que permite evitarse entrar en la avalancha de negocios contenciosos que se ventilan a los tribunal y al posible de designación de un tercero imparcial, a la vez clasificado (se alude a honorificas razones) en su preparación jurídica, en sus condiciones subjetivas y porque no este involucrado ni presionado por el cúmulo judicial. Empero, como es natural el moderno Estado de derecho, celoso de sus atributos y finalidades, en campo como el penal y otros de carácter público y social como el derecho de recibir alimento, e divorcio –salvo en sus aspectos pecuniarios-; la nulidad de matrimonio; los referidos al estado civil de las personas-de nuevo con exclusión de los derechos patrimoniales de la filiación legal- no permite que la justicia sea administrada por los particulares.

Acerca de la naturaleza jurídica del arbitraje son ya famosas las dos principales corrientes doctrinales, que como corrientes impetuosas de caudaloso rio, en ocasiones, arrastran a los legisladores a adoptar posturas en las reglamentaciones positivas.

En primer término se estudia a los que explican que la solución arbitral deriva de un acuerdo de voluntades de las partes en pugna. Los contractualitas o privatistas cuentan en sus filas a famosos procesalistas como chiovenda, wach, weil, rosenberg y mattirolo. Mientras que en el sector teórico contrapuesto, se ubican los pensamientos publicistas o jurisdiccionalitas, que estiman el arbitraje como una función semejante o que se puede confundir con la que el juez oficial publico realiza en su juzgamiento compositivo; a la cabeza de ellos se menciona el ilustre Mortara y a la que se adhiere el ibero Alcalá-Zamora y castillo. No faltan como asevera Ottolengh, autores que sin llegar a la posición jurisdiccionalista, emitan que en el arbitraje ocurre el desarrollo de un proceso. Para tomar partido en la polémica sobre la esencia del arbitraje es indispensable determinar los conceptos de estas figuras. (SOBERANES FERNANDEZ, 1993)

2. actividad jurisdiccional desarrollada por los árbitros para resolver el conflicto de intereses que les ha sido sometido por los interesados.// resultado de dicha actividad. El ejercicio de la función jurisdiccional corresponde, en general, a órganos específicos constituidos para este efecto por el estado; pero esto no es obstáculo para que, en determinadas condiciones el propio estado conceda a las partes la facultad de constituir, accidentalmente, un órgano especial para e ejercicio de la jurisdicción, limitando su actividad a la resolución de un caso concreto. El arbitraje, sin embargo, no tiene el asentamiento unánime de los procesalistas. Acerca de carácter de esta institución y de su

conveniencia práctica, los tratadistas exponen las más contrarias opiniones. Un procesalista francés, Tissier, ha escrito que el arbitraje es una forma primitiva de la justicia, una etapa inferior, que no se desenvuelve más que cuando la justicia del estado funciona mal, es muy lenta y costosa. Mattirolo, procesalista italiano que, si bien representa una concepción del derecho procesal hoy superada, dejo una obra digna de consideración, escribió por su parte que el juicio de árbitros es la forma más antigua y natural de los juicios civiles y que su oportunidad se evidencian tanto mejor cuanto más faltan y escasean la garantías de la administración de justicia ejercida por los magistrados instituidos por el estado el despotismo político –añade- que tiende a concentrar en si la suma de los poderes públicos, es hostil a la institución del compromiso, y trata, por diferentes modos, de impedir y restringir su ejercicio y desarrollo; pero tales tendencias desaparecen en las legislaciones a medida que nacen y se consolidan las libertadas públicas y privadas porque el derecho de comprometer es, y debe ser, reconocido como lógica y directa consecuencia del derecho de obligarse y disponer de los bienes propios. Chiovenda, estima que tan exagerado es considerar esta institución como un mero vestigio del pasado, como presentarla como una promesa de mejor justicia para el porvenir; pro no oculta, refiriéndose al aspecto práctico del arbitraje, que respecto a si país, con el procedimiento con el establecido muchas veces las controversia, antes de simplificarse, se complican. El arbitraje es considerado por algunos procesalistas como una institución de carácter privado en atención al origen (compromiso), que es la voluntad de las partes este error depende de la falta de distinción entre el impulso que lo determina y el fin. Las partes renuncian, en el compromiso, al conocimiento de una controversia por la autoridad judicial; pero no a la resolución justa del conflicto de intereses que ella supone. Lo que hacen es sustituir un órgano por otro. (DE PINA VARA, 1998)

3. se refiere al proceso de solución de conflictos -distinto a la jurisdicción estatal- mediante el cual se dirimen controversias entre intereses particulares y surge de sus voluntades, las que se expresan en un compromiso por medio del cual prefieren concordar sus entredichos con base en el consejo o avenencia de otra persona de su confianza (física o colectiva) a la que regularmente se le llama "árbitro", "avenidor" o "arbitrador", en cuyas manos las partes eligen colocar voluntariamente la respuesta al problema que las enfrenta, buscando lograr así el esclarecimiento del conflicto con una decisión práctica y sustancialmente diversa de la jurisdicción, que proviene de la autodeterminación de las sociedades que deciden entregar al Estado la potestad pública de tutelar los conflictos intersubjetivos en juicios. (Rubro: Arbitraje. Su concepto y finalidad.)

[TA]; 5a. Época; Pleno; S.J.F.; Tomo III; Pág. 552; Número de registro 2903672180

ARBITRAJE. El aludido en la tesis precedente, es una institución oficial que tiene por objeto prevenir los conflictos colectivos entre el capital y el trabajo y presentar las bases, para que esos conflictos puedan ser resueltos.

[TA]; 5a. Época; Pleno; S.J.F.; Tomo III; Pág. 552; Número de registro 290368

ARBITRAJE. El que están facultadas, para desempeñar las Juntas de Conciliación y Arbitraje, es distinto del arbitraje privado, establecido por las leyes, para dirimir diferencias entre particulares.

Árbitro: Juez nombrado por las mismas partes, para decidir una diferencia o un asunto litigioso entre las mismas. (Cabanellas de torres, 1993)

Persona que, por designación de los interesados en un caso concreto ejerce la función jurisdiccional, como juez accidental, resolviéndolo de acuerdo con el derecho. (Pinaura, 1998) persona que, por designación de los interesados en un caso concreto ejerce la función jurisdiccional como juez accidenta, resolviéndolo de acuerdo con el derecho. Aunque algunos tratadistas niegan la naturaleza jurisdiccional de la actividad de los árbitros, la tesis de la jurisdiccionalidad de su función debe ser reconocida por la forma en que es ejercida y por la eficacia misma de su resolución, no obstante no ser esta ejecutada, en caso necesario, por todos ellos, sino por un juez profesional. Tradicionalmente se les ha llamado no simplemente árbitros, sino jueces árbitros. Los árbitros son órganos accidentales de la función jurisdiccional, porque su función consiste en aplicar el derecho por la vía del proceso. (DE PINA VARA, 1998)

[TA]; 5a. Época; Pleno; S.J.F.; Tomo II; Pág. 1132; Número de registro 291646

ARBITRO. No es una autoridad, porque no tiene ninguno de los caracteres de ella, y, no siéndolo, no puede admitirse demanda de amparo contra sus actos.

Arraigo: En materia penal arraigo es una derivación distorsionada del arraigo en materia civil, que relativiza, centralmente, las garantías de libertad personal y de transito, presunción de inocencia y tutela judicial efectiva. (laveaga & Lujambio, 2007)

Arraigo civil condiciona el transito del individuo en una determinada circunscripción geográfica, a fin de que se encuentre en posibilidad de cumplir con cierto tipo de obligaciones. (laveaga & Lujambio, 2007)

La legislación procesal penal establece el arraigo domiciliario en contra del probable responsable de la comisión de un delito, ante el riesgo de que se sustraiga a la acción de la justicia, constituyendo un acto que afecta y restringe la libertad personal, porque obliga a la persona en contra de quien se decreta, a permanecer en determinado inmueble y bajo la vigilancia de la autoridad investigadora y persecutora. Diccionario Jurídico

[TA]; 9a. Época; T.C.C.; S.J.F. y su Gaceta; Tomo XXXI, Mayo de 2010; Pág. 1925; Número de registro 164632
ARRAIGO EN MATERIA CIVIL. OCASIONA DAÑOS DE DIFÍCIL REPARACIÓN, PARA EFECTOS DE LA SUSPENSIÓN DEFINITIVA. El arraigo en las materias penal y civil participa de características diversas pues, a través del primero, se busca asegurar la disponibilidad del inculpado en la investigación previa o durante el proceso penal, mientras que en el segundo, la medida precautoria pretende evitar que el arraigado se ausente del lugar del juicio, sin dejar a alguien que lo pueda representar en él; sin embargo, esa circunstancia no es suficiente para negar la suspensión definitiva, ya que los daños y perjuicios que se podrían ocasionar al agraviado serían de difícil reparación, al verse limitado en su libertad de tránsito pues, aunque podría salir del Estado, si dejara algún representante legítimo, esa circunstancia se traduce en una restricción para poder ausentarse, que es precisamente el daño que sería difícil reparar.

Ascendiente: grado de parentesco constituido por las personas de las cuales se desciende bisabuelos, abuelos, padres (Rafael de pina)
los padres, abuelos y demás progenitores de quienes alguno desciende. Los ascendientes tienen obligación natural de dar alimentos a sus descendientes en línea recta por su orden y grado, cuando aquellos son ricos y pobres estos cuya obligación pasa al ascendiente remoto cuando el más inmediato no tiene facultades (Escriche, 2002).
[TA]; 9a. Época, T.C.C.; S.J.F. y su Gaceta; Tomo XXXII, Septiembre de 2010; Pág. 1263; Número de registro 163814
GUARDA Y CUSTODIA DE MENORES DE EDAD. LA SALIDA DEL ASCENDIENTE DEL DOMICILIO EN QUE SE EJERCERÁ, ES MEDIDA PROVISIONAL QUE PROCEDE DECRETARLA DE

OFICIO (LEGISLACIÓN DEL DISTRITO FEDERAL). La medida provisional consistente en la salida del ascendiente al que no le fue otorgada la custodia provisional, del domicilio donde se ejercerá dicha custodia, decretada de oficio, es decir, aunque no haya sido solicitada en forma expresa por la parte apelante, ni fuera materia de los agravios en la apelación no puede considerarse un aspecto ajeno a la litis; porque es un asunto que afecta a la familia, especialmente, los derechos sobre custodia y régimen de convivencia con su progenitor de la menor hija de los contendientes, en términos de lo dispuesto en los artículos 941, 941 Bis, 941 Ter, 953 y 954 del Código de Procedimientos Civiles para el Distrito Federal, que regulan lo relativo a las medidas provisionales (también conocidas como medidas cautelares o precautorias) que tienden a preservar la familia y proteger a sus miembros. Se trata de un elemento esencial derivado del hecho de que una de las partes manifestó que ha habido violencia familiar y que la Sala del conocimiento estaba obligada a tener en consideración antes de decidir sobre la convivencia con la menor del ascendiente al que no le fue otorgada la custodia provisional, bajo el principio del interés superior de la menor. El análisis que de ese elemento especial se realizó, de ningún modo implica que la Sala responsable se haya excedido en sus funciones, pues además de ser necesaria para resolver de manera provisional el régimen de convivencia de la menor con el ascendiente al que no se le otorgó la custodia provisional, se encuentra plenamente justificada, ya que tiende a preservar la familia y a proteger a sus miembros, y se basa en los elementos al alcance del juzgador para decidir bajo el principio del interés superior de la menor, en especial, la valoración del hecho de que la parte demandada manifestó que ha habido violencia familiar, tal como dispone el artículo 941 Ter del código adjetivo en cita.

Aseguramiento: lo que sirve de salvaguardia, garantía o preservación, el aseguramiento de bienes litigiosos consiste en la adopción de medidas, por los jueces o tribunales, para efectividad del fallo eventual, para impedir daños y fraudes, principalmente en industrias, minas y árboles. (Diccionario jurídico)

La acción de asegurar o e seguro a salvo conducto. (Joaquín Escriche)

Acción y efecto de asegurar. (Rafael de Pina)

[TA]; 10a. Época; T.C.C.; S.J.F. y su Gaceta; Libro XXIII, Agosto de 2013, Tomo 3; Pág. 1551; Número de registro 2004153

ASEGURAMIENTO PRECAUTORIO

PREVISTO EN EL ARTÍCULO 40, FRACCIÓN III, DEL CÓDIGO FISCAL DE LA FEDERACIÓN. NO DEBE RECAER EN BIENES DE CARÁCTER MONETARIO. De conformidad con el artículo 40, fracción III, del Código Fiscal de la Federación, así como lo determinado por la Suprema Corte de Justicia de la Nación en relación con el precepto 145-A del propio ordenamiento, al existir identidad jurídica sustancial entre ambas disposiciones, el aseguramiento precautorio previsto en la primera, sólo puede recaer en la contabilidad del contribuyente, no así sobre otro tipo de bienes (inmuebles, cuentas bancarias, depósitos o valores, entre otros), pues de permitirse dicha medida se utilizaría como un mecanismo de garantía para futuros créditos fiscales. Por tanto, el referido aseguramiento no debe recaer en bienes de carácter monetario, como los depósitos contenidos en cuentas, contratos, cheques, cajas de seguridad, mesas de dinero, depósitos de valores en administración o fideicomisos en que fuere fideicomitente o fideicomisario el contribuyente, en las instituciones de crédito, pues ello sería contrario al derecho a la seguridad jurídica previsto por el artículo 16 de la Constitución Política de los Estados Unidos Mexicanos. Lo anterior, porque con independencia de que el contribuyente se hubiese opuesto a la recepción de la orden de visita domiciliaria, el aseguramiento decretado no cumpliría con su objeto, que es conocer su situación fiscal, mediante el aseguramiento de la contabilidad, a fin de evitar que la cambie, altere o modifique.

Auto de formal prisión: Auto de procesamiento. (de Pina Vara, Diccionario de Derecho, 1998)

Resolución dictada por el órgano jurisdiccional, durante el curso del proceso penal, en cuya virtud se fija la calificación legal de un hecho consignado por la acusación y se atribuye a un sujeto, previamente señalado por ésta, la responsabilidad penal correspondientes, con carácter provisional y en grado de probabilidad. Al mismo tiempo, y eventualmente, se ordena la privación de la libertad del presunto responsable a título de medida cautelar. (Jurídicas, 1993)

Punto en el que un juez competente determina definitivamente que alguna persona que de limitada en los confines de una cárcel por un tiempo definido para su estancia por consecuencia de un delito. (Rincon del vago)

[TA]; 5a. Época; Pleno; S.J.F.; Tomo II; Pág. 1274; Número de registro 2917603531

AUTO DE FORMAL PRISION. No resuelve, en definitiva, sobre la responsabilidad del inculpado, sino que, solamente, la presume, para el efecto de fundar la detención y continuar el proceso.

Auto de procesamiento: Resolución judicial por la que el imputado es declarado procesado". (Vara, 2008)

"Resolución del juez, instrumento por el cual, durante la fase sumarial, decide aquel que faculta algún incidió racional de criminalidad contra determinada persona a la que declara procesada y mandado que se entiende con ella las diligencias subsiguientes".(Valleta, 2004)

"Es un acto documentado, pero no es un documento de prueba referido a un hecho que sea objeto procesal del juicio. El auto de procesamiento tiene carácter provisional y no prejuzga el fallo". (Gutierrez, 1994)

[J]; 9a. Época; 1a. Sala; S.J.F. y su Gaceta; Tomo XXVII, Enero de 2008; Pág. 67; Número de registro 170537

CONCURSO APARENTE DE TIPOS PENALES. EL ESTUDIO SOBRE SU OPERATIVIDAD, PUEDE REALIZARSE TANTO EN EL AUTO DE PROCESAMIENTO COMO EN LA SENTENCIA DEFINITIVA. En estricto acatamiento a los principios de exacta aplicación de la ley en materia penal y de non bis in idem, previstos en los artículos 14 y 23 de la Constitución Federal, es cuando se dicta el auto de procesamiento, el primer momento en el que el órgano jurisdiccional tiene la obligación de analizar lo relativo a la operatividad del concurso aparente de tipos penales, ya que ello se encuentra supeditado a los datos o pruebas con las que cuenta para determinar si los hechos que se le atribuyen al inculpado son subsumibles o no en uno de los varios supuestos de hechos típicos penales. En contrapartida, el órgano jurisdiccional al no contar con esa inicial convicción que le generan los diversos elementos de prueba, encontraría un impedimento jurídico y fáctico para poder pronunciarse al respecto, resultando inaceptable obligarlo a que lo realice arbitraria o intuitivamente, con independencia de que, si en el auto de procesamiento en forma provisional no estuvo en condiciones de hacerlo, posteriormente pueda llevar a cabo el estudio de mérito. Por otra parte, exista o no el estudio sobre la operatividad del concurso aparente de tipos en el auto de procesamiento, al momento de dictarse la sentencia es cuando el juzgador en forma definitiva debe resolver al respecto, es decir, dar sustantividad propia a los hechos, precisamente porque el resultado al que se arribe habrá de trascender en las sanciones que, como consecuencia jurídica del delito, serán impuestas al acusado. En el caso de que se haya realizado el estudio en el auto de procesamiento, al dictarse la sentencia, las pruebas aportadas pueden conducir a la misma conclusión, o bien, a variar el criterio que se sostuvo inicialmente, sin que pueda sufrir variación alguna la base fáctica de la acusación.

Autocomposición: Es un medio de solución parcial, porque proviene de una o de ambas partes en conflicto. (Favela, Teoria General del Proceso, 2005)

Califica a este medio de solución como altruista, porque a través de él se hace prevalecer el interés de la otra parte, el interés ajeno. (Castillo, 1972)

Autocomposición en sentido lato es la solución que al conflicto de intereses proporciona uno o los dos contendientes, es el arreglo al pleito proveniente de las mismas partes que tienen disposición de su derecho material. (Carnelutti, 1959)

Acuerdo por medio del cual las partes interesadas en un conflicto de intereses lo resuelven privadamente, excluyendo del conocimiento del caso la intervención judicial. (de Pina Vara, Diccionario de Derecho, 1998)

2.- En sentido lato es la solución que al conflicto de intereses (litigio, caracterizado por la pretensión de una de las partes, frente a la resistencia de la contraparte) proporciona uno o los dos contendientes; dicho de otra manera, es el arreglo al pleito proveniente de las mismas partes que tienen disposición de su derecho material. (Jurídicas, 1993)

3.- Solución del conflicto por la presencia de las dos partes, ofendido y ofensor. (Oo cities)

[TA]; 9a. Época; T.C.C.; S.J.F. y su Gaceta; Tomo XV, Marzo de 2002; Pág. 1297; Número de registro 187613

AUTOCOMPOSICIÓN VOLUNTARIA.

INTERPRETACIÓN DEL ARTÍCULO 8O., FRACCIÓN I, DEL CÓDIGO FEDERAL DE PROCEDIMIENTOS

CIVILES. El artículo 14 de la Constitución Política de los Estados Unidos Mexicanos autoriza, frente a la insuficiencia u oscuridad de la letra de la ley, utilizar mecanismos de interpretación jurídica. Al desentrañar el sentido y alcance de la norma deben privilegiarse aquellos que permitan conocer los valores o instituciones que se quisieron salvaguardar por el legislador. Así, el método genético-teleológico permite, al analizar la exposición de motivos de determinada ley, descubrir las causas que generaron la norma. En la exposición de motivos del Código Federal de Procedimientos Civiles de mil novecientos cuarenta y tres, se dejó establecido que la intervención de la autoridad judicial para decidir los conflictos de los particulares sería lo excepcional, propiciando que sean los propios interesados quienes de manera pacífica y espontánea solucionen sus diferencias y el legislador estableció el acotamiento de que la composición privada no está permitida en casos tales como el divorcio voluntario, la rectificación de actas del estado civil y los derechos que de éstos emanen; sin embargo, no puede decirse que esa prohibición a la autocomposición también incluya conflictos del tipo económico, que no están vinculados con los altos valores que él protegió.

Auxiliar de administración de justicia:

"Funcionarios judiciales que cooperan con el juez en la administración de la justicia, sin ejercer jurisdicción. Son calificados como funcionarios cooperadores de los funcionarios jurisdiscentes es decir, de los jueces y magistrados. El más importante de estos auxiliares es el secretario judicial".(Vara, 2008)

Las propias partes (actor y demandado) son particulares que auxilian al juzgador en su función y, junto a las partes, están los abogados, los cuales idealmente deben ser verdaderos auxiliares del juzgador. También son auxiliares los testigos y los peritos particulares". (Lara, Teoría general del proceso , 2004)

"Determinados particulares y autoridades que auxilian en forma más directa y permanente a la administración de justicia".(Favela, 2005)

[TA]; 10a. Época; T.C.C.; S.J.F. y su Gaceta; Libro II, Noviembre de 2011, Tomo 1; Pág. 730; Número de registro 160659

PRUEBA PERICIAL EN MATERIA LABORAL. LAS CUESTIONES SOBRE LAS QUE OPINARÁ EL EXPERTO, COMO AUXILIAR EN LA ADMINISTRACIÓN DE JUSTICIA, NO PUEDEN SER CALIFICADAS O DESECHADAS POR LA JUNTA, AL NO EQUIPARARSE A LAS PREGUNTAS PARA EL DESAHOGO DE UNA PRUEBA DE INSPECCIÓN O DE UNA TESTIMONIAL, NI SE ASEMEJAN O ASIMILAN A LAS POSICIONES DE LA CONFESIONAL. La Suprema Corte de Justicia de la Nación, en diversos criterios reconoce a los peritos la calidad de auxiliares en la administración de justicia, pues proveen a la autoridad responsable de información calificada que le permite resolver la controversia planteada. Ahora, las cuestiones sobre las que opinará el perito se contienen en un cuestionario propuesto que no es equiparable al ofrecido para el desahogo de una prueba de inspección o de una testimonial, ni se asemejan o asimilan a las posiciones que contiene el pliego que se ofrece para el desahogo de la confesional, por lo que la Junta no tiene permitido calificar o desechar cuestionamientos sobre los que se le solicita al perito opinar; estimar lo contrario, haría inútil su ofrecimiento, pues si se acepta que la autoridad puede decidir sobre qué cuestiones va a opinar el perito, ello equivale a suponer que también es experto en la materia y, entonces, no necesitaría la opinión de una persona que sí lo es.

Auxiliar de ministerio público: El ministerio público estará auxiliado por el personal de las direcciones generales de servicios periciales y policía judicial, así como por la policía preventiva y demás autoridades".(Salvatierra, 2004)

"Cualquier otro tipo de funcionario diverso, que esté en dependencia del ejecutivo federal. Ante la imposibilidad material de que el Procurador o sus agentes estén físicamente en cualquier porción territorial donde ocurra un hecho con apariencia de delito, las leyes establecen la existencia de auxiliares. Entre las funciones principales se encuentra la de recibir denuncias o querellas, practicar diligencias urgentes e incluso practicar detenciones por flagrancia". (Silva J. A., 1995)

"Son todos los funcionarios coadyuvantes del Ministerio Público en la investigación y persecución de hechos probablemente delictivos, así como en el cumplimiento de las actuaciones judiciales. Los auxiliares son peritos, miembros de la policía judicial, traductores e intérpretes, tasadores, inventores, que son asignados por la autoridad competente".(Innovación y Vanguardia en el Estado de Derecho y la Procuración de Justicia, 2005)

[TA]; 5a. Época; 1a. Sala; S.J.F.; Tomo CXXIX; Pág. 749; Número de registro 293416

DILIGENCIAS PRACTICADAS EN EXPEDIENTE ADMINISTRATIVO POR AUTORIDAD AUXILIAR DEL MINISTERIO PUBLICO

, VALOR DE LAS. Si las primeras diligencias, fueron practicadas por el Director de la Propiedad Industrial, sus actuaciones tienen pleno valor probatorio como auxiliar que es del Ministerio Público Federal, atento el contenido de la Fracción VII del artículo 33 de la Ley Orgánica del Ministerio Público Federal, y es indudable que las diligencias practicadas en el expediente administrativo pueden ser tenidas en cuenta, con pleno valor probatorio por las autoridades judiciales, pues el hecho de que la declaración administrativa no prejuzgue sobre la existencia de un delito, obedece simplemente a que es privativo de las autoridades judiciales declarar la existencia de los delitos, pero ello no significa que dichas actuaciones carezcan de valor probatorio en las averiguaciones penales.

Avenimiento: "Conciliación, entendimiento o acuerdo dirigido a evitar un juicio eventual o poner fin al juicio pendiente, ya sea mediante allanamiento, renuncia o transacción".(Vara, 2008)

"Modo de conclusión de la quiebra de forma concertada entre el fallido y todos los acreedores individualmente. Suma de acuerdos individuales". (Valleta, 2004)

"Componer o ajustar una diferencia entre dos o más personas; avenir las voluntades de los que están opuestos entre sí, respecto del punto o cuestión en que se discrepaban; ponerlos en paz". (Yáñez, 1996)

[TA]; 9a. Época; T.C.C.; S.J.F. y su Gaceta; Tomo III, Abril de 1996; Pág. 349; Número de registro 202605

AVENIMIENTO, ES UNA FACULTAD UNICA Y EXCLUSIVA DE LAS PARTES EN EL PROCEDIMIENTO AGRARIO. Aun y cuando la figura del asesor jurídico o defensor prevista por el artículo 179 de la Ley Agraria es un verdadero representante de la parte a quien asesora, como la Ley en cita no establece sus facultades, y éstas se derivan de diversos preceptos de la misma Ley, para cumplir con el principio de igualdad procesal, matizado hacia la equidad o "igualdad racional" entre las partes, es lógico que las facultades del asesor jurídico no pueden llegar al extremo de manifestar que su representado no desea llegar a un convenio, que de ser calificado de legal tendría el carácter de sentencia. No se desatiende que podría argumentarse que la negativa a llegar a un avenimiento por parte del asesor jurídico implica una defensa, según su juicio, de los derechos agrarios de su representado. Empero, este último podría llegar a la conclusión de que sería preferible renunciar a ciertos derechos a fin de evitar la continuación de un procedimiento, evitando las molestias consiguientes. De ahí que la voluntad de concluir el juicio por la vía del convenio es una facultad única y exclusiva de la parte, con independencia de la opinión de su representante. Por ello, al no buscar el tribunal responsable la conciliación personal entre los contendientes, infringe en perjuicio del quejoso el artículo 185, fracción VI, de la Ley Agraria.

Averiguación previa: Es en la que actúa como autoridad, procurando recabar los datos y medios de pruebas necesarios para acreditar el cuerpo del delito y la probable responsabilidad. (Favela, Teoria General del Proceso, 2005)

Acción y efecto de averiguar. Indagar la verdad hasta conseguir descubrirla. (Carpizo, 2001)

La averiguación previa constituye indudablemente un conjunto completo de tramitación realizadas ante el Ministerio Publico e impulsadas por el mismo, sin las cuales no puede darse inicio a un proceso penal formalmente valido y eficaz. (Lara, 2005)

[TA]; 9a. Época; Pleno; S.J.F. y su Gaceta; Tomo XX, Diciembre de 2004; Pág. 1113; Numero de registro 179988

AVERIGUACIÓN PREVIA. SU TRÁMITE, GENERALMENTE, NO ES SUSCEPTIBLE DE CONTROL CONSTITUCIONAL. La averiguación previa consiste en una serie de diligencias realizadas por la autoridad investigadora en ejercicio de sus funciones de orden público y en cumplimiento de un imperativo constitucional, con objeto de indagar si hay elementos para determinar la existencia o inexistencia de un delito, así como, en su caso, a sus probables responsables; por tanto, como dentro de este procedimiento no se sabe de antemano cuál será el resultado, su trámite, generalmente, no propicia afectación alguna reparable por los medios de control constitucional; sin que con tal afirmación se soslaye que ciertos actos dentro de una averiguación previa sí puedan, por sus características y efectos propios y particulares, ser susceptibles de ese control.

B

Bienes litigiosos: Los que son objeto de un litigio o pleito (Diccionario jurídico Lex Jurídica 2001-2012)

Bien que es objeto de un pleito (diccionario de términos jurídicos del gobierno del estado de guerrero)

es aquel sobre el cual recae la litis, o sea la cosa sobre cuya propiedad o dominio se debate entre juicio entre las partes (Diccionario de jurisprudencia chilena: recopilación de conceptos y definiciones)

[TA]; 5a. Época; 3a. Sala; S.J.F.; Tomo XCIX; Pág. 756; Número de registro 344982

COMPRAVENTADE BIENES LITIGIOSOS. Si el quejoso tuvo conocimiento de que el inmueble que adquirió de una sucesión estaba sujeto a litigio, pues supo que la sentencia que declaró único heredero y albacea al vendedor fue reclamada en amparo, debe estimarse que al cumplirse la ejecutoria que otorgó ésta y resolverse que el vendedor carecía de derechos a la herencia, el propio quejoso no puede ostentarse como adquirente definitivo del inmueble de que se trata, y la resolución que haya declarado nula la compraventa, por falta de consentimiento de la sucesión, al no haber estado la misma representada legalmente, se encuentra arreglada a derecho.

[TA]; 5a. Época; 3a. Sala; S.J.F.; Tomo CXXV; Pág. 1167; Número de registro 339930

BIENES LITIGIOSOS, ADQUISICION DE, POR LOS PATRONOS DE LOS LITIGANTES. Está fuera de toda duda que la finalidad perseguida por el artículo 2276 del Código Civil, al prohibir a los abogados que adquieran los bienes que son objeto de los juicios en que intervengan, no es ni puede ser otra que la de evitar que dichos abogados, en consideración al ascendiente que por regla general tienen sobre el cliente cuando se inicia y prosigue el juicio, puedan adquirir a bajo precio el bien litigioso, lo que frecuentemente ha sucedido. Por otra parte,es también evidente que la intención del legislador al expedir dicha norma prohibitiva, fue la de mantener a la clase profesional de los abogados en un nivel de probidad inobjetable. Por tanto, la Suprema Corte de Justicia, sintiendo la necesidad de cooperar con el legislador en esa labor, debe resolver que aun cuando técnicamente pudiera decirse que un juicio ya había concluido por sentencia o adjudicación, lo cierto es que tal circunstancia no impide el ascendiente de que se ha hecho mérito y por tanto, se viola el mencionado artículo 2276 si se declara válida la venta del bien, objeto del litigio, en favor de un abogado que interviene en él.

Boletín judicial: Publicación de las sentencias pronunciadas por la Suprema Corte de Justicia. (Diccionario Enciclopédico de Derecho Usual)
Es el periódico en el que se publican las listas de los juicios en los que se ha pronunciado alguna resolución judicial para hacerla saber a los interesados a fin de que concurran a los tribunales a enterarse del acuerdo respectivo. (Diccionario jurídico http://www.drleyes.com/page/diccionario_juridico/signi ficado/B/397/BOLETIN-JUDICIAL)

Periódico exclusivamente destinado a dar a conocer en su estado actual y en su progresivo desenvolvimiento la parte, legislativa y administrativa y económica de diferentes ramos. (Diccionario jurídico UNAM)
[TA]; 9a. Época; T.C.C.; S.J.F. y su Gaceta; Tomo XV, Febrero de 2002; Pág. 776; Número de registro 187852
BOLETÍN JUDICIAL. REQUISITOS DE LAS NOTIFICACIONES PRACTICADAS EN DICHO MEDIO DE DIFUSIÓN (LEGISLACIÓN DEL ESTADO DE JALISCO). El artículo 77, fracción V, del Código de Procedimientos Civiles para el Estado de Jalisco establece

que en la lista que el secretario remite al Boletín Judicial deberá expresarse el número de expediente, la naturaleza del juicio, y el nombre y apellido de los interesados. Enumeración la cual no puede entenderse de manera restrictiva, pues además de los requisitos aludidos, es necesario que se indique la fecha del acuerdo publicado, así como una breve sinopsis del mismo; de lo contrario, no sería posible que dicho medio de difusión cumpliera con su finalidad, que es la de dar publicidad a las diligencias relacionadas con las actuaciones que llevan a cabo los diversos órganos jurisdiccionales en los asuntos del orden común y, de esa forma, se enteren de ellas las partes. Por ende, si dicho medio de difusión se utiliza para notificar un proveído y no se indica la fecha de éste, ni se efectúa una breve síntesis de su contenido, la ausencia de los datos mencionados se traduce en la inutilidad de dicho órgano informativo, pues la incertidumbre que acarrearía a los interesados desconocer cuándo se dictó o realizó la diligencia que fue publicada en el Boletín Judicial, y en qué consiste ésta, trae como consecuencia que la notificación no se considere legalmente hecha.

[TA]; 9a. Época; T.C.C.; S.J.F. y su Gaceta; Tomo X, Octubre de 1999; Pág. 1245; Número de registro 193125

BOLETÍN JUDICIAL DEL ESTADO DE CHIHUAHUA. SÓLO CONSTITUYE UNA MODALIDAD INFORMATIVA, QUE NO FORMA PARTE DE LAS ACTUACIONES JUDICIALES. El Boletín Judicial que diariamente publica el Supremo Tribunal de Justicia del Estado de Chihuahua, sólo constituye una modalidad informativa, que de ningún modo forma parte de las actuaciones judiciales relacionadas con el juicio de origen, pues no obstante que en él se publican las resoluciones que diariamente emiten los juzgados civiles y familiares, así como las Salas Civiles del Supremo Tribunal de Justicia del Estado, no constituye medio convictivo suficiente para demostrar el estado de indefensión en el que se pudiera dejar a cualesquiera de las partes, debido a una publicación irregular, máxime que la legislación local no lo contempla como medio de comunicación entre las partes del juicio y los tribunales.

C

Caducidad de instancia: Extinción de la relación jurídica procesal a consecuencia de la inactividad del demandante y del demandado durante un cierto tiempo. (Vara, 2005)

Constituye un modo de extinción del proceso que tiene lugar cuando en el no se cumple acto de impulso alguno durante el tiempo establecido por la ley. (Garrone, Buenos Aires)

Extinción anticipada del proceso debido a la inactividad procesal de las dos partes y en ocasiones, de una de ellas, durante un periodo amplio, si se encuentra paralizada la tramitación. En la primera instancia quedan sin efecto los actos procesales y en segundo grado, se declaran firmes las resoluciones impugnadas. (Carpizo, 2001)

[TA]; 10a. Época; T.C.C.; S.J.F. y su Gaceta; Libro XXII, Julio de 2013, Tomo 2; Pág. 1351; Número de registro 2003928

CADUCIDAD DE LA INSTANCIA. OPERA EN LOS INCIDENTES, AL TENER UNA RELACIÓN DIRECTA E INMEDIATA CON EL NEGOCIO PRINCIPAL, HECHA EXCEPCIÓN EN LOS JUICIOS FAMILIARES (INTERPRETACIÓN DEL ARTÍCULO 82 DEL CÓDIGO DE PROCEDIMIENTOS CIVILES PARA EL ESTADO DE PUEBLA). Del artículo 82 del Código de Procedimientos Civiles para el Estado de Puebla, incluido en el libro primero, denominado "Reglas generales", capítulo séptimo, intitulado "Términos judiciales"; de la exposición de motivos del decreto por el que se expidió dicho ordenamiento que en lo conducente señala "incorpora la institución de la caducidad de los juicios en que se deje de actuar por más de noventa días hábiles, a fin de darle eficacia a los procedimientos judiciales, con excepción de los familiares, en los que se preserva la oficiosidad de la instancia ..."; así como la definición que señala "El Diccionario Jurídico Mexicano", del Instituto de Investigaciones Jurídicas, Editorial Porrúa, México, 1987, al término "caducidad de la instancia"; se advierte que al instituir el legislador local la figura de la caducidad en los juicios civiles, tuvo en cuenta que su finalidad era evitar que en ellos se dejara de actuar por más de noventa días hábiles, con excepción de los juicios familiares (artículo 81 del propio ordenamiento); por lo que si conforme a los diversos artículos 217 y 413 del código en comento "El juicio se inicia formalmente a partir del auto admisorio de la demanda y concluye con la sentencia ejecutoria o cualquier otro acto procesal que le ponga fin." y "Son incidentes, las cuestiones que surgen en un juicio y tienen relación directa e inmediata con el negocio principal.", se sigue que por identidad de razón tiene aplicación tal institución en tratándose de los incidentes, puesto que son parte accesoria del juicio, precisamente, porque en ellos se ventilan las cuestiones que surgen durante él y tienen relación directa e inmediata con el negocio principal, es decir, con lo que es la materia del fondo del asunto pero, además, si en el juicio se tramita la cuestión principal de la liltis, en el cual opera la caducidad de la instancia, por mayoría de razón opera en los incidentes, con apoyo en el principio general de derecho que versa "Lo accesorio sigue la suerte de lo principal", así como el que establece "El que puede lo más, puede lo menos", en virtud de que si la caducidad de la instancia opera en relación con el juicio en que se tramita la materia principal de la controversia, con mayor razón es válida en las cuestiones incidentales que tienen relación directa e inmediata con el negocio principal. Máxime que no existe prohibición expresa en la ley de que la caducidad de la instancia opere en los incidentes, como se hace en relación con los juicios familiares. Por tanto, la interpretación lógica y natural del referido artículo 82, debe ser en el sentido de que la caducidad de la instancia también opera en los incidentes, salvo que el juicio con el cual se relacione verse sobre una cuestión familiar. Además, no es dable concluir que la institución sólo sea válida para el juicio en lo principal, pues ello ocasionaría que por el trámite de los incidentes se prolongara indefinidamente el pronunciamiento de la sentencia definitiva, cuando la teología del invocado artículo 82 es evitar que el juicio se paralice por falta de impulso procesal de las partes.

Cancelación: Anular, borrar, truncar y quitar la autoridad a algún instrumento público, lo que se hace cortándole. (VARA, 1986)

[TA]; 8a. Época; T.C.C.; S.J.F.; Tomo XI, Mayo de 1993; Pág. 387; Número de registro 216454

REGISTRÓ PÚBLICO. CANCELACIÓN DE INSCRIPCIONES EN EL. Para que pueda cancelarse una inscripción en el Registro Público, debe oírse a la persona en cuyo beneficio se hizo el registro, porque las prevenciones del artículo 14 constitucional, están por encima de cualquier otro precepto legal.

Capacidad: La capacidad para ser parte consiste en la idoneidad de una persona para figurar como parte en un proceso (Favela, 2008).

1.2.- Aptitud para adquirir un derecho o para ejercerlo y disfrutarlo (Vara, 2006).

1.3.- Se entiende como la aptitud legal de una persona para ser sujeto de derechos y obligaciones. (UNAM, 1993)

[TA]; 5a. Época; 3a. Sala; S.J.F.; Tomo LXX; Pág. 3286; Número de registro 353300

CAPACIDAD Y   PERSONALIDAD

(LEGISLACION DE PUEBLA). Debe distinguirse entre la capacidad legal para deducir una acción y la personalidad de quien o quienes la ejerciten, pues la primera consiste en el atributo o facultad que la ley concede a una persona física o moral, para usar el medio jurídico que conforme al artículo 1o. del Código de Procedimientos Civiles de Puebla, establece el propio ordenamiento para reclamar ante los tribunales, el establecimiento del derecho violado o el reconocimiento del desconocido, y la segunda, es la presentación con la que se ostenta un individuo, para poner en movimiento ese medio jurídico, en nombre de otra u otras personas. La fracción III, del artículo 2o. de la invocada ley procesal, contiene esa diferencia entre capacidad y personalidad, pues dicha disposición legal a la letra dice: " El ejercicio de las acciones civiles requiere: ... III. La capacidad legal para ejercitar la acción por sí o por legítimo representante". Como se ve, esta fracción se refiere tanto a la capacidad de quien ejercita una acción por su propio derecho, como a la representación de quien la deduce en nombre de otra persona.

Capacidad de ejercicio: Es un atributo de la personalidad que se adquiere por el nacimiento y se pierde por la muerte en virtud de la cual una persona puede ser sujeto de derechos y obligaciones. (Vara) 2.2.- Quien tenga capacidad de ejercicio podrá autorizar para oír notificaciones en su nombre, a licenciado en derecho con título profesional registrado y autorizado por la Oficina Estatal de Profesiones o por la Secretaría de Educación Pública, para el ejercicio de su profesión, quien se entenderá investido de la personalidad del autorizante, con facultades para promover, ofrecer y desahogar pruebas, interponer los recursos que procedan, alegar en las audiencias, y todas las necesarias para realizar cualquier acto en el proceso en defensa de los derechos del autorizante, con excepción de las de substituir la autorización, delegar facultades, desistirse de la acción, de la demanda, excepciones, o recursos, transigir, comprometer en árbitros o de celebrar convenios, sean dentro o fuera del proceso. (codigos, 2012)

2.3.-La capacidad de ejercicio, en el ámbito jurídico, es la cualidad jurídica de una persona que determina la eficacia de sus actos jurídicos. También es posible definirla como la facultad de la persona para crear, modificar, o extinguir derechos y obligaciones.(UNAM, 1993)

[TA]; 5a. Época; 3a. Sala; S.J.F.; Tomo LXXXI; Pág. 4865; Número de registro 350119

CAPACIDAD DE DERECHO

Y CAPACIDAD DE EJERCICIO (PERSONALIDAD EN JUICIO). Existe una distinción entre capacidad de derecho y capacidad de obrar o de ejercicio: la primera, es la cualidad de ser sujeto de derechos y obligaciones, y la tienen todos los seres humanos, y la segunda, es la posibilidad de efectuar manifestaciones de voluntad, jurídicamente eficaces. La capacidad de obrar constituye la regla general, y por excepción, hay casos de incapacidad determinados por la ley, como son: la menor edad; la interdicción; la mujer casada, en algunos Estados, como el de Puebla, y la falta de personalidad, tanto del actor como del demandado; esto implica carencia de capacidad de obrar, en el sujeto, o carencia o defecto en la representación, o de prueba de ésta. Ahora bien, si quien compareció como cesionario de los legatarios en una sucesión, promoviendo la remoción de albacea definitivo, sólo probó la cesión que le hicieron algunos de esos legatarios y no acreditó ser cesionario de los otros, este hecho implicaría carencia de acción, en lo que a esas partes se refirió, pero no falta de personalidad, ya que el cesionario, como titular de los derechos adquiridos, promovió por su propio derecho y no como apoderado de los legatarios, y por lo mismo, cualesquiera que hayan sido los fundamentos de la autoridad responsable para declarar improcedente esa falta de personalidad, no incurrió en violación de garantías.

Capacidad procesal: .-Facultad de obrar en juicio es decir para realizar actos procesales en nombre propio o en representación a favor de otro. (Vara) 6.2.-Es la aptitud legal que posee una persona para comparecer ante los tribunales de justicia.(Favela) 6.3.-presupone un todo que está integrando, pues, etimológicamente, parte significa cada una de las porciones en que se divide el todo, y hemos visto que este todo, en el proceso, lo constituyen el juez y las partes.(UNAM)

[TA]; 8a. Época; T.C.C.; S.J.F.; Tomo VI, Segunda Parte-1, Julio-Diciembre de 1990; Pág. 95; Número de registro 224399

CAPACIDAD PROCESAL, TRAMITE DE LA EXCEPCION DE FALTA DE. La capacidad legal de las personas se traduce en la condición jurídica en que se encuentran para adquirir derechos, contraer obligaciones y celebrar actos jurídicos en general y es de carácter material o sustantivo, pues incide en la validez del acto jurídico celebrado o en la existencia legal de un derecho o una obligación; por ende, la excepción que se opone en juicio, en el sentido de que se era incapaz al momento de celebrar la obligación, es de naturaleza perentoria, toda vez que tiende a destruir la acción o dejarla sin efectos, lo que impele a resolverla al dictarse la sentencia definitiva. En cambio, la capacidad procesal consiste en la facultad de poder comparecer ante los tribunales a ejercitar o defender un derecho, tiene carácter procedimental o adjetivo, y se refiere a la idoneidad de las personas para actuar válidamente en determinado procedimiento judicial y, por ello, sus efectos son intraprocesales. Consecuentemente, la excepción de falta de capacidad procesal es de naturaleza dilatoria, dado que su procedencia no podría afectar la acción intentada sino que sólo impediría o retardaría la debida integración del proceso, el cual podría reanudarse una vez desaparecida o subsanada la incapacidad, según el caso, de ahí que la excepción de que se trata amerite decisión de previo y especial pronunciamiento.

Careo: aclaración de no aceptable. Si un testigo dijo no reconocer al inculpado en la diligencia de careo, alterando las características que en un principio proporcionó y que se aproximan a las que aparecen en su ficha signa ética, tal aclaración no es aceptable, máxime si se toma en cuenta que el propio inculpado fue reconocido por una pariente, lo que debe prevalecer sobre la aclaración mencionada.(http://ius.scjn.gob.mx/paginas/externas/detall e.aspx?id=234784)

El careo es la confrontación inmediata entre personas que han prestado declaraciones contradictorias sobre un hecho relevante en el proceso. El careo sirve para disipar, aclarar o, en su caso, hacer patente contradicciones entre lo manifestado por los distintos testigos e imputados. De hecho, el careo es una forma especial de ampliación de testimonio, por lo que la normativa de este medio de prueba regirá complementando lo dispuesto sobre el careo.

[TA]; 9a. Época; T.C.C.; S.J.F. y su Gaceta; Tomo XIV, Octubre de 2001; Pág. 1094; Número de registro 188673

CAREO CONSTITUCIONAL O PROCESAL. ES IMPROCEDENTE SU ADMISIÓN Y DESAHOGO CON QUIEN FUNGE COMO PERITO EN EL PROCESO (LEGISLACIÓN DEL ESTADO DE COAHUILA). El artículo 20, fracción IV, de la Constitución Federal, establece la procedencia del careo constitucional del inculpado con quienes deponen en su contra, en tanto que el artículo 374 del Código de Procedimientos Penales de Coahuila, en términos similares al 265 del código procesal penal federal, contempla la procedencia del careo procesal cuando exista contradicción entre las declaraciones de dos personas. De acuerdo con tales disposiciones, es

improcedente la solicitud del procesado de carearse con quien fungió en el proceso con la calidad de perito, pues éste es la persona que aporta los conocimientos especiales en determinada área que auxilian al juzgador para la convicción de determinado hecho, de manera que bajo ningún concepto se puede considerar que quien emite un peritaje declare en contra del procesado.

Carga de la prueba: Una vez realizada la actividad probatoria, el juez debe prestarse a dictar sentencia. Para ello deberá seguir un iter lógico (V. sentencia) en el que uno de los pasos es establecer los hechos probados, sobre los que aplicar las pertinentes normas, previa la valoración (V. valoración de la prueba) de dicha actividad probatoria. (http://www.enciclopedia-juridica.biz14.com/d/carga-de-la-prueba/carga-de-la-prueba.htm)

La carga de la prueba es una noción procesal que contiene la regla de juicio, por medio de la cual se le indica al juez cómo debe fallar cuando no encuentre en el proceso pruebas que, le den certeza sobre los hechos que deben fundamentar su decisión, e indirectamente establece a cuál de las partes le corresponde la prueba de tales hechos, para evitarse las consecuencias desfavorables. Devis Echandía

Cuando hablamos de carga de la prueba estamos ante la obligación procesal que le impone el deber de demostrar alguna cosa. Quien tiene la carga de la prueba es quien ha de demostrar algún hecho. En el marco de proceso civil, penal o administrativo, quien tiene la carga de la prueba es quien ha de probar los hechos que son objeto de discusión (Teoría del proceso civil.)

[TA]; 10a. Época; T.C.C.; S.J.F. y su Gaceta; Libro I, Octubre de 2011, Tomo 3; Pág. 1611; Número de registro 160944

CARGA DE LA PRUEBA EN EL JUICIO CONTENCIOSO ADMINISTRATIVO FEDERAL.

CORRESPONDE AL ACTOR CUANDO NIEGA LISA Y LLANAMENTE UN HECHO QUE SE LE ATRIBUYE Y LA DEMANDADA EXHIBE LOS DOCUMENTOS QUE DESVIRTÚAN ESA NEGATIVA, CUYO VALOR PROBATORIO NO ES CONTROVERTIDO. El artículo 68 del Código Fiscal de la Federación establece: "Los actos y resoluciones de las autoridades fiscales se presumirán legales. Sin embargo, dichas autoridades deberán probar los hechos que motiven los actos o resoluciones cuando el afectado los niegue lisa y llanamente, a menos que la negativa implique la afirmación de otro hecho.", por lo que cualquier imputación de ilegalidad debe argumentarse eficazmente y probarse por quien la aduzca. En este contexto, cuando en el juicio contencioso administrativo el actor niega lisa y llanamente un hecho, ello en principio arroja la carga de la prueba a la demandada en términos del citado numeral; no obstante, como tal regla no es absoluta, dicha obligación se revierte si la autoridad exhibe los documentos que desvirtúan esa negativa, cuyo valor probatorio no es controvertido, lo que convierte a lo dicho por el particular en una simple manifestación que conlleva, implícitamente, una afirmación, al ser esa documentación un indicio importante de la existencia de los hechos negados.

[J]; 9a. Época; T.C.C.; S.J.F. y su Gaceta; Tomo XX, Septiembre de 2004; Pág. 1666; Número de registro 180515

PRUEBA, CARGA DE LA, EN EL JUICIO FISCAL. De conformidad con el artículo 81 del Código Federal de Procedimientos Civiles, de aplicación supletoria en los juicios fiscales por disposición del artículo 5o., segundo párrafo, del Código Fiscal de la Federación, al actor corresponde probar los hechos constitutivos de su acción y al reo (demandado) los de sus excepciones. Por tanto, cuando en el juicio fiscal exista necesidad de aportar alguna prueba para dilucidar un punto de hecho, tocará a la parte interesada en demostrarlo gestionar la preparación y desahogo de tal medio de convicción, pues en ella recae la carga procesal, y no arrojarla al tribunal con el pretexto de que tiene facultades para allegarse de los datos que estime pertinentes para conocer la verdad. De otra forma, se rompería el principio de equilibrio procesal que debe observarse en todo litigio.

Carga procesal: Cuando el trabajador afirma que fue coaccionado verbalmente para presentarla, a él le corresponde la carga procesal de demostrar esa afirmación El señalamiento del trabajador en torno a que presentó su renuncia porque le fue solicitada de manera verbal, no conlleva forzosa y necesariamente a la conminación física o moral para obtenerla, al no ser indicativo de la existencia de algún tipo de coacción por estar en aptitud de negarse a hacerlo o manifestar su inconformidad en ese sentido; consecuentemente, en estos casos corresponde al trabajador la carga procesal de demostrar esa afirmación. (http://ius.scjn.gob.mx/paginas/externas/detalle.aspx?id=17 7170)

Es un poder o una facultad de ejecutar, libremente, ciertos actos o adoptar cierta conducta prevista en la norma para beneficio y en interés propios, sin sujeción ni coacción y sin que exista otro sujeto que tenga el derecho a exigir su observancia, pero cuya inobservancia acarrea consecuencias desfavorables. Artículo 1354 CCV:

"Quien pida la ejecución de una obligación debe probarla, y quien pretenda que ha sido libertado de ella debe por su parte probar el pago o el hecho que ha producido la extinción de su obligación".

La regla de juicio en materia de obligaciones civiles es que quien reclame el cumplimiento de una obligación debe probar la existencia de la obligación, y quien pretenda defenderse alegando que quedó liberado de esa obligación debe demostrar el modo extintivo de la misma. En el caso de las obligaciones civiles, la carga de probar el nacimiento de la obligación corresponde a quien lo alega, por ser presupuesto de la norma que consagra el efecto

Jurídico perseguido. Conforme a la regla general sobre distribución de la carga de la prueba, la parte que reclama el cumplimiento de una obligación por el demandado, debe probar el hecho que la norma invocada supone como presupuesto de su aplicación, esto es, el nacimiento de su derecho correlativo, y la parte que opone la alegación de haber cumplido, es decir, que su obligación se extinguió, debe probar el hecho respectivo, porque es supuesto de la norma que contiene tal efecto jurídico. El primero no está gravado con la carga de probar el incumplimiento, porque el nacimiento de su derecho lo faculta, por sí mismo, a pedir su satisfacción y, por lo tanto, aquella circunstancia negativa no aparece como supuesto para la aplicación de la norma que lo favorece. Cuando el demandado alegue haber cumplido una obligación suya, para deducir de tal hecho una consecuencia jurídica favorable, debe probar el cumplimiento, porque es supuesto de la norma que estatuye ese efecto jurídico; lo mismo ocurre cuando el demandado lo oponga a la pretensión del actor. En el primer caso, el cumplimiento tiene efectos constitutivos de la propia pretensión; en el segundo, efectos extintivos de la del contrario, pero en ambos es supuesto de la norma favorable a quien lo alega. Ninguna importancia tiene, para la distribución de la carga de probar, cuál sea el contenido del efecto jurídico perseguido por quien alega el cumplimiento o incumplimiento (si se pide resolución del contrato o indemnización o cumplimiento de la parte contraria, etc.), porque sólo importa la circunstancia de reclamarse la aplicación de la norma que establece ese hecho como supuesto necesario para cualquier efecto jurídico.(Echandía H. D.)

[TA]; 9a. Época; T.C.C.; S.J.F. y su Gaceta; Tomo XXXII, Octubre de 2010; Pág. 3080; Número de registro 163617

JUICIO DE NULIDAD. PARA ESTIMAR CUMPLIDA LA CARGA PROCESAL QUE LA FRACCIÓN II DEL ARTÍCULO 16 DE LA LEY FEDERAL DE PROCEDIMIENTO CONTENCIOSO ADMINISTRATIVO IMPONE A LA DEMANDADA, SI ÉSTA AFIRMA QUE EL ORIGINAL DEL CRÉDITO FISCAL QUE PRETENDE IMPUGNARSE LE FUE ENTREGADO AL CONTRIBUYENTE AL NOTIFICÁRSELO, BASTA CON QUE EXHIBA COPIA CERTIFICADA DE SU REIMPRESIÓN, JUNTO CON LAS CONSTANCIAS DE LA NOTIFICACIÓN RESPECTIVA. El artículo 16, fracción II, de la Ley Federal de Procedimiento Contencioso Administrativo dispone que si el actor manifiesta desconocer la resolución administrativa que pretende impugnar, así lo expresará en su demanda, señalando la autoridad a quien la atribuye, su notificación o su ejecución, y que, al contestar la demanda, la autoridad acompañará constancia de la resolución administrativa y de su notificación, las que el actor deberá combatir mediante la ampliación de su escrito inicial. Así, para estimar cumplida esa carga procesal de la demandada, si ésta afirma que el original del crédito fiscal le fue entregado al contribuyente al notificárselo, basta con que exhiba copia certificada de su reimpresión, junto con las constancias de la notificación respectiva, siempre que contengan elementos suficientes de identidad, como el número del crédito, que coincidan tanto en la reimpresión como en las actas de notificación allegadas al juicio de nulidad.

Casación: Diccionario derecho pedía; (Derecho Procesal Civil). Proviene de la loe. lat. "cassare" que significa quebrar, romper o quebrantar legalmente el curso de un proceso, según Escríche la aplicación procesal de la casación, implica la acción de anular y declarar sin ningún valor ni efecto algún acto público./ Este recurso procede contra las sentencias pasadas en autoridad de cosa juzgada que hayan sido dictadas en infracción de la ley procesal. Este recurso tiene por objeto la justa aplicación de la ley y la unidad de la jurisprudencia.-.

Diccionario derecho.com; Recurso extraordinario que tiene por objeto anular una sentencia judicial que contiene una incorrecta interpretación o aplicación de la ley o que ha sido dictada en un procedimiento que no ha cumplido las solemnidades legales.

Dr. Gonzalo Noboa Elizalde. "Casación es la resolución interpretativa de la Ley sustantiva o adjetiva aplicada erróneamente en las sentencias y otras resoluciones que ponen fin a un proceso judicial, expedida por la Corte Suprema de Justicia y que establece los correctos significados y alcance de la mencionada norma objetiva general, resolución que tiene el carácter de obligatoria para el proceso en que fuere dictada y para los casos análogos que se presentaren en el futuro".

[TA]; 9a. Época; T.C.C.; S.J.F. y su Gaceta; Tomo XXXIII, Junio de 2011; Pág. 1253; Número de registro 161900

CASACIÓN. ESTE RECURSO CONSTITUYE UN SISTEMA MIXTO QUE PERMITE AL TRIBUNAL INVALIDAR LA AUDIENCIA DE DEBATE DE JUICIO ORAL O LA SENTENCIA O RESOLUCIÓN DE SOBRESEIMIENTO DICTADA EN ELLA (NUEVO SISTEMA DE JUSTICIA PENAL EN EL ESTADO DE CHIHUAHUA). De los artículos 419, 423 y 424 del Código de Procedimientos Penales del Estado de Chihuahua se advierte que el recurso de casación constituye un sistema mixto en cuanto a su objeto, porque a través de este recurso ordinario el tribunal puede invalidar: a) la audiencia de debate de juicio oral, o b) la sentencia o resolución de sobreseimiento dictada en dicha audiencia cuando hubiere quebranto a las formalidades esenciales del procedimiento o infracción a la legalidad en la formación de las resoluciones aludidas; esta duplicidad en que puede ejecutarse la actividad jurisdiccional, permite a los recurrentes enderezar sus motivos de agravio contra el juicio y la sentencia; de ahí que los efectos de la casación se encuentran justificados de acuerdo con su objeto, y de ello deriva la causa de anulación que se determine en cada caso particular, la cual, conforme al artículo 428 del citado ordenamiento legal, debe fundarse y motivarse por la autoridad a efecto de establecer las razones que sirvieron de base para la decisión y pronunciarse sobre todas las cuestiones controvertidas, salvo que se acogiere el recurso con base en alguna que fuere suficiente para anular la sentencia.

Caso fortuito: Diccionario jurídico; Cuando hablamos de un caso fortuito se considera fortuito el hecho causado por mero accidente, totalmente imprevisto, sin que medie dolo ni culpa del sujeto. Cuando algo se considera fortuito normalmente hay una exclusión de la responsabilidad. Por caso fortuito entendemos la situación no prevista, aleatoria y que no existió voluntad de alguien en su creación.

Eugenio María Ramírez Cruz: El caso fortuito y fuerza mayor es un hecho positivo no imputable. Quiere decir que en la ausencia de culpa del deudor no esta obligado a probar el hecho positivo del caso fortuito o la fuerza mayor, es decir la causa del incumplimiento debido a un evento de origen extraordinario, imprevisto e inevitable. Solo esta obligado a probar que actuó con la diligencia requerida, sin necesidad de demostrar el acontecimiento que ocasionó la inejecución de la obligación. Se debe identificar el acontecimiento y otorgarle los caracteres de extraordinario e irresistible.

Raúl Ferrero Costa: En general, se considera que el caso fortuito esta dado por eventos naturales (granizada, terremoto, seguía, etc.) mientras que la fuerza mayor se debe a hechos ajenos, ya sea de terceros (estado de guerra, choque ferroviario, naufragios, etc.) o actos atribuibles a la autoridad (expropiación, requisición, poner el bien fuera del comercio, etc.).

[TA]; 10a. Época; T.C.C.; S.J.F. y su Gaceta; Libro XVIII, Marzo de 2013, Tomo 3; Pág. 2076; Número de registro 2003142

RESPONSABILIDAD PATRIMONIAL DEL ESTADO. NOCIONES DE CASO FORTUITO Y FUERZA MAYOR COMO CAUSAS EXIMENTES DE AQUÉLLA. En materia de responsabilidad patrimonial del Estado como producto de su actividad administrativa irregular, si bien es cierto que los reclamantes deben acreditarla, también lo es que el ente estatal demandado y destinatario de la norma está constreñido a acreditar la debida diligencia, acorde con la normativa o en la lex artis de la profesión cuando se trata de la prestación de un servicio, o bien, que los daños derivan de hechos o circunstancias imprevisibles o inevitables según los conocimientos de la ciencia o de la técnica en el momento de su acaecimiento, o por la existencia de la fuerza mayor. En este contexto, es preciso tomar en consideración al caso fortuito y a la fuerza mayor como causas eximentes de la responsabilidad administrativa. Así, el primero se refiere a la presentación de un suceso inesperado, sorpresivo, que se produce casual o inopinadamente, o que hubiera sido muy difícil de prever en la medida que no se cuenta con experiencias previas o consistentes de la probabilidad o riesgo de que ocurra un siniestro. Por su parte, la fuerza mayor se traduce en la ocurrencia de un suceso inevitable, aunque previsible o relativamente previsible -como un huracán o terremoto- de carácter extraordinario. Consecuentemente, los factores importantes a considerar son la inevitabilidad del hecho dañoso y la consecuente falta de culpa cuando el hecho es ajeno al responsable, o exterior al vicio o riesgo de la cosa; esto es, lo decisivo consiste en analizar si el daño puede considerarse imprevisible o, pudiendo preverse es inevitable.

Cateo: Las legislaciones, en general, conceden este derecho a toda persona capaz de administrar sus bienes, la que puede solicitar de la autoridad permiso exclusivo para explorar un punto determinado, por el tiempo y en la extensión que señala la ley. (Cabenalllas de Torres, 2006).

Reconocimiento judicial de un domicilio particular o edificio que no estén abiertos al público. Solo la autoridad judicial podrá expedir y que será escrita, se expresara el lugar que ha de inspeccionarse, la persona o personas que hayan de aprenderse y los objetos que se busca, a lo que única mente debe limitarse la diligencia, levantándose, un acta al concluirla, en presencia de dos testigos presupuestos por el ocupante del lugar cateado o, en ausencia o negativa, por la autoridad que practique la diligencia. (De Pina Vara, 1965).

[TA]; 9a. Época; T.C.C.; S.J.F. y su Gaceta; Tomo XXXIII, Enero de 2011; Pág. 3159; Número de registro 163219

CATEO. PARA ESTIMAR LEGAL EL ACTA CIRCUNSTANCIADA QUE AL EFECTO SE LEVANTE ES INNECESARIO QUE SE REQUIERA AL SEGUNDO OCUPANTE DEL LUGAR CATEADO PARA QUE DESIGNE TESTIGOS, YA QUE BASTA CON LA DESIGNACIÓN QUE HAYA HECHO EL PRIMERO. De la interpretación de los artículos 16 de la Constitución Política de los Estados Unidos Mexicanos y 61 del Código Federal de Procedimientos Penales se sigue que, cuando en el domicilio que va a ser objeto de un cateo se localice un segundo ocupante, para estimar legal el acta circunstanciada que al efecto se levante es innecesario requerirlo para que designe testigos, ya que basta que el primer ocupante lo haya hecho, pues de esta manera se asegura que, desde el inicio de la diligencia, haya personas que atestigüen que los hechos desarrollados correspondan a la realidad; ello en razón que de haber sido otra la intención del legislador así lo hubiera establecido, de forma diáfana, esto es, que cada ocupante del lugar cateado tendría derecho a nombrar testigos, dado que la circunstancia de hallar a más de una persona en el lugar inspeccionado es sumamente previsible. Lo anterior es acorde con la jurisprudencia 1a./J. 9/2010, sustentada por la Primera Sala de la Suprema Corte de Justicia de la Nación y publicada en la página 110 del Tomo XXXI, abril de 2010, Novena Época del Semanario Judicial de la Federación y su Gaceta, de rubro: "CATEO. ANTE LA AUSENCIA DEL OCUPANTE DEL LUGAR OBJETO DE LA ORDEN, CORRESPONDE A LA AUTORIDAD DESIGNAR A LOS TESTIGOS, SIN QUE AQUÉL PUEDA HACERLO DESPUÉS DE INICIADA LA DILIGENCIA, AL SER ENCONTRADO ESCONDIDO EN EL INTERIOR DEL DOMICILIO CATEADO.", en la que sostuvo, grosso modo, que el nombramiento de testigos debe hacerse al inicio de la diligencia de cateo, a efecto de que estén en condiciones de constatar todo lo que acontece durante su desarrollo.

Caución: Lucchi López Tapia Yolanda; La tesis presentada versa sobre las cauciones procesales como figuras de garantías patrimoniales exigidas en el ámbito procesal, estructurándose en cuatro partes bien diferenciadas. La primera de ellas aborda las garantías patrimoniales en el ámbito sustantivo como sustrato del estudio de las cauciones procesales, realizando un repaso por todas las instituciones de garantía jurídico-privadas existentes en la legislación sustantiva y principalmente, la fianza, prenda e hipoteca, cuyo análisis sirve de punto de arranque para su tramitación al ámbito procesal cuando de prestar caución se trata. La segunda de ellas entronca directamente con el derecho procesal y es el examen de las medidas cautelares como medidas de garantía patrimonial procesal, cuyos caracteres principales están en consonancia con los de la caución procesal, tanto en el ámbito civil como en el ámbito penal. La tercera parte del trabajo aborda la construcción de una teoría general de las cauciones procesales desconocida hasta ahora por la doctrina en la que se enmarcan los aspectos generales de esta institución, desde su propio concepto y naturaleza jurídica hasta la problemática existente respecto de su ejecución judicial. La cuarta y última parte del trabajo supone la aplicación de la formulada teoría general a los supuestos legislativos concretos.

Código procesal civil para el estado de Coahuila de Zaragoza articulo 877;

No obstante lo dispuesto en la fracción anterior, para ejecutar las sentencias definitivas, deberá otorgarse previamente caución para responder de los daños y perjuicios que puedan ocasionarse a la contraparte con motivo de la ejecución provisional. Podrá llevarse adelante la ejecución provisional sin necesidad de caución cuando se trate de sentencias sobre alimentos y en los demás casos en que la ley lo disponga. Si la caución es otorgada por el actor, su monto comprenderá la devolución del bien que deba recibir, sus frutos e intereses y la indemnización de daños y perjuicios que se causen al demandado, si el superior revoca el fallo. Si se otorgare por el demandado como contragarantía para evitar la ejecución del fallo, su monto cubrirá el pago de lo juzgado y sentenciado o el cumplimiento, si la sentencia condena a hacer o no hacer. La calificación de la caución será hecha por el juzgador, quien se sujetara a las disposiciones del código civil y de este código. La liquidación de los daños y perjuicios se hará mediante incidente que se tramitara de acuerdo con las reglas de la ejecución forzosa;

El Art. 31 del código civil dice que caución significa generalmente cualquier obligación que se contrae para la seguridad de otra obligación propia o ajena.

Son especies de caución la fianza, la prenda y la hipoteca. Añadiremos, el depósito en dinero a la orden del juez de la causa.

[J]; 10a. Época; 1a. Sala; S.J.F. y su Gaceta; Libro XXIV, Septiembre de 2013, Tomo 1; Pág. 869; Número de registro 2004393

AUTO QUE APERCIBE AL PROCESADO CON REVOCAR SU LIBERTAD PROVISIONAL BAJO CAUCIÓN. PROCEDE EL JUICIO DE AMPARO EN SU CONTRA, SIN NECESIDAD DE AGOTAR PREVIAMENTE LOS MEDIOS ORDINARIOS DE DEFENSA. El juicio de amparo contra el auto que apercibe al procesado con revocar su libertad provisional bajo caución, resulta procedente sin necesidad de agotar previamente el medio de defensa ordinario previsto en el ordenamiento respectivo, toda vez que el auto reclamado es de carácter concreto e individualizado, y el agraviado se halla en riesgo inminente de ser privado de su libertad personal, respecto de la cual opera una excepción al principio de definitividad del juicio de amparo, en términos del artículo 73, fracción XIII, párrafo segundo, de la ley de la materia vigente hasta el 2 de abril de 2013.

Causa justificada: Si el hecho de haber sido cambiados de adscripción los acusados no implicó en manera alguna que asumirían un nuevo empleo, sino solamente que habrían de ocupar en diverso sitio el mismo puesto que habían venido desempeñando en esta ciudad; así, si lo nuevo era, pues, la adscripción, pero el empleo era el mismo que física y legalmente ya tenían. Luego, al no presentarse a las nuevas adscripciones a desempeñar el referido empleo, lo abandonaron. Es, por ende, inadmisible su aseveración en el sentido de que no pudieron abandonar un empleo que aún no tenían. La interposición de sus demandas ante el Tribunal Federal de Conciliación y Arbitraje, impugnando las resoluciones que determinaron ese cambio, no constituyeron causa justificada para dejar de presentarse a sus nuevas adscripciones, pues en tanto no estuviera definitivamente establecida la pretendida ilegalidad de las órdenes de cambio, subsistía la obligación por parte de los inculpados de presentarse a las aludidas nuevas adscripciones. La fracción V del artículo 18 de la Ley de Responsabilidades de los Funcionarios y Empleados de la Federación, al tipificar el delito de abandono de empleo, tiene como finalidad garantizar el buen funcionamiento de las dependencias gubernamentales en beneficio de la comunidad, mediante la exigencia a aquéllos, de un estricto cumplimiento de la tarea que dentro de esas instituciones les ha sido encomendada; y tales fines no podrían ser satisfechos, si los empleados y funcionarios federales pudieran impunemente abandonar sus empleos, con el pretexto, por demás sencillo, de haber impugnado las órdenes relacionadas con los mismos, ante los organismos competentes. (Esparza G. C., 1974).

[J]; 9a. Época; T.C.C.; S.J.F. y su Gaceta; Tomo XXIII, Abril de 2006; Pág. 946; Número de registro 175183

TRABAJADORES DE CONFIANZA AL SERVICIO DEL ESTADO DE MORELOS Y SUS MUNICIPIOS. TIENEN DERECHO A LA ESTABILIDAD EN EL EMPLEO Y, POR ENDE, NO PUEDEN SER CESADOS SINO POR CAUSA JUSTIFICADA (LEGISLACIÓN VIGENTE A PARTIR DEL 7 DE SEPTIEMBRE DE 2000). De los artículos 8o., 23 y 24, fracción XIV, de la Ley del Servicio Civil del Estado de Morelos, vigente a partir del siete de septiembre de dos mil, se advierte que los trabajadores de confianza del Gobierno del Estado y sus Municipios tienen derecho a la estabilidad en el empleo, definido como la prerrogativa de que goza un trabajador para no ser separado de su cargo hasta la terminación natural de la relación laboral, salvo que exista causa justificada para ello; lo que se estima así, ya que si el primero de los preceptos dispone que este tipo de empleados tendrá los derechos que le sean aplicables de acuerdo con esa ley, y el artículo 23 de la citada legislación, sin hacer distinción alguna, dispone que ningún trabajador amparado por dicha ley podrá ser cesado sino por causa justificada; en tanto que la fracción XIV del numeral 24 del mismo ordenamiento, establece como causa justificada de terminación de los efectos del nombramiento sin responsabilidad de la parte patronal, la pérdida de la confianza; consecuentemente, al ser un derecho inherente también al cargo de confianza, los trabajadores de esta categoría tienen la prerrogativa a no ser privados del puesto sino por causa justificada.

Causahabiente: Persona que ha sucedido o se ha subrogado por cualquier otro titulo en el derecho de otra u otras. (Carpizo, 1992).

El sucesor jurídico de una persona es decir, quien ha adquirido una propiedad o derecho de otra persona que a su vez se llama causante. (Pallares, 1999).

Sn aquellas personas que se encuentran puestas en nuestro lugar con respecto a nuestros derechos en general, o con relación a un derecho particular. (Plaza, 1968).

[TA]; 9a. Época; T.C.C.; S.J.F. y su Gaceta; Tomo XXX, Diciembre de 2009; Pág. 1557; Número de registro 165747

MANDATARIO. NO ES CAUSAHABIENTE DEL MANDANTE. El mandato es un contrato por virtud del cual el mandatario realiza los actos jurídicos que el mandante le encomienda, de manera que cuando se otorga un mandato para actos de administración, ello no da lugar a considerar al mandatario como causahabiente del mandante, pues por virtud de la causahabiencia el causahabiente adquiere el carácter de sucesor de los derechos del causante, de quien adquiere una propiedad o un derecho, ya sea a título universal o a título particular, lo que no acontece con el contrato de mandato, en el que el mandatario ejecutará en nombre y representación de su mandante los actos jurídicos que éste le encomiende, pero no se subroga en los derechos del mandante.

Cédula: Son títulos valor emitidos por una persona física o moral que otorga a su tenedor una garantía, constituida por el acreditado y le concede derecho al interés fijado. (Carpizo, 1992).

Se utiliza para hacer las notificaciones personales. Este documento debe contener la hora y la fecha en que se entregue, la clase de procedimiento, el nombre y los apellidos de las partes, el juzgador que manda practicar la diligencia, transcripción de la resolución que se ordena notificar y nombre y apellido, de la persona a quien se entrega.(Fabela, 2001).

Documento privado en el que se confiesa una deuda de dinero y se obliga uno a pagarla en determinado tiempo. (Pallares, 1999).

Documento judicial destinado a llevar a efecto una notificación por cedula. (Vara, 2005)

Desde el punto de vista jurídico, instrumento o documento que se utiliza para comunicar una orden o acto emanado de autoridad competente o bien para certificar una determinada situación. (Garrone, Buenos Aires)

Se utiliza para ser las notificaciones personales. Este documento debe contener la hora y la fecha en que se entregue, la clase de procedimiento, el nombre y los apellidos de las partes, el juzgador que lo manda para aplicar la diligencia, la transcripción de la resolución que se ordena notificar y el nombre y apellido de la persona a quien se entrega.(http://www.enciclopedia-juridica.biz14.com/d/cargas/cargas.htm)

[TA]; 10a. Época; T.C.C.; S.J.F. y su Gaceta; Libro II, Noviembre de 2011, Tomo 1; Pág. 615; Número de registro 160704

CÉDULA DE NOTIFICACIÓN SUSCRITA POR EL ACTUARIO. CONSTITUYE LEGALMENTE UNA ACTUACIÓN JUDICIAL CON PLENO VALOR PROBATORIO. Tratándose de una cédula de notificación, la cual contiene el nombre del juzgado que conoce del asunto, el número del expediente correspondiente, el nombre de la persona a quien se pretende notificar y, sobre todo, la firma del actuario adscrito a dicho juzgado, es incuestionable que constituye una actuación judicial, porque la realiza un funcionario judicial en ejercicio de su encargo, que se encuentra investido de fe pública y, siendo así, el documento relativo a la cédula de notificación tiene valor probatorio pleno respecto a los acuerdos que en ella obran transcritos y, por ello, es indudable su veracidad y permiten conocer a ciencia cierta el o los mandamientos dictados por la autoridad judicial.

Citación: La citación es el último medio de comunicación que pueden dirigir las autoridades judiciales a los particulares y consiste, precisamente, en un llamamiento hecho al destinatario de

tal medio de comunicación para que comparezca o acuda a la práctica de alguna diligencia judicial fijándose, por regla general, para tal efecto, día y hora precisos.(Lara, 2000)

El órgano jurisdiccional señala alguna de; las partes o a algún otro participante o tercero, una fecha y hora determinadas para que comparezca ala practica de una actuación judicial.(Favela, 2005)

Los romanos también la nombraron in jus vocatio que quiere decir llamamiento al tribunal, fuese la primera parte del juicio; y pretendiendo otros que era la contestación.(Escriche, 1838)

[TA]; 9a. Época; T.C.C.; S.J.F. y su Gaceta; Tomo XXX, Octubre de 2009; Pág. 1523; Número de registro 166175

DILIGENCIA DE CITACIÓN A JUICIO. EL FUNCIONARIO NOTIFICADOR ESTÁ OBLIGADO A SOLICITAR Y ASENTAR EL NOMBRE DE LOS VECINOS QUE INTERVIENEN EN ELLA (LEGISLACIÓN DEL ESTADO DE PUEBLA). El hecho de que en el artículo 72 del Código de Procedimientos Civiles para el Estado de Puebla, en vigor a partir del uno de enero de dos mil cinco que señala las formalidades que deben observarse en la citación a juicio, no se establezca expresamente la obligación del funcionario notificador de solicitar y asentar el nombre de los vecinos que intervienen en esa diligencia, no significa que no se encuentre obligado a ello, pues además de que en ese precepto legal únicamente se determinan lineamientos generales, no específicos en cuanto a la manera en que debe conducirse ese funcionario y las formalidades que debe observar la primera notificación a las partes, la Primera Sala de la Suprema Corte de Justicia de la Nación, al resolver la contradicción de tesis 29/94, que dio origen a la jurisprudencia 1a./J. 14/95, visible en la página 171, Tomo II, octubre de 1995, Novena Época del Semanario Judicial de la Federación y su Gaceta, de rubro: "DILIGENCIA DE NOTIFICACIÓN. LA FALTA DE CERCIORAMIENTO DEL DOMICILIO EN LA. RESULTA VIOLATORIO DE GARANTÍAS. (LEGISLACIÓN DEL ESTADO DE NUEVO LEÓN).", sostuvo el criterio consistente en que el dicho de la persona con quien se entiende la diligencia de emplazamiento de que el lugar en que se constituyó el actuario es el del domicilio del demandado, así como la confirmación de esa afirmación con el solo dicho de los vecinos, no constituye la razón sobre el medio fidedigno que debe asentar ese funcionario en la referida diligencia.

Cláusula penal: Sigue la suerte del contrato: si el contrato es nulo, es nula la cláusula penal. (Diccionario Jurídico)

[TA]; 10a. Época; T.C.C.; S.J.F. y su Gaceta; Libro IV, Enero de 2012, Tomo 5; Pág. 4307; Número de registro 160447

CLÁUSULA PENAL EN EL CONTRATO DE ARRENDAMIENTO. A través de la cláusula penal se pretende inhibir el incumplimiento de las obligaciones por alguna de las partes celebrantes, pues se establece como sanción para aquel que viola el pacto asumido o prever el monto del daño y perjuicio ocasionado por el incumplimiento. El arrendador pretende inhibir la conducta del arrendatario para el caso de que éste continúe ocupando el inmueble, no obstante la terminación del contrato, fijando un aumento del cien por ciento de la última renta mensual vigente que se pactó en el contrato. En esta perspectiva la referida cláusula debe analizarse en términos del artículo 1843 del Código Civil para el Distrito Federal que establece que la cláusula penal no puede rebasar el monto de la obligación principal.

Coacción: Fuerza o violencia que se hace a una persona con el fin de que ejecute o deje de ejecutar alguna acción. (Diccionario Jurídico).

[TA]; 6a. Época; 1a. Sala; S.J.F.; Volumen LXXIX, Segunda Parte; Pág. 15; Numero de registro 259648

CONFESION SIN COACCION. Aun en el supuesto de que se compruebe en el proceso que se ejercita violencia de parte de la policía aprehensora, para obtener las confesiones de los inculpados, si éstos rinden declaración confesoria ante la representación social y ante el Juez de la causa, las que no están influenciadas por la coacción imputada a la autoridad que lleva a cabo la aprehensión, ni se advierte que han sido vertidas en igual forma que la primera, tienen eficacia probatoria y demuestran la responsabilidad penal de los acusados.

Cohabitación: Acción de cohabitar.(diccionario de la lengua española, 2005)
- Hacer vida conyugal. (Burgoa, 1992)
-Habitar juntamente con otro u otros. (oceano, 1998)

[TA]; 8a. Época; T.C.C.; S.J.F.; Tomo V, Segunda Parte-1, Enero-Junio de 1990; Pág. 183; Número de registro 225642
DESPOJO, INEXISTENCIA DE LA CALIDAD POSEEDORA CUANDO LA OCUPACION DERIVA DE LA COHABITACION Y DEPENDENCIA ECONOMICA RESPECTO DEL SENTENCIADO POR EL DELITO. Bajo ningún concepto puede considerarse a la hoy recurrente como poseedora, precisamente, porque ella sólo detenta el inmueble, en virtud de la situación de dependencia derivada de la mencionada unión con el sentenciado, quien ocupó el inmueble a sabiendas de que era de otra persona, según se estableció en la sentencia reclamada en el amparo por aquél; de forma tal que, el hecho meramente circunstancial de cohabitar en ese terreno, no otorga a la inconforme la calidad de poseedora, pues esa circunstancia invocada por ella, como acto derivado de la posesión, esto es, el cohabitar en el inmueble con quien resultó condenado a restituir en el goce y disfrute de dicho predio a su poseedor legítimo, sólo conduce a establecer la simple ocupación derivada de su situación de dependencia con aquél, por la naturaleza de su relación.

Colitigante: El que litiga juntamente con otro u otros contra un tercero. (Cabanellas, 2001)
Persona que litiga en unión con otra. (Ossorio, 1999)
Formando con él litigante una misma parte. (Couture, 2000)

194

[TA]; 9a. Época; T.C.C.; S.J.F. y su Gaceta; Tomo I, Junio de 1995; Pág. 507; Número de registro 205057

PRUEBA CONFESIONAL. NO TIENE ESE CARACTER LA MANIFESTACION DE UN COLITIGANTE EN RELACION A LA OTRA PARTE QUE PROCURA EL MISMO INTERES JURIDICO. Para que la manifestación contenida en una actuación de un juicio, se tenga por confesión expresa y espontánea, es necesario que favorezca a la parte contendiente de quien la haya externado, no así al colitigante que procura el mismo interés legal, ya que en ese contexto, se tratará de una manifestación aislada, sin soporte jurídico y no de una confesión; puesto que, para que haga fe en el juicio en favor de quien la externó o su coparticipante, es necesario que tal expresión se corrobore con cualquier probanza de las autorizadas por la ley.

Compensación: La confusión de una deuda liquida con un crédito líquido, o bien el descuento de una deudo por otra entre dos sujetos recíprocamente acreedores; de modo que la una sirve de pago a la otra.

La compensación se admite también en parte, es decir que si las deudas mutuas entre dos fueren desiguales, tendrá lugar la compensación en la cantidad concurrente, y en la sobrante quedara viva la obligación con respecto al deudor (Escriche, Rodriguez, & Gonzalez, 1993).

2. Se produce cuando dos personas son, respectivamente, acreedoras y deudoras una de otra; las dos relaciones obligatorias se extinguen recíprocamente, se saldrán la una por la otra, se compensan por lo menos hasta el límite de la menor de ellas.
(Machado Schiaffino, 1996)

3. Del latín, compensatio-nis acción y efecto de compensar; compensar: compensare, de cum, con y

pensare, pensar. Una de las formas de extinguir obligaciones. Es el balance entre dos obligaciones que se extinguen recíprocamente si ambas son de igual valor, o solo hasta donde alcance la menor, si son valores diferentes.
(Juridicas, 2001)

[TA]; 9a. Época; T.C.C.; S.J.F. y su Gaceta; Tomo II, Noviembre de 1995; Pág. 512; Número de registro 203744

COMPENSACION, EXCEPCION DE. REQUISITOS PARA SU PROCEDENCIA. (LEGISLACION DEL ESTADO DE DURANGO). Acorde a lo establecido por el Código Civil vigente en el Estado de Durango, para que se configure la excepción de compensación es necesario que las partes contendientes en el juicio, tengan la calidad de deudores-acreedores recíprocamente, y que las obligaciones ya determinadas en sentencia sean fungibles, líquidas y exigibles, determinándose su concepto, cuantía y origen.

Competencia: El derecho que tiene el juez o tribunal para conocer de una causa. Todo juez ordinario, generalmente hablando, tiene derecho para entender en todas las causas que ocurren entre las personas que están domiciliadas en el territorio a que se extiende su jurisdicción; a no ser que la persona o la causa sean de las exceptuadas por la ley o privilegio.
(Escriche, Rodriguez, & Gonzalez, 1993)

2. En sentido jurídico general se alude a una idoneidad atributiva a un órgano de autoridad para conocer o llevar a cabo determinadas funciones o actos jurídicos, recuérdese el artículo 16 de nuestra constitución dispone que nadie puede ser molestado sino en virtud de mandamiento escrito de autoridad competente.
(Juridicas, 2001)

3. Es la capacidad del órgano del Estado para ejercer la función jurisdiccional.

(Machado Schiaffino, 1996).

4. La competencia en general es una condición presupuestal sine qua non, para que la actuación de una determinada autoridad en el desarrollo de la función estatal que genéricamente le corresponde, sea válida y eficaz. Por esto es que, tratándose del desarrollo de la función jurisdiccional, se le ha considerado como un elemento de existencia necesaria previa para la validez de la actuación de la autoridad encargada de ejercerla.

(Burgoa, 1996)

[J]; 10a. Época; T.C.C.; S.J.F. y su Gaceta; Libro XVI, Enero de 2013, Tomo 3; Pág. 1774; Número de registro 20024747126

COMPETENCIA. SU ANÁLISIS DEBE EFECTUARSE PREVIO AL DE PROCEDENCIA DE LA VÍA. Previo al análisis de procedencia de la vía de un asunto, la autoridad que conozca del juicio debe analizar si es competente para conocer de la materia pues de no serlo, debe abstenerse de llevar a cabo declaración alguna respecto de la procedencia o no del juicio sino que en observancia de lo dispuesto en los artículos 17 constitucional y 25 de la Convención Americana sobre Derechos Humanos, conocida como el "Pacto de San José de Costa Rica" de la que México forma parte así como de los principios pro actione (derecho a ser oído por un Juez), iura novit curia (el Juez conoce el derecho) y effet utile (principio de efectividad), debe efectuar la interpretación más eficaz por virtud de la cual determine la autoridad legalmente competente para conocer de la controversia a fin de remitírselo y con ello, garantizar una tutela judicial efectiva al gobernado a través de prácticas judiciales que resulten pertinentes y necesarias para cumplir con los aludidos principios.

[J]; 10a. Época; 2a. Sala; S.J.F. y su Gaceta; Libro XXIV, Septiembre de 2013, Tomo 2; Pág. 1177; Número de registro 2004413

COMPETENCIA PARA CONOCER DE LA ACCIÓN DE PAGO POR CONCEPTO DE LA OCUPACIÓN TEMPORAL DE UNA PARCELA EJIDAL CONTRA EL OCUPANTE. CORRESPONDE A UN JUEZ EN MATERIA CIVIL. La competencia para conocer de la acción de pago ejercida por un ejidatario por concepto de la ocupación temporal de la parcela de la que es titular contra su ocupante, se surte en favor de un Juez en materia Civil y no de un Tribunal Unitario Agrario, ya que su naturaleza es civil, en la medida en que el interés del actor es de carácter patrimonial y personal, que no repercute en el núcleo ejidal o comunal al que pertenece, en virtud de que lo que pretende con su ejercicio es obtener una cantidad de dinero que corresponda al valor económico de los perjuicios que le hubiera ocasionado no gozar de la posesión de la parcela, de manera que el reclamo de la prestación económica de que se trata escapa al ámbito de las normas agrarias y, por ende, la vía en la que se ventile la controversia debe resolverse bajo la aplicación de las normas del derecho civil.

Competencia en grado: La que tienen los tribunales para conocer por razón de la instancia en que el juicio se encuentre. Los tribunales de primera instancia solo conocen de esta, y así sucesivamente.(Pallares, 1978)

[J]; 9a. Época; T.C.C.; S.J.F. y su Gaceta; Tomo XXXII, Noviembre de 2010; Pág. 1292; Número de registro 163498

COMPETENCIA POR RAZÓN DE GRADO. EL ARTÍCULO 10 DEL REGLAMENTO INTERIOR

DEL SERVICIO DE ADMINISTRACIÓN TRIBUTARIA NO LA FIJA RESPECTO DE LAS UNIDADES ADMINISTRATIVAS DE LA ADMINISTRACIÓN GENERAL DE ADUANAS QUE ENLISTA (LEGISLACIÓN VIGENTE HASTA EL 22 DE DICIEMBRE DE 2007). El artículo 10 del Reglamento Interior del Servicio de Administración Tributaria, vigente hasta el 22 de diciembre de 2007, enlista las unidades administrativas con que cuenta la Administración General de Aduanas para el ejercicio de sus atribuciones, pero no prevé una competencia estructurada piramidalmente que derive en la organización jerárquica de la administración pública, en que las funciones se ordenen por grados o escalas y los entes inferiores no puedan desarrollar facultades reservadas a los superiores. Por tanto, el referido artículo no fija la competencia por razón de grado de aquéllas, sino solamente su nombre y competencia por materia, pues esa definición se reservó por el Ejecutivo Federal al expedir dicho ordenamiento, para preceptos subsecuentes.

Competencia en materia: En materia civil el derecho que tiene un juez para conocer de una causa que tiene por objeto los intereses particulares de las partes. Goza, pues, de este derecho el juez del lugar donde el reo esta domiciliado o lo estaba cuando contrajo la obligación y el lugar que se expreso en el contrato.
(Escriche, Rodriguez, & Gonzalez, 1993)

2. En materia criminal el derecho que tiene un juez para conocer un delito. Debe pues conocer un delito el juez del lugar donde el reo le cometió o donde está domiciliado, o donde tuviese la mayor parte de sus bienes si en este fuere hallado o donde fuere cogido siendo vaga mundo.
(Escriche, Rodriguez, & Gonzalez, 1993)

3. El concepto de competencia administrativa es extenso y proclive a cierto error; por eso es fundamental discriminar los supuestos dogmaticos de su contenido. Hablamos de la administración como la suma de funciones específicamente administrativas que se atribuyen a los órganos de la administración pública, definimos una de las tres fases con que se presenta la actividad jurídica estatal, y podemos establecer entonces una competencia administrativa externa. Si nos referimos a una medida de actividad administrativa que puede tener un órgano interno de la administración pública podemos, entonces hablar de competencia administrativa interna.
(Osorio y Florit, 1992)

[J]; 9a. Época; 2a. Sala; S.J.F. y su Gaceta; Tomo XXIX, Marzo de 2009; Pág. 412; Número de registro 167761

COMPETENCIA POR MATERIA DE LOS TRIBUNALES COLEGIADOS DE CIRCUITO ESPECIALIZADOS. DEBE DETERMINARSE ATENDIENDO A LA NATURALEZA DEL ACTO RECLAMADO Y DE LA AUTORIDAD RESPONSABLE, Y NO A LOS CONCEPTOS DE VIOLACIÓN O AGRAVIOS FORMULADOS. De los artículos 51, 52, 54 y 55 de la Ley Orgánica del Poder Judicial de la Federación, se advierte que para fijar la competencia por materia de los Jueces de Distrito, el legislador tomó como base la naturaleza del acto reclamado y de la autoridad responsable. Por tanto, para efectos de determinar la competencia por materia de los Tribunales Colegiados de Circuito especializados, por analogía, debe atenderse a los elementos precisados y no a los conceptos de violación o agravios expresados por la parte quejosa o recurrente, respectivamente, pues éstos no constituyen un criterio que determine a quién compete conocer del asunto, ya que únicamente evidencian cuestiones subjetivas; sostener lo contrario resultaría ilógico, pues se llegaría al absurdo de que la competencia por materia estuviese fijada en razón de lo que aleguen las partes, sin importar que tales expresiones tengan o no relación con el acto reclamado.

Competencia federal: La competencia de los Tribunales Federales para conocer del juicio de amparo se establece primordialmente en atención a los dos tipos procedimentales en que se desenvuelve el proceso de garantías, a saber, el bi-instancial o indirecto y el uni-instancial o directo. Así, el primero de ellos se sustancia en primer grado ante los jueces de distrito y procede contra cualquier acto de autoridad que no sea sentencia definitiva civil, penal, administrativa o laboral. (Burgoa, 1996)

[TA]; 5a. Época; Pleno; S.J.F.; Tomo XLI; Pág. 3171; Número de registro 3130341019

COMPETENCIA FEDERAL EN   MATERIA PENAL. Si se suscita una competencia entre un Juez Federal y otro del orden común, para conocer de una averiguación instruida con motivo de la muerte de una persona que falleció ahogada en un río que atraviesa por uno de los Estados de la República, resulta que tal hecho, aun admitiendo que tuviera carácter delictuoso, no podría ser de la competencia de los tribunales federales, toda vez que no afecta intereses federales, ni infringe ley alguna de carácter federal, ni tampoco podría afectar la seguridad, integridad o la explotación de alguna vía general de comunicación, que constituya un río navegable, por lo cual debe decidirse la competencia en favor de las autoridades del orden común.

Competencia objetiva: Competencia objetiva: "se refiere al órgano jurisdiccional con abstracción de quien sea su titular en el momento determinado." (Lara)
Competencia objetiva: "atiende a un principio de jerarquía para determinar que órgano de los que forman parte del orden jurisdiccional civil debe conocer en primera instancia

un determinado tipo de asunto." (Carlos Manuel MartínezJiménez)

Competencia objetiva: "es aquella que se atribuye al órgano del estado que desempeña la función jurisdiccional." (Carlos)

[TA]; 9a. Época; 1a. Sala; S.J.F. y su Gaceta; Tomo XXI, Enero de 2005; Pág. 428; Número de registro 179470

RESOLUCIONES ADMINISTRATIVAS. SU ANULACIÓN POR INCOMPETENCIA DEL SERVIDOR PÚBLICO DE QUIEN PROVIENEN, DEBE BASARSE EN LA COMPETENCIA OBJETIVA Y NO EN LA SUBJETIVA. Del artículo 238, fracción I, del Código Fiscal de la Federación, que establece que se declarará que una resolución administrativa es ilegal cuando se demuestre la incompetencia del funcionario que la haya dictado u ordenado, o tramitado el procedimiento del que deriva, se advierte que se refiere a la competencia objetiva, consistente en la suma de facultades que la ley otorga a la autoridad para ejercer sus atribuciones. En ese sentido el órgano jurisdiccional, a quien corresponde decidir sobre tal competencia, tiene que apoyarse en el análisis de los preceptos referidos a las facultades otorgadas por la ley a la autoridad administrativa, que sirven para determinar si su actuación se encuentra comprendida dentro de ellas, pero no debe ocuparse de la competencia subjetiva, que se concentra en los atributos personales del servidor público, ni de aspectos relacionados con los requisitos legales para ocupar el cargo y el procedimiento legal seguido para efectuar su designación o elección, ya que esto último implica el examen de la legitimación en la designación y ratificación del nombramiento de una persona en particular, lo cual constituye un acto y un elemento no permitidos como parámetros en el sistema jurídico mexicano para concluir que carece de competencia la autoridad a quien representa el funcionario que haya dictado, ordenado o tramitado el procedimiento del que deriva la resolución que se cuestione.

Competencia subjetiva: Competencia subjetiva: "no alude a dicho órgano jurisdiccional si no a su titular a la persona o a las personas físicas encargadas del desenvolvimiento del desempeño de las funciones del órgano." (Lara)

Competencia subjetiva "como la absoluta idoneidad personal del juez para conocer de una causa concreta, por la ausencia de toda vinculación suya con los sujetos o con el objeto de dicha causa". (Aristides, 2001)

En realidad no es competencia sino que es capacidad. Consiste en que una persona física que representa al órgano jurisdiccional como magistrado, como juez o como secretario, tenga un impedimento para intervenir con la debida imparcialidad en el caso concreto. No es un problema de incompetencia, puesto que esta es una cualidad o atributo de órgano y no de persona física, por tanto, el nombre de la institución jurídica es "impedimento". (Carlos)

[TA]; 9a. Época; 1a. Sala; S.J.F. y su Gaceta; Tomo XXI, Enero de 2005; Pág. 428; Número de registro 179471

RESOLUCIONES ADMINISTRATIVAS. EL ARTÍCULO 238, FRACCIÓN I, DEL CÓDIGO FISCAL DE LA FEDERACIÓN, NO ES INCONSTITUCIONAL POR EXCLUIR EL ESTUDIO DE LA COMPETENCIA SUBJETIVA EN SU DECLARACIÓN DE ILEGALIDAD, CUANDO SE DEMUESTRE LA INCOMPETENCIA DEL FUNCIONARIO DE QUIEN PROVIENEN. El precepto citado establece que se declarará la ilegalidad de una resolución administrativa cuando se demuestre la incompetencia del funcionario que la haya dictado u ordenado, o tramitado el procedimiento del que deriva. Ahora bien, en virtud de que el análisis de la legitimación en la designación y ratificación del nombramiento de una persona -en particular como servidor público-, no está permitido como parámetro en el sistema jurídico mexicano para concluir que carece de competencia la autoridad a quien aquél representa, resulta evidente que no puede considerarse inconstitucional el artículo238, fracción I, del Código Fiscal de la Federación por el hecho de que no ordene que al emitirse la citada declaración el tribunal administrativo correspondiente deba involucrar la competencia subjetiva del indicado funcionario.

[TA]; 9a. Época; 1a. Sala; S.J.F. y su Gaceta; Tomo XXI, Enero de 2005; Pág. 428; Número de registro 179470

RESOLUCIONES ADMINISTRATIVAS. SU ANULACIÓN POR INCOMPETENCIA DEL SERVIDOR PÚBLICO DE QUIEN PROVIENEN, DEBE BASARSE EN LA COMPETENCIA OBJETIVA Y NO EN LA SUBJETIVA. Del artículo 238, fracción I, del Código Fiscal de la Federación, que establece que se declarará que una resolución administrativa es ilegal cuando se demuestre la incompetencia del funcionario que la haya dictado u ordenado, o tramitado el procedimiento del que deriva, se advierte que se refiere a la competencia objetiva, consistente en la suma de facultades que la ley otorga a la autoridad para ejercer sus atribuciones. En ese sentido el órgano jurisdiccional, a quien corresponde decidir sobre tal competencia, tiene que apoyarse en el análisis de los preceptos referidos a las facultades otorgadas por la ley a la autoridad administrativa, que sirven para determinar si su actuación se encuentra comprendida dentro de ellas, pero no debe ocuparse de la competencia subjetiva, que se concentra en los atributos personales del servidor público, ni de aspectos relacionados con los requisitos legales para ocupar el cargo y el procedimiento legal seguido para efectuar su designación o elección, ya que esto último implica el examen de la legitimación en la designación y ratificación del nombramiento de una persona en particular, lo cual constituye un acto y un elemento no permitidos como parámetros en el sistema jurídico mexicano para concluir que carece de competencia la autoridad a quien representa el funcionario que haya dictado, ordenado o tramitado el procedimiento del que deriva la resolución que se cuestione.

Competencia territorial: Competencia territorial: "implica una división geográfica del trabajo determinada por circunstancias y factores de tipo geográfico, democrático económico y social." (Lara)Competencia territorial: "pretende determinar a qué órgano jurisdiccional, ante los de un mismo grado jerárquico corresponde el conocimiento de una asunto por razón del ámbito espacial al que extiende su jurisdicción." (Carlos Manuel Martínez Jiménez)"Doctrina

La competencia territorial hace referencia a las facultades conferidas a los órganos en razón del espacio dentro del cual pueden ejercitarla.

Desde este punto de vista los órganos administrativos pueden ser órganos generales u órganos locales. La competencia administrativa del Presidente de la República, de los Secretarios de Estado, que se extiende a todo el territorio nacional, hace de dichos funcionarios órganos generales de la Administración. La competencia del Jefe del Departamento del Distrito Federal y de los Agentes de las Secretarias de Estado dentro de las demarcaciones especiales en que se divide el territorio, los constituye en órganos locales."(Diccionario Juridico)

Autor(es):Gabino Fraga . Libro: Derecho Administrativo, Editorial: Porrúa, Numero de Edición: 46, Fecha de Publicación: 2007, Lugar de Publicación: México, Número total de Paginas: 506, ISBN: 970-07-6821-X, Reseña Pagina(s): 127.

[TA]; 8a. Época; T.C.C.; S.J.F.; Tomo X, Noviembre de 1992; Pág. 239; Número de registro 217901

COMPETENCIA JURISDICCIONAL

(TERRITORIAL) EN MATERIA FEDERAL, NO IMPLICA VIOLACION CONSTITUCIONAL, LA FALTA DE. Cuando un juez de Distrito dicta sentencia condenatoria por delitos cometidos fuera de su territorio competencial, su resolución es válida al no afectarse la competencia constitucional, pues ésta, en dicho caso, se surte, ya que el juez que previno también tiene la atribución para conocer de los otros ilícitos sometidos a su consideración; por lo que la simple incompetencia jurisdiccional por territorio que se advierte existe entre los del mismo fuero, en principio, no es violatoria de garantías individuales en virtud de que si de acuerdo con las constancias del proceso las partes no promovieron con oportunidad el incidente por declinatoria o por inhibitoria como lo prevé la ley adjetiva de la materia, la omisión no implica prórroga o renuncia de jurisdicción, dado que, atendiendo a las reglas de acumulación delictual, el que se cometan diversos ilícitos en diferentes lugares, por atracción, el órgano jurisdiccional del mismo fuero que previno, deberá conocer de todos ellos.

Complejidad: "puede darse inicialmente por la acumulación de pretensiones (complejidad objetiva) o por la aparición de varios sujetos actuando como partes (complejidad subjetiva) o por ambas cosas a la vez (complejidad mixta) en los dos últimos casos puede darse inicialmente o de manera sobreviniente." (Omar)

Complejidad: "surge porque en el sistema operan múltiples lógicas y diversidad de fuerzas que no constituyen un todo armónico y estable." (Ricardo, 2005)

Complejidad: "una medida universal de todo ensamblaje estructurado de elementos o partes de un sistema." (Joan)

[TA]; 6a. Época; 2a. Sala; S.J.F.; Volumen CV, Tercera Parte; Pág. 55; Número de registro 265694

PETICION, DERECHO DE. LA COMPLEJIDAD DE UNA PETICION NO RELEVA DE LA OBLIGACION DE CONTESTARLA. El que los trámites administrativos, relacionados con las peticiones de los particulares, sean de orden público y requieran de cuidadoso estudio, no releva a las autoridades de la obligación que tienen de contestar dichas solicitudes, aunque sea simplemente para indicarles que su instancia habrá de someterse a un cuidadoso estudio.

Compromiso en arbitro: Arbitraje (Miguel, 1993).

La doctrina comprende diversos criterios para determinar la función jurídica del tercero. Árbitro. Se le considera árbitro porque trata de resolver una controversia entre el comprador y el vendedor cuando no se ponen de acuerdo en el precio. Esta hipótesis ha sido rechazada por considerar que el árbitro solo interviene dentro de un procedimiento que se sustenta en la ley procesal (htt1).El convenio que celebran dos o mas partes para someter sus diferencias a juicio arbitral (Pallares, 1981).

[TA]; 9a. Época; T.C.C.; S.J.F. y su Gaceta; Tomo XXII, Diciembre de 2005; Pág. 2650

COMPROMISO ARBITRAL, NULIDAD DEL. COMPETENCIA DEL ÁRBITRO Y NO DEL JUEZ ORDINARIO PARA CONOCER DE LA ACCIÓN DE NULIDAD RESPECTIVA, PORQUE LOS ARTÍCULOS 1424 Y 1432 DEL CÓDIGO DE COMERCIO TIENEN COMO PROPÓSITO DAR EFICACIA A LOS ACUERDOS DE ARBITRAJE Y FACILITAR LA REALIZACIÓN DE LOS PROCEDIMIENTOS ARBITRALES. Para interpretar los preceptos que regulan el arbitraje en el Código de Comercio, desde el punto de vista teleológico e histórico, es necesario tener en cuenta que el antecedente de los mismos se encuentra en la Ley Modelo Sobre Arbitraje Comercial Internacional de la

Comisión de las Naciones Unidas para el Derecho Mercantil Internacional (CNUDMI), cuyas disposiciones fueron incorporadas a la legislación mercantil nacional a fin de ajustarla a los aspectos favorables para el arbitraje que se advirtieron en esa propuesta normativa, como se desprende de la exposición de motivos del decreto de reforma y adiciones publicado en el Diario Oficial de la Federación el veintidós de julio de mil novecientos noventa y tres, así como de los correspondientes dictámenes emitidos por las respectivas Cámaras de Origen y Revisora, a saber, de Diputados y de Senadores, de tal suerte que resulta conveniente acudir al texto de la mencionada ley modelo, en los preceptos que guardan similitud o identidad de contenido, y a la explicación que de dichos dispositivos hace la secretaría de la mencionada comisión internacional. Esa semejanza en contenido normativo se advierte entre los artículos 1424 y 1432 del Código de Comercio, y 8 y 16 de la ley modelo, cuyo propósito es facilitar y dar eficacia al reconocimiento de los acuerdos de arbitraje, así como evitar la práctica de tácticas dilatorias, aunque se trate del ejercicio de las facultades de supervisión o de control que se reconocen como necesarias por parte de los tribunales judiciales. La anterior finalidad de la regulación de la remisión al arbitraje y de la facultad de determinar la competencia por parte del tribunal arbitral, basada en el principio arbitral de origen alemán denominado "Kompetenz-Kompetenz", o competencia-competencia, que implícitamente se encuentra en el texto de los artículos 1424 y 1432 del Código de Comercio, dado el origen que tienen y la semejanza con las normas que los inspiraron, revela que el legislador mexicano buscó dar cabal eficacia al compromiso arbitral y facilitar la realización de los arbitrajes, en caso de existir un acuerdo sobre esa forma de resolución de controversias, impidiendo el empleo de dilaciones en la sustanciación de esos procedimientos, aun cuando se ejerciera el necesario control judicial sobre la validez del pacto arbitral, el que,

208

en términos del artículo 1432 del Código de Comercio, puede hacerse antes de que se dicte el laudo arbitral, o con posterioridad a éste, es decir, puede ser previo o ex post. Por tanto, cuando existe pacto arbitral sobre la competencia del árbitro para conocer de la nulidad del acuerdo de arbitraje, queda excluida la competencia del Juez ordinario del Estado, para respetar cabalmente la voluntad de las partes al convenir la resolución de las controversias, incluyendo la nulidad del pacto arbitral, a través del procedimiento arbitral.

Concentración: Se entiende por concentración la fusión, adquisición del control o cualquier acto por virtud del cual se concentren sociedades, asociaciones, acciones, partes sociales, fideicomisos o activos en general que se realice entre competidores, proveedores, clientes o cualesquiera otros agentes económicos. La Comisión impugnará y sancionará aquellas concentraciones cuyo objeto o efecto sea disminuir, dañar o impedir la competencia y la libre concurrencia respecto de bienes o servicios iguales, similares o sustancialmente relacionados. (Diccionario Juridíco, 2003).

Como concentración de empresas se entiende al fenómeno jurídico y económico mediante el cual dos o más empresas o sociedades civiles o mercantiles, inciden en un solo centro de decisión, sea para efectos puramente administrativos o para la consecución de un fin socioeconómico o únicamente económico. (Acosta, 1997).

Principio de concentración, según este principio deben reunirse o concentrarse las cuestiones litigiosas para ser resueltas todas ellas o el mayor número posible de las mismas, en la sentencia definitiva, evitando que el curso del proceso en lo principal se suspenda (Pallares, 2002)

[TA]; 9a. Época; T.C.C.; S.J.F. y su Gaceta; Tomo XXII, Noviembre de 2005; Pág. 925; Número de registro

RECURSOS EN EL JUICIO DE AMPARO.
SE RIGEN POR LOS PRINCIPIOS PROCESALES DE
CONSUMACIÓN, CONCENTRACIÓN Y ECONOMÍA
PROCESAL. De las reglas que se contienen en la Ley de
Amparo para la procedencia y sustanciación de los recursos
en el juicio de garantías, específicamente en los
artículos 91, fracción IV, y 95, en sus diversas fracciones,
se deducen los principios de consumación, concentración y
economía procesal, los cuales impiden promover más de un
recurso idóneo, en contra de una resolución, aunque ésta
contenga diversas determinaciones que agravien al
inconforme, y contra las cuales se deba interponer el
recurso de queja, con fundamento en la misma fracción del
artículo 95 de la Ley de Amparo, pues si se pretende
interponer tantos recursos como acuerdos contenga la
resolución, ello iría en contra de los principios procesales
que operan en materia de recursos en el juicio de amparo,
ya referidos, pues en primer lugar, la actuación procesal del
inconforme se consumaría con la interposición del primero
de los recursos hecho valer en contra de la resolución, con
lo cual quedaría extinguida la facultad de promover uno
posterior; en segundo término, se rompería con el principio
de concentración, el cual implica resolver las cuestiones
sujetas a debate en una sola actuación; y, por último, se
otorgaría la posibilidad al recurrente, de interponer una
diversidad de recursos como providencias causaran un
agravio en su perjuicio, aunque fueran emitidas en una sola
resolución, lo que a su vez infringiría el principio de
economía procesal, pues se impediría o dificultaría la ardua
labor para tramitar y resolver los recursos que se
interpusieran ante el órgano colegiado competente.

Conciliación: Consiste en proponer a las partes
alternativas concretas para que resuelvan de un común
acuerdo sus diferencias.(http://www.enciclopedia-
juridica.biz14.com/d/cargas/cargas.htm)

La avenencia que sin necesidad de juicio de ninguna clase tienen lugar entre partes que desisten acerca de sus derechos en un caso concreto y de las cuales una trata de entablar un pleito contra la otra. (Pañares, 1978)

Es el acuerdo a que llegan las partes en un proceso, cuando existe controversia sobre la aplicación o interpretación de sus derechos, que permite resulte innecesario dicho proceso. (Carpizo, 2001)

[TA]; 10a. Época; T.C.C.; S.J.F. y su Gaceta; Libro XXIV, Septiembre de 2013, Tomo 3; Pág. 2646; Número de registro 2004556

PRÓRROGADE LA ETAPA DE CONCILIACIÓN EN EL CONCURSO MERCANTIL. SUJETOS LEGITIMADOS PARA SOLICITARLA Y LÍMITE TEMPORAL MÁXIMO DE 365 DÍAS. El artículo 145 de la Ley de Concursos Mercantiles, aplicado conforme a su letra, es claro en cuanto a la duración máxima de la etapa de conciliación dentro del concurso mercantil y define a los entes legitimados solicitar la prórroga hasta en dos ocasiones para lograr en esa etapa la celebración del convenio respectivo, en la forma siguiente: 1) La etapa de conciliación tendrá una duración de ciento ochenta días naturales, contados a partir del día siguiente en que se haga la última publicación en el Diario Oficial de la Federación de la sentencia de concurso mercantil; 2) El conciliador o los acreedores reconocidos que representen por lo menos las dos terceras partes del monto total de los créditos, podrán solicitar al Juez una primera prórroga de hasta noventa días naturales contados a partir de la fecha en que concluya el plazo de ciento ochenta días naturales señalado con antelación, cuando consideren que la celebración de un convenio esté próxima a ocurrir; y, 3) Se puede solicitar una segunda prórroga por el comerciante y los acreedores reconocidos que representen el noventa por ciento de los créditos reconocidos, hasta por noventa días naturales más. En ningún caso el plazo de la etapa de conciliación y su prórroga podrán exceder de trescientos sesenta y cinco días naturales contados a partir de la fecha en que se hubiese realizado la última publicación de la sentencia de concurso mercantil en el Diario Oficial de la Federación. El texto del precepto citado pone de manifiesto evitar una dilación mayor de la etapa de conciliación que atente contra los intereses de los acreedores, garantizando certeza jurídica para cada una de las partes integrantes de la celebración del convenio. El artículo 7o. del mismo ordenamiento establece que el juzgador será el rector del procedimiento del concurso mercantil, por lo que será causa de responsabilidad imputable al Juez o al Instituto Federal de Especialistas en Concursos Mercantiles la falta de cumplimiento de sus respectivas obligaciones en los plazos previstos en la ley, salvo por una fuerza de la naturaleza (caso fortuito) o una fuerza mayor que sea insuperable y que en consecuencia le impida actuar, pero dentro de las facultades del Juez como rector del procedimiento concursal no está la de otorgar oficiosamente plazos mayores de los previstos en la ley de la materia, para prolongar la etapa de conciliación más allá de su límite máximo de 365 días, ni reconocer legitimación para pedir prórrogas a entes distintos de los señalados en el citado artículo 145.

Conciliadores: No se limita a mediar entre las partes, sino que se les debe sugerir formulas especificas para que puedan llegar a un convenio entre ellas.(http://www.enciclopedia-juridica.biz14.com/d/cargas/cargas.htm)
Persona que tiene a su cargo una conciliación. Es la que tiene inclinación natural a conciliar o conciliarse. (Vara, 2005)
El conciliador como su propio nombre indica, tiene por objeto conciliar las partes o facilitar un acuerdo. Por este motivo es importante que mejore el tono de las conversaciones, que procure que las partes no se desvíen del núcleo del problema o, simplemente, que les ayude a

identificar este núcleo del problema. También puede actuar como moderador. (Martí)

[TA]; 8a. Época; T.C.C.; S.J.F.; Tomo VII, Abril de 1991; Pág. 205; Número de registro 223233

NOTIFICACION. LEGALIDAD DE LA PRACTICADA POR LOS CONCILIADORES. La notificación y práctica de diversas diligencias judiciales efectuadas por la Secretaría Conciliadora se ajustan a derecho; pues si bien es cierto que el artículo 67 de la Ley Orgánica de los Tribunales de Justicia del Fuero Común del Distrito Federal dispone que los notificadores y ejecutores se encuentran facultados para practicar las notificaciones y diligencias que ordenen los jueces; también lo es que el numeral 60-F de dicha ley, faculta a los conciliadores para que realicen las actuaciones que los jueces les encomienden; por lo tanto, la circunstancia de que las actuaciones impugnadas de nulidad las haya practicado la Secretaría Conciliadora, en modo alguno se aparta de los lineamientos legales, pues el precepto citado en último término, no condiciona las atribuciones de los conciliadores a que previamente a la encomienda que al respecto les hagan los jueces, deban ser formalmente habilitados para la actuación ordenada. Consecuentemente, la funcionaria conciliadora sí se encontraba debidamente facultada para la práctica de las diligencias en comento.

[TA]; 9a. Época; T.C.C.; S.J.F. y su Gaceta; Tomo III, Marzo de 1996; Pág. 976; Número de registro 203009

NOTIFICACION. REQUISITO QUE DEBEN REUNIR LOS CONCILIADORES DE LOS JUZGADOS DEL ARRENDAMIENTO INMOBILIARIO PARA PRACTICAR LA. La facultad de realizar notificaciones personales otorgada a los conciliadores de los Juzgados del Arrendamiento Inmobiliario, al sustituir a los secretarios de Acuerdos, en términos de los artículos 60-F, fracción IV, en relación con el 64, fracción I, de la Ley Orgánica de los Tribunales de Justicia del Fuero Común del Distrito

Federal, cuando lo ordene el Juez y tratándose de casos urgentes, debe entenderse no como una simple orden verbal, sino constar por escrito y así autorizarse, como lo señalan los numerales 56 y 58 del Código de Procedimientos Civiles del Distrito Federal.

Concurso: Concurso ideal: Existe concurso ideal, cuando en una sola conducta se comenten varios delitos. art28 (Código penal federal, 1931)Concurso real: Existe concurso real cuando existe pluralidad de acciones u omisiones se comenten varios delitos. (Código penal federal, 1931)

Concurso de acreedores: El juicio promovido: o bien por el deudor o bien por los acreedores pago de las deudas. Hay concurso voluntario y preventivo y concurso necesario. Voluntario o preventivo es en el que se promueve el mismo deudor, ya haciendo sesión de bienes, ya pidiendo espera para el pago ya solicitando quizá o remisión de alguna de sus deudas. Concurso necesario se diferencia del voluntario o sesión de bienes: 1. En que provienen de causas distintas: pues el voluntario procede del deudor común por cuya razón se llama universal, y el necesario dimana de los acreedores solamente, y por eso es particular entre ellos; 2. En los efectos; pus en el voluntario todas las causas movidas antes y la que después se instauren se deben acumular precisamente el estado que tengan; pero en el necesario han de seguirse determinarse por los jueces en que en ellas se entienden respectivamente, y solo para el reintegro han de acudir con su mandamiento de pago al acreedor que ha movido al juez del concurso, que es el que ha de graduar y satisfacer sus respectivos créditos.(ESCRICHE, Biblioteca Jurídica, 1979)

[TA]; 7a. Época; 1a. Sala; S.J.F.; Volumen 175-180, Segunda Parte; Pág. 69; Número de registro 234302

FUERO FEDERAL. SOLO ES ATRAYENTE TRATANDOSE DE CONCURSO IDEAL. Tratándose de competencias, el delito federal es atrayente respecto al del orden común sólo cuando se está en presencia de un concurso ideal de delitos; lo que no ocurre si los ilícitos materia de la causa se cometen en tiempo y lugares diversos, circunstancias que excluyen la posibilidad de un concurso ideal y por ello de sostener la atracción de un fuero por otro.

[TA]; 8a. Época; 1a. Sala; S.J.F.; Tomo III, Primera Parte, Enero-Junio de 1989; Pág. 247; Número de registro 206250 CONCURSO REAL DE DELITOS DEL ORDEN COMUN Y FEDERAL. NO EXISTE ATRACCION DEL FUERO FEDERAL. Si se está frente a la realización de dos conductas diversas que integraron hipótesis delictivas diferentes, llevadas a cabo en momentos sucesivos y no simultáneos, debe concluirse que se trata de un concurso real y no ideal de delitos y, consecuentemente, la competencia que respecto de uno de tales ilícitos surgió para el fuero federal, no es atrayente respecto del delito del orden común.

Concurso mercantil: El conjunto de procedimientos establecidos en la Ley de mismo nombre, con el propósito de que las entidades en problemas de pago con sus acreedores, establezcan convenios con estos para su liquidación (conciliación): o bien: realicen sus bienes y derechos para solventar sus deudas (quiebra). (Elizondo, 2006).

Es un procedimiento jurisdiccional. Con esta frase se pretende destacar que se está en presencia de un procedimiento en el cual, una autoridad jurisdiccional — Juez de Distrito— desplegará todos los actos tendientes a resolver la controversia o situación que se le plantea, en el sentido de determinar si el comerciante se encuentra en los supuestos del concurso mercantil que prevé la ley, de aprobar el convenio que en su caso se celebre con los acreedores reconocidos, o bien, de declarar la quiebra para proceder al remate de los bienes sujetos al concurso y efectuar el pago correspondiente a dichos acreedores.(Instituto federal de especialistas de concursos mercantiles)

Artículo 1o.- La presente Ley es de interés público y tiene por objeto regular el concurso mercantil.

Es de interés público conservar las empresas y evitar que el incumplimiento generalizado de las obligaciones de pago ponga en riesgo la viabilidad de las mismas y de las demás con las que mantenga una relación de negocios.

Artículo 2o.- El concurso mercantil consta de dos etapas sucesivas, denominadas conciliación y quiebra.

Artículo 3o.- La finalidad de la conciliación es lograr la conservación de la empresa del Comerciante mediante el convenio que suscriba con sus Acreedores Reconocidos. La finalidad de la quiebra es la venta de la empresa del Comerciante, de sus unidades productivas o de los bienes que la integran para el pago a los Acreedores Reconocidos. (Ley de concursos mercantiles, 2012)

[TA]; 9a. Época; T.C.C.; S.J.F. y su Gaceta; Tomo XVII, Marzo de 2003; Pág. 1703; Número de registro 184682

CONCURSO MERCANTIL, DECLARACIÓN DE. PROCEDE CON BASE EN PRESUNCIONES LEGALES. De la interpretación armónica de los artículos 9o., 10, 11 y 43, fracción III, de la Ley de Concursos Mercantiles, se concluye que para declarar en concurso mercantil a un comerciante, es indispensable una situación de incumplimiento generalizado en el pago de sus obligaciones, misma que existe cuando concurren las siguientes condiciones: 1. Que se trate de incumplimiento en las obligaciones de pago a dos o más acreedores distintos; 2. Que las obligaciones que tengan por lo menos treinta días de vencidas, representen por lo menos el treinta y cinco por ciento o más de todas las obligaciones a cargo del comerciante a la fecha de presentación de la demanda o solicitud de concurso; y, 3. Que el comerciante no tenga activos para hacer frente a por lo menos el ochenta por ciento de sus obligaciones vencidas a la fecha de presentación de la demanda. Lo anterior se corrobora atendiendo a lo previsto en el artículo 43, fracción III, de la citada ley, el cual establece que la sentencia de concurso mercantil se fundará en términos de lo establecido en el artículo 10 de la propia ley. Ahora bien, al establecer el artículo 11 de ese ordenamiento que se presumirá que un comerciante incumplió generalizadamente en el pago de sus obligaciones, cuando se presente alguna de las situaciones que dicha disposición especifica, no hace otra cosa que reconocer que la existencia o exteriorización de determinados hechos, hace inferir el estado de incumplimiento generalizado, es decir, se trata de hechos generadores de una presunción legal, por lo que una vez acreditado plenamente el hecho que sirva de base a la presunción, por ejemplo, la ocultación o ausencia a que alude la fracción III del mencionado artículo 11, es dable presumir la situación de incumplimiento generalizado, incluyendo, desde luego, la concurrencia de todas las condiciones legales necesarias para la existencia de ese estado de incumplimiento, en tanto que no puede lógicamente presumirse el todo prescindiendo de una de las partes que lo integran. De ahí que a falta de prueba directa sobre la actualización de los requisitos del artículo 10, la declaración de concurso pueda válidamente fundarse en la existencia de la presunción legal de que se viene haciendo mérito, desde luego, siempre y cuando no exista prueba que destruya o desvirtúe dicha presunción, como lo sería aquella que pusiese de relieve la ausencia de una de las condiciones legalmente indispensables para la configuración del estado de incumplimiento generalizado.

Condena: El testimonio de sentencia, dado por 1 escribano del juzgado para que conste el destino que lleva algún reo sentenciado. (ESCRICHE, Biblioteca Jurídica, 1979)

Condena condicional: Beneficio de no cumplir una condena privativa la libertad, que se concede a quienes delinquen de nuevo dentro de un cierto plazo.(Lexjuridica)

Condena en costas: Disposición accesoria de las resoluciones judiciales por la que se impone a alguno de los litigantes la obligación de pagar las costas del juicio. (Lexjuridica)

[TA]; 5a. Época; 2a. Sala; S.J.F.; Tomo XL; Pág. 2349; Número de registro 3836622470

JUNTAS, MONTO DE LA CONDENA POR LAS. La circunstancia de que no se haya comprobado en el procedimiento ante las Juntas, el importe de la reclamación, no es causa para omitir la condena, ya que la Ley del Trabajo expresa que si no es posible fijar en cantidad líquida, el importe de una indemnización, al dictarse el laudo, ni establecerse las pruebas, con arreglo a las cuales ha de hacerse la liquidación, en todo caso se hará la condena, a reserva de fijar su importe, y hacerlo efectivo en la ejecución del laudo.

Conexidad: Este fenómeno se presenta cuando dos o más litigios distintos, sometidos a procesos diversos, se vinculan por provenir de la misma causa o relación jurídica sustantiva (conexidad objetiva); o porque en ellos intervienen las mismas partes (conexidad subjetiva). (Favela, 2005).

2.- La conexidad de la causa también se ha considerado como una excepción dilatoria, la cual consiste básicamente en que el demandado alegue ante el juez del conocimiento que el asunto planteado está íntimamente relacionado o vinculado con otro u otros asuntos previamente presentados ante el mismo o ante otros jueces.(Lara C. G., teoria general del proceso, 2000)

3.- Existe conexidad de causas cuando haya:

Identidad de personas y acciones, aunque las cosas sean distintas;

Identidad de personas y cosas aunque las acciones sean diversas;

Acciones que provengan de una misma causa, aunque sean diversas las personas y las cosas. (federal, 1928)

[TA]; 9a. Época; T.C.C.; S.J.F. y su Gaceta; Tomo I, Junio de 1995; Pág. 447; Número de registro 204982

EXCEPCION DE CONEXIDAD DE CAUSA, IMPROCEDENTE CUANDO SE PIDE EN JUICIOS SEGUIDOS EN DIVERSAS VIAS. De conformidad con el artículo 39 del Código de Procedimientos Civiles, para que haya conexidad de causa se requiere que haya identidad de personas y acciones aunque las cosas sean distintas, requisitos que deben ser satisfechos en su integridad; por esa razón, aun cuando las partes en un juicio de terminación de contrato de arrendamiento sean las mismas que en un diverso juicio de desahucio, eso no es suficiente para acumular ambos juicios, ya que las acciones son diferentes, teniendo cada una de ellas un motivo o razón diverso, pues en tanto el desahucio se promueve por la falta de pago de rentas, la terminación del pacto de locación es porque feneció el término convenido, motivando vías diversas que impiden la acumulación de los autos.

[TA]; 8a. Época; T.C.C.; S.J.F.; Tomo XIII, Marzo de 1994; Pág. 333; Número de registro 213089

CONEXIDAD Y CONSECUENCIAS QUE EN DERECHO SE DAN, CUANDO HAN EXISTIDO EN EL TRIBUNAL COLEGIADO DOS JUICIOS EN QUE ESTA SE PRODUCE. Acontece que cuando existen dos juicios conexos, y en uno de ellos el Tribunal Colegiado se declara incompetente y hace declinación en favor de juez de Distrito, en cuanto al ulterior, de conformidad con el artículo 366 del Código Federal de Procedimientos Civiles, aplicado supletoriamente a la Ley de Amparo, su seguimiento ha de suspenderse, hasta la resolución definitiva del relacionado.

Conexión: Conexión es la relación existente entre varios hechos que revisten caracteres de delito relación que puede existir por simultaneidad en la comisión, con pluralidad de sujetos reunidos en el mismo lugar; por una única e idéntica intencionalidad entre los cometidos por dos o más personas.

3 .-es el enjuiciamiento criminal que versa sobre una pluralidad de hechos justiciables.

3.- Está recogida en el código procesal italiano, en España no tiene una regulación específica. Consiste en las situaciones en las que en el despacho del juez se da cuenta de que hay una serie de causas contra la misma persona. Así se admite que el juez las pueda conectar. (Valdovinos, 2003)

[TA]; 10a. Época; T.C.C.; S.J.F. y su Gaceta; Libro XXIII, Agosto de 2013, Tomo 3; Pág. 1631; Número de registro 2004204

DERECHO EXTRANJERO. EL PUNTO DE CONEXIÓN ES UN ELEMENTO CARACTERÍSTICO DE LA NORMA DE CONFLICTO BILATERAL QUE DETERMINA SU APLICABILIDAD. El elemento característico de la norma de conflicto bilateral es el punto de conexión. La norma, para la designación del derecho aplicable, toma en consideración un determinado vínculo entre la relación o situación y el ordenamiento de un país. Este vínculo se denomina punto de conexión. En algunas normas de conflicto se utilizan criterios personales: nacionalidad, domicilio, residencia habitual, o bien, territoriales: lugar de situación de un bien, lugar de celebración o ejecución de un acto, lugar en el que se produce un hecho, etc., en otros casos se efectúan remisiones a la ley elegida por las partes o a la ley con la que la relación o situación presenta los vínculos más estrechos. Ciertas normas de conflicto contienen puntos de conexión permanentes, otras temporales. Las normas más simples utilizan un solo punto de conexión, otras, que pueden llegar a ser muy complejas, utilizan dos o más. En el segundo caso pueden combinarse, naturalmente, criterios de las distintas categorías ya expuestas. La dificultad que plantean estas normas de conflicto que utilizan varios puntos de conexión es la de determinar la relación que existe entre los mismos. Esta relación será de sustitución cuando se establezca un punto de conexión principal y uno o más subsidiarios. Se hablará, en cambio, de alternatividad en el caso en el que cualquiera de las leyes designadas pueda ser aplicada, a condición de que se cumpla el objetivo que se pretende alcanzar a través de la norma.

Confesión: Según Andrés de la Oliva, es un medio de prueba consistente en la actividad necesaria para obtener, a petición de una parte, que otra preste declaración ante el juez sobre la certeza de unos hechos personales. Esta declaración se presta bajo juramento o promesa de decir la verdad. (Oliva, 2012)
Reconocimiento que hace una de las partes de que determinados hechos propios son ciertos. (Favela, 2005)
Declaración emitida por cualquiera de las partes respecto de la verdad de hechos pasados, relativos a su actuación personal. Se le reconoce también con el nombre de declaración de parte (Rodolfo, 1995).
[TA]; 10a. Época; T.C.C.; S.J.F. y su Gaceta; Libro I, Octubre de 2011, Tomo 3; Pág. 1621; Número de registro 160929
CONFESIÓN LISA Y LLANA PARA EFECTOS DE LA REDUCCIÓN DE LA PENA. TIENE ESE CARÁCTER EL RECONOCIMIENTO GENÉRICO DEL INCULPADO DEL EVENTO DELICTIVO, AUN CUANDO NO REPRODUZCA A DETALLE LOS ASPECTOS DE LA IMPUTACIÓN (LEGISLACIÓN

DEL ESTADO DE MÉXICO). Las manifestaciones vertidas por el inculpado en una indagatoria constituyen una confesión lisa y llana del evento delictivo que se le atribuye, cuando del contexto de dicha declaración se advierte que se ubica en circunstancias de lugar y tiempo de ejecución del evento, por ejemplo, al aceptar que el día de los hechos conducía en estado de ebriedad un vehículo de motor sobre la carretera y se quedó dormido, y cuando recuperó el sentido lo sacaban de su vehículo los paramédicos. Tales manifestaciones no deben considerarse como argumentos por parte del quejoso tendentes a eludir su responsabilidad o pretender alguna atenuante o excluyente en su favor, por el hecho de no reiterar todos los aspectos o detalles de la imputación, pues finalmente la versión que del evento expuso el enjuiciado implica una confesión de los actos delictivos que se le atribuyeron; en consecuencia, el reconocimiento genérico del inculpado del evento delictivo debe considerarse como una confesión lisa y llana para efectos del beneficio de reducción de las penas por el reconocimiento del inculpado a que se refiere el párrafo segundo del artículo 58 del Código Penal del Estado de México, aun cuando no reproduzca a detalle los aspectos de la imputación.

Confesión ficta: Es aquella confesión que tiene como efecto la inversión de la carga de la prueba, sin que pueda afirmarse un efecto de cosa juzgada, ya que todavía podría probar el demandado, haciendo uso del lapso de promoción, elemento e hecho que le favorecieren. (Álvarez, 2008)

También llamada confesión de hecho o confesión presuncional, se llama así a la confesión que se decreta en contra de la persona que no se presento a la audiencia correspondiente para absolver posiciones, a pesar de estar debidamente citada. (Bailon, 2004)

Confesión en la que no hay mas exigencias que las articulaciones, contenidas en el pliego de posiciones y que significquen para el absolvente el reconocimiento, como verdaderos, de determinados hechos destinados a producir efectos jurídicos en su contra; que los hechos están categóricamente afirmados y que sean pertinentes, es decir, condicentes o concernientes al pleito, al debate y a la controversia suscitada en el. (Tavolari Oliveros, 1998)

[TA]; 10a. Época; T.C.C.; S.J.F. y su Gaceta; Libro XX, Mayo de 2013, Tomo 3; Pág. 1761; Número de registro 2003510

CONFESIÓN FICTA. PARA SU EFICACIA PROBATORIA, SE REQUIERE QUE LAS POSICIONES SE REFIERAN A HECHOS PROPIOS DEL ABSOLVENTE Y CONCERNIENTES AL PLEITO (LEGISLACIÓN DEL ESTADO DE MICHOACÁN). En relación con la prueba confesional, el artículo 394 del Código de Procedimientos Civiles para el Estado de Michoacán permite que las posiciones se refieran a hechos ajenos al absolvente, siempre y cuando tenga conocimiento de ellos, en cuyo caso no se le puede obligar a que conteste afirmativa o negativamente; sin embargo, por lo que ve a la confesión ficta, el diverso numeral 523 es categórico al señalar que para que se tengan plenamente probados los hechos sobre los que versen las posiciones que judicialmente se hayan dado por absueltas en sentido afirmativo, se requiere que éstas se refieran a hechos propios del absolvente y concernientes al pleito, por lo que si no reúnen alguno de esos requisitos no puede otorgárseles eficacia probatoria.

[J]; 9a. Época; T.C.C.; S.J.F. y su Gaceta; Tomo XXIX, Mayo de 2009; Pág. 949; Número de registro 167289

CONFESIÓN FICTA. PUEDE POR SÍ SOLA PRODUCIR VALOR PROBATORIO PLENO, SI NO SE DESTRUYE SU EFICACIA CON PRUEBA EN CONTRARIO. La correcta valoración de la prueba de confesión ficta debe entenderse en el sentido de que establece una presunción favorable al articulante y contraria a los intereses de la absolvente, que debe de ser destruida con prueba en contrario y en tanto no se advierta algún elemento de convicción que desestime la confesión ficta, ésta puede adquirir la eficacia suficiente para demostrar los hechos que se pretendieron probar en el juicio respectivo, sin que sea obstáculo a lo anterior la circunstancia de que al contestar la demanda la parte demandada hubiera negado los hechos en que se apoyó esa pretensión, toda vez que el silencio del absolvente quien se niega de alguna manera por su incomparecencia a ser interrogado y a prestar espontáneamente su declaración en relación con los hechos sobre los que se le cuestionan, es demostrativo de la intención de eludir la contestación de hechos fundamentales controvertidos en el juicio respectivo.

Confesoria: La derivada de actos que de cualquier modo impidan la plenitud de los derechos reales, o de las servidumbres activas, con el fin de restablecer el ejercicio de aquéllos o el uso de éstas. (Pina Vara & de Pina, 2008)
II.-Artículo 11. Compete la acción confesaría al titular del derecho real inmueble y al poseedor del predio dominante que esté interesado en la existencia de la servidumbre. Se da esta acción contra el tenedor o poseedor jurídico que contraría el gravamen, para que se obtenga el reconocimiento, la declaración de los derechos y obligaciones del gravamen y el pago de frutos, daños y perjuicios, en su caso, y se haga cesar la violación. Si fuere la sentencia condenatoria, el actor puede exigir del reo que afiance el respeto del derecho. (Código de Procedimientos Civiles para el Distrito Federal, 1928)
III.- Es la que compete al titular del derecho real inmueble y al poseedor del predio dominante que esté interesado en la subsistencia de la servidumbre, contra el tenedor o poseedor jurídico que contraria el gravamen, para que se obtenga el reconocimiento, la declaración de los derecho y obligaciones del gravamen y del pago de futuros, daños y

prejuicios, en su caso, y se haga cesar la violación. (Pina Vara & de Pina, 2008)

[TA]; 9a. Época; T.C.C.; S.J.F. y su Gaceta; Tomo III, Mayo de 1996; Pág. 577; Número de registro 202336

ACCION CONFESORIA. ELEMENTOS QUE CONFIGURAN LA. (LEGISLACION DEL ESTADO DE CHIAPAS). Los elementos que se requieren para la configuración de la acción confesoria son: a).- Que quien la ejerce, sea titular del derecho real del inmueble o poseedor del predio dominante; b).- Que la acción se dirija contra el tenedor o poseedor jurídico que contraría el gravamen; y, c).- Que se declare el reconocimiento del gravamen y las obligaciones derivadas del mismo.

[TA]; 5a. Época; 3a. Sala; S.J.F.; Tomo XCVII; Pág. 2513; Número de registro 345697

ACCION CONFESORIA. El ejercicio de la acción confesoria a que se refiere el artículo 11 del Código de Procedimientos Civiles del Distrito Federal, contra el que contraría el gravamen, tiene por objeto obtener el reconocimiento, la declaración de los derechos y obligaciones del gravamen y el pago de frutos, daños y perjuicios, en su caso, y que se mande hacer que cese la violación; y si la sentencia es condenatoria, el actor puede exigir del reo que afiance el respeto del derecho. Por consiguiente, basta que haya sentencia condenatoria para que proceda el afianzamiento.

Conflicto de competencia: Son los que pueden producirse entre juzgados o tribunales de distinto orden jurisdiccional, integrados en el poder judicial. (Pales, 2001) Es la controversia que surge cuando dos o más autoridades, con respaldo jurídico, se estiman facultadas para conocer de un mismo asunto. (Miguel, 1979)Los conflictos de competencia se presentan cuando dos juzgadores se declaran competentes o incompetentes para conocer del mismo asunto.(http://www.enciclopedia-juridica.biz14.com/d/cargas/cargas.htm)

[TA]; 10a. Época; T.C.C.; S.J.F. y su Gaceta; Libro IV, Enero de 2012, Tomo 5; Pág. 4313; Número de registro 160432

CONFLICTO DE COMPETENCIA POSITIVO Y NEGATIVO. ELEMENTOS Y DIFERENCIAS. De acuerdo al sistema legal vigente en el Código Federal de Procedimientos Civiles, para que exista un conflicto de competencia es necesario que dos autoridades deseen conocer de un mismo asunto, que es de carácter positivo o no conocer de él (conflicto negativo). Las cuestiones de competencia entre autoridades judiciales son el reflejo de los atributos de jurisdicción e imperio de que están investidas. El supuesto es que a las autoridades judiciales contendientes se les haya planteado el conocimiento de un mismo asunto y emitan resolución en la que decidan sobre si tienen o no competencia para resolverlo, de modo que cuando ambas autoridades la sostienen, o ambas se niegan a conocer, es cuando propiamente surge el conflicto competencial. Por tanto, si no se trata del mismo asunto o si no hay negativa para conocer en función de incompetencia, no se dará conflicto competencial negativo. Estas posturas diversas permiten diferenciar claramente cuándo se está en los casos de un conflicto de competencia positivo o negativo. El conflicto de competencia positivo se da cuando dos Jueces sostienen ser competentes para conocer y resolver un mismo asunto y puede tener su origen en el planteamiento de la excepción de incompetencia por declinatoria o inhibitoria, tal y como se prevé en el artículo 34 del Código Federal de Procedimientos Civiles. En tanto que el conflicto negativo de competencia surge cuando un mismo asunto es planteado ante dos Jueces diversos y ambos se niegan a conocer del mismo; esto es, se presenta la demanda y el Juez declara que carece de competencia o jurisdicción para conocer del asunto y, agotado el recurso correspondiente, se plantea la misma demanda a otro Juez, y éste también declara carecer de competencia o jurisdicción. Esta distinción es relevante porque en los casos de competencia positiva no se coarta el derecho a la jurisdicción, mientras que en el conflicto de competencia negativa, sí […].

Conflictos colectivos: es una controversia entre una pluralidad de trabajadores y uno o varios empresarios, cuyo contenido afecta a las relaciones de trabajo por cuenta ajena. (Enciclopedia Jurídica)

Es la actualización y concreción –dentro de unas determinadas coordenadas de espacio y tiempo- de la oposición estructura de intereses entre empresarios y trabajadores en el marco de una economía capitalista. (Folguera, 2008)

Puesta en marcha por parte de los trabajadores de unos determinados medios para conseguir que ese conflicto colectivo planteado se resuelva de manera favorable a sus intereses. (Folguera, 2008)

[TA]; 9a. Época; T.C.C.; S.J.F. y su Gaceta; Tomo III, Marzo de 1996; Pág. 904; Número de registro 202908

CONFLICTOS INDIVIDUALES

Y COLECTIVOS DE TRABAJO, DISTINCION Y NATURALEZA DE LOS. La clasificación de los conflictos de trabajo en individuales y colectivos no responde a motivos de carácter numérico en cuanto a las personas que actúan en la contienda, sino que la clasificación surge en la diferencia fundamental que existe en los fines de la reclamación y por consecuencia en los modos de la acción; de donde se obtiene que cuando la acción ejercitada tenga por objeto plantear una situación en la que se dirima el interés profesional del grupo o sindicato, se estará frente a un conflicto colectivo, y en presencia de un conflicto individual cuando la situación planteada tenga por objeto la decisión sobre el derecho que a uno o varios trabajadores les corresponda personalmente.

Confusión: Del latín confundere: confundir. La confusión sucede cuando se reúne en una misma persona la calidad de acreedor y deudor; o cuando una tercera persona es heredera del acreedor y deudor. Es decir, que es una de las diversas formas o modos de extinción de las obligaciones. De esta definición surge que la confusión es, por lo pronto, un hecho jurídico, y no un acto jurídico, aunque pueda ser un acto de esta índole el factor originario de semejante hecho; por ej. Si el deudor de un documento al portador lo rescata comprándolo al poseedor actual, hay ahí una cesión de crédito (acto jurídico) que origina la confusión (hecho jurídico), por haberse venido a acumular el carácter de cesionario y de deudor cedido, en una misma persona. Finalmente, de la definición legal transcripta surge nítida la diferencia que separa a la confusión de la compensación: también en esta hay acumulación en cada obligado de la calidad de acreedor. Pero en la compensación hay dos obligaciones recíprocas, mientras que en la confusión hay una obligación única (jurídico, 2000).

Falta de claridad y orden causada por la mezcla de cosas o personas diversas que no pueden distinguirse unas de otras: la confusión de voces que hablan a la vez.

Equivocación que se produce cuando se toma una cosa por otra o no se hace la distinción debida: pidieron perdón por la confusión de equipajes.

Perturbación o desorden provocados para hacer caer en el error a una persona (Diccionario de la Lengua Española, 2007).

[TA]; 9a. Época; T.C.C.; S.J.F. y su Gaceta; Tomo XII, Noviembre de 2000; Pág. 859; Número de registro 190878

ARRENDAMIENTO, TERMINACIÓN DEL, POR "CONFUSIÓN DE DERECHOS" (ARTÍCULO 2139 DEL CÓDIGO CIVIL PARA EL ESTADO DE VERACRUZ). La interpretación armónica de los artículos 2139 y 2416, fracción V, del Código Civil veracruzano, permite establecer como forma de extinción de las obligaciones en general, la concurrencia en una sola persona de dos cualidades que se complementan para la existencia de la relación jurídica, por ejemplo, las calidades de acreedor y deudor reunidas. Ahora bien, cuando respecto de un contrato de arrendamiento, el inquilino se convierte en propietario del inmueble originalmente locado, sin que su contraparte sea titular de un derecho real, es evidente que en esa hipótesis la relación arrendaticia termina a partir de la nueva situación jurídica pues la calidad de propietario y arrendatario son incompatibles si se reúnen en una misma persona, y al actualizarse la figura denominada "confusión de derechos" la relación que derivaba del inicial contrato de arrendamiento se extingue.

Consecuencias jurídicas: La pena es la consecuencia jurídica, la sanción tradicional del delito, consiste en una privación o restricción de derechos, de bienes jurídicos, aplicada obligatoria y, si es preciso, coercitivamente. (Caballenas & Caballenas, 2000)

[TA]; 10a. Época; T.C.C.; S.J.F. y su Gaceta; Libro XVI, Enero de 2013, Tomo 3; Pág. 2126; Número de registro 2002617

PRUEBAS EN EL PROCEDIMIENTO LABORAL. CONSECUENCIAS JURÍDICAS DE LA FALTA DE FIRMAS EN LAS ACTAS EN LAS QUE CONSTA SU DESAHOGO SEGÚN SU OFERENTE. De acuerdo con los artículos 721 y 839 de la Ley Federal del Trabajo, las resoluciones y lo actuado en las audiencias se harán constar en actas, las que deberán firmarse por quienes en ellas intervinieron, quieran y sepan hacerlo. En ese tenor, cuando las actas en las que consta el desahogo de las pruebas carecen de firmas, sus consecuencias jurídicas serán diferentes, según se trate de las ofrecidas por la demandada o la actora y de acuerdo a la parte que lo reclame en amparo. Esto es, si la quejosa es la actora y la que carece de firma es la prueba ofrecida por la demandada, no tendrá valor y no deberá considerarse al momento en que se realice la valoración de pruebas correspondientes, mientras que la falta de firma en el desahogo de las pruebas ofrecidas por la actora, no puede tener la misma consecuencia, puesto que tal vicio, no imputable a la quejosa, no debe dejarla en estado de indefensión, ya que, de ser así, a quien beneficiaría es a la demandada, al carecer de consecuencias una prueba ofrecida por su contraria, por lo que en tal caso, dicho vicio origina que se ordene la reposición del desahogo de ese medio probatorio.

Consentimiento: "El consentimiento es la manifestación de voluntades concordantes, pero los actos jurídicos también pueden ser unilaterales; por tanto, basta con la manifestación de una sola voluntad" (Baqueiro Rojas & Buenrostro Baéz, 2011).

"Hay negocios jurídicos, acaso lo más, para los que una manifestación de voluntad individualmente considerada es insuficiente pues requieren de la intervención de dos o mas voluntades para la debida composición de dicho elemento. En este caso, estamos ante el consentimiento como primer elemento esencial del negocio jurídico. Por consentimiento se entiende en términos generales acuerdo de voluntades; esto es lo que aquél implica en principio; es la acepción del vocablo en el texto del artículo 1794 del Código civil" (Domínguez Martínez, 2008).

"Desde el punto de vista jurídico, la palabra consentimiento (de cum-sentire) tiene dos acepciones técnicas: en primer lugar se utiliza para señalar la exteriorización de la voluntad, es decir, su manifestación; en segundo lugar, significa esa común voluntad de dos o más personas respecto de un objeto, que es la creación de una relación jurídica obligatoria. En este último sentido, el consentimiento está formado por dos declaraciones emitidas por personas distintas que coinciden en un punto determinado que es, precisamente, la voluntad común de crear obligaciones" (Robles Farías, 2011).

[TA]; 5a. Época; 2a. Sala; S.J.F.; Tomo XLVIII; Pág. 3195; Número de registro 334404

CONSENTIMIENTO DEL ACTO, QUE DEBE ENTENDERSE POR. El consentimiento de que se ocupa el derecho civil, o sea, la concurrencia de dos voluntades con ánimo de contratar, es concepto enteramente ajeno al a que se contrae la Ley de Amparo y que es el que se presume en el agraviado, en los casos en que éste deja transcurrir más de quince días sin presentar su demanda de garantías, contados a partir de la fecha en la que se le comunica o tiene conocimiento de la existencia del acto que le agravia. No se trata pues, de celebrar un contrato, sino de acudir a los tribunales de la Federación solicitando su amparo, contra actos que se juzgan violatorios de las garantías individuales. Por tanto, ni el ofrecimiento hecho por una empresa a quien se le ordena trasladar una fábrica, para que se le conceda determinado plazo para ello, puede considerarse como una policitación, ni la negativa de la autoridad respectiva y la reiteración de sus órdenes ya anteriormente dadas, pueden considerarse como una nueva proposición, sino que se trata de actos de un particular por una parte y del Estado por otra, en que éste obra como soberano.

Consentimiento expreso: La manifestación de voluntad es expresa cuando su declaración tiene lugar por cualquiera de los medios por los cuales el ser humano se comunica con sus semejantes, sea la palabra, la escritura, señas, gestos y ademanes mímicos" (Domínguez Martínez, 2008).

"Expresa es la que consiste en el empleo de medios sensibles, que sean de uso cotidiano en la vida. En primer término, la palabra oral y escrita, los signos por medio de la cabeza y de la mano, una acción positiva o una omisión cuando, según el modo de corriente de entender estas últimas, sirvan a manifestar el acto volitivo. Declara, de modo expreso, su voluntad, no sólo quien habla o escribe, sino también el mudo que se expresa por señas y el comerciante que, a mi petición de comprar la mercancía por un cierto precio, responde sin más entregándome aquélla" (de Ruggiero, 1944).

"La declaración expresa es aquella que se emite en forma explícita mediante el lenguaje hablado, el escrito, el lenguaje de señas, los gestos, actos o cualquier otro signo que revele la voluntad del contratante y que tenga ese reconocimiento y aceptación social, como el asentimiento o la negación con movimientos de la cabeza o de la mano. Se considera también expresa la manifestación de la voluntad que se hace por medios electrónicos, ópticos o por cualquier otra tecnología, según lo establece expresamente la ley (art. 1803, CCF)" (Robles Farías, 2011).

[TA]; 6a. Época; 3a. Sala; S.J.F.; Volumen XX, Cuarta Parte; Pág. 204; Número de registro 272149

SOBRESEIMIENTOPOR CONSENTIMIENTO EX PRESO DEL ACTO RECLAMADO. Si de las constancias de autos se desprende que, con posterioridad a la promoción del amparo, el quejoso ha consentido la sentencia reclamada por haberse allanado a cumplirla, cabe estimar que se ha operado la causal de improcedencia a que se contrae la fracción XI del artículo 73 de la Ley de Amparo que establece que el juicio de garantías es improcedente contra actos consentidos expresamente o por manifestaciones de voluntad que entrañen ese consentimiento. Por tal motivo, debe sobreseerse.

Consentimiento tácito: "Es tácita cuando si bien no se declara por cualquiera de los medios adecuados para la manifestación expresa de voluntad, se hace derivar de hechos y actos que permiten presumir lo querido por el sujeto" (Domínguez Martínez, 2008).

"Tácita es la manifestación cuando se realizan ciertos actos que no se dirigen propiamente a exteriorizar una voluntad, pero se deduce ésta de la conducta o comportamiento de una persona. Así, de la restitución del documento al deudor, puede deducirse la intención o voluntad del acreedor de renunciar a su crédito (arts. 1279 1188 y 999 del Código civil español), de la gestión de un patrimonio como heredero la de aceptar la herencia (art. 934). Pero es evidente que para que la voluntad se deduzca del comportamiento y de los hechos, precisa que éstos sean unívocos, es decir, que no ofrezcan la posibilidad de diversas interpretaciones" (de Ruggiero, 1944).

"La manifestación tácita consiste en un comportamiento que implícita e inequívocamente significa una exteriorización de la voluntad. No requiere de la palabra, la escritura o el lenguaje mímico; basta con que se ejecuten o dejen de ejecutarse ciertos actos que sin declarar abiertamente ni manifestar voluntad alguna, supongan la exteriorización de una intención que pueda considerarse como una manifestación válida de la voluntad. Por tanto, la manifestación tácita es un proceso de deducción lógica, el cual permite que de un comportamiento o una actuación se concluya una voluntad determinada y evidente" (Robles Farías, 2011).

[TA]; 5a. Época; 2a. Sala; S.J.F.; Tomo CXXXI; Pág. 150; Número de registro 315833

CONSENTIMIENTO TÁCITO DEL ACTO RECLAMADO, LO QUE DEBE ENTENDERSE POR. Si un quejoso no consintió tácitamente el acto reclamado, en virtud de que desde la diligencia de deslinde se opuso y mostró su inconformidad, debe decirse que tales manifestaciones no invalidan el consentimiento tácito de que habla la fracción II del artículo 73 de la expresada Ley de Amparo, puesto que el referido precepto legal entiende por consentimiento tácito cuando no se promueva el juicio de garantías dentro del término señalado por el artículo 21 de la Ley de Amparo.

Consignación:"La palabra consignación proviene de latín consignare, que significa sella o firmar, y es la serie de actos llevados a cabo ante la autoridad judicial mediante los cuales el deudor solicita al Tribunal que sin ejercer su facultad jurisdiccional y, de serle posible, cite a su acreedor par que reciba el pago que le ofrece (ofrecimiento en pago), apercibiéndolo de ponerlo en depósito (consignar) si n o lo hace, con la finalidad de que el promovente se encuentre en aptitud de resolver su obligación mediante el posterior ejercicio de la acción liberatoria correspondiente" (Contreras Vaca, 2011).

"Depósito de la cosa debida –previo ofrecimiento del pago– cuando el acreedor rehúsa sin justa causa a recibir la prestación o dar el documento justificativo del pago, cuando sea persona incierta o incapaz de recibir, o cuando sea conocida, sus derechos sean ciertos, casos todos en los que el deudor queda liberado de su obligación" (arts. 1097 a 2103 del Código Civil para el Distrito Federal)

"Acto procesal mediante el cual el Ministerio Público inicia el ejercicio de la acción penal y pone al inculpado a disposición de la autoridad judicial para que lo juzgue" (Pina Vara de, 2008)

[TA]; 7a. Época; 3a. Sala; S.J.F.; Volumen 145-150, Cuarta Parte; Pág. 159; Número de registro 240703

CONSIGNACION EN PAGO. ES DERECHO O POTESTAD DEL DEUDOR PERO NO REQUISITO PARA NO INCURRIR EN MORA. La posibilidad de liberarse de la obligación mediante la consignación es un derecho o potestad que da la ley al deudor en los casos especificados por el legislador, pero no constituye una obligación o un requisito que deba satisfacer para no incurrir en mora, ya que ésta es el incumplimiento injustificado de una obligación, de tal modo que mientras el deudor tenga una causa justificada para no hacer el pago, no incurre en mora, independientemente de que haga o no la consignación.

Contencioso: Se dice sobre las materias sobre las que se contiende en juicio, o de la forma en que se litiga. Se dice de los asuntos sometidos a conocimiento o decisión de los tribunales en forma de litigio entre partes, en contraposición los de jurisdicción voluntaria y a los que estén pendientes de un procedimiento administrativo. (Lex Juridica).

Que implica contienda o disputa. Se aplica a la jurisdicción decisoria de conflictos surgidos entre partes, con intereses opuestos, en contraposición a la jurisdicción voluntaria que es aquella en la que no hay contradicción. Se denomina Contencioso-Administrativo el recurso jurisdiccional previsto, una vez agotada la vía administrativa y. para la revisión de la actuación de la Administración. (Definciones Legales).

En general, litigioso, contradictorio. El juicio seguido ante juez competente sobre derechos o cosas que disputan entre sí varias partes contrarias. Contenciosa es la jurisdicción de los tribunales que deben decidir contradictoriamente, en contraposición a los juicios de carácter administrativo y a los actos de la jurisdicción voluntaria. La jurisdicción encargada de resolver las cuestiones surgidas entre los particulares y la Administración se denomina contencioso administrativa. (v. Juicio contencioso, Recurso contencioso administrativo.) (Cabanellas de Torres, 1993)

[J]; 10a. Época; 2a. Sala; S.J.F. y su Gaceta; Libro XXIV, Septiembre de 2013, Tomo 2; Pág. 1331; Número de registro 2004505

JUICIO CONTENCIOSO ADMINISTRATIV

O. EN CONTRA DE UNA RESOLUCIÓN QUE DECLARA IMPROCEDENTES LOS PLANTEAMIENTOS HECHOS EN UNA CONSULTA CIUDADANA RESPECTO A LA MODIFICACIÓN DE UN PLAN DE DESARROLLO URBANO MUNICIPAL DEL ESTADO DE NUEVO LEÓN, NO SE ACTUALIZA UN MOTIVO MANIFIESTO E INDUDABLE DE IMPROCEDENCIA. El Tribunal de lo Contencioso Administrativo del Estado de Nuevo León, en el auto de trámite dictado con motivo de la presentación de una demanda de nulidad en la que se impugna una resolución que declara improcedentes los planteamientos hechos en una consulta ciudadana respecto a la modificación de un plan de desarrollo urbano municipal, no puede analizar dicha determinación con el propósito de verificar si constituye o no un acto definitivo y si afecta o no el interés jurídico del actor y, por tanto, si se actualiza o no un motivo manifiesto e indudable de improcedencia, en términos del artículo 48, fracción I, de la Ley de Justicia Administrativa del mismo Estado, ya que, en esta etapa procesal, únicamente pueden tomarse en consideración los argumentos plasmados en el escrito de demanda y las pruebas acompañadas a ésta, los cuales son insuficientes para arribar a una conclusión clara y contundente en este sentido; en consecuencia, debe admitirse a trámite, a fin de estudiar debidamente la cuestión planteada, sin perjuicio de sobreseer en el juicio si el estudio propio de la sentencia dictada en la audiencia respectiva así lo impone legalmente.

Contestación: Acción o efecto de contestar. Generalmente es la respuesta que se da negando o confesando la causa o fundamento de una acción. |A LA DEMANDA. Escrito en que la parle demandada responde a la acción iniciada por la actora, oponiendo, si las tuviera, las excepciones a que hubiera lugar, y negando o confesando la causa de la acción. (Cabanellas de Torres, 1993)

Acto procesal de la parte demandada consistente en una respuesta que da a la pretensión contenida en la demanda del actor, oponiendo, si las tuviera, las excepciones que hubiere lugar, o negando o aceptando la causa de la acción o en último caso, contra demandando. (Apuntes Juridicos)

Respuesta que da el demandado a la pretensión del actor contenida en la demanda. La contestación significa para el demandado la facultado de pedir la protección jurídica del Estado y el ejercicio de una acción. La contestación es la forma civilizada que asume la defensa. (Derecho Procesal Civil I -II - 2011)

[TA]; 9a. Época; T.C.C.; S.J.F. y su Gaceta; Tomo XX, Septiembre de 2004; Pág. 1749; Número de registro 180676

CONTESTACIÓN DE DEMANDA. LA NEGATIVA DE HECHOS EN TÉRMINOS GENERALES IMPLICA CONTROVERSIA PERO SÓLO DE LOS QUE SE ESTÁN CONTESTANDO EN ESOS TÉRMINOS Y NO RESPECTO DE LOS DEMÁS QUE NO SE RESPONDEN. Del contenido del artículo 878, fracción IV, de la Ley Federal del Trabajo, es factible establecer que en la referida contestación el demandado puede oponer sus excepciones y defensas, debiendo referirse a todos y cada uno de los hechos aducidos en la demanda, afirmándolos o negándolos y expresando los que ignore cuando no sean propios, pudiendo añadir las explicaciones que estime pertinentes, sin que resulte indispensable que haga un desglose, punto por punto, de los aspectos que conforman los referidos hechos aducidos en la demanda, dado que bastaría que respecto de todos los hechos los negara genéricamente para provocar controversia. Sin embargo, la negativa que haga en términos genéricos sólo provoca controversia respecto de los puntos que conforman cada hecho que se contesta, pero si en relación con uno diverso no se hace precisión sobre el particular, esto es, ni se niega ni se afirma, en tanto que no se alude a él en la contestación, no es aceptable aquella negativa general en cuanto a algunos hechos integrantes de la demanda, al no haberse referido a todos ellos, sino sólo a una parte.

Contradicción: Negativa de una afirmación ajena. Negación de una afirmación propia. Manifestaciones opuestas hechas por una misma persona. Constituyen la base de la convicción en gran parte de los interrogatorios de los reos o sospechosos. (v. Retractación.) Oposición, contrariedad. Fundamento del proceso contencioso es el principio de libre contradicción garantizado a las partes. (v. Juicio contradictorio.) Incompatibilidad de dos. (Cabanellas de Torres)

La incompatibilidad de dos proposiciones, de las cuales una se afirma lo que la otra niega, no pudiendo por tanto ser a un mismo tiempo verdaderas. (Biblioteca jurídica de la UNAM)

Acción de negar lo afirmado de la parte contraria. (Enciclopedia Salvat, 1976)

[TA]; 10a. Época; 1a. Sala; S.J.F. y su Gaceta; Libro VI, Marzo de 2012, Tomo 1; Pág. 292; Número de registro 160184

SISTEMA PROCESAL PENAL ACUSATORIO Y ORAL. SE SUSTENTA EN EL PRINCIPIO DE CONTRADICCIÓN. Del primer párrafo del artículo 20 de la Constitución Política de los Estados Unidos Mexicanos, reformado mediante Decreto publicado en el Diario Oficial de la Federación el 18 de junio de 2008, se advierte que el sistema procesal penal acusatorio y oral se sustenta en el principio de contradicción que contiene, en favor de las partes, el derecho a tener acceso directo a todos los datos que obran en el legajo o carpeta de la investigación llevada por el

Ministerio Público (exceptuando los expresamente establecidos en la ley) y a los ofrecidos por el imputado y su defensor para controvertirlos; participar en la audiencia pública en que se incorporen y desahoguen, presentando, en su caso, versiones opuestas e interpretaciones de los resultados de dichas diligencias; y, controvertirlos, o bien, hacer las aclaraciones que estimen pertinentes, de manera que tanto el Ministerio Público como el imputado y su defensor, puedan participar activamente inclusive en el examen directo de las demás partes intervinientes en el proceso tales como peritos o testigos. Por ello, la presentación de los argumentos y contraargumentos de las partes procesales y de los datos en que sustenten sus respectivas teorías del caso (vinculación o no del imputado a proceso), debe ser inmediata, es decir, en la propia audiencia, a fin de someterlos al análisis directo de su contraparte, con el objeto de realzar y sostener el choque adversarial de las pruebas y tener la misma oportunidad de persuadir al juzgador; de tal suerte que ninguno de ellos tendrá mayores prerrogativas en su desahogo.

Contraparte: Término con el que se designa a la parte contraria en una operación de compraventa de divisas. Si somos los compradores, la contraparte es el vendedor, y si vendemos, habrá una contraparte que compra. Un inversor desarrollará sus movimientos siempre en ambas facetas, es decir, comprará y venderá, teniendo en cada momento sus contrapartes vendedoras y compradoras. A su vez, para esa otra parte, nosotros representamos la contraparte en la operación.

Couture: Respecto de una parte, su adversario, opositor o parte contraria en juicio. Ejemplo, "Si la contraparte del recusante existe en el mismo pueblo donde se hallare el Juez o Tribunal que conoce de la recusación, se le citará"

Es la otra parte que participa en un contrato.

[J]; 10a. Época; T.C.C.; S.J.F. y su Gaceta; Libro V, Febrero de 2012, Tomo 3; Pág. 2195; Número de registro 160266

SENTENCIAS DE AMPARO INDIRECTO. LOS PUNTOS RESOLUTIVOS NO RECURRIDOS POR LA PARTE A QUIEN PERJUDICA, NO SON MATERIA DE LA REVISIÓN HECHA VALER POR SU CONTRAPARTE. Cuando los puntos resolutivos de la sentencia recurrida, en uno se sobresee y en el otro se concede el amparo, y el primero no es impugnado por la parte a quien perjudica (quejoso) a través de la revisión, esa omisión implica que no sea materia de la interpuesta por su contraparte (tercero perjudicado), y por ello, tal sobreseimiento debe quedar firme por los fundamentos y consideraciones legales que lo sustentan.

Controversia constitucional: Son las de carácter jurídico que puede surgir entre los litigantes de la unión cuando las mismas son planteadas por las entidades afectadas ante la SCJ, de acuerdo a lo establecido por el artículo 105 en la constitución. (Carpizo, 2001)

Se encuentran previstas en la fracción 1 del artículo 105 de la constitución política, la cual atribuye la competencia para conocerlas y resolverlas de manera exclusiva a la suprema corte de justicia de la nación. La solución de estas controversias tiene por objeto resolver los límites que la constitución establece para el ejercicio de las facultades que corresponden a los poderes federales, estatales y municipales.(http://www.enciclopedia-juridica.biz14.com/d/cargas/cargas.htm)

Este tipo de conflictos se produce cuando una parte interviene los sujetos del derecho laboral y por otro el estado. (Garrone, Buenos Aires)

[J]; 9a. Época; Pleno; S.J.F. y su Gaceta; Tomo XXVII, Febrero de 2008; Pág. 1815; Número de registro 170355

CONTROVERSIA CONSTITUCIONAL. PROCEDE DE MANERA EXCEPCIONAL AUN CUANDO EL ACTO IMPUGNADO SEA UNA RESOLUCIÓN JURISDICCIONAL EN ESTRICTO

SENTIDO, SI LA CUESTIÓN A EXAMINAR ATAÑE A LA PRESUNTA INVASIÓN DE LA ESFERA COMPETENCIAL DE UN ÓRGANO ORIGINARIO DEL ESTADO. El objeto principal de la controversia constitucional es tutelar el ámbito de atribuciones que la Constitución Política de los Estados Unidos Mexicanos confiere a los órganos originarios del Estado; de ahí que por regla general no es la vía idónea para controvertir los fundamentos y motivos de una sentencia emitida por un tribunal judicial o administrativo; sin embargo, si dichas atribuciones llegasen a rebasar los principios rectores previstos en la Constitución, las posibles transgresiones estarán sujetas a dicho medio de control constitucional. En efecto, de manera excepcional procede la controversia constitucional intentada aun cuando el acto impugnado sea una resolución jurisdiccional en estricto sentido, si la cuestión a examinar atañe a la presunta invasión de la esfera competencial de un órgano originario del Estado, en aras de preservar su ámbito de facultades, pues de lo contrario se llegaría al extremo de que, por ser resoluciones jurisdiccionales, no podrían analizarse en esta vía cuestiones en las que algún tribunal se arrogue facultades que no le competen, llegando al absurdo de que los poderes constituidos carecieran de medios de defensa para impugnar los actos que consideraran violatorios del ámbito competencial que les confiere la Norma Fundamental.

[J]; 10a. Época; Pleno; S.J.F. y su Gaceta; Libro IX, Junio de 2012, Tomo 1; Pág. 20; Número de registro 2000968

CONTROVERSIA CONSTITUCIONAL. NO ES LA VÍA IDÓNEA PARA IMPUGNAR RESOLUCIONES DICTADAS POR LOS ÓRGANOS ESTATALES ESPECIALIZADOS EN MATERIA DE ACCESO A LA INFORMACIÓN PÚBLICA, SALVO QUE EXISTA UN PROBLEMA DE INVASIÓN DE ESFERAS COMPETENCIALES. Del artículo 105, fracción I, de la Constitución Política de los Estados Unidos Mexicanos, deriva que el objeto de tutela de la controversia constitucional es salvaguardar la esfera competencial de las entidades u órganos de gobierno; al efecto, el Tribunal Pleno de la Suprema Corte de Justicia de la Nación emitió la jurisprudencia P./J. 16/2008, de rubro: "CONTROVERSIA CONSTITUCIONAL. PROCEDE DE MANERA EXCEPCIONAL AUN CUANDO EL ACTO IMPUGNADO SEA UNA RESOLUCIÓN JURISDICCIONAL EN ESTRICTO SENTIDO, SI LA CUESTIÓN A EXAMINAR ATAÑE A LA PRESUNTA INVASIÓN DE LA ESFERA COMPETENCIAL DE UN ÓRGANO ORIGINARIO DEL ESTADO.". Por tanto, si los Institutos de Transparencia y Acceso a la Información Pública de las entidades federativas son los encargados de decidir, en última instancia, al conocer de los recursos de revisión, sobre la información pública que debe entregarse a los particulares, entonces, la impugnación de dichas resoluciones, dirigida a combatir aspectos de mera legalidad, resulta improcedente en controversia constitucional, toda vez que no es la vía idónea para impugnar las resoluciones dictadas por los órganos estatales especializados en dicha materia. Considerar lo contrario implicaría convertirla en un recurso o ulterior medio de defensa para someter a revisión la misma litis debatida en el procedimiento administrativo natural, lo que no corresponde a su objeto de tutela al no implicar un problema de invasión y/o afectación de esferas competenciales.

Convenio judicial: Acuerdo de voluntades relativo al juicio o a la administración de justicia. (Diccionario Manual de la Lengua Española Vox, 2007)

Acuerdo realizado por el órgano estatal encargado de la impartición de justicia. (Gonzalez, 2001)

El acuerdo entre las partes contendientes en un litigio en la cual deciden dar por terminado el juicio para ya no llevar a cabo la totalidad del procedimiento en sus respectivas etapas procesales.(Esriche, 1951)

[TA]; 9a. Época; T.C.C.; S.J.F. y su Gaceta; Tomo XXX, Octubre de 2009; Pág. 1344; Número de registro 166245

ALIMENTOS. SU CUMPLIMIENTO CUANDO FUERON PACTADOS EN CONVENIO JUDICIAL. De la interpretación sistemática de los artículos 309 y 320 del Código Civil para el Distrito Federal, se colige que si el deudor alimentista convino de manera específica en cubrir al acreedor una pensión alimenticia entregando una cantidad mensual, se encuentra obligado a cumplir en los términos establecidos -entrega de pecuniario en forma directa al acreedor o a su representante legal-; por el contrario, si el deudor modifica motu proprio los términos de la obligación convenida, y en lugar de entregar el pecuniario a que se obligó lo hace en especie y cubre directamente el importe de gastos relacionados con prestaciones comprendidas en el rubro genérico de alimentos, como son vestido, atención médica, educación, etcétera, variando así los términos en que se obligó, debe acreditar que ese modo de proceder se encuentra autorizado conforme a derecho, de tal modo que si no justifica la existencia de una causa legal para suspender o cesar, o para modificar motu proprio la obligación alimentaria, debe cumplir en los términos convenidos.

Convenir: Acuerdo de dos o más voluntades destinado a crear, transferir o modificar o extinguir una obligación. (De Pina & De Pina Vara, 2008)

Dícese de convenir y este del latín conviniere der de un mismo parecer, ajuste o concierto entre dos o más personas. (Jurídicas, 1993)

Convenio es el acuerdo de dos o más personas para crear, transferir, modificar o extinguir obligaciones. (Codigo Civil para el Distrito Federal , 1928)

[TA]; 9a. Época; T.C.C.; S.J.F. y su Gaceta; Tomo IX, Marzo de 1999; Pág. 1409; Número de registro 194527

IMPUESTO SOBRE LA RENTA. EL PATRÓN Y EL TRABAJADOR PUEDEN CONVENIR DENTRO DE

LAS CONDICIONES DE TRABAJO, A QUIÉN CORRESPONDERÁ CARGAR CON DICHO IMPUESTO. De conformidad con la tesis jurisprudencial 231 de la extinta Cuarta Sala de nuestro más Alto Tribunal de la República, visible en la página 151, Tomo V, Materia del Trabajo, del Apéndice al Semanario Judicial de la Federación 1917-1995, bajo el rubro: "IMPUESTO SOBRE LA RENTA. OBLIGACIÓN DEL PATRÓN DE RETENERLO, CUANDO LAS PERSONAS SUJETAS A UNA RELACIÓN LABORAL, OBTIENEN PRESTACIONES DERIVADAS DE LA MISMA.", aun cuando constituye una obligación del patrón retener la cantidad correspondiente por concepto de impuesto sobre el producto del trabajo, para enterarla a la autoridad hacendaria, tal obligación puede ser motivo de un pacto o convenio entre el patrón y el trabajador, dentro de las condiciones establecidas en la relación laboral, supuesto en el cual, el tributo respectivo seguirá siendo enterado por el patrón a la autoridad correspondiente, con la salvedad de la existencia de una situación determinada, basada en un acuerdo de voluntades entre las partes, respecto al sujeto a quien correspondería cargar con el impuesto al terminar la relación laboral entre ambos; por lo tanto, el compromiso de absorber la carga tributaria, puede ser adquirido consensualmente por cualquiera de las partes, independientemente de que el trabajador ejercite unilateralmente la acción laboral o la empresa tome la decisión de separarlo.

Cosa ajena: Perteneciente a otro. [2]Extraño. [3]Diverso. Fig. Libre de alguna cosa. (Espasa Calpe, 1998)

[J]; 9a. Época; 1a. Sala; S.J.F. y su Gaceta; Tomo XXV, Febrero de 2007; Pág. 318; Número de registro 173294

FRAUDE POR VENTA INDEBIDA DE COSA AJENA. EL SUJETO PASIVO DEL DELITO ES EL COMPRADOR DE LA COSA AJENA Y SÓLO ÉSTE SE ENCUENTRA LEGITIMADO PARA

QUERELLARSE POR EL MISMO Y RESPECTO DEL PROPIETARIO DE LA COSAINDEBIDAMENTE ENAJENADA, SE PODRÍA CONSTITUIR UN DELITO AUTÓNOMO DIVERSO O SÓLO DARÍA LUGAR AL EJERCICIO DE LAS ACCIONES CIVILES CORRESPONDIENTES SEGÚN FUERE EL CASO (CÓDIGOS PENALES DEL ESTADO DE BAJA CALIFORNIA Y DEL ESTADO DE CHIHUAHUA). De conformidad con los artículos 219 fracción II, y 280, fracción I, de los referidos Códigos punitivos el delito de fraude específico se actualiza cuando el sujeto activo realiza cualquiera de las conductas descritas -en el Código Penal de Baja California: enajene, arriende, hipoteque, empeñe o grave de cualquier modo, y en el Código Penal del Estado de Chihuahua: enajene, grave, conceda el uso o de cualquier otro modo disponga de una cosa- analizándose como materia de la presente contradicción, exclusivamente la hipótesis de fraude específico por venta de cosa ajena, que se materializa cuando el sujeto activo enajena una cosa ajena con conocimiento de que no tiene derecho para disponer de ella. En esta hipótesis delictiva el sujeto activo es el vendedor, quien engaña al pasivo haciéndole creer que adquiere determinados derechos reales cuando en realidad carece de facultades para transmitirlos, por tanto el pasivo del delito lo es el comprador o adquirente a título oneroso, pues éste es el que resiente el engaño o es colocado en el error sufriendo el quebranto patrimonial en tanto que hace entrega del precio total o parcial de la compraventa y que se encuentra legitimado para querellarse por este preciso delito; mientras el propietario de la cosa indebidamente vendida, no es ofendido en ese ilícito, pues no sufre perjuicio que pueda ser directamente vinculado con la actuación del defraudador, ya que si bien el propietario de la cosa indebidamente vendida podría resultar afectado, sería consecuencia inmediata de aquellas conductas que le sirvieron de medio al activo para obtener la cosa de que indebidamente dispuso, y constituirían un delito autónomo diverso o sólo daría lugar al ejercicio de las acciones civiles correspondientes, según sea el caso.

Cosa indivisa: Es el caso de que una cosa tenga varios copropietarios. (Bustillo Peña, 2008)
Cosa indivisible, no susceptible de división. (García Garrido, 2000)
No pueden fraccionarse sin sufrir menoscabo, tal es el caso de una obra de arte. (Morineau Iduarte & Iglesias González, 1998)
[TA]; 5a. Época; 3a. Sala; S.J.F.; Tomo XLIV; Pág. 570; Número de registro 359900
COSA INDIVISA, PRESUNCION DE LA. En las copropiedades de cosa indivisa, cada uno de los titulares se reputa propietario y poseedor del todo y de cada una de sus partes.

Cosa juzgada: Podemos definir la cosa juzgada como el atributo, la calidad o la autoridad de definidad que adquieren las sentencias. (Lara, 2005)
Cuestión que ha sido resuelta en un juicio contradictorio por sentencia firme de los tribunales de justicia. (Vara, 2005)
Cosa juzgada significa en general, la irrevocabilidad que adquieren los efectos de la sentencia cuando contra ella no procede ningún recurso que permita modificarla. (Garrone, Buenos Aires)
[TA]; 10a. Época; T.C.C.; S.J.F. y su Gaceta; Libro XIII, Octubre de 2012, Tomo 4; Pág. 2528; Número de registro 2001915
EXCEPCIÓN DE COSA JUZGADA. DECLARADA SU PROCEDENCIA ES INNECESARIO EL ESTUDIO DE FONDO DE LA LITIS PLANTEADA. Cuando la autoridad responsable considere que opera la excepción de cosa juzgada opuesta en relación con determinada acción, resulta innecesario el estudio de las

pruebas relativas al fondo del asunto en cuanto a esa acción se refiere, porque declarada procedente dicha perentoria, carece de objeto el estudio del fondo de la litis planteada.

[J]; 10a. Época; 2a. Sala; S.J.F. y su Gaceta; Libro XIV, Noviembre de 2012, Tomo 2; Pág. 1459; Número de registro 2002187

RECURSO DE REVISIÓN. DEBE PREVALECER LA AUTORIDAD DE LA COSA JUZGADA RESPECTO DE LAS DETERMINACIONES SOBRE CUESTIONES COMPETENCIALES. Cuando existe pronunciamiento definitivo derivado de un conflicto competencial, en que un Tribunal Colegiado de Circuito fijó su postura con base en la atribución legal para conocer de un asunto por razón de la vía, dicha resolución adquiere la categoría de cosa juzgada, propia de toda decisión jurisdiccional, que es irrebatible, indiscutible e inmodificable. Por ello, en el recurso de revisión en el que se impugna la sentencia de amparo indirecto, el tribunal de alzada ya no puede cuestionar esa decisión. Ahora, si posteriormente la Suprema Corte de Justicia de la Nación sienta jurisprudencia sobre el tema, su aplicación no llega al extremo de privar de efectos jurídicos la autoridad de la cosa juzgada, porque uno de los fines de la jurisprudencia es la seguridad jurídica y sería ilógico que su observancia posterior resulte adversa al principio de acceso a la justicia previsto en el segundo párrafo del artículo 17 de la Constitución Política de los Estados Unidos Mexicanos.

Cosa juzgada formal: COSA JUZGADA FORMAL.- Constituye una preclusión al apoyarse en la inimpugnabilidad de la resolución respectiva. (Jurídicas, 1993)

COSA JUZGADA FORMAL.- COSA JUZGADA FORMAL. ADQUIERE EL CARÁCTER DE COSAJUZGADA MATERIAL CUANDO SE EMITE RESOLUCIÓN EN EL PROCEDIMIENTO QUE LA

HACE INDISCUTIBLE. La doctrina moderna distingue dos especies de cosa juzgada, la formal y la material. La primera está encaminada a operar exclusivamente en el proceso, pues consiste en la irrecurribilidad de la sentencia en su certeza jurídica, en virtud de que con la realización de ciertos actos o con el transcurso de los plazos, se extingue el derecho que pudiera haberse ejercido para realizar determinados actos procesales. En cambio, la material, además de tener como base esa irrecurribilidad de la sentencia dentro del proceso, su firmeza o inmutabilidad debe ser respetada fuera del proceso, o en cualquier otro procedimiento en que se pretenda promover exactamente el mismo litigio. Luego, la primera es el presupuesto de la segunda y el significado de ambas puede condensarse así: cosa juzgada formal, igual a irrecurribilidad; cosa juzgada material, igual a indiscutibilidad. Ahora bien, si el juzgador no entró al fondo del asunto y durante una de las fases del procedimiento dicta resolución que adquiere el carácter de definitiva, por no ser recurrible o porque siéndolo no se impugnó, esa resolución adquiere el carácter de irrecurrible, de manera que en atención podrá ejercitarse esa misma acción en la vía que se declaró improcedente cuando se funde en el mismo documento. (COSA JUZGADA FORMAL. ADQUIERE EL CARÁCTER DE COSA JUZGADA MATERIAL CUANDO SE EMITE RESOLUCIÓN EN EL PROCEDIMIENTO QUE LA HACE INDISCUTIBLE., 2004)

COSA JUZGADA FORMAL.- COSA JUZGADA FORMAL Y COSAJUZGADA MATERIAL. DISTINCIÓN Y EFECTOS. Supuestas las identidades clásicas de partes, de cosa u objeto y de causa de pedir o hecho generador del derecho ejercitado, del pronunciamiento de derecho emana la autoridad de cosa juzgada formal, que hace irrecurrible el acto, y de cosa juzgada material, que hace indiscutible el hecho sentenciado, esto es, las partes no pueden reabrir nueva discusión ni la autoridad resolutoria, o alguna otra, pueden pronunciarse otra vez respecto del hecho ya definitiva e irrecurriblemente juzgado. (COSA JUZGADA FORMAL Y COSA JUZGADA MATERIAL. DISTINCIÓN Y EFECTOS., 1997)

[J]; 9a. Época; T.C.C.; S.J.F. y su Gaceta; Tomo VI, Septiembre de 1997; Pág. 565; Número de registro 197717

COSA JUZGADA FORMAL Y COSA JUZGADA MATERIAL. DISTINCIÓN Y EFECTOS. Supuestas las identidades clásicas de partes, de cosa u objeto y de causa de pedir o hecho generador del derecho ejercitado, del pronunciamiento de derecho emana la autoridad de cosa juzgada formal, que hace irrecurrible el acto, y de cosa juzgada material, que hace indiscutible el hecho sentenciado, esto es, las partes no pueden reabrir nueva discusión ni la autoridad resolutora, o alguna otra, pueden pronunciarse otra vez respecto del hecho ya definitiva e irrecurriblemente juzgado.

[TA]; 9a. Época; T.C.C.; S.J.F. y su Gaceta; Tomo XIX, Junio de 2004; Pág. 1427; Número de registro 181353

COSA JUZGADA FORMAL Y   MATERIAL. DIFERENCIAS Y EFECTOS. La doctrina moderna distingue dos especies de cosa juzgada, la formal y la material. La primera está encaminada a operar exclusivamente en el proceso, pues consiste en la inimpugnabilidad de la sentencia en su certeza jurídica, en virtud de que con la realización de ciertos actos o con el transcurso de los términos se extingue el derecho que pudiera haberse ejercido para realizar determinados actos procesales. En cambio, la material, además de tener como base esa inimpugnabilidad de la sentencia dentro del proceso, su firmeza o inmutabilidad debe ser respetada fuera del proceso, o en cualquier otro procedimiento en que se pretenda promover exactamente el mismo litigio. Esto es, los efectos de la sentencia devienen definitivos y obligatorios para el juzgador en cualquier juicio en el que se pretendiera reiterar lo sentenciado, es decir, la sentencia al ser inimpugnable alcanza autoridad o fuerza de cosa juzgada en sentido formal o externo, pero si, además, resulta jurídicamente indiscutible el pronunciamiento judicial que el fallo contenga, entonces, adquiere fuerza de cosa juzgada en sentido material o interno. Luego, la primera es el presupuesto de la segunda y el significado de ambas puede condensarse así: la cosa juzgada formal es igual a inimpugnabilidad, mientras que la cosa juzgada material es igual a indiscutibilidad. Por lo general coinciden los dos sentidos de la cosa juzgada, pero no en todos los casos, ya que en algunos sólo se produce el primero.

Cosa juzgada material: Es cosa juzgada en sentido estricto ya que implica la indiscutibilidad de lo resuelto en cualquier proceso futuro, pero sin desconocer que la primera es condición para que se produzca la última, pero no a la inversa. (Jurídicas, 1993)

COSA JUZGADA MATERIAL.- "...En cambio, la material, además de tener como base esa irrecurribilidad de la sentencia dentro del proceso, su firmeza o inmutabilidad debe ser respetada fuera del proceso, o en cualquier otro procedimiento en que se pretenda promover exactamente el mismo litigio..." (COSA JUZGADA FORMAL. ADQUIERE EL CARÁCTER DE COSA JUZGADA MATERIAL CUANDO SE EMITE RESOLUCIÓN EN EL PROCEDIMIENTO QUE LA HACE INDISCUTIBLE., 2004)

COSA JUZGADA MATERIAL.- COSA JUZGADA FORMAL Y COSAJUZGADA MATERIAL. DISTINCIÓN Y EFECTOS. Supuestas las identidades clásicas de partes, de cosa u objeto y de causa de pedir o hecho generador del derecho ejercitado, del pronunciamiento de derecho emana la autoridad de cosa juzgada formal, que hace irrecurrible el acto, y de cosa juzgada material, que hace indiscutible el hecho sentenciado, esto es, las partes no pueden reabrir nueva discusión ni la autoridad resolutoria, o alguna otra, pueden pronunciarse otra vez respecto del hecho ya definitiva e irrecurriblemente juzgado. (COSA JUZGADA FORMAL Y COSA JUZGADA MATERIAL. DISTINCIÓN Y EFECTOS., 1997)

COSA JUZGADA MATERIAL.- PRINCIPIO DE COSA JUZGADA MATERIAL. SU ALCANCE EN RELACIÓN CON UNA SENTENCIA DICTADA EN EL JUICIO CONTENCIOSO ADMINISTRATIVO, EN CUMPLIMIENTO DE UNA EJECUTORIA DE AMPARO. La autoridad de la cosa juzgada es uno de los principios esenciales en que se funda la seguridad jurídica, toda vez que el respeto a sus consecuencias constituye un pilar del Estado de derecho como fin último de la impartición de justicia, a cargo del Estado. En este sentido, el principio existe en relación con las resoluciones jurisdiccionales y constituye la verdad legal, por lo que debe ser estudiada de oficio por el órgano jurisdiccional de que se trate, al ser un presupuesto procesal de orden público en el que la cuestión que se someta a debate no haya sido resuelta con antelación por sentencia firme, siendo sus elementos, los siguientes: 1. Identidad en las partes y la calidad con la que intervinieron; 2. Identidad en la cosa u objeto del litigio; 3. Identidad en la causa de pedir. Además de lo anterior, la cosa juzgada puede ser formal o material. Es así que la acepción formal de cosa juzgada se configura sólo cuando una sentencia debe considerarse firme; esto es, cuando no puede ser impugnada por los medios ordinarios o extraordinarios de defensa. En cambio, se está en presencia de cosa juzgada en sentido material, cuando la decisión es inmutable o irreversible en cuanto al derecho sustancial o de fondo discutido, calidad que opera fuera del proceso o en cualquier otro procedimiento donde se pretendan controvertir los mismos hechos o cuestiones ya resueltas,

251

haciendo indiscutible el hecho sentenciado. Por ello, para que exista cosa juzgada material entre la relación jurídica resuelta en la sentencia de fondo y aquella que de nuevo se plantea, deben concurrir conjunta y necesariamente los tres elementos a que se hizo referencia, pues de no ser así, no se actualizará la autoridad de cosa juzgada. En este tenor, existe el criterio emitido por este tribunal plasmado en la tesis I.4o.A.537 A, de rubro: "NULIDAD LISA Y LLANA POR INSUFICIENTE MOTIVACIÓN. NO IMPIDE A LA AUTORIDAD EMITIR UN NUEVO ACTO, SEMEJANTE O CON EFECTOS PARECIDOS, SIEMPRE QUE RESPETE EL PRINCIPIO DE COSAJUZGADA Y LA FUERZA VINCULATORIA DE LAS SENTENCIAS.", publicada en el Semanario Judicial de la Federación y su Gaceta, Novena Época, Tomo XXIV, septiembre de 2006, página 1506, en el que se estableció que las consecuencias de una declaratoria de nulidad lisa y llana, por indebida motivación, están vinculadas con la figura de cosa juzgada, atento a lo cual, la referida nulidad sólo puede influir e impactar esa actuación en el contexto específico del que provino, en razón de que la profundidad o trascendencia de la materia sobre la cual incide el vicio respecto del cual existe cosa juzgada, no puede volver a discutirse; sin embargo, ello no impide que la autoridad pueda volver a emitir un nuevo acto, siempre que respete el principio de cosa juzgada y la fuerza vinculatoria de la sentencia de nulidad, de esta manera, la autoridad jurisdiccional habrá de analizar oficiosamente si se surten o no los tres elementos de la cosa juzgada, a efecto de establecer sobre qué aspectos o tópicos existe calidad de cosa juzgada material y sobre cuáles no, para dar respuesta íntegra y resolver efectivamente la cuestión planteada como lo impone el artículo 50 de la Ley Federal de Procedimiento Contencioso Administrativo, sin dejar de abordar los temas propuestos por las partes. (PRINCIPIO DE COSA JUZGADA MATERIAL. SU ALCANCE EN RELACIÓN CON UNA SENTENCIA DICTADA EN EL

JUICIO CONTENCIOSO ADMINISTRATIVO, EN CUMPLIMIENTO DE UNA EJECUTORIA DE AMPARO., 2011)

[TA]; 8a. Época; T.C.C.; S.J.F.; Tomo XII, Octubre de 1993; Pág. 411; Número de registro 214661
COSA JUZGADA MATERIAL Y FORMAL, EN SEDE DE AMPARO. En sede de amparo, la cosa juzgada material no es la sentencia misma, sino el juzgamiento y la decisión sobre la constitucionalidad o la inconstitucionalidad de los actos reclamados. Su ratio es imponer la seguridad jurídica, la paz social, el estado de certidumbre, creando o estableciendo situaciones jurídicas, definitivas y concretas; es clausurar, en forma definitiva, toda discusión, o la posibilidad de reabrirla o reiniciarla, mediante acto irrevocable (cosa juzgada formal o irrecurribilidad del acto) de autoridad judicial federal que haga indiscutible (cosa juzgada material, indiscutibilidad o non bis in idem) la constitucionalidad o la inconstitucionalidad de los actos específicamente reclamados, a través de los límites de: a) identidad subjetiva, de sujetos o partes: mismo agraviado, misma autoridad responsable y, en su caso, mismo tercero perjudicado, y b) identidad objetiva: mismo acto reclamado.

Cosa litigiosa: La que se encuentra en pleito o disputa judicial, que su propiedad o posesión está sometida a una resolución judicial. (Fernández de Leon)
RES LITIGIOSA.- Cosas objeto de un proceso en tramitación. (García Garrido, 2000)
"...Entendiéndose por cosa o bien -res- todo objeto del mundo exterior que puede producir alguna utilidad al hombre..."(Morineau Iduarte & Iglesias González, 1998)
LITIGIOSO, SA.- adj. Díc. De lo que está en pleito y, p. ext., de lo que está en duda y se disputa.

Propenso a mover pleitos y disputas. (Anónimo, The free Dictionary, 2004)

[TA]; 5a. Época; Sala Aux.; S.J.F.; Tomo CXV; Pág. 841; Número de registro 385629

ABOGADOS, INCAPACIDAD DE LOS PARA ADQUIRIR LA COSA LITIGIOSA (LEGISLACION DEL ESTADO DE VERACRUZ). La prohibición y la nulidad que establecen los artículos 2209 y 2215 del Código Civil Veracruzano, en el sentido de que el abogado no puede comprar la cosa objeto de un litigio en que él interviene, se aplican también a la promesa de venta, pues sin perjuicio de las diferencias que existen, en cuanto a su contenido y efecto, entre el contrato preparatorio y el definitivo, si la promesa es un acto jurídico esencial e inmediatamente encaminado a la producción del contrato definitivo, sería inaceptable que, mientras éste fuera nulo, aquél se estimara válido; y es improcedente la reconvención que frente a la acción reivindicatoria del objeto reclamado, opuso el demandado para exigir el otorgamiento de un contrato nulo.

Costa: La legislación procesal civil local no establece que las costas judiciales comprendan únicamente los honorarios del abogado. Por tanto, debe entenderse que aquéllas implican cualquier erogación que se suscite con motivo del litigio, tales como honorarios de perito, pago de derechos por expedición de copias certificadas, alquiler de vehículos necesarios para la práctica de diligencias, depósito de bienes embargados, etcétera. (Diccionario Juridico, 2012)

.

Se da este nombre a los gastos legales que hacen las partes u deben satisfacer en ocasión de un procedimiento judicial. Las costas no sólo comprenden los llamados gastos de justicia, o sea los derechos debidos al Estado, fijados por las leyes, sino además los honorarios de los letrados y los derechos que debe o puede percibir el personal auxiliar, si así estuviera establecido. (Notaria Publica, Diccionario, 2012)

[TA]; 10a. Época; T.C.C.; S.J.F. y su Gaceta; Libro XXIV, Septiembre de 2013, Tomo 3; Pág. 2522; Número de registro 2004436

COSTAS. PARA SU LIQUIDACIÓN ES IMPROCEDENTE TOMAR EN CUENTA EL MONTO DE LA ACCIÓN Y EL DE LA RECONVENCIÓN CUANDO SE CONTROVIERTE EL MISMO DERECHO (ARTÍCULO 140, FRACCIÓN IV, DEL CÓDIGO DE PROCEDIMIENTOS CIVILES PARA EL DISTRITO FEDERAL). Es improcedente que en la liquidación de costas, que en la sentencia definitiva fueron fundadas en el artículo 140, fracción IV, del Código de Procedimientos Civiles para el Distrito Federal, se tome en cuenta el monto de la acción y el de la reconvención, cuando la controversia gira en torno a un mismo derecho, pues si bien a través de la reconvención se hace valer una acción autónoma e independiente de la que dio origen al juicio y, eventualmente, puede resultar fundada tanto la acción principal como la reconvencional, o ambas infundadas, o una fundada y otra no, tales extremos no son válidos para todos los juicios, sino sólo para aquellos en los que se disputan derechos distintos, como puede ser, a modo de ejemplo, cuando en la acción principal se reclama el pago de rentas y, en la contrademanda, se pide el pago de mejoras que contractualmente son obligación del actor, lo que finalmente podría reflejarse en la compensación de costas, de ser procedentes ambas acciones, o en la condena para una sola de las partes. Sin embargo, en un juicio especial hipotecario en que el actor pretende hacer efectiva la hipoteca y el que reconviene hace valer la prescripción de la acción, no podrían actualizarse aquellos extremos, porque la controversia gira sobre un mismo derecho, de modo que no podrían llegar a ser procedentes ambas acciones por resultar lógicamente excluyentes, en atención al principio de no contradicción, ya que la procedencia de una implicaría la improcedencia de la otra.

Criminal: El criminal es, en mucho, un sujeto sin inhibiciones; cuando desea algo lo realiza, sin importarle la norma, la sociedad o la víctima. (Manzanera, 2005)

Se entiende por criminal a todo individuo que comete un crimen o que está implicado en algún tipo de delito. Como adjetivo calificativo, el término también puede aplicarse a organizaciones delictivas como así mismo a aquellas que luchan en contra de las primeras. Finalmente, también puede ser criminal un acto o hecho que interrumpe el designio de la ley e implica el cumplimiento de algún tipo de delito. (Bembibre, 2012)

[TA]; 6a. Época; 1a. Sala; S.J.F.; Volumen XLV, Segunda Parte; Pág. 48; Número de registro 801201

INDUCCION CRIMINAL Y CULPABILIDAD. Conforme a la doctrina en materia penal, sólo es culpable él que ha puesto con su conducta una condición del resultado, es decir, ésta no puede declararse si no se acredita una relación de causalidad entre el movimiento corporal del sujeto del delito y el resultado concreto. Ahora bien, tratándose de la inducción criminal intervienen dos elementos: el inductor y el inducido y la falta de cualquiera de ellos determina que se integre el instituto de la codelincuencia. Por lo que ve al inductor se requiere que éste desee causar un daño mediante la comisión de un delito, que él no se atreve a cometer personalmente. Entonces, busca la intervención de un tercero a quien convence para que realice materialmente el delito, esgrimiendo razonamientos a tal fin o mediante promesa remunerativa.

Cuantía: El volumen de bienes o dinero determinado en un caso dado. (Código Civil Federal, 2012)

Sinónimo de cantidad o volumen computable de alguna cosa. El volumen de bienes o dinero determinado en un caso dado. En términos jurídicos, es el valor de las cosas en litigio que determina la competencia de los jueces. (Enciclopedía de Economía , 2009)

[J]; 10a. Época; 1a. Sala; S.J.F. y su Gaceta; Libro XXII, Julio de 2013, Tomo 1; Pág. 145; Número de registro

APELACIÓNEN EL JUICIO ESPECIAL HIPOTECARIO. SE RIGE POR LA REGLA GENERAL DE PROCEDENCIA DEL RECURSO CONFORME A LA CUANTÍA DEL NEGOCIO. La regla general sobre la procedencia del recurso de apelación en la cual se atiende al monto del negocio, contenida en los artículos 426, fracción I, y 691, del Código de Procedimientos Civiles para el Distrito Federal, resulta aplicable al juicio especial hipotecario, ya que entre las normas específicas de éste no existe alguna por la cual se disponga lo contrario, o se establezca una norma distinta o incompatible con aquélla. Lo anterior, toda vez que dentro del capítulo regulativo del juicio hipotecario, el único precepto atinente al recurso de apelación, esto es, el artículo 487, sólo tiene por objeto determinar los efectos o consecuencias de la revocación de la sentencia de primera instancia en la cual se había condenado a la realización del remate del bien hipotecado, si se tiene en cuenta que es permisible su ejecución en tanto se sustancia y resuelve el recurso; y por su parte, la regla específica para los juicios especiales dentro del capítulo del recurso de apelación, artículo 714, únicamente determina el efecto en que debe admitirse el recurso en esa clase de juicios, así como el tipo de su sustanciación. Por tanto, tales preceptos no entrañan incompatibilidad o disposición en contrario respecto a la regla general mencionada, sobre la apelabilidad de las resoluciones según el valor económico del juicio.

Cuerpo del delito: Cuerpo del delito se llama a todos los elementos mediante los cuales se cometió un acto criminal y que permiten probarlo, evidenciando su existencia, pueden ser elementos materiales, huellas, rastros, o todo indicio que la criminalística pueda recoger. (Manzanera, 2005)

Cuerpo del delito se llama a todos los elementos mediante los cuales se cometió un acto criminal y que permiten probarlo, evidenciando su existencia, pueden ser elementos materiales, huellas, rastros, o todo indicio que la criminalística pueda recoger. (DIAZ ARANDA, 2008)

Se entiende por la realización histórica, espacial y temporal, de los elementos contenidos en la figura que describe el delito", explicando que las normas penales que describen figuras delictivas tienen un valor hipotético, ya que es necesario, para que nazca el delito propiamente dicho, que una persona física realice una conducta que sea subsumible en alguna de estas descripciones, pues solo entonces podemos decir que ha surgido el cuerpo del delito. (RAMIREZ, 1997)

[J]; 10a. Época; 1a. Sala; S.J.F. y su Gaceta; Libro III, Diciembre de 2011, Tomo 2; Pág. 912; Número de registro 160621

ACREDITACIÓN DEL CUERPO DEL DELITO Y DEL DELITO EN SÍ. SUS DIFERENCIAS. Conforme a los artículos 134 y 168 del Código Federal de Procedimientos Penales, en el ejercicio de la acción penal el Ministerio Público debe acreditar el cuerpo del delito y la probable responsabilidad del inculpado, lo cual significa que debe justificar por qué en la causa en cuestión se advierte la probable existencia del conjunto de los elementos objetivos o externos que constituyen la materialidad del hecho delictivo. Así, el análisis del cuerpo del delito sólo tiene un carácter presuntivo. El proceso no tendría sentido si se considerara que la acreditación del cuerpo del delito indica que, en definitiva, se ha cometido un ilícito. Por tanto, durante el proceso -fase preparatoria para el dictado de la sentencia- el juez cuenta con la facultad de revocar esa acreditación prima facie, esto es, el juzgador, al dictar el auto de término constitucional, y el Ministerio Público, en el ejercicio de la acción penal, deben argumentar sólidamente por qué, prima facie, se acredita la comisión de determinado delito, analizando si se acredita la tipicidad a partir de la reunión de sus elementos objetivos y normativos. Por su parte, el estudio relativo a la acreditación del delito comprende un estándar probatorio mucho más estricto, pues tal acreditación -que sólo puede darse en sentencia definitiva- implica la corroboración de que en los hechos existió una conducta (acción u omisión) típica, antijurídica y culpable. El principio de presunción de inocencia implica que el juzgador, al dictar el auto de término constitucional, únicamente puede señalar la presencia de condiciones suficientes para, en su caso, iniciar un proceso, pero no confirmar la actualización de un delito. La verdad que pretende alcanzarse sólo puede ser producto de un proceso donde la vigencia de la garantía de defensa adecuada permite refutar las pruebas aportadas por ambas partes. En efecto, antes del dictado de la sentencia el inculpado debe considerarse inocente, por tanto, la emisión del auto de término constitucional, en lo que se refiere a la acreditación del cuerpo del delito, es el acto que justifica que el Estado inicie un proceso contra una persona aun considerada inocente, y el propio acto tiene el objeto de dar seguridad jurídica al inculpado, a fin de que conozca que el proceso iniciado en su contra tiene una motivación concreta, lo cual sólo se logra a través de los indicios que obran en el momento, sin que tengan el carácter de prueba.

D

Debate: Es una forma de discusión formal y organizada que se caracteriza por enfrentar dos posiciones opuestas sobre un tema determinado. (Pallares, 1999)

Es el intercambio de opiniones críticas, que se lleve acabo frente a un público y con la dirección de un moderador para mantener el respeto y la objetividad entre ambas posturas, cada postura debe exponer su tesis y sustentarla por medio de argumentos sólidos. (carbonell, 2008)

Técnica que permite exponer a dos o más personas sus argumentos fundados sobre uno o más temas polémicos.(alvarez, 2007)

[TA]; 5a. Época; 3a. Sala; S.J.F.; Tomo CXVII; Pág. 913; Número de registro 804903

PROCESOS CIVILES, PARA SU EXISTENCIA NO ES INDISPENSABLE LA CONTROVERSIA O DEBATE ENTRE LAS PARTES. No es exacto que para la existencia del proceso sea indispensable que haya controversia o debate entre las partes, ya que la actividad jurisdiccional se desenvuelve siempre que la autoridad decide sobre la justificación de una pretensión, sin que para ello importe que ésta sea rechazada o admitida por el colitigante.

Declaración de ausencia: Acto judicial producido a instancia de parte interesada, en virtud del cual la persona desaparecida, cuya existencia es dudosa, queda en una situación jurídica que autoriza la apertura de su testamento y la entrada de los herederos en la posesión provisional de los bienes hereditarios, quedando estos, a falta de herederos, en la del representante que se hubiese nombrado al dictarse las medidas provisionales legalmente establecidas para los caos de ausencia. (Pina, 1981)

Situación jurídica derivada de la desaparición de una persona de su domicilio sin noticias, juez en forma prevista en los artículos, cuando ha sido declarada por los artículos 181 y 182 del código civil. (Pallares, 1999)

Situación declarada jurídicamente fundada en la desaparición de una persona de su domicilio o última residencia, sin que se hubieran tenido noticias de ellas en los plazos legalmente establecidos.(GABANELLAS, 2000) [TA]; 5a. Época; Pleno; S.J.F.; Tomo XXIII; Pág. 602; Número de registro 280974

DECLARACION DE AUSENCIA. Si bien la ley ha establecido un procedimiento especial para la declaración de ausencia, esto sólo no autoriza para afirmar que las resoluciones dictadas en diligencias de esa clase, tengan autoridad de cosa juzgada, aun contra terceros extraños a tales diligencias; éstas, según el periodo en que se encuentran, participan de la naturaleza de la jurisdicción voluntaria, o de la contenciosa, por lo que propiamente son de jurisdicción mixta; cuando las resoluciones sobre declaración de ausencia se dictan en el periodo de jurisdicción voluntaria, no tienen la autoridad de cosa juzgada, ni aun para los que han sido partes en esas diligencias, y si se dictan en el periodo de jurisdicción contenciosa, tendrán aquella autoridad, pero sólo para quienes intervinieron en las diligencias, puesto que es un principio elemental de derecho, que las sentencias sólo pueden obligar a las partes en el juicio en que se dictan.

Declaración judicial: Los jueces poseen potestad decisoria, que los faculta para resolver la cuestión sometida a su conocimiento, no solamente para ponerle punto final, sino para tomar decisiones durante el curso del proceso en vistas a ese resultado definitivo.(CORTAZAR, 2002)

La sentencia es sin dudas la decisión judicial por excelencia, pues resuelve las cuestiones objeto del litigio ya sea condenando o absolviendo al demandado en los procesos penales, o reconociendo o desconociendo lo pretendido por el demandante en los civiles. En los casos de sentencia de primera instancia, apelables, esta sentencia no pone fin definitivamente al proceso, sino que será revisada, y una vez que se agoten las instancias de apelación recién pasará en autoridad de cosa juzgada.(pina, 1981)

Acto procesal proveniente de un tribunal, mediante el cual resuelve las peticiones de las partes, o autoriza u ordena el cumplimiento de determinadas medidas. Dentro del proceso, doctrinariamente se le considera un acto de desarrollo, de ordenación e impulso, de conclusión o decisión. (GABANELLAS, 2000)

Las decisiones judiciales requieren cumplir determinadas formalidades para validez y eficacia, siendo la más común la escrituración o registro según sea el tipo de procedimiento en que se dictan.(México, 2001)

[TA]; 9a. Época; T.C.C.; S.J.F. y su Gaceta; Tomo XXX, Agosto de 2009; Pág. 1544; Número de registro 166714

CONFESIÓN FICTA. PARA QUE PROCEDA, SE REQUIERE LA DECLARACIÓN JUDICIAL A PETICIÓN DE LA PARTE OFERENTE DE LA PRUEBA (LEGISLACIÓN DEL ESTADO DE CAMPECHE). Los artículos 331 y 346 del Código de Procedimientos Civiles del Estado, disponen: "El que debe absolver posiciones será citado con anticipación de veinticuatro horas, por lo menos, haciéndole saber el objeto de la diligencia y la hora en que ha de practicarse. Dicha citación sólo se hará después de que el articulante presente el pliego de posiciones. Si no comparece, se le volverá a citar, en la misma forma, con el apercibimiento de que si no se presenta a declarar se le tendrá por confeso." y "La declaración se hará cuando la parte contraria lo pida, después de contestada la demanda hasta la citación para sentencia.". Como puede apreciarse, los preceptos transcritos no obligan al Juez natural a realizar la declaratoria de confeso de oficio, pues de la interpretación sistemática del texto de los referidos numerales, se desprende que no obstante se aperciba al que debe absolver posiciones, en forma previa a la celebración de la audiencia para el desahogo de la prueba confesional a su cargo, que será declarado confeso de las posiciones que sean calificadas de legales en caso de no asistir por segunda ocasión sin justa causa; sin embargo, es necesario que la parte contraria lo solicite oportunamente. Por tanto, aun cuando previo apercibimiento judicial el absolvente no comparezca a absolver posiciones, el Juez del conocimiento no debe declarar confeso al absolvente, en forma oficiosa, sino únicamente cuando se realice la petición de la parte oferente de la prueba.

Declaración unilateral de la voluntad: "Es o se constituye como una fuente de obligaciones, pero solo en casos excepcionales... existen cuatro formas, la oferta al público, la promesa de recompensa, la estipulación a favor de terceros y los títulos civiles a la orden o al portador. (Villegas, 2003).

2.- "La exteriorización de la voluntad sancionada por la ley que implica para su autor la necesidad jurídica de conservarse en aptitud de cumplir, voluntariamente, una prestación de carácter patrimonial, pecuniario o moral, a favor de una persona que eventualmente pueda llegar a existir, o si ya existe, aceptar la prestación ofrecida, o con la cual hace nacer a una persona determinada un derecho sin necesidad de que esta acepte o finalmente con la cual extingue para sí un derecho ya creado a su favor. (Gutierres y Gonzales, 2012)

3.- "Es el poder de la sola voluntad del deudor, para crearse obligaciones a su cargo perfectamente validas y exigibles, antes de la concurrencia de la voluntad del acreedor y cuyo apartamiento, lógicamente, le impondrá responsabilidad civil por los perjuicios ocasionados. (Cazeaus, 2004)

[TA]; 6a. Época; 3a. Sala; S.J.F.; Volumen CX, Cuarta Parte; Pág. 32; Número de registro 269822

DECLARACION UNILATERAL DE VOLU NTAD, ES UNA FUENTE GENERICA DE

OBLIGACIONES. Los casos en que una declaración unilateral de voluntad produce consecuencias jurídicas, no están limitativamente enunciados por la legislación civil, pues si las disposiciones del Código Civil se refieren expresamente a los casos de oferta al público, promesas de recompensa, estipulaciones a favor de tercero y emisión de títulos, con ello no se significa que tales casos sean los únicos posibles y podría afirmarse la existencia de una regla jurídica contraria, o sea, que la declaración unilateral de voluntad, si es una fuente genérica de obligaciones, salvo los casos de limitaciones expresas del propio texto legal.

Declarante: pudiese tratarse del Individuo que tiene la función de declarar, de manifestarse, comunicar y dar explicación de lo ignorado. (Castilla, 1997). Rendir declaración ante un juez (Vazquez, 2001)

Es la persona que suscribe y presenta una Declaración de mercancías a nombre propio o por encargo de terceros. (Morfin, 1999)

[TA]; 9a. Época; T.C.C.; S.J.F. y su Gaceta; Tomo XXIII, Mayo de 2006; Pág. 1850; Número de registro 175023

PRUEBA TESTIMONIAL. EL JUZGADOR NO DEBE EXIGIR QUE EL DECLARANTE DÉ MÁS DETALLES O EXPLICACIONES DE LOS QUE ÉL PROPORCIONÓ COMO RAZÓN DE SU DICHO. Cuando en el desahogo de la prueba testimonial la autoridad jurisdiccional ante quien se rinde este medio de convicción, hace constar que lo declarado por los deponentes es todo lo que tienen que manifestar y, una vez leído, lo ratifican en todas sus partes por contener una razón fundada de su dicho, firmando en señal de conformidad con su contenido; tal certificación o constancia permite concluir que en lo declarado por las personas propuestas para tal fin se contiene la expresión de aquellas circunstancias que constituyen la causa de lo que refieren, siendo inexacto, por tanto, que ante su insuficiencia, el juzgador esté obligado a solicitar más detalles o aclaraciones pues, de hacerlo, actuaría sesgadamente en favor del oferente de la prueba y, en consecuencia, en perjuicio de su oponente.

Declinatoria: Es una vía de impugnación directa, ya que se promueve ante el juzgador que está conociendo de litigio, pidiéndole que se abstenga del conociendo del mismo y remita al expediente al juzgador que se estima competente. (Favela, Teoria General del Proceso, 2005)Declinatoria una de las dos formas más utilizables para promover las cuestiones de competencia. Se propondrá ante el juez a quien se considera incompetente pidiéndole que se abstenga del conocimiento del negocio y remita los autos al considerado competente. (Vara, 2005)

En derecho procesal se designa así el mecanismo de la excepción de incompetencia opuesta por el demandado para que el juez se declare tal y remita el juicio a quien deba entender en la causa. (Garrone, Buenos Aires)

[TA]; 10a. Época; T.C.C.; S.J.F. y su Gaceta; Libro XXIV, Septiembre de 2013, Tomo 3; Pág. 2581; Número de registro 2004481

EXCEPCIÓN DE COMPETENCIA POR DECLINATORIA. EL MOMENTO PROCESAL OPORTUNO PARA HACERLA VALER ES EN LA CONTESTACIÓN A LA DEMANDA, SIN QUE LAS PROMOCIONES PREVIAS (QUE NO LA CONTESTEN) IMPLIQUEN UN SOMETIMIENTO TÁCITO A AQUÉLLA, CUANDO NO EXPRESEN DE MANERA CLARA Y DETERMINANTE LA INTENCIÓN DEL DEMANDADO DE SOMETERSE A LA JURISDICCIÓN DEL JUEZ SUSTANCIADOR (INTERPRETACIÓN DE LOS ARTÍCULOS 37, 152, 153, 154, 164, 261 Y 263 DEL CÓDIGO DE

PROCEDIMIENTOS CIVILES PARA EL ESTADO DE BAJA CALIFORNIA). De la intelección sistemática y conforme de los artículos 37, 164, 261 y 263 del Código de Procedimientos Civiles para el Estado de Baja California, se extrae que la excepción de competencia por declinatoria debe plantearse al contestar la demanda, ello en atención a que el artículo 37 es claro al ubicar a la declinatoria como una excepción, el precepto 261 deja sentado que las excepciones -cualquiera que sea su naturaleza- deben hacerse valer en la contestación a la demanda y finalmente el numeral 263 fija que de ser fundada la declinatoria se remitirá la demanda y su contestación al Juez que se considere competente. Así, se estima que la excepción de declinatoria debe hacerse valer al contestar la demanda, pues no existe precepto alguno en la legislación adjetiva del Estado que establezca al abordar el tópico en análisis un plazo distinto al preceptuado en el citado artículo 261. Además, del ejercicio hermenéutico de las hipótesis normativas previstas en los artículos 152, 153 y 154 de la legislación adjetiva en cita, adminiculada a la realizada de los numerales 37, 164, 261 y 263, se llega a la convicción de que si al contestarse la demanda se opone la excepción de competencia por declinatoria, no se actualiza el consentimiento tácito de la demanda, ya que no obstante que si ésta se contesta ante el Juez que se considera incompetente, se realiza con la salvedad de que en el propio ocurso se hace valer su incompetencia, aunado a lo anterior, el hecho de presentarse promociones previamente a la contestación de la demanda no hace que precluya el derecho del demandado para hacer valer la excepción aludida, ello es así, pues de acuerdo con las formalidades esenciales de todo procedimiento -de las que el civil no es la excepción-, las etapas procesales mínimas serán las de demanda y contestación, ofrecimiento y desahogo de pruebas, alegatos de las partes y sentencia; de lo que se concluye que el hecho de presentar diversas promociones antes de la contestación a la demanda no hace per se que haya precluido el derecho para hacer valer la excepción de competencia por declinatoria, pues esa etapa procesal se entiende cerrada o extinguida, hasta que se genera la contestación a la demanda, entonces, si en el caso los escritos ingresados por el quejoso previamente a la contestación de la demanda no expresan argumentos tendentes a contestarla, no puede válidamente afirmarse que se encontraba precluido el derecho de oponer la excepción de competencia por declinatoria.

Defecto legal: Carencia, falta de una o más cualidades de un ser o cosa" (diccionarojuridico, 2012)

2.- "Imperfección física como la cojera, mudez, intelectual como la imbecilidad o idiotez, moral como la perversidad delictiva o inclinaciones delictuosas" (diccionarojuridico, 2012)

3.- "Es un vicio de obscuridad, omisión o imperfección de que adolece el escrito de demanda" (Machado, 2012)

[TA]; 8a. Época; T.C.C.; S.J.F.; Tomo IV, Segunda Parte-1, Julio-Diciembre de 1989; Pág. 248; Número de registro 226978

EXCEPCIONES DE OBSCURIDAD Y DEFECTO LEGAL DE LA DEMANDA. CASO EN QUE SON PROCEDENTES. Si al ejercitar la acción correspondiente, el actor no señala elementos que permitan a su contraparte hacer valer excepciones y defensas, es procedente la de obscuridad y defecto legal de la demanda que se oponga.

Defensa: Actividad encaminada a la tutela de los intereses legítimos implicados en un proceso (civil, penal, etc.), realizada por abogado, persona no titulada (en aquellos regímenes procesales que permitan la intervención de personas no tituladas en esta función) o por el propio interesado." (Rafael de Pina, 2008.)

-"La defensa en sentido amplio, está estrictamente condicionada a una exigencia de conservación de las estructuras políticas y jurídicas que reviste una importancia no menos que la atribuida a su afirmación originaria, idealmente planteada en el momento de la concreción de los llamados elementos constitutivos del estado, que según las doctrinas tradicionales se identifican con el territorio, con el pueblo y con el poder organizado y soberano." (Norberto Bobbio, 1987.)

-"Derecho fundamental del personalmente inculpado, garantizado en la constitución a virtud del cual debe ser asistido en el proceso por un abogado o persona de confianza a su elección, quien habrá de interponer en su favor todos los derechos y recursos que las leyes le otorguen." (Díaz., 1989.)

[TA]; 10a. Época; T.C.C.; S.J.F. y su Gaceta; Libro XXIV, Septiembre de 2013, Tomo 3; Pág. 2525; Número de registro 2004437

DEFENSA ADECUADA. CASO EN QUE EN EL PROCESO PENAL, EL PATROCINIO DE UN DEFENSOR A DOS O MÁS INCULPADOS CON INTERESES EN CONFLICTO, ACTUALIZA UNA VIOLACIÓN A ESE DERECHO FUNDAMENTAL. Conforme a la fracción IX del apartado A del artículo 20 de la Constitución Política de los Estados Unidos Mexicanos, en su texto anterior a la reforma publicada en el Diario Oficial de la Federación el 18 de junio de 2008, la defensa adecuada es un derecho fundamental que tiene el inculpado desde el momento en que es puesto a disposición de la autoridad investigadora y en todos los actos procedimentales, diligencias y etapas procesales en las cuales es eminentemente necesaria su presencia, su participación activa y directa, la presencia y asesoría efectiva de su defensor, así como en aquellas que, de no estar presente, se cuestionaran o vieran gravemente en duda la certeza jurídica y el debido proceso; de tal manera que ese derecho sólo se vulnera cuando se afecta totalmente, que deja al inculpado en estado de indefensión e inclusive trasciende al resultado del fallo. En tal virtud, cuando en un proceso penal dos o más inculpados son asistidos por un mismo defensor, y en sus declaraciones ministeriales se hacen imputaciones entre sí, pueden existir los siguientes supuestos: a) que en su declaración preparatoria se retracten de sus imputaciones, y durante la instrucción sean representados por diversos defensores; b) que al declarar en preparatoria se sigan haciendo imputaciones y continúen siendo asistidos por un mismo defensor; y durante la instrucción tengan diversos defensores; c) que sean representados por un mismo defensor desde la averiguación previa hasta la conclusión del asunto y no se hagan imputaciones entre sí; y, d) que un mismo defensor los represente al declarar ministerialmente y en preparatoria, y en ambas declaraciones se hagan imputaciones entre sí; y hasta la conclusión del asunto sigan teniendo al mismo defensor. Al efecto, se considera que sólo en el último caso es donde real y jurídicamente se actualiza una violación al derecho fundamental de defensa adecuada, pues el defensor que asistió al impetrante en el desahogo de las pruebas ofrecidas y admitidas en primera instancia, defendió a su vez al coacusado, quien tenía conflicto de intereses con el promovente de la acción constitucional, dadas sus respectivas declaraciones ministeriales y continuó dicho patrocinio en audiencia de vista; por tanto, tal detrimento a las defensas del quejoso trascienden al dictado de la sentencia impugnada, dado que se le condenó en esas circunstancias, teniendo un solo defensor que asesoró tanto al quejoso, como al coacusado, en todas las etapas procedimentales del proceso penal.

Defensa técnica: Consiste en el hecho de actuar un abogado dirigiendo la defensa de una de las partes. En general esta defensa es obligatoria en los procesos civil, penal y contencioso administrativo, si bien existen algunas excepciones que las leyes procesales respectivas establecen." (Enciclopedia Juridica,)

-"Constituye una actividad esencial del proceso penal y admite dos modalidades: a) la defensa material que realiza el propio imputado ante el interrogatorio de la autoridad policial o judicial; y, b) la defensa técnica que está confiada a un abogado que asiste y asesora jurídicamente al imputado y lo representa en todos los actos procesales no personales." (Velasquez)

- "el derecho a la defensa técnica surge desde el momento en que

se ordena investigar a una persona." (PAVAJEAU)

[TA]; 10a. Época; T.C.C.; S.J.F. y su Gaceta; Libro VIII, Mayo de 2012, Tomo 2; Pág. 1858; Número de registro 2000770

DERECHO A UNA DEFENSA TÉCNICA O ADECUADA. NO PUEDE RESTRINGIRSE POR EL HECHO DE QUE ÚNICAMENTE EL DEFENSOR DEL INCULPADO SEA QUIEN RECURRE ALGUNA DETERMINACIÓN JUDICIAL (INTERPRETACIÓN DEL ARTÍCULO 396, PÁRRAFO SEGUNDO, DEL CÓDIGO DE PROCEDIMIENTOS PENALES DEL ESTADO DE BAJA CALIFORNIA). Del artículo 20, apartado B, fracción VIII, de la Constitución Política de los Estados Unidos Mexicanos se colige el derecho de cualquier imputado a la defensa técnica o adecuada, el cual deberá ser garantizado por los órganos jurisdiccionales. Por su parte, los artículos 4, 6 y 7 del Código de Procedimientos Penales para el Estado de Baja California, disponen, entre otras, las siguientes garantías y derechos del inculpado en el nuevo proceso penal: a) reglas de interpretación restrictiva de la disposiciones legales que limitan el ejercicio de su derecho conferido como sujeto del proceso; b) inviolabilidad del derecho de defensa y la obligación de los órganos jurisdiccionales de garantizarlo; y c) derecho irrenunciable a contar con la defensa técnica

de un perito en derecho, desde su detención ante el Ministerio Público hasta la ejecución de sentencia, pudiendo designar a un abogado y en caso de que no lo haga, le será designado un defensor público. Por otro lado, en lo conducente, el artículo 395 del citado código señala: "Artículo 395. Reglas generales. Las resoluciones judiciales serán recurribles sólo por los miembros y en los casos expresamente establecidos.-El derecho de recurrir corresponderá al Ministerio Público o al imputado, en los demás casos sólo a quien le sea expresamente otorgado. El recurso podrá interponerse por cualquiera de las partes, cuando la ley no distinga entre ellas. ... ". De los artículos mencionados, se advierte que el derecho a una defensa técnica o adecuada no se restringe por el hecho de que únicamente el defensor del inculpado sea quien recurre alguna determinación de la autoridad judicial, toda vez que la expresión " ... en los demás casos sólo a quien le sea expresamente otorgado ...", a que alude el párrafo segundo del invocado artículo 395, se refiere a las hipótesis que contemplan los numerales 398 y 398 bis de ese mismo código, en los que se faculta a la víctima u ofendido, así como al tercero demandado, para recurrir las resoluciones relativas al sobreseimiento, reparación del daño y desechamiento de medios de prueba que hubiesen ofrecido, sin que dicha porción normativa pueda tener el alcance de restringir la prerrogativa del imputado a impugnar las decisiones de la autoridad judicial a través de su defensor.

Defensor: Persona encargada de defender en la audiencia los intereses de una de las partes., en Francia esta función pertenece exclusivamente al abogado. (Capitant, Vocabulario jurídico, 1986).

En derecho, se dice de la función del abogado cuando patrocina en los procesos, particularmente en los procesos penales. (Garrone, 1996).

Es persona que toma a su cargo la defensa en juicio de otra u otras. Cuando esta defensa constituye una actividad profesional, el defensor se denomina abogado. (Vara, 2005)

[TA]; 10a. Época; T.C.C.; S.J.F. y su Gaceta; Libro XVII, Febrero de 2013, Tomo 2; Pág. 1344; Número de registro 2002738

DEFENSOR DE UN SENTENCIADO. ESTÁ LEGITIMADO PARA PROMOVER AMPARO EN NOMBRE DE ÉSTE, CONTRA LA ORDEN DE TRASLADO DEL CENTRO PENITENCIARIO DONDE SE ENCUENTRA A OTRO, EMITIDA POR AUTORIDADES ADMINISTRATIVAS. Si bien es cierto que el acto reclamado consistente en la orden de traslado de un sentenciado del centro penitenciario donde se encuentra a otro, proviene de autoridades de naturaleza administrativa, también lo es que se trata de un acto que es consecuencia de una causa penal, porque la reclusión devino de lo ordenado en ella. Por consiguiente, si conforme a la interpretación sistemática de los artículos 4o. y 16 de la Ley de Amparo, se colige que el defensor de un sentenciado está legitimado para promover demanda de amparo en nombre de éste, cuando el acto reclamado emana de la propia causa, ello lleva a concluir que, en tutela del derecho fundamental de defensa adecuada, lo está respecto de la referida orden de traslado, pues aun cuando ese acto no deriva de la causa criminal instaurada, constituye una consecuencia de ésta, ya que la reclusión obedece a la pena de prisión impuesta.

Demandado: Persona contra la que se presenta una demanda. (Garcia, 2007). Acto procesal por el cual pasa una persona que constituye por el mismo en parte actora. (Catilla, 1967)

Primer acto de ejercicio de la acción, mediante la cual el

pretensor acude ante los tribunales persiguiendo que se satisfaga su pretensión. (Siches, 2002).

[TA]; 10a. Época; T.C.C.; S.J.F. y su Gaceta; Libro XXIV, Septiembre de 2013, Tomo 3; Pág. 2594; Número de registro 2004504

INTERESES MORATORIOS. PROCEDE SU CONDENA, AUN CUANDO NO SE HAYAN CONSIGNADO AL SUSCRIBIRSE EL PAGARÉ, SI EL DEMANDADO CONFIESA HABERLOS CONVENIDO. El pagaré es un título de crédito que para producir sus efectos y ejercer el derecho que en él se consigna es necesario que contenga los requisitos que señala el artículo 170 de la Ley General de Títulos y Operaciones de Crédito, clasificándose aquéllos en esenciales y de eficacia; los primeros, otorgan existencia al documento crediticio, y son: (i) la mención de ser pagaré; (ii) la orden incondicional de pago; y, (iii) la firma del suscriptor; los segundos, hacen que el título produzca sus efectos: (i) el nombre de la persona a quien ha de hacer el pago; (ii) la época y el lugar de pago; y, (iii) la fecha y el lugar en que se suscriba el documento; requisitos entre los que no están contemplados los intereses moratorios, los cuales tienen su origen en el principio de autonomía de voluntad de las partes contratantes. Luego, si los intereses pactados no se consignan al momento de suscribirse el pagaré y se acredita que el tenedor satisfizo tal omisión antes de la presentación del título para su pago, procede su condena en caso de que el suscriptor (demandado) confiese haberlos convenido, demostrando con ello el consentimiento de las partes de introducir el rubro de intereses moratorios en el documento crediticio.

Derecho de suceder: Entrar como heredero o legatario en la posesión de bienes de un difunto (wordreference).

Es la acción y el efecto de entrar una persona ocupar el lugar de otra sustituyéndola (Maribel, 2011).

Es en el que los parientes más próximos al causahabiente vienen a la herencia; son los llamados de una persona a una sucesión en virtud de la ley(Conocimiento de todos y para todos).

[TA]; 9a. Época; T.C.C.; S.J.F. y su Gaceta; Tomo XVI, Septiembre de 2002; Pág. 1433; Número de registro 185918

RECURSO DE REVISIÓN EN MATERIA AGRARIA. ES IMPROCEDENTE SI LA LITIS EN EL JUICIO SE CONSTRIÑE A RESOLVER SOBRE QUIÉN DE LOS CONTENDIENTES TIENE MEJOR DERECHO A SUCEDER LOS DERECHOS AGRARIOS DE SU EXTINTO TITULAR.

Conforme al artículo 198 de la Ley Agraria el recurso de revisión ante el Tribunal Superior Agrario procede en contra de sentencias de los Tribunales Unitarios Agrarios únicamente cuando resuelvan cuestiones relacionadas con los límites de tierras que afecten derechos de núcleos de población, ya sea entre ellos mismos, o entre uno o varios ejidatarios, sociedades o asociaciones; las cuestiones relativas a restitución de tierras ejidales; así como de las sentencias dictadas en juicios de nulidad contra resoluciones emitidas por autoridades en materia agraria. Por tanto, si la litis de la controversia que resolvió el Tribunal Unitario Agrario, se constriñó en determinar a quién de los contendientes le asistía el mejor derecho a suceder los derechos agrarios de su extinto titular, la resolución que al efecto se pronuncie no puede ser impugnada a través del recurso de revisión, pues es inconcuso que, en el caso, no se surte la procedencia de dicho medio de impugnación, puesto que la resolución impugnada no encuadra en ninguna de las hipótesis que prevé el precepto legal inicialmente invocado.

Derecho del tanto: derecho de preferencia para adquirir bienes determinados u obtener la prórroga de un arrendamiento, conferido por la ley o por convenio entre partes.

El código civil para el distrito federal otorga este derecho: a los propietarios de predios colindantes de una vía pública, en el caso de enajenación de la misma (artículo 771); a los condominios (artículos 960, 973, 974 y 2279); al usufructuario (artículo 1005); a los coherederos (artículos 1292- 1294); al vendedor, para el caso de que el comprador quiera vender la cosa que fue objeto de la compraventa (artículos 2003, 2304 y 2308); al arrendatario de casa habitación; a los miembros de una sociedad civil en relación con sus derechos sociales (artículo 2706), y aparcero (artículos 2750- 2763).

Rafael de pina vara. Diccionario de derecho. Porrúa. 2012.Pág. 233

Derecho del tanto.- el que se a los coposeedores – copropietarios, o herederos o cosocios para adquirir con igualdad de bases de un tercero, la parte de composición que un coposeedor desee enajenar.

Ernesto Gutiérrez y González. Derecho de las obligaciones. Porrúa. 2012. Pág. 403

Derecho del tanto.- el derecho de preferencia que una persona tiene para la adquisición de una cosa determinada, en el caso de que el dueño quiera enajenarla, la facultad que le asiste, el sujeto a quien se otorga la facultad puede adquirir por el tanto en que esté dispuesto a adquirir el tercero interesado.

José G. Zúñiga Alegría. Juan A. Castillo López. Derecho del tanto. Ídem. 2009. Pág. 73.

[TA]; 5a. Época; 3a. Sala; S.J.F.; Tomo CXXVI; Pág. 589; Número de registro 339759

DERECHO DEL TANTO Y DERECHO DE
RETRACTO   (LEGISLACIONES DEL DISTRITO

FEDERAL Y DEL ESTADO DE COAHUILA). El derecho del tanto y el de retracto son, en el fondo, lo mismo, salvo que el primero se ejercita antes de que la cosa sea vendida, mientras que el segundo se hace valer cuando la cosa ya ha sido vendida, siendo presupuesto necesario de ambos, la existencia de la copropiedad en los casos en que específicamente lo determinan los artículos 970 y 1189 del Código Civil de Coahuila, iguales, respectivamente, al 973 y al 1292 del Código del Distrito.

[TA]; 5a. Época; 3a. Sala; S.J.F.; Tomo XCIX; Pág. 1144; Número de registro 345027

ARRENDATARIO, DERECHO DEL TANTO DEL (LEGISLACION DE COAHUILA). El artículo 2199 del Código Civil del Estado de Coahuila establece; debe hacerse saber de una manera fehaciente, al que goza de derecho de preferencia, lo que ofrezcan por la cosa, y si ésta se vendiere sin dar ese aviso, la venta es válida, pero el vendedor responderá de los daños y perjuicios ocasionados; el artículo 2341 del mismo código previene: en los arrendamientos que han durado más de cinco años y cuando el arrendatario ha hecho mejoras de importancia en la finca arrendada, tiene este derecho, si está al corriente en el pago de la renta, a que, en igualdad de condiciones, se le prefiera a otro interesado en el nuevo arrendamiento de la finca; también gozará del derecho del tanto, si el propietario quiere vender la finca arrendada, aplicándose en lo conducente lo dispuesto en los artículos 2198 y 2199; por último, el artículo 2198 se refiere a la preferencia que se concede al vendedor, por diez días para el caso de que el comprador quisiera revender, conforme a los citados preceptos, existe una distinta situación jurídica entre el caso de venta consumada y el de promesa de venta, y por consiguiente, se incurre en un error jurídico al equiparar las dos situaciones. Ahora bien, si la compraventa practicada entre el propietario y persona distinta del arrendatario, sin dar aviso a éste, no llegó a realizarse, por haberse sujetado a una condición que no se cumplió, el propio arrendatario, de estimarse que tuvo nacimiento su derecho del tanto, estaba en condiciones de hacerlo valer, pero no podía legalmente demandar el pago de daños y perjuicios, pues esta prestación sólo la hubiera podido exigir y no la nulidad de la venta, en el caso de que este contrato se hubiera realmente efectuado.

Derecho procesal: Se suele designar al conjunto de normas y principios jurídicos que regulan tonto el proceso jurisdiccional como la integración y competencia de los órganos del estado que intervienen en el mismo. (Favela, Teoria General del Proceso, 2005)

En sentido estricto es la disciplina que tradicionalmente se conoce bajo la denominación de derecho procesal, estudia, por una parte, el conjunto de actividades que tienen lugar cuando se somete a la decisión de un órgano judicial o arbitral la solución de cierta categoría de conflictos jurídicos suscitados entre dos o más personas. (Garrone, Buenos Aires)

Es el conjunto de disposiciones que regulan la sucesión concatenado de los actos jurídicos realizados por el juez, las partes y otros sujetos procesales, con el objeto de resolver las controversias que se suscitan con la aplicación de las normas de derecho sustantivo. (Castillo, 1985)

[J]; 9a. Época; 1a. Sala; S.J.F. y su Gaceta; Tomo V, Junio de 1997; Pág. 223; Número de registro 198453

PRUEBA INDICIARIA, LA FORMA DE OPERAR LA, EN EL DERECHO PROCESAL PENAL Y CIVIL, ES DIFERENTE AL DEPENDER DELDERECHO SUSTANTIVO QUE SE PRETENDE. El derecho procesal es el instrumento que sirve para la observancia efectiva del derecho sustantivo, por lo que, a las características y particularidades de este derecho, se encuentran adecuados los tipos de procedimientos que les resulte conveniente para su concreción judicial, de lo que se sigue que, si los derechos sustanciales llegan a tener naturaleza discordante uno de los otros, resulta que los procedimientos que se le ajusten deberán ser también discordantes y contener reglas y especificidades en consonancia con la naturaleza del derecho material al cual sirvan, de lo que se colige que si al derecho civil se le reputa como privado y al penal como público, ello lleva ya implícita la diferenciación de sus naturalezas y, por lo mismo, de esto se deriva que los procedimientos que les son relativos presenten formas de actuación divergentes, de esta manera se explica que en el derecho civil, el litigio normalmente, por considerarse privado, afecta tan sólo a las partes; en cambio, en el derecho penal la relación jurídico-criminal entre el Estado y el imputado, interesa a toda la sociedad, ésta es la causa de que en el proceso civil, en materia de pruebas, sea en las partes en conflicto, sobre quienes gravite, principalmente, la carga probatoria; en el proceso penal, el órgano jurisdiccional está facultado para ordenar el desahogo de las pruebas, tantas como se requieran, para tratar de obtener el conocimiento de la verdad real; de tal suerte que, en el proceso civil, el Juez, la mayoría de las veces, debe resignarse a conocer los hechos del debate en la forma en que las partes se los presenten y prueben; por el contrario, en el proceso penal se permite la investigación y averiguación como potestad ilimitada otorgada al juzgador para allegarse de los medios de convicción que estime necesarios al juicio, precisamente porque la relación criminal que surge es eminentemente pública; lo que significa que, en este último proceso, se concibe una mayor facultad para el Juez, que la que tiene el Juez civil, no tanto en la tarea de juzgar cuanto en la de probar; es decir, en la etapa del juicio, ambos Jueces tienen la misma atribución para estimar la aplicación del derecho sustantivo a los hechos, no así por lo que hace a la investigación y conocimiento de los hechos, lo cual se refleja respecto de la prueba indiciaria, pues el derecho civil la limita, dado que carece de todo valor probatorio en algunos casos; a guisa de ejemplo, se toma como referencia

278

lo previsto por el artículo 360 del Código Civil para el Distrito Federal en Materia Común y para toda la República en Materia Federal, cuyo contenido es del tenor siguiente: "La filiación de los hijos nacidos fuera de matrimonio resulta, con relación a la madre, del solo hecho del nacimiento. Respecto del padre, sólo se establece por el reconocimiento voluntario o por una sentencia que declare la paternidad."; como puede observarse, la filiación del padre en la hipótesis transcrita únicamente se podrá probar mediante los medios de convicción a que alude la norma, sin que se pueda acreditar con la prueba circunstancial o indiciaria; en cambio, en el proceso penal, en el supuesto del delito de parricidio, en donde la víctima es el padre y el inculpado un hijo fuera de matrimonio de aquél, para tener por comprobado uno de los elementos del tipo penal de dicho ilícito, como lo es el parentesco entre sujeto activo y pasivo, no es indispensable que exista resolución prejudicial civil, e inclusive ante la falta de actas del Registro Civil, la liga de filiación puede establecerse por cualquier medio probatorio procesal, dado el realismo de la legislación penal.

Derecho procesal familiar y del estado civil: Es la disciplina que estudia el conjunto de normas que regulan el proceso destinado a solucionar conflictos sobre la familia y el estado civil de las personas. (Ovalle Favela, 2005)
Conjunto complejo de actos de las partes interesadas, del órgano jurisdiccional y de los terceros ajenos a la relación sustancial, encaminados a la aplicación de una ley general, jurisprudencia, o principios generales del derecho en materia familiar a un litigio concreto controvertido para solucionarlo o dirimirlo. (Torres, Derecho Procesal Familiar, 2012)
El derecho procesal familiar y del estado civil reglamenta el proceso destinado a resolver los litigios vinculados con los diferentes problemas de familia y el estado civil de las

personas. Regulada en dispersas codificaciones procesales de los estados y del Distrito Federal, esta disciplina busca su tan cuestionada autonomía. (Santos Azuela)

[TA]; 9a. Época; T.C.C.; S.J.F. y su Gaceta; Tomo XV, Febrero de 2002; Pág. 906; Número de registro 187723

PRUEBA DE UN HECHO SUPERVENIENTE EN MATERIA FAMILIAR. CUANDO EL JUEZ NATURAL OMITE PROVEER SOBRE SU ADMISIÓN, ELLO CONSTITUYE UNA VIOLACIÓN PROCESAL GRAVE QUE PROVOCA INDEFENSIÓN. Si en materia familiar es ofrecida una prueba de un hecho superveniente con el escrito de alegatos y el Juez del conocimiento únicamente provee sobre tales alegatos, pero nada acuerda respecto de dicho elemento aportado, deviene patente que se actualiza una violación procesal que en principio no requiere de preparación en términos del artículo 161 de la Ley de Amparo, por ser trascendente en cuanto debió determinar sobre su admisión al involucrarse con el monto de la pensión alimenticia para los menores hijos. Ello es así, al tener en cuenta que por hecho superveniente debe entenderse aquel que tiene lugar o es conocido por el interesado después de presentada la demanda y de la etapa de ofrecimiento y desahogo de pruebas; de ahí que al actualizarse tal supuesto, técnica y procesalmente debe recaer un proveído admisorio de esa probanza, para que forme parte del proceso e, incluso, se le dé vista a la contraparte a fin de que pueda manifestar lo que a su derecho correspondiere; consecuentemente, al ser dicha actitud incorrecta, tal proceder indiscutiblemente resulta conculcatorio de las garantías de legalidad y seguridad jurídica (debido proceso).

Derecho procesal internacional: Estudia el conjunto de normas que regulan el proceso destinado a solucionar los conflictos sobre la interpretación y aplicación de las normas internacionales. (Ovalle Favela, 2005)

Cualquier ordenamiento jurídico estatal, en tanto que tiene en cuenta los diversos problemas de carácter procesal o que da lugar la existencia de los Estados extranjeros, tienen una proporción mayor o menor, un conjunto de normas que constituyen su derecho procesal internacional. (Pallares, 1978)

Conjunto de normas jurídicas que regulan la sociedad internacional y las relaciones de sus miembros en la consecución de intereses sociales colectivos o individuales; está integrado por un conjunto de normas materiales, el Derecho internacional procesal es formal. Dicho de otro modo, debe advertirse que las normas del Derecho internacional público son mayoritariamente sustantivas y en cambio el Derecho internacional procesal es esencialmente formal o adjetivo. (Acosta Estavez, 1995)

[TA]; 10a. Época; T.C.C.; S.J.F. y su Gaceta; Libro XXIII, Agosto de 2013, Tomo 3; Pág. 1639; Número de registro 2004215

DERECHO EXTRANJERO. SU NATURALEZA Y TRATAMIENTO PROCESAL SON CUESTIONES QUE DEBEN DILUCIDARSE PREVIAMENTE A SU APLICACIÓN. Corresponde al derecho internacional privado determinar cuándo, cómo y por qué deben aplicarse las leyes extranjeras; se trata de cuestiones de índole distinta, una de naturaleza sustantiva, otra de carácter procesal, y a pesar de que pueden resolverse de manera independiente, existe un estrecho vínculo en el tratamiento y solución de cada una de ellas. Así se distinguen dos aspectos fundamentales, uno de carácter sustantivo y otro procesal, a saber: 1. La naturaleza o la calidad del derecho extranjero, esto es, saber si el mismo es un derecho o si por el contrario tiene naturaleza fáctica, es decir, si es un hecho. Las primeras son las denominadas teorías normativistas, jurídicas, y las segundas, las realistas, vitalistas. 2. El tratamiento procesal que merece el derecho extranjero, si corresponde su aplicación de oficio o si solamente debe ser judicialmente aplicado cuando ha sido alegado y debidamente probado por las partes. Ésas son las cuestiones que deben resolverse antes de aplicar ese derecho en un caso concreto.

Derecho procesal laboral: Es la disciplina que estudia el conjunto de normas que regulan el proceso por el medio del cual se solucionan los conflictos derivados de los contratos, nombramientos o relaciones de trabajo. (Ovalle Favela, 2005)

Derecho Laboral: Es el conjunto de principios, instituciones y normas que pretenden realizar la justicia social dentro del equilibrio de las relaciones laborales de carácter sindical e individual. (Mexico, 2001)

Derecho Procesal: Disciplina que estudia por un lado el conjunto de actividades que tienen lugar cuando se someten a la decisión de un órgano judicial o arbitral, la solución de cierta categoría de conflictos jurídicos suscitados entre las partes, o cuando se requiere la intervención de un órgano judicial para que constituya, integre o acuerde eficacia o determinada relación o situación jurídica. (Gomez Lara)

Derecho Laboral: Conjunto de normas que tienen por base, en el sector privado, las relaciones de trabajo existentes entre un empleador y uno o más asalariados y que regulan las relaciones individuales y colectivas. (Guillien & Vincent, 1996)

Derecho procesal: parte del derecho judicial consagrado en el estudio de los problemas generales y ala comparación de los distintos procedimientos. (Guillien & Vincent, 1996)

[TA]; 9a. Época; 2a. Sala; S.J.F. y su Gaceta; Tomo XXXII, Julio de 2010; Pág. 317; Número de registro 164386

CADUCIDAD EN MATERIA LABORAL.
Conforme al capítulo XI "De la continuación del proceso y

de la caducidad", del título catorce "Derecho procesal del trabajo", de la Ley Federal del Trabajo, se advierte que la caducidad en materia laboral se refiere exclusivamente a la inactividad de los juicios tramitados ante las autoridades laborales, es decir, dicha figura constituye una institución meramente procesal con características excepcionales, pues para su declaración es insuficiente el mero transcurso del tiempo, toda vez que debe mediar notificación al trabajador y, en su caso, al procurador de la defensa del trabajo, apercibiéndolos de que de no promover dentro del término perentoriamente señalado, operará la caducidad de la instancia respectiva.

Derecho procesal mercantil: Es la rama especial que se ocupa del estudio del conjunto de normas jurídicas que regulan el proceso destinado a solucionar los litigios de carácter mercantil, es decir, los litigios que derivan de actos que las leyes definen como mercantiles. (Ovalle Favela, 2005)

Es una rama del derecho privado que regula los actos de comercio, el estado de los dos comerciantes, las cosas mercantiles y la organización y la explotación de la empresa comercial. (Mexico, 2001)

Derecho procesal: Constituye el conjunto de normas jurídicas que regulan la actividad jurisdiccional del estado. (UNAM, 2000)

Conjunto de normas jurídicas relativas a la realización del Derecho Mercantil y es privativa sobre obligaciones y derechos procedentes de los negocios, contratos y operaciones que están comprendidas en el Código de Comercio. (Torres, 2011)

[TA]; 7a. Época; 3a. Sala; S.J.F.; Volumen 14, Cuarta Parte; Pág. 55; Número de registro 242351

SUPLETORIEDAD **EN**
MATERIA MERCANTIL PROCESAL.
INOPERANCIA DE LA DEL DERECHO COMUN

CUANDO NO EXISTEN LAGUNAS. Es verdad que el artículo 1051 del Código de Comercio establece que el procedimiento mercantil preferente a todos es el convencional, y que a falta de convenio expreso de las partes interesadas se observarán las disposiciones del Libro Quinto del mismo ordenamiento, y que en defecto de estas o de convenio, se aplicará la ley de procedimientos local respectiva. En el citado precepto legal el legislador ha establecido la supletoriedad de las leyes procesales comunes respecto del Código de Comercio. Sin embargo, tal supletoriedad únicamente es operante en los casos en que, en una determinada institución creada por el legislador mercantil, exista una omisión o laguna, la que lógicamente debe ser subsanada o llenada con las disposiciones comunes que en ese terreno reglamente la misma institución, pero de ninguna manera la mencionada supletoriedad puede tener los alcances de incluir dentro de la codificación mercantil instituciones establecidas en el derecho común, que deliberadamente hayan sido eliminadas por el legislador en el Código de Comercio.

Derechos fundamentales: todos aquellos derechos subjetivos que corresponden universalmente a todos los seres humanos en cuanto dotados del status de personas de ciudadanos o personas con capacidad de obrar. Que por derecho subjetivo es cualquier expectativa positiva o negativa adscrita a un sujeto por una norma jurídica y por status la condición de un sujeto prevista asimismo por una norma jurídica positiva como presupuesta de su idoneidad para ser titular de situaciones jurídicas, autor de los actos que son ejercicio de estas.
Luigi Ferragoli. Derechos fundamentales. Derecho de universidad. 2009.
Derecho fundamental.- son aquellos inherentes al ser humano, pertenecen a toda persona en razón a su dignidad humana. Objetivamente, la esencia de la estructura jurídico-político de nuestra constitución, el estado social de

derecho no puede existir sin el reconocimiento y el ejercicio de los derechos fundamentales. Subjetivamente, ámbito limitado del individuo imprescindible para el desarrollo y la libertad de las personas, es un núcleo básico e irrenunciable del estatuto jurídico del individuo.

Robert Alexy. Teoría de los derechos fundamentales. 2010.

Derecho fundamentales.- son derechos humanos positividades en un ordenamiento jurídico concreto. Derechos ligados a la dignidad de la persona humana dentro del estado y de la sociedad. Cabe destacar que los derechos fundamentales no los crea el poder político, ni la constitución, los derechos fundamentales se imponen al estado, la constitución se limita a reconocer los derechos fundamentales, la constitución propugna los derechos fundamentales, pero no los crea.

[TA]; 10a. Época; T.C.C.; S.J.F. y su Gaceta; Libro XIX, Abril de 2013, Tomo 3; Pág. 2278; Número de registro 2003386

REPOSICIÓN DEL PROCEDIMIENTO EN MATERIA PENAL. EL ARTÍCULO 430 DEL CÓDIGO DE PROCEDIMIENTOS PENALES PARA EL DISTRITO FEDERAL, AL ESTABLECER QUE NO SE DECRETARÁ DE OFICIO, VULNERA LOS DERECHOS FUNDAMENTALESDE DEFENSA Y DEBIDO PROCESO. El citado precepto, al establecer que la reposición del procedimiento en materia penal no se decretará de oficio, vulnera los derechos fundamentales de defensa y debido proceso, contenidos en los artículos 14 y 20, apartado A, fracción V, de la Constitución Política de los Estados Unidos Mexicanos, en su texto anterior a la reforma publicada en el Diario Oficial de la Federación el 18 de junio de 2008; 8, numeral 2, inciso f), de la Convención Americana sobre Derechos Humanos, y 14, numeral 3, inciso b), del Pacto Internacional de Derechos Civiles y Políticos. Lo anterior, porque a diferencia de la legislación procesal penal federal, el citado artículo 430 no

prevé la posibilidad de que el tribunal de apelación ordene reponer el procedimiento para el caso de encontrar alguna violación manifiesta en éste que haya dejado sin defensa al procesado. Por ende, si la condición de validez de toda sentencia penal, radica en el respeto a las formalidades esenciales del procedimiento y en el ejercicio pleno del procesado de su derecho a la defensa, al establecer dicha prohibición, el legislador impide que cualquier acto u omisión acaecido durante el procedimiento que cause perjuicios al sentenciado pueda invocarse por la alzada como violación procesal, lo cual transgrede en su perjuicio los derechos fundamentales de defensa y debido proceso.

Desistimiento: La renuncia a la pretensión litigiosa deducida por la parte atacante, y , en caso de haber promovido ya el proceso, la renuncia de la pretensión formulada por el actor en su demanda o por el demandado en su reconvención. (Castillo N. A.-Z., 1974)

Sentencia en rebeldía que el demandado obtiene en la audiencia contra el demandante que no se presenta. (Capitant, Vocabulario juridico, 1986)

El desistimiento de la pretensión es el acto mediante el cual el actor manifiesta su voluntad de poner fin al proceso, sin que se dicte una sentencia de fondo respecto del derecho material invocado como fundamento de aquella. (Garrone, Buenos Aires)

[TA]; 10a. Época; 1a. Sala; S.J.F. y su Gaceta; Libro XXIV, Septiembre de 2013, Tomo 1; Pág. 993; Número de registro 2004493

INCONFORMIDAD. TRÁMITE Y EFECTOS JURÍDICOS EN EL DESISTIMIENTO DE DICHO RECURSO. El desistimiento es un acto procesal mediante el cual se manifiesta el propósito de abandonar una instancia o de no confirmar el ejercicio de una acción, la reclamación de un derecho o la realización de cualquier otro trámite de un procedimiento iniciado. En el caso de un recurso de inconformidad previsto en los artículos 201 a 203 de la Ley de Amparo, publicada en el Diario Oficial de la Federación el 2 de abril de 2013, la propia ley no contempla explícitamente aquella institución jurídica; sin embargo, en términos del artículo 2o. de dicho ordenamiento, a falta de disposición expresa se aplicará supletoriamente el Código Federal de Procedimientos Civiles y, en su defecto, los principios generales del derecho. Por tanto, para tramitar undesistimiento del recurso de inconformidad es necesario acudir a este último ordenamiento legal, de cuyos artículos 373, fracción II, y 378, se advierte que la secuela del desistimiento es la anulación de todos los actos procesales verificados y sus consecuencias, entendiéndose como no presentada la demanda respectiva, lo que en la especie da lugar, como efecto jurídico, a que se entienda como no reclamado el acuerdo impugnado de que se trata y, en consecuencia, que adquiera firmeza legal.

Desistimiento de la acción: En el mal llamado desistimiento de laacción, lo que en realidad se tiene es una renuncia del derecho o de la pretensión, en este caso el desistimiento prospera aun sin el consentimiento del demandado. (Gómez Lara, 2000)

[TA]; 9a. Época; T.C.C.; S.J.F. y su Gaceta; Tomo VIII, Octubre de 1998; Pág. 1203; Número de registro 1954511022

REVISIÓN. DESISTIMIENTO DEL RECURSO. El desistimiento es el acto procesal por medio del cual el demandante renuncia a su derecho o acción, por ello, si durante la tramitación del amparo en revisión, el cual se inicia a instancia de la parte agraviada, ésta desiste de dicho recurso, con fundamento en lo dispuesto en los artículos 107 fracción I de la Constitución Federal, 4o. y 74 fracción I de la Ley de Amparo, procede tenerla por desistida y declarar firme la sentencia recurrida, pues el sujeto legitimado para continuar con el mismo así lo decidió.

Desistimiento de la demanda: Acto procesal en virtud del cual el demandante renuncia a su derecho de seguir actuando en el proceso por el incoado, así como a los efectos producidos por su actuación anterior, sin perder la posibilidad legal de plantear de nuevo la cuestión hasta entonces debatida. (De Pina Vara, 2008)

[TA]; 10a. Época; T.C.C.; S.J.F. y su Gaceta; Libro XI, Agosto de 2012, Tomo 2; Pág. 1758; Número de registro 2001306

DESISTIMIENTO DE LA DEMANDA DE AMPARO. ES INNECESARIA SU RATIFICACIÓN CUANDO QUEDA ACREDITADO ANTE EL SECRETARIO DE LA JUNTA RESPONSABLE LA VOLUNTAD DEL QUEJOSO EN ESE SENTIDO, POR LO QUE DEBE SOBRESEERSE EN EL JUICIO DE GARANTÍAS CON APOYO EN EL ARTÍCULO 74, FRACCIÓN I, DE LA LEY DE LA MATERIA. En virtud de que el objeto de la ratificación del desistimiento es constatar que es voluntad auténtica y libre del quejoso terminar la tramitación del juicio de amparo en el estado en que se encuentre por así convenir a sus intereses, debe considerarse que tanto su voluntad de desistir, como la libertad con la que lo manifiesta, quedan acreditadas al expresar en su comparecencia ante un funcionario investido de fe pública como lo es el secretario de la Junta responsable, su intención de desistir de la demanda de amparo, sin necesidad de ratificación, por lo que debe sobreseerse en el juicio de garantías, con apoyo en el artículo 74, fracción I, de la Ley de Amparo.

Desistimiento de la instancia: Distinto del de la acción, solo produce la renuncia de los actos procesales, realizados, ya que iniciada aquella, ósea la acción, lo único que ocurre es que se suspende el procedimiento, por convenir al interés del demandante su abandono, para conservar un derecho y dejar subsidente la posibilidad de exigirlo de un nuevo proceso con elementos distintos. El desistimiento de la instancia implica solamente la renuncia de los actos del proceso y deja subsistente la pretensión del actor, pero siempre que lo admita el demandado. En estos casos las cosas vuelven así mismo al estado que manda, pero quien desiste está obligado a pagar a la contraparte las costas y daños y perjuicios que se causaren, salvo convenio en contrario (México, 1993).

Igual a desistimiento de la demanda. Aunque por regla general el actor no puede desistirse de la demanda sin el consentimiento del demandado, los jurisconsultos sostienen que esa regla tienen dos excepciones a) cuando el demandado no se ha apersonado en el juicio: b)cuando carece de interés en oponerse al desistimiento por que no le pare perjuicio alguno. (Pallares, 1978)Declaración de voluntad del actor en el sentido de no proseguir con el proceso que se inició a su instancia. (Enciclopedia jurídica)

El desistimiento de la instancia implica, por el contrario, que el demandado ya ha sido llamado a juicio y entonces, se requerirá su consentimiento expreso para que surta efectos al desistimiento del actor. (Gómez Lara, 2000)

[J]; 9a. Época; 1a. Sala; S.J.F. y su Gaceta; Tomo XXII, Julio de 2005; Pág. 161; Número de registro 177984

DESISTIMIENTO DE LA INSTANCIA. SURTE EFECTOS DESDE EL MOMENTO EN QUE SE PRESENTA EL ESCRITO CORRESPONDIENTE. Los órganos jurisdiccionales tienen conocimiento de las pretensiones de las partes sólo a partir de que la promoción respectiva es presentada y, en tal virtud, en ese momento surge la obligación de atender la petición correspondiente. Por ello, puede considerarse que las promociones de las partes surten efecto desde el momento en que se presentan y no hasta que son acordadas por el tribunal o hasta que se notifique a la contraparte el acuerdo respectivo. De esta manera, cuando se presenta el escrito de desistimiento de la instancia, se hace saber al juzgador la intención del actor de destruir los efectos jurídicos generados con la demanda, y como el efecto que produce el desistimiento es que las cosas vuelvan al estado que tenían antes de su presentación, desde ese momento desaparece cualquier efecto jurídico que pudiera haberse generado con la demanda, esto es, todos los derechos y las obligaciones derivados de la manifestación de la voluntad de demandar se destruyen, como si nunca se hubiera presentado la demanda ni hubiera existido el juicio; ello con independencia de que exija la ratificación de la mencionada promoción y ésta se haga con posterioridad, ya que en estos casos, por igualdad de razón, los efectos del desistimiento se retrotraen a la fecha de presentación del escrito ante la autoridad jurisdiccional.

Deslindar: Determinar los linderos de un bien inmueble. La ley otorga el derecho de demandar el deslinde como una de las consecuencias que dimanan del derecho de propiedad, ya que el dueño tiene derecho de conocer la extensión y las partes que rodean al inmueble. (Pallares, 1978)

[TA]; 9a. Época; T.C.C.; S.J.F. y su Gaceta; Tomo XXIX, Enero de 2009; Pág. 2641; Número de registro 168216

APEO Y DESLINDE. CUANDO LA DILIGENCIA RECAE SOBRE UNA FRACCIÓN DE UN INMUEBLE, QUE SE ENCUENTRA EN COMÚN PROPIEDAD E INDIVISO, EL COPROPIETARIO TIENE DERECHO A INTERVENIR (LEGISLACIÓN DEL ESTADO DE NUEVO LEÓN). Del contenido de los artículos 947 y 948 del Código de Procedimientos Civiles para el Estado de Nuevo León, se desprende que en la diligencia de jurisdicción voluntaria sobre apeo y deslinde de un predio, pueden intervenir los colindantes. Ahora bien, cuando ese procedimiento recae sobre una porción de un inmueble, que se encuentra en común propiedad e indiviso, aunque materialmente esté fraccionado, el copropietario tiene derecho a intervenir, y en su caso oponerse, a fin de participar en la demarcación exacta de los límites del terreno y la fijación de las señales en los puntos deslindados, pues el carácter de colindante a que se refieren los preceptos citados, no depende del señalamiento que haga el promovente de la diligencia, ya que los supuestos normativos exigen que los interesados justifiquen esa calidad o bien la propiedad del fundo a deslindar, a través de los documentos idóneos; además la connotación del adjetivo "colindante", no puede ser interpretada en sentido rigorista, dado que puede emplearse tanto al sujeto próximo a la fracción objeto de la diligencia, como al condueño del predio que jurídicamente no ha sido dividido. Por tanto, con independencia de que el promovente señale o no como colindante al copropietario, éste puede ser parte en dicho procedimiento si justifica el derecho invocado.

Dilatar: Extender, alargar, hacer mayor una cosa en espacio o en tiempo. (Sanchez, 1998)
Aumentar el volumen de un cuerpo mediante una elevación de su temperatura. (Mellado, 1991)
Diferir la concreción de una acción. (Escriche, 1968)
[TA]; 9a. Época; T.C.C.; S.J.F. y su Gaceta; Tomo III, Abril de 1996; Pág. 372; Número de registro 202636

COSTAS. NATURALEZA DE LA TEMERIDAD.

La presentación de recursos que la ley de la materia contempla para impugnar acuerdos dictados por las autoridades no puede ser considerada como determinante de la temeridad, dado que la facultad del juzgador para condenar al pago de costas cuando a su juicio se haya procedido con temeridad, no es absoluta, sino que debe ejercitarse de manera prudente, han de examinarse los datos que arrojen las controversias y apreciarse la conducta procesal del recurrente para determinar si sostuvo una pretensión injusta, a sabiendas de que lo es, con el deliberado propósito de dilatar el procedimiento, esto es, no debe examinarse el hecho en sí, sino la intención del litigante para determinar si obró con el propósito de entorpecer la pronta y expedita administración de la justicia.

Diligencia: actos procesales de los funcionarios del poder judicial realizados para la ejecución de las resoluciones dictadas por los jueces en el proceso (Pina,2012)

Diligencia.- la ejecución y cumplimiento de un acto, acuerdo o decreto judicial, su notificación, etc.(Escriche, 1851).

Diligencia.- culpa. Diligencia laboral.- tramite que realizan los funcionarios y empleados de las juntas de conciliación y arbitraje para agilizar el proceso de trabajo. Cumplimiento o ejecución de una resolución pronunciada por los representantes ante las juntas de conciliación y arbitraje.

Couture, Eduardo j. estudios de derecho procesal civil. 1948.

[TA]; 10a. Época; T.C.C.; S.J.F. y su Gaceta; Libro XVIII, Marzo de 2013, Tomo 3; Pág. 1924; Número de registro 2002982

CADUCIDAD DE LA INSTANCIA EN MATERIA MERCANTIL. LA DILIGENCIA DE EMPLAZAMIENTO ES APTA PARA INTERRUMPIR EL TÉRMINO PARA QUE OPERE. La caducidad de la instancia se encuentra establecida en el artículo 1076 del Código de Comercio conforme a los requisitos siguientes: 1. Opera de pleno derecho. 2. Puede hacerse valer de oficio o a petición de parte. 3. En cualquier estado del juicio a partir del primer auto que se dicte hasta la citación para oír sentencia. 4. Se actualiza en el momento en que transcurran ciento veinte días hábiles de inactividad procesal, contados a partir del día siguiente al en que surta efectos la última resolución dictada en el juicio, siempre y cuando no exista promoción de cualquiera de las partes, por la que se impulse el procedimiento para su trámite, a través de la solicitud de la continuación de éste, para el efecto de que se concluya. La diligencia de emplazamiento es una actuación judicial relacionada directamente con la prosecución del procedimiento, puesto que es el acto por el cual la demandada queda vinculada al juicio, con la carga de contestar o si no lo hace, que precluya su derecho y pueda continuar éste en su rebeldía. Por tanto, la diligencia de emplazamiento da impulso y permite la continuidad del juicio y, por ende, es apta para interrumpir el término para que opere la caducidad.

Diligencia de jurisdicción voluntaria: Comprende todos los actos en que, por disposición de la ley o por solicitud de los interesados, se requiere la intervención del juez sin que este promovida ni se promueva cuestión alguna entre partes determinadas. (Multi Agenda Amparo, 2005)

Diligencia en la cual no hay contienda ella tiene por objeto la conservación de los derechos la distinción de las dos jurisdicciones tiene una consecuencia muy importante en lo que concierne a la autoridad de cosa juzgada. (Sanchez, 1998)

Son todas aquellas providencias dictadas por el juez a instancia de partes conformes y avenidas en una cosa. (Mellado, 1991)

[TA]; 9a. Época; T.C.C.; S.J.F. y su Gaceta; Tomo IV, Diciembre de 1996; Pág. 414; Número de registro 199925
JURISDICCION VOLUNTARIA, DILIGENCIA DE. LAS RESOLUCIONES PRONUNCIADAS EN LAS, NO SON SENTENCIAS DEFINITIVAS SINO ACTOS DICTADOS FUERA DE JUICIO, POR TANTO LA COMPETENCIA PARA CONOCER DEL JUICIO DE

AMPARO CONTRA DICHA RESOLUCION CORRESPONDE A UN JUEZ DE DISTRITO. En la tesis jurisprudencial publicada con el número 262, en la página 439, de la Octava Parte, Tomo Común al Pleno y a las Salas, del Apéndice al Semanario Judicial de la Federación 1917-1985, se ha sostenido que debe entenderse por sentencia definitiva para los efectos del amparo directo, la que define la controversia en lo principal, estableciendo el derecho en cuanto a la acción y la excepción que hayan motivado la litis contestatio, siempre que respecto de ella no proceda ningún recurso ordinario por el que pueda ser modificada o reformada. Las diligencias de jurisdicción voluntaria no constituyen propiamente un juicio, por ello en las mismas no se decide una controversia. Consecuentemente, la resolución que se emita en dichas diligencias no es una sentencia definitiva para el efecto del amparo directo, por lo que la competencia para conocer del juicio de garantías contra dicha resolución corresponde a un Juez de Distrito, pues para aquel caso se exige que se reclamen resoluciones emanadas de un juicio entendiéndose como tal, toda controversia o discusión legítima de un negocio, entre dos o más partes; es decir, se requiere que haya litis, y como en las diligencias de jurisdicción voluntaria no se promueve cuestión litigiosa alguna, por tal motivo no se da el supuesto competencial de los Tribunales Colegiados, sino que el acto reclamado debe considerarse de aquellos dictados fuera de juicio por la autoridad judicial, por lo que su impugnación constitucional debe seguirse ante el Juez de Distrito, de conformidad con lo dispuesto por el artículo 107, fracción III, inciso b), y 114, fracción III, de la Ley de Amparo.

Disposición en contrario: Precepto, norma, ley que indique lo contrario.
(diputados)
En sentido contrario. Es de frecuente empleo forense para la interpretación de los textos legales o para

deducir una consecuencia por oposición con algo expuesto anteriormente.

(Manuel, 2000)

Indica que una cosa se hace o se dice en sentido amplio, sin entrar en detalles.

(Diez, 2006)

[TA]; 9a. Época; T.C.C.; S.J.F. y su Gaceta; Tomo XXVI, Julio de 2007; Pág. 2456; Número de registro 172094

APELACIÓN EN MATERIA MERCANTIL.

LA CALIFICACIÓN SOBRE SU ADMISIÓN FUERA DEL PLAZO DE TRES DÍAS PREVISTO POR EL ARTÍCULO 1345, PÁRRAFO SEXTO, DEL CÓDIGO DE COMERCIO, NO IMPIDE AL TRIBUNAL DE ALZADA PRONUNCIARSE AL RESPECTO, POR NO EXISTIR DISPOSICIÓN EXPRESA EN SENTIDO CONTRARIO. Del artículo 1345, párrafo sexto, del Código de Comercio vigente, se advierte que llegados los autos o el testimonio, en su caso, al tribunal de alzada, éste, dentro de los tres días siguientes, dictará providencia en la que decidirá sobre la admisión del recurso, la calificación del grado y la oportuna expresión de agravios y su contestación hechas ante el Juez a quo, citando en su caso a las partes para oír sentencia. Al efecto, como esta disposición legal es ineludible para el ad quem, si en el trámite del procedimiento de segunda instancia, dicha autoridad es omisa en resolver dentro del término que señala el invocado artículo 1345, resulta claro que, aun cuando hubiesen transcurrido más de los tres días que señala dicho precepto, ello no le impide resolver sobre la admisibilidad del recurso, por no existir en la ley mercantil disposición expresa en sentido contrario.

Disposición especial: Precepto, norma, ley singular o particular, que no es común o general.

(diputados)

es aquello que se diferencia de lo común o de lo general. Por lo tanto, algo especial (del latín speciālis) es singular, particular o de características extraordinarias

(JURIDICAS, 2002)

Son especiales aquellas cosas o entidades que se consideran individual o socialmente distintas de la mayoría, con un valor agregado único que otras no poseen, ya sea por cuestiones personales, culturales o de otra índole

(Diez, 2006)

[TA]; 9a. Época; T.C.C.; S.J.F. y su Gaceta; Tomo XXII, Septiembre de 2005; Pág. 1566; Número de registro 177144

SINDICATOS. SU SECRETARIO GENERAL ESTÁ FACULTADO PARA ABSOLVER POSICIONES A NOMBRE DE LA AGRUPACIÓN SINDICAL QUE REPRESENTA, SI EN LOS ESTATUTOS NO EXISTE DISPOSICIÓN ESPECIAL EN CONTRARIO. El primer párrafo del artículo 376 de la Ley Federal del Trabajo establece que la representación del sindicato se ejercerá por su secretario general o por la persona que designe su directiva, salvo disposición especial de los estatutos. Por otra parte, el numeral 692, fracción IV, de la mencionada legislación prevé que los representantes de los sindicatos acreditarán su personalidad con la certificación que les extienda la Secretaría del Trabajo y Previsión Social, o la Junta Local de Conciliación y Arbitraje, de haber quedado registrada la directiva del sindicato. Ahora bien, de los referidos preceptos se advierte que se otorgan amplias facultades al secretario general de un sindicato para que lo represente en juicio, con la única condicionante de que acredite su personalidad con el documento respectivo y que no se establezca en los estatutos de la agrupación obrera disposición especial en contrario; consecuentemente, si no existe limitación en este sentido, el secretario general está facultado para absolver a nombre del sindicato que representa las posiciones que se le formulen.

Disposiciones **generales**: Circunstancias personales sobre las que el juez o autoridad administrativa debe interrogar, en primer término, a quien comparezca.
(Vara, 2008)
Principio rector o conjunto de normas con que los legisladores abordan una institución, antes de que en el articulado o desarrollo inmediato se establezcan las singularidades y las excepciones.
. (diputados)
Que es común a todos o a la mayor parte de los individuos de un conjunto
(Manuel, 2000)
[TA]; 5a. Época; Pleno; S.J.F.; Tomo IV; Pág. 1101; Número de registro 289975
DISPOSICIONES GENERALES. Las disposiciones generales de la ley no deben tomarse restrictivamente, sino en la forma que mejor cuadre para que se armonice con las disposiciones diversas de la misma ley.
[TA]; 5a. Época; Pleno; S.J.F.; Tomo VIII; Pág. 55; Número de registro 811242
DISPOSICIONES GENERALES. Las disposiciones generales quedan derogadas por una especial, y así, la disposición que previene que la prescripción negativa se verifica, haya o no buena fe, por el solo lapso de veinte años, contados desde que la obligación pudo exigirse conforme a derecho, queda derogada, por lo que toca a las sociedades de hecho, por lo dispuesto en el artículo 2222 del Código Civil.

Divorcio contencioso: El divorcio contencioso o divorcio contradictorio es el divorcio "litigioso", iniciado por uno de los cónyuges, que se considera inocente, solicitando se declare único culpable de la separación al otro. (Diccionario Jurídico)

[TA]; 8a. Época; T.C.C.; S.J.F.; Tomo XIII, Marzo de 1994; Pág. 359; Número de registro 213118

DIVORCIO CONTENCIOSO.
INAPLICABILIDAD DE LOS PRINCIPIOS RELATIVOS A LA NULIDAD DEL MATRIMONIO. No es posible, como lo pretende el quejoso, aplicar una disposición relativa al caso de nulidad del matrimonio, en un asunto diferente como lo es el divorcio contencioso, pues el primero se refiere al vicio de que adolece un acto jurídico; y el segundo a la disolución legal del matrimonio a solicitud de uno de los cónyuges, lo que evidencia una diferencia radical entre ambos supuestos; por tanto, no existe base legal para aplicar los principios relativos a la nulidad del matrimonio en los casos como el del divorcio, pues no existe laguna que colmar, al existir disposiciones expresas que resuelven las controversias específicas derivadas del divorcio contencioso.

Divorcio por mutuo consentimiento: Se indica que es una de las causales para solicitar el divorcio y consiste en la voluntad común de los cónyuges de finalizar con su matrimonio, por lo que ambos tienen la facultad de ponerse de acuerdo en la forma en que se van a distribuir sus bienes, y de decidir sobre la guarda y custodia y todo lo relativo a la de todo lo relativo a los hijos que hayan procreado. (Caballenas & Caballenas, 2000)

[TA]; 9a. Época; T.C.C.; S.J.F. y su Gaceta; Tomo XIX, Enero de 2004; Pág. 1517; Número de registro 182416

DIVORCIO POR MUTUO CONSENTIMIEN TO. EL CONVENIO RELATIVO NO TIENE EFECTOS DE COSA JUZGADA AUNQUE EL JUEZ LO HAYA APROBADO (LEGISLACIÓN DEL ESTADO DE VERACRUZ). Del análisis de lo dispuesto por los artículos 498 y 501 del Código de Procedimientos Civiles del Estado, así como del diverso149 del Código Civil de la propia entidad se desprende que cuando los consortes convienen en separarse, pero son menores de edad, tienen hijos y/o no han liquidado la sociedad conyugal, si bajo ese régimen se casaron, podrán acudir ante el Juez de su domicilio para completar su personalidad, fijar la situación en que deben quedar los hijos y/o liquidar y dividir los bienes que correspondan a dicha sociedad, según sea el caso, y una vez hecho lo anterior, el Juez mandará expedir copia de las diligencias correspondientes a los interesados para que se presenten ante el encargado del Registro Civil, quien procederá de acuerdo con lo dispuesto por el segundo párrafo del artículo 146 del Código Civil del Estado. De lo anterior se concluye que al Juez sólo le corresponde aprobar el convenio presentado por los cónyuges, como requisito sine qua non para que puedan acudir ante el encargado del Registro Civil, ya que de lo contrario no es posible que obtengan el divorcio por mutuo consentimiento, pues es este funcionario quien lo declarará, una vez que los cónyuges ratifiquen ante él la solicitud correspondiente, según se observa de la lectura del aludido artículo 146, en el párrafo indicado; luego entonces, es claro que la situación de que el Juez haya aprobado el convenio respectivo no implica la disolución del vínculo matrimonial y ese acuerdo, aun sancionado por la autoridad judicial, no constituye cosa juzgada ya que para los efectos de la referida disolución sólo podría constituirla la declaración del encargado del Registro Civil.

Documento: La escritura o Documento con que se prueba o confirma alguna cosa.

Instrumento o escrito en el que consta la narración y circunstancias de un hecho, o que constituyan, modifiquen o extingan relaciones jurídicas. (Diccionario jurídico Lexjurídica, 20013).

Los documentos constituyen instrumentos, escrituras o

escritos con que se prueba, confirma o justifica alguna cosa, al menos, que se aduce con tal propósito, los mismos, por su naturaleza se pueden clasificar en públicos o privados (UNAM, 2013).

[TA]; 5a. Época; 1a. Sala; S.J.F.; Tomo LXXVI; Pág. 6038; Número de registro 307609

FALSIFICACION DE DOCUMENTO. Si la prueba pericial tomada en cuenta por la autoridad responsable, establece la falsedad de la firma de un documento, es incuestionable que de ello surge la comprobación del cuerpo del delito, sin que haya que distinguir si el documento es público o privado, y la responsabilidad del acusado queda probada plenamente si es la única persona en cuyo poder aparece el documento y ha pretendido prevalecerse de él, para obtener ilegalmente dinero.

Documento público: Es el otorgado o autorizado, con las solemnidades requeridas por la ley, por un registrador, notario, secretario judicial u otro funcionario público competente para acreditar algún hecho, la manifestación de una o varias voluntades y la fecha en que se producen.(Caballenas & Caballenas, 2000)

El otorgado con las solemnidades requeridas por la ley por funcionarios públicos autorizados para ello. (Diccionario Jurídico, 2001)

Son documentos públicos los autorizados por un Notario o empleado público competente, con las solemnidades requeridas por la ley.(Legislación Española, 1889)

[TA]; 9a. Época; T.C.C.; S.J.F. y su Gaceta; Tomo XXIX, Febrero de 2009; Pág. 1987; Número de registro 167892

PARTE INFORMATIVO DE LA POLICÍA JUDICIAL. NO ES UN DOCUMENTO PÚBLICO AL QUE DEBA OTORGÁRSELE VALOR PROBATORIO PLENO (LEGISLACIÓN DEL ESTADO DE BAJA CALIFORNIA). Para que una prueba documental alcance el rango de pública, es condición esencial la intervención de un servidor público investido de facultades específicas de acuerdo con la ley, por ello es imprescindible que en el instrumento condigno, existan signos inequívocos de su autor, como por ejemplo la firma y el sello de autorización respectivo; lo anterior, porque estas exigencias tienen el propósito de generar certeza en la información que suministra respecto de algún hecho o circunstancia que tiene trascendencia en el mundo jurídico, de ahí que para reducir la posibilidad de engendrar dudas en torno a la autenticidad de la fuente de donde proviene la información de los hechos, el Juez debe constatar la calidad del servidor público que interviene en su elaboración. En esas condiciones y en atención a las máximas de la experiencia y la razón, se concluye que el parte informativo rendido por la policía judicial, que actúa bajo el mando del Ministerio Público, conforme a los artículos 21 y 102 de la Constitución Política de los Estados Unidos Mexicanos, en rigor jurídico no es una prueba documental pública y, por lo tanto, la autoridad judicial al evaluarlo no debe concederle pleno valor probatorio, de acuerdo con el numeral 215 del Código de Procedimientos Penales para el Estado de Baja California, pues si bien es cierto que el propósito de dicho informe es constatar la investigación de los hechos delictuosos, también lo es que los agentes de la policía no están investidos de fe pública; lo anterior es así, porque con fundamento en los artículos 37 y 45 del invocado código, los agentes de la policía judicial no tienen el carácter de autoridad facultada para dar fe, como el juzgador y el Ministerio Público, quienes en compañía de sus secretarios o de dos testigos de asistencia, elevan sus actuaciones a documentos públicos.

[TA]; 9a. Época; T.C.C.; S.J.F. y su Gaceta; Tomo XXI, Mayo de 2005; Pág. 1457; Número de registro 178465

DOCUMENTO PÚBLICO. SU EFICACIA PROBATORIA PUEDE VERSE DISMINUIDA. El testimonio de una escritura notarial es un documento público, pero a pesar de que no haya sido impugnado de nulidad ni exista declaración expresa en ese sentido por parte de la autoridad judicial, su eficacia se puede ver disminuida al no haberse demostrado que las aseveraciones que contiene corresponden a la verdad intrínseca o real, por ejemplo, si enfrentado con otro título de propiedad, igualmente público, no se demuestra que los donantes en el primero, hubieran sido dueños de las cosas que donaron.

Dolo: "Se entiende por dolo en los contratos –dispone el precepto indicado- cualquier sugestión o artificio que se emplee para introducir a error o mantener en él" (Domínguez Martínez, 2008).

"En términos generales, significa mentira, engaño o simulación, esto es, la intención deliberada de perjudicar o dañar injustamente a alguien; es toda acción que persiga esa finalidad. En el acto jurídico, es vicio cuando introduce al error" (Baqueiro Rojas & Buenrostro Baéz, 2011).

"El dolo es, ante todo, la conducta ilícita de una persona encaminada a engañar a otra. De igual forma, el dolo es un término multívoco que se aplica a diversas materias..." (Robles Farías, 2011).

[TA]; 9a. Época; 1a. Sala; S.J.F. y su Gaceta; Tomo XXIII, Marzo de 2006; Pág. 206; Número de registro 175605

DOLO DIRECTO. SUS ELEMENTOS. El dolo directo se presenta cuando la intención del sujeto activo es perseguir directamente el resultado típico y abarca todas las consecuencias que, aunque no las busque, el sujeto prevé que se producirán con seguridad. El dolo directo se compone de dos elementos: el intelectual y el volitivo. El primero parte de que el conocimiento es el presupuesto de la voluntad, toda vez que no puede quererse lo que no se conoce, por lo que para establecer que el sujeto activo quería o aceptaba la realización de un hecho previsto como delito, es necesaria la constancia de la existencia de un conocimiento previo; esto es, el sujeto activo debe saber qué es lo que hace y conocer los elementos que caracterizan su acción como típica, de manera que ese conocimiento gira en torno a los elementos objetivos y normativos del tipo, no así respecto de los subjetivos. Por otro lado, el elemento volitivo supone que la existencia del dolo requiere no sólo el conocimiento de los elementos objetivos y normativos del tipo, sino también querer realizarlos. Es por ello que la dirección del sujeto activo hacia la consecución de un resultado típico, sirve para determinar la existencia del dolo. Así pues, se integran en el dolo directo el conocimiento de la situación y la voluntad de realizarla.

Domicilio: El domicilio como atributo de la personalidad en general y concretamente de una persona física, es la sede jurídica del sujeto, es el lugar en el que el sistema legal lo tiene situado, a efecto de vincularlo allí en sus relaciones jurídicas con los demás sujetos y con las autoridades administrativas y judiciales competentes territorialmente en esa circunscripción" (Domínguez Martínez, 2008).

"Es el lugar en que una persona constituye el centro de su vida. Es ordinariamente de libre elección (domicilium voluntarium), se funda por la residencia permanente y se pierde al abandonar el lugar con propósito definitivo" (Von Tuhr, 2006).

"En su sentido civil genuino es el lugar que la ley considera como centro o sede jurídica de la persona…" (Albaladejo, 1996).

[TA]; 5a. Época; Pleno; S.J.F.; Tomo XXI; Pág. 356

DOMICILIO. El domicilio de las sociedades mercantiles es el que fija su escritura constitutiva, sin que puedan admitirse pruebas de hecho en contrario, y si la escritura nada dice, habrá que atenderse al lugar en donde se encuentre la dirección o administración de los negocios de la compañía, pero aun cuando el centro principal de administración esté en determinado lugar, el domicilio legal de la compañía será el que fije la escritura constitutiva.

Domicilio convencional: Es de la naturaleza de la dinámica del Derecho de las obligaciones, que el lugar para el cumplimiento por parte del deudor sea el de su domicilio, salvo si se hubiere convenido lugar distinto o bien si las circunstancias, la naturaleza de la obligación o la ley, hicieran desprender que dicho cumplimiento deba ser en lugar distinto. Que las partes convengan en un lugar de pago distinto al de la naturaleza legal, implica la presencia del domicilio convencional para el cumplimiento de ciertas obligaciones" (Domínguez Martínez, 2008).

"Además del domicilio voluntario o legal que toda persona debe tener, la ley prevé el caso de que, para el cumplimiento de determinadas obligaciones y en relación con actos jurídicos concretos, se pueda fijar un domicilio convencional. (art. 34 del Código Civil para el Distrito Federal).

En este caso, simultáneamente a la existencia del domicilio voluntario o del domicilio legal, existirá un domicilio convencional, que propiamente no debería llamarse domicilio, sino sólo lugar para el cumplimiento de determinadas obligaciones, y reservar el término domicilio únicamente para designar la sede jurídica de la persona" (Baqueiro Rojas & Buenrostro Baéz, 2011).

[TA]; 9a. Época; T.C.C.; S.J.F. y su Gaceta; Tomo XXVI, Octubre de 2007; Pág. 3217; Número de registro 171123

NOTIFICACIONES EN AMPARO. DEBEN PRACTICARSE POR LISTA EN CASO DE QUE NADIE ACUDA AL LLAMADO DEL ACTUARIO EN EL DOMICILIO CONVENCIONAL O PROCESAL. Es obligación del quejoso, del tercero perjudicado y de la persona extraña al juicio, señalar domicilio para oír notificaciones en el lugar de residencia del órgano de control constitucional, el cual es distinto a otros que pueden tener las partes, aunque sea susceptible de coincidir con ellos, pues el domicilio es el lugar que la ley considera como sede jurídica de la persona, y se manifiesta en distintas clases (real, legal, etcétera), entre las que se encuentra el domicilio electivo o convencional, que es ficticio, creado por la declaración de voluntad, y desempeña el mismo papel que el domicilio real en la esfera para la que se le ha designado. Por ello, se utiliza lo mismo para determinar el lugar donde debe cumplirse una obligación, que para someter a los tribunales de ese sitio un litigio entre las partes, o bien, para practicar requerimientos y notificaciones, postrera función ésta en que el domicilio designado se convierte en sede jurídica de la persona para los efectos del procedimiento, y también es conocido como domicilio procesal […].

Domicilio de la persona moral: "De conformidad con el art. 33 del Código Civil para el Distrito Federal, las personas colectivas o morales tienen su domicilio en el lugar donde se halla establecida su administración" (Baqueiro Rojas & Buenrostro Baéz, 2011).

"Las personas morales tienen su domicilio en el lugar donde se administre éste. Si una persona moral tiene su administración fuera del Distrito Federal, pero ejecuta actos en esta entidad, se considera aquí domiciliada en lo relativo a dichos actos. Las sucursales de lugares distintos al lugar de domicilio de la matriz, tendrán su domicilio en aquellos lugares por las obligaciones que asuman" (Domínguez Martínez, 2008).

"Lo tienen en el lugar donde se halle establecida su administración. Las que tengan su administración fuera del Distrito Federal, pero que ejecuten actos jurídicos dentro de su circunscripción, se considerarán domiciliarias en el lugar donde los hayan ejecutado, en todo lo que a esos actos se refiere. Las sucursales que operen en lugares distintos de donde radica la casa matriz, tendrán su domicilio en esos lugares para el cumplimiento de las obligaciones contraídas por las mismas sucursales" (Pina Vara de, 2008).

[TA]; 9a. Época; T.C.C.; S.J.F. y su Gaceta; Tomo XXVII, Marzo de 2008; Pág. 1740; Número de registro 170119

CADUCIDAD EN MATERIA FISCAL. EL CÓMPUTO DEL PLAZO PARA DETERMINAR CONTRIBUCIONES A LOS SOCIOS O ACCIONISTAS COMO RESPONSABLES SOLIDARIOS DE UNA PERSONA MORAL QUE CAMBIÓ DE DOMICILIO SIN DAR EL AVISO CORRESPONDIENTE, INICIA A PARTIR DEL DÍA SIGUIENTE AL EN QUE SE PRESENTÓ LA DECLARACIÓN ANUAL DEL EJERCICIO. La autoridad administrativa ejerce su facultad de determinar contribuciones cuando finca responsabilidad solidaria a una persona física en su carácter de socio o accionista de una persona moral, respecto de un crédito fiscal previamente determinado y notificado a la obligada directa, respecto del que no pudo lograr su pago en virtud del cambio de domicilio de ésta sin dar el aviso respectivo. Así, el cómputo del plazo de cinco años para el ejercicio de dicha facultad, inicia a partir del día siguiente al en que se presentó la declaración anual del ejercicio, conforme al artículo 67, primer párrafo y fracción I, del Código Fiscal de la Federación; sin que obste para ello que la causa por la que se finque la responsabilidad solidaria sea ajena a la propia autoridad, al derivar del cambio de domicilio sin haberle dado el aviso correspondiente, ya que esta eventualidad únicamente se refiere a la causa del fincamiento de la responsabilidad solidaria, no así a la tardanza en el dictado de la determinación de contribuciones; máxime que para la extinción de la mencionada facultad, el legislador federal estableció el plazo de cinco años sin hacer distinción alguna, por lo que no le es dable al juzgador distinguir.

Domicilio familiar: "Así mismo y como efecto personal del matrimonio, el domicilio conyugal, como consecuencia de la obligación de vivir juntos de los esposos, será el lugar de la residencia habitual de los cónyuges" (Pilar, 2008).

"Se considera domicilio conyugal, el lugar establecido de común acuerdo por los cónyuges, en el cual ambos disfrutan de autoridad propia y consideraciones iguales" (Instituto de Investigaciones Jurídicas).

"Cuando la ley y la jurisprudencia de nuestro más Alto Tribunal de Justicia exigen que el hogar conyugal sea un domicilio propio, ello no significa que necesariamente sea de la propiedad de los consortes, puesto que sería absurdo así exigirlo, sino que dicho domicilio, aun siendo arrendado o simplemente en comodato, inclusive gratuito, tenga como característica el ser autónomo, que constituya una entidad separada donde la autoridad de los cónyuges sea la única que impere, de ahí que aun cuando se llegara a demostrar que la propiedad del inmueble donde está el domicilio conyugal pertenezca a una familia de ellos, no es suficiente para considerar que los esposos se encuentran en calidad de arrimados" (Luis, 1980).

[TA]; 7a. Época; Sala Aux.; Ap. 2000; Tomo IV, Civil, P.R. SCJN; Pág. 125; Número de registro 913802

DOMICILIO CONYUGAL, CONCEPTO DE. El domicilio conyugal es el hogar que de mutuo acuerdo establecen los cónyuges para vivir en común, formando un núcleo familiar independiente, en el que ambos gocen de la misma autoridad e iguales consideraciones para organizar su vida matrimonial en la forma que estimen más adecuada para cumplir con los fines del matrimonio, debiendo reunir aunque sea un mínimo de condiciones materiales que permitan tal objetivo en un ambiente de dignidad y decoro y de acuerdo a la situación socioeconómica cultural en la que se desenvuelve la pareja, por lo que la vivienda debe contar cuando menos con el espacio estrictamente necesario para desempeñar las labores del hogar y con los servicios indispensables de los establecidos en la población en que se encuentre.

[TA]; 10a. Época; T.C.C.; S.J.F. y su Gaceta; Libro XXI, Junio de 2013, Tomo 2; Pág. 1260; Número de registro 2003848

DIVORCIO. EL HECHO DE QUE EN LA DEMANDA SE MANIFIESTE EL ÚLTIMO DOMICILIO CONYUGAL, ELLO NO IMPLICA QUE ESA RESIDENCIA DEBA CONSIDERARSE COMO EL FAMILIAR Y, COMO CONSECUENCIA, QUE EN LA ENTIDAD FEDERATIVA CORRESPONDIENTE DEBA SER EJERCITADA AQUELLA ACCIÓN, PUES EL TRIBUNAL COMPETENTE SERÁ EL DEL DOMICILIO DEL DEMANDADO (LEGISLACIÓN DEL ESTADO DE PUEBLA). De los artículos 57, 58 y 61, fracción III, del Código Civil para el Estado de Puebla, se aprecia que la ley define al "domicilio" como el lugar donde una persona reside habitualmente, y aun cuando la legislación estatal identifica al domicilio legal como el familiar, no lo conceptualiza; por tanto, atendiendo a lo que la Suprema Corte de Justicia de la Nación ha definido en la tesis número 194, publicada en la página 125, Tomo IV, Materia Civil, correspondiente a la obra Precedentes Relevantes del Apéndice al Semanario Judicial de la Federación 1917-2000, del rubro: "DOMICILIO CONYUGAL, CONCEPTO DE.", que domicilio conyugal (también conocido como domicilio familiar) es el hogar que de mutuo acuerdo establecen los cónyuges para vivir en común, formando un núcleo familiar independiente, en el que ambos gocen de la misma autoridad e iguales consideraciones para organizar su vida matrimonial en la forma que estimen más adecuada para cumplir con los fines del matrimonio. Tal circunstancia trae como consecuencia que deba estimarse que existe domicilio familiar siempre y cuando los cónyuges convivan en la misma morada por lo que no basta que se manifieste la existencia de uno, sin comprobar que se habita; por ende, no existe domicilio familiar cuando los esposos viven separados. De ahí que el hecho de que en la demanda correspondiente se manifieste el último domicilio conyugal establecido, no implica que tal residencia deba ser considerada como el domicilio familiar y, por consecuencia, que en la entidad federativa correspondiente deba ser ejercitada la acción de divorcio opuesta, ya que de conformidad con el numeral 108, fracción XIV, del código procesal del Estado, es tribunal competente para conocer del divorcio a falta del domicilio familiar el del demandado.

Domicilio legal: "Dada la prevalencia de la autonomía de la voluntad privada, cristalizada legislativamente hasta en disposiciones previsoras de la libertad de tránsito, de trabajo, etc., usual y ordinariamente cada quien fija su domicilio donde lo crea conveniente y sólo a ciertas personas, por excepción, y por circunstancias concretas como incapacidad, servicio público, privación de la libertad ordenada por sentencia dictada en materia penal, etc., la ley les asigne domicilio" (Domínguez Martínez, 2008).

"Hay ocasiones en que el derecho, independientemente de la voluntad de los individuos y en atención a determinadas circunstancias, les asigna una sede jurídica; así, frente al domicilio escogido libremente, a veces la ley fija de manera imperativa el domicilio de ciertas personas, ya sea para su propia protección o por motivos de orden público" (Baqueiro Rojas & Buenrostro Baéz, 2011).

"Lugar donde la ley fija la residencia de una persona para el ejercicio de sus derechos y el cumplimiento de sus obligaciones" (Piña Vara de, 2008)

[TA]; 10a. Época; T.C.C.; S.J.F. y su Gaceta; Libro XI, Agosto de 2012, Tomo 2; Pág. 1760; Número de registro 2001309

DOMICILIO FISCAL. SE PRESUME LEGAL Y SURTE TODOS SUS EFECTOS EL AVISO DE

CAMBIO RELATIVO, MIENTRAS NO SE DEMUESTRE SIMULACIÓN O NATURALEZA FICTICIA DE LA INFORMACIÓN QUE CONTIENE. De acuerdo con el artículo 27 del Código Fiscal de la Federación, la autoridad puede considerar como domicilio fiscal del contribuyente aquel en el que se verifique alguno de los supuestos establecidos en el artículo 10 del propio ordenamiento, sólo cuando el manifestado en el aviso respectivo no corresponda a alguna de las hipótesis de este último precepto, pues no debe soslayarse que las autoridades tributarias están facultadas para verificar la existencia y localización del domicilio manifestado por el contribuyente. Por tanto, si la ley obliga a éste a formular avisos de cambio de domicilio y le impone el deber de acompañar a éstos elementos de convicción que demuestren la veracidad de lo declarado, deben presumirse legales y surtir todos sus efectos mientras no se demuestre simulación o naturaleza ficticia de la información que contienen, de modo que en estas condiciones, deberá ser la autoridad quien acredite la existencia del vicio. Cabe señalar que no aplica una regla diversa a la mencionada tratándose del cambio de domicilio que ocurra cuando se haya iniciado el ejercicio de las facultades de comprobación -supuesto en el cual el aviso, por disposición de la ley, debe presentarse con cinco días de anticipación a que ocurra el evento-, pues entonces se presumirá realizado el cambio transcurrido el plazo previsto, sin necesidad de que el contribuyente ofrezca prueba de que así ocurrió, de modo que si la autoridad asevera que no sucedió así, será ella quien deberá probarlo.

Dominio de bienes comunes: "La sentencia dictada en un juicio de divorcio necesario no es motivo para establecer que la causal de divorcio dé base a la pérdida del dominio sobre un bien adquirido sólo por el cónyuge culpable, porque ello no resulta de lo consignado en el artículo 196 del Código Civil, que únicamente se refiere a la cesación de derechos, por el período comprendido entre la fecha del abandono y aquel en que se dicta la sentencia, lo que se encuentra limitado sólo en función de los efectos de la sociedad conyugal, como pudieran ser el derecho a los gananciales surgidos en ese lapso o el derecho de exigir la rendición de cuentas, por parte del cónyuge abandonante, en caso de administración de los bienes por la cónyuge abandonada, pero no hace cesar el dominio que originalmente corresponde al cónyuge que adquirió un bien" (Suprema Corte de Justicia de la Nación).

"Esto quiere decir que los bienes que se tienen al momento de casarse y que se adquieren durante la duración del matrimonio forman parte del patrimonio de ambos esposos" (José).

"La sociedad conyugal se forma entre dos personas y nace en razón del matrimonio, en éste el patrimonio está integrado por activos y pasivos destinados a repartirse entre los cónyuges por partes iguales al momento de la disolución de la sociedad" (Robles Ortega, 2011).

[TA]; 8a. Época; T.C.C.; S.J.F.; Tomo VI, Segunda Parte-2, Julio-Diciembre de 1990; Pág. 519; Número de registro 225039

DIVORCIO, LA CAUSAL DE ABANDONO POR MAS DE SEIS MESES QUE DA ORIGEN A LA DISOLUCION DEL VINCULO MATRIMONIAL, NO PRODUCE LA CESACION DE LOS DERECHOS DE DOMINIO DE   LOS BIENES COMUNES DEL CONYUGE ABANDONANTE, QUE SEAN ANTERIORES AL ABANDONO. La sentencia dictada en un juicio de divorcio necesario no es motivo para establecer que la causal de divorcio dé base a la pérdida del dominio sobre un bien adquirido sólo por el cónyuge culpable, porque ello no resulta de lo consignado en el artículo 196 del Código Civil, que únicamente se refiere a la cesación de derechos, por el período comprendido entre la fecha del abandono y aquel en que se dicta la sentencia, lo que se encuentra limitado sólo en función de los efectos de la sociedad conyugal, como pudieran ser el derecho a los gananciales surgidos en ese lapso o el derecho de exigir la rendición de cuentas, por parte del cónyuge abandonante, en caso de administración de los bienes por la cónyuge abandonada, pero no hace cesar el dominio que originalmente corresponde al cónyuge que adquirió un bien.

E

Economía procesal: El principio de la economía procesal afirma la necesidad de que los conflictos de intereses susceptibles de ser resueltos mediante la actividad jurisdiccional en un proceso, sean sometidos a reglas que permitan llegar a una decisión con el menor esfuerzo y gasto y en el menor tiempo posible, en beneficio de los litigantes y, en general, de la administración de justicia. (DE PINA, 2008)

[TA]; 9a. Época; T.C.C.; S.J.F. y su Gaceta; Tomo XXII, Noviembre de 2005; Pág. 925; Número de registro 176647

RECURSOS EN EL JUICIO DE AMPARO. SE RIGEN POR LOS PRINCIPIOS PROCESALES DE CONSUMACIÓN, CONCENTRACIÓN Y ECONOMÍA PROCESAL. De las reglas que se contienen en la Ley de Amparo para la procedencia y sustanciación de los recursos en el juicio de garantías, específicamente en los artículos 91, fracción IV, y 95, en sus diversas fracciones, se deducen los principios de consumación, concentración y economía procesal, los cuales impiden promover más de un recurso idóneo, en contra de una resolución, aunque ésta contenga diversas determinaciones que agravien al inconforme, y contra las cuales se deba interponer el recurso de queja, con fundamento en la misma fracción del artículo 95 de la Ley de Amparo, pues si se pretende interponer tantos recursos como acuerdos contenga la resolución, ello iría en contra de los principios procesales que operan en materia de recursos en el juicio de amparo, ya referidos, pues en primer lugar, la actuación procesal del inconforme se consumaría con la interposición del primero de los recursos hecho valer en contra de la resolución, con lo cual quedaría extinguida la facultad de promover uno posterior; en segundo término, se rompería con el principio de concentración, el cual implica resolver las cuestiones sujetas a debate en una sola actuación; y, por último, se otorgaría la posibilidad al recurrente, de interponer una diversidad de recursos como providencias causaran un agravio en su perjuicio, aunque fueran emitidas en una sola resolución, lo que a su vez infringiría el principio de economía procesal, pues se impediría o dificultaría la ardua labor para tramitar y resolver los recursos que se interpusieran ante el órgano colegiado competente.

[TA]; 6a. Época; 2a. Sala; S.J.F.; Volumen XLIII, Tercera Parte; Pág. 116; Número de registro 267686

REVISION   **ADMINISTRATIVA**.

ECONOMIA PROCESAL. Es contra el principio de la economía procesal revocar una resolución para el efecto de que la autoridad inferior reponga el procedimiento, cuando legalmente es posible que la autoridad superior examine el fondo del negocio planteado. Así, pues, a menos que, en contrario, exista una disposición expresa de ley, o que sea lógicamente imposible emitir una decisión de fondo, el órgano revisor no debe ordenar al de primera instancia la reposición del procedimiento, si aquél está legalmente en aptitud de pronunciar la resolución de fondo, porque tiene, o puede adquirir, con arreglo a la ley, los elementos suficientes para dictar una resolución que decida la cuestión principal.

Edad: Tiempo transcurrido desde el nacimiento de una persona hasta un momento determinado de su vida. Cada uno de los diferentes periodos en que se divide la vida humana (Pina, 2008).

Comúnmente se entiende por edad los años que uno tiene desde su nacimiento; pero en sentido más extenso significa esta palabra el tiempo que hace que vivimos, de surte que abraza no solo la duración de nuestra existencia desde que salimos a la luz del mundo. (ESCRICHE, Biblioteca Jurídica, 1979)

Dimensión temporal de vida de un ser, contada desde el instante de su concepción hasta el momento actual u otro determinado. (ESCRICHE, Diccionario razonado)

[TA]; 7a. Época; 3a. Sala; S.J.F.; Volumen 58, Cuarta Parte; Pág. 14; Número de registro 241815

ALIMENTOS. HIJOS MAYORES DE EDAD. La mayoría de edad de los hijos supone su independencia para disponer de sus bienes y de su persona por disposición expresa de la ley civil, y esta independencia es obvio que también supone su capacidad económica y jurídica para ser autosuficientes en sus posibilidades físicas a efecto de allegarse alimentos para su subsistencia, hecho que desde luego libera a sus padres para ministrarles alimentos, salvo prueba en contrario.

Edicto: Orden de carácter general derivada de autoridad competente, en la que se dispone la observancia de algunas reglas, en ramo o asunto determinado (De Pina, 2008).

Notificación publica hecha por órgano administrativo o judicial de algo que con carácter general o particular debe ser conocido para su cumplimiento o para que surta efectos legales en relación con los interesados en el asunto que se trate (De Pina, 2008).

El mandato o decreto publicado con autoridad del principio magistrado, disponiendo la observancia de algunas reglas en algún ramo o asunto. (Escrivhe, 1979).

Decreto publicado por la autoridad competente. (Garcia, 2007). Pudiese denominársele como un aviso ala comunidad, con la finalidad de informar .teniendo peso en el orden jurídico (Maynez, 2002).

Aviso publico sobre un asunto de interés común para la ciudadanía. (Siches, Filosofia del Derecho, 2002)

[J]; 10a. Época; 1a. Sala; S.J.F. y su Gaceta; Libro VII, Abril de 2012, Tomo 1; Pág. 540; Número de registro 2000599

JUICIO SUCESORIO INTESTAMENTARIO. EL EDICTO PUBLICADO EN LA PRIMERA SECCIÓN CONSTITUYE EL LLAMAMIENTO A JUICIO RESPECTO DE AQUELLOS SUCESORES QUE NO FUERON EXPRESAMENTE SEÑALADOS EN EL ESCRITO INICIAL (LEGISLACIÓN DEL ESTADO DE NUEVO LEÓN). El artículo 818 del Código de Procedimientos Civiles del Estado de Nuevo León, obliga al denunciante del juicio sucesorio intestamentario a expresar en su demanda el nombre y domicilio de los demás coherederos, y si se trata o no de mayores de edad, bajo pena de tener por no hecha la denuncia en caso de omitir esos datos. Por otra parte, el numeral 819 del mismo ordenamiento, establece que una vez hecha la citada denuncia, el juez tendrá por radicado el juicio de intestado y mandará publicar un edicto, por una sola vez, en el Boletín Judicial y en el Periódico Oficial donde aquél no se publique, así como en un periódico de los de mayor circulación en el Estado, en el cual convocará a quienes se crean con derecho a heredar para que comparezcan a deducirlo dentro de treinta días contados desde la fecha de su publicación. En ese tenor, el edicto publicado en la primera sección de un juicio sucesorio intestamentario tiene como fin "convocar" o llamar a juicio a aquellas personas inciertas o ignoradas que pudieran tener derecho a la sucesión del de cujus, a efecto de que intervengan en el juicio sucesorio referido para que se les reconozca la calidad de herederos con todas las consecuencias legales, y se respeten sus derechos previstos en los artículos 14 y 16 de la Constitución Política de los Estados Unidos Mexicanos.

Efecto retroactivo: Se dice de las leyes que se aplican a hechos y situaciones anteriores a la fecha de su promulgación. En derecho penal las leyes tienen efecto retroactivo en lo que favorecen al reo, siendo excepción a la regla general contenida en el art. 2 del CC de que las leyes no tendrán efecto retroactivo si no dispusieren lo contrario. (Diccionario Jurídico)

La ley es retroactiva solo cuando vuelve sobre el pasado para apreciar condiciones de la legalidad o modificar o producir efectos ya realizados en un acto jurídico fundado en una ley vigente. (Planiol)

Se habla de retroactividad de las leyes a la aplicación de sus principios y disposiciones a hechos, o partes de cadenas de hechos, que han tenido lugar con anterioridad a su promulgación. Es decir, tendría efectos retroactivos una ley nueva que se aplicara a hechos o a situaciones anteriores a su entrada en vigor. (García Maynez)

[TA]; 5a. Época; Pleno; S.J.F.; Tomo I; Pág. 852; Número de registro 292504

EFECTO RETROACTIVO. No puede darse a las garantías consagradas por la Constitución, porque se causaría perjuicio al Estado y se violaría el artículo 14 constitucional, que hay obligación de guardar.

Ejecución: Hacer, en virtud de mandamiento judicial, las diligencias de embargo para asegurar el pago de una deuda, sus intereses y costas. (Diccionario Jurídico)

El término ejecución (del latín exsecutio) no es exclusivo del mundo del Derecho. Se ejecuta un contrato o una sentencia cuando se paga, así como también se ejecuta un proyecto al construir una casa. El significado del término debe ser, por tanto, deducido de la vida cotidiana, estableciendo la relación que la ejecución tiene con la realidad de la cual forma parte. Establecido esto, la nota esencial de la e. parece ser la de relación con una norma de cualquier tipo que la establezca. Sin embargo, la relación con la norma no es exterior, no es algo que precede o que sigue, como parece derivarse de la etimología de la palabra -en esto se fija una parte de la doctrina, cuando reconoce la idea de ejecución a la de sanción. La relación será, entonces, aquella que existe entre abstracto y concreto, en el sentido de que en la ejecución de la norma encuentra su concreción, o sea, su efectiva realidad. La errónea opinión contraria está expresada en el notorio brocardo jurisdictio in sola notione consistit, considerando la e. como una mera actividad administrativa o un mero ejercicio de imperio.(Carnelutti)

Es hacer que la ley escrita tenga sentido ejecutándola, es decir, llevándola a cabo, dándole seguimiento, dándole acción. (Ochoa Sánchez)

[J]; 10a. Época; 2a. Sala; S.J.F. y su Gaceta; Libro XXIV, Septiembre de 2013, Tomo 2; Pág. 1657; Número de registro 2004604

SUSPENSIÓN EN EL JUICIO DE AMPARO. PROCEDE CONCEDERLA CONTRA LA EJECUCIÓN DE UNA AUTORIZACIÓN, PERMISO O LICENCIA A CARGO DE PARTICULARES. La Segunda Sala de la Suprema Corte de Justicia de la Nación, en la tesis de rubro: "ACTOS DE AUTORIDAD A CARGO DE PARTICULARES, SUSPENSIÓN EN CASO DE.", sostuvo que el hecho de que el cumplimiento de un acuerdo de autoridad tenga efectos a cargo de un particular no implica que la suspensión contra ellos origine un desvío del amparo hacia el enjuiciamiento constitucional de actos que no son de autoridad sino de particulares, pues si estos últimos obran, lo hacen en virtud del mandato o autorización de la autoridad, por lo que si de dicho acuerdo deriva la causa directa, ello no impide el otorgamiento de la medida suspensiva y tampoco implica que el acto de autoridad pueda considerarse como de particulares, ya que para ello se requeriría que lo realizado por éstos no tuviera su origen en un acto autoritario y, por tanto, al afectar a otro particular caería en el ámbito de aplicación de otras jurisdicciones, mas no en la esfera del amparo. De ahí que tratándose de la ejecución de una autorización, permiso o licencia a cargo de particulares, procede otorgar la medida cautelar solicitada, de manera que concedida la suspensión contra los efectos de los actos emitidos en favor de los terceros perjudicados, la autoridad responsable está obligada a dejar sin eficacia jurídica temporalmente dicha autorización, permiso o licencia y a vigilar que los terceros perjudicados observen el acto de suspensión.

Ejecución forzosa: La ejecución que interesa en el plano jurídico es la ejecución forzosa. El atributo de forzosa es propio de toda jurisdicción: pero respecto a la ejecución el término expresa la obligatoriedad del normativo. Es semejante a la obligación que compromete la voluntad del deudor a reconocer (espontáneamente) que consiente en superar su propia voluntad, o sea, admitir algo sin o incluso contra su voluntad, que deviene irrelevante a todos sus efectos. Ello implica que el carácter forzoso de la e. no es distinto de la propia juridicidad de la norma, que se concreta y se expresa en el vínculo obligatorio.(Vassalli)

Es la ejecución que se hace por medio de la fuerza, o por medio de una obligación. (Diccionario Juridíco)

Uso del poder coercitivo para el cumplimiento de los derechos establecidos.(Ochoa Sánchez)

[J]; 10a. Época; 2a. Sala; S.J.F. y su Gaceta; Libro III, Diciembre de 2011, Tomo 4; Pág. 2771; Número de registro 2000011

EJECUCIÓN FORZOSA DE   LAUDOS.

AMPARO SOLICITADO CONTRA ACTUACIONES U OMISIONES EN ESA ETAPA. Conforme al artículo 950 de la Ley Federal del Trabajo, el procedimiento de ejecución forzosa del laudo inicia una vez transcurrido el término de 72 horas a que se refiere el numeral 945 de la propia Ley previa petición del ejecutante, siendo necesaria la intervención de éste en las diversas etapas que lo conforman. Ahora bien, de reclamarse en amparo indirecto, genéricamente, la omisión del Presidente de la Junta de proveer lo conducente para la ejecución forzosa del laudo, el juicio de amparo sería improcedente en términos de la fracción XVIII del artículo 73 de la Ley de Amparo, en relación con la fracción IV del numeral 74 del propio ordenamiento, porque el acto reclamado sería jurídicamente inexistente al presentarse la demanda y además de realización incierta, en razón de que esas actuaciones están sujetas a la previa solicitud e impulso del ejecutante, razón por la cual no podría tenerse por actualizada la omisión genérica que en esos términos se atribuyera al Presidente ejecutor. Por el contrario, de reclamarse un acto u omisión en concreto, el análisis de la procedencia del juicio de amparo y, en su caso, del fondo del acto reclamado, así como los alcances de la eventual concesión de la protección federal solicitada, deberá constreñirse a los actos señalados por el quejoso y no abarcar aquellos actos futuros e inciertos que pudieran emitirse en el procedimiento de ejecución forzosa, pues éstos, al requerir el impulso e intervención del ejecutante, pudieran no llegar a materializarse.

Ejecución procesal: Serie de actos en virtud de los cuales los juzgadores o tribunales dan efectividad a algo. (Diccionario Jurídico)

Sinónimo de ejecución forzosa. (Larousse)

Uso del poder coercitivo para el cumplimiento de los derechos establecidos. (Ochoa Sánchez)

[TA]; 9a. Época; T.C.C.; S.J.F. y su Gaceta; Tomo XV, Abril de 2002; Pág. 1347; Número de registro 187073

SOBRESEIMIENTO DECRETADO RESPECTO DE UN ACTO PROCESAL DE EJECUCIÓN DE SENTENCIA. NO IMPIDE EL ANÁLISIS DE LOS CONCEPTOS DE VIOLACIÓN TENDENTES A IMPUGNARLO, FORMULADOS AL RECLAMARSE LA ÚLTIMA RESOLUCIÓN PRONUNCIADA EN ESE PROCEDIMIENTO. De conformidad con el artículo 114, fracción III, de la Ley de Amparo, los actos emitidos dentro de un procedimiento de ejecución de sentencia son susceptibles de impugnación mediante los conceptos de violación esgrimidos al promover el juicio de garantías contra la última resolución emitida en tal procedimiento. Esa fracción fue adicionada por decreto publicado en el Diario Oficial de la Federación el treinta de abril de mil novecientos sesenta y ocho, adición que, de acuerdo a la iniciativa formulada por el Senado de la República, tiene su razón de ser en evitar la promoción innecesaria y excesiva de juicios de amparo contra cada determinación que se pronuncie en el procedimiento de ejecución. Por tanto, el hecho de que se reclame un acto procedimental, respecto del cual el juicio de amparo resulte improcedente y, por ende, se decrete el sobreseimiento respectivo en lo que a él hace, no impide su análisis como violación procedimental, si en la propia demanda se reclama la última resolución dentro del procedimiento de ejecución. Lo contrario implicaría dejar en estado de indefensión a la quejosa sólo por haber reclamado de manera destacada un acto respecto del cual, si bien es improcedente el juicio de garantías cuando se reclama en forma autónoma, sí es susceptible de ser analizada la violación procedimental que con su dictado se hubiese cometido.

Embargo: supone una sujeción de bienes a un proceso de ejecución, y mediante su anotación preventiva, alcanza existencia, en perjuicio de posteriores adquirentes.

[J]; 10a. Época; 2a. Sala; S.J.F. y su Gaceta; Libro XVI,
Enero de 2013, Tomo 2; Pág. 1003; Número de registro
2002524

EMBARGO COACTIVO. ES JURÍDICAMENTE
APTO PARA GARANTIZAR EL INTERÉS FISCAL Y,
POR ENDE, PARA DECRETAR LA SUSPENSIÓN DEL
PROCEDIMIENTO   ADMINISTRATIVO   DE
EJECUCIÓN, EN TÉRMINOS DEL ARTÍCULO 144
DEL CÓDIGO FISCAL DE LA FEDERACIÓN. De los
artículos 141, 142, 144, 145 y 151 del Código Fiscal de la
Federación, en relación con el numeral 208 Bis del propio
Código, en vigor hasta el 31 de diciembre de 2005, así
como de los artículos 66 de su Reglamento, vigente hasta el
7 de diciembre de 2009, y 28 de la Ley Federal de
Procedimiento Contencioso Administrativo, se advierte que
si la autoridad ejecutora embargó bienes suficientes para
garantizar el crédito fiscal, procede decretar la suspensión
del procedimiento administrativo de ejecución, sin que sea
válido exigir el cumplimiento de los requisitos previstos
por el indicado artículo 66, en virtud de que la garantía del
interés fiscal fue previamente constituida ante la autoridad
exactora a través del embargo trabado, sin perjuicio de que
la ejecutora, cuando estime que los bienes embargados son
insuficientes para cubrir el crédito fiscal, proceda a
ampliarlo.

[TA]; 9a. Época; T.C.C.; S.J.F. y su Gaceta; Tomo XXVI,
Agosto de 2007; Pág. 1628; Número de registro
1717751246

EMBARGO. LA PRUEBA PERICIAL ES IDÓNEA
PARA DETERMINAR SI LOS BIENES MUEBLES SON
SUSCEPTIBLES DE AQUÉL (LEGISLACIÓN DEL
ESTADO DE GUANAJUATO). De conformidad con el
artículo 475, fracción II, del Código de Procedimientos
Civiles del Estado de Guanajuato, no son susceptibles de

embargo los muebles de uso ordinario de la familia de la deudora excepto los que sean de lujo; entonces, para catalogar correctamente los bienes secuestrados, es útil el auxilio de peritos para así establecer si determinados objetos que por su naturaleza son de uso ordinario de la familia quedan excluidos de la prohibición de embargarlos, por ser de lujo, pues los especialistas al llevar a cabo el examen correspondiente, describirán las características de los objetos asegurados, tales como el material o materiales del que están hechos, el trabajo aplicado para elaborarlos y el consiguiente valor que representen, datos que debe ponderar el juzgador, a fin de determinar si son o no susceptibles de aseguramiento de acuerdo con la norma enunciada en el aludido artículo 475.

Emplazamiento: Requerimiento hecho por mandato de la autoridad jurisdiccional a la parte demandada, para que ésta comparezca dentro del plazo señalado y participe idóneamente como sujeto procesal. (Morfin, 1999)

Emplazar es el plazo que da el juez de acuerdo con la ley para que este o conteste la demanda Ovalle Favela, José (Siches, Filosofia del Derecho, 2002)

Citación para que una persona de algo o comparezca en un juicio. (Toranzo, 1999)

Medios de comunicación procesal. (Diccionario Jurídico)

Se reserva normalmente para designar al acto procesal ordenado por el juzgador y ejecutado por el notificador, en virtud del cual hace del conocimiento del demandado la existencia de una demanda en su contra y del auto que la admitió y le concede un plazo para que la conteste. (Favela, Teoria General del Proceso, 2005)

La palabra emplazar, en una de sus acepciones, significa dar un plazo que el juez le impone al demandado, desde luego con base en la ley, para que se apersone la juicio para que comparezca a dar contestación a la demanda. (Lara, 2005)

Notificación del alguacil mediante la cual del demandante cita al demandado para que comparezca ante un tribunal, en un día fijo o dentro de determinado plazo, con el objeto de que se resuelva el diferendo planteado entre ellos. (Capitant, Vocabulario juridico, 1986)

[TA]; 10a. Época; T.C.C.; S.J.F. y su Gaceta; Libro XIX, Abril de 2013, Tomo 3; Pág. 2150; Número de registro 20032761777

EMPLAZAMIENTO. EL PRACTICADO A PERSONA FÍSICA EN EL LUGAR EN QUE TIENE EL PRINCIPAL ASIENTO DE SUS NEGOCIOS, CUMPLE CON EL REQUISITO FORMAL DEL CERCIORAMIENTO DE QUE "AHÍ VIVE" EL DEMANDADO, EXIGIDO POR EL ARTÍCULO 76 DEL CÓDIGO DE PROCEDIMIENTOS CIVILES PARA EL ESTADO DE VERACRUZ. Del análisis a la jurisprudencia 1a./J. 69/2010, sustentada por la Primera Sala de la Suprema Corte de Justicia de la Nación, publicada en el Semanario Judicial de la Federación y su Gaceta, Novena Época, Tomo XXXIII, enero de 2011, página 141, de rubro: "EMPLAZAMIENTO DE PERSONA FÍSICA. PARA ESTABLECER EL LUGAR EN QUE DEBE REALIZARSE ES INNECESARIO SEGUIR EL ORDEN EXCLUYENTE PREVISTO EN LAS DISPOSICIONES SUSTANTIVAS QUE REGULAN EL DOMICILIO COMO ATRIBUTO DE LA PERSONALIDAD, EN CASO DE NO HABERSE DESIGNADO UNO CONVENCIONAL (LEGISLACIONES DE LOS ESTADOS DE PUEBLA, JALISCO, DISTRITO FEDERAL Y CHIAPAS).", se infiere que si bien es cierto que el artículo 76 del Código de Procedimientos Civiles para el Estado establece que respecto a las formalidades del emplazamiento éste debe practicarse donde vive el interesado, también lo es que ello no debe interpretarse en sentido estricto ni rígido, pues el diverso artículo 75 prevé que deberá designarse "la casa en que haya de hacerse la primera notificación a la persona o personas contra quienes promuevan"; por tanto, ambas normas no sólo tienen elementos objetivos o materiales, sino también contienen elementos normativos o teleológicos que necesitan ser descubiertos. Así, cuando una norma contenga en un enunciado un elemento normativo, habrá que definir el alcance de éste, atento a lo que jurídicamente está refiriendo. En ese orden de ideas, para determinar el lugar en donde deba hacerse el emplazamiento al demandado, conforme a la legislación estatal, tendrá que acudirse al artículo 37 del Código Civil para esa entidad, que señala que el domicilio de las personas físicas puede ser el lugar donde reside; donde tiene el principal asiento de sus negocios; o, en el que se halle. Lo cual es acorde con el artículo 2 de la Convención Interamericana sobre Domicilio de las Personas Físicas en el Derecho Internacional Privado. Ello es así, puesto que de dicho numeral puede establecerse que el domicilio cumple, en el derecho, la misma función que desempeña en las relaciones sociales, esto es, constituye el centro de la vida de las relaciones de la persona; asimismo, indica la idea de permanencia y estabilidad del sujeto en un determinado lugar (residencia habitual). Por tanto, desde el punto de vista de la técnica jurídica, es preciso determinar objetivamente, en mérito de la certeza y de la seguridad jurídica, ese centro especial de ubicación de la persona, de tal manera que ésta debe tener necesariamente un domicilio, pues es uno de los atributos de aquélla. Consecuentemente, el emplazamiento puede realizarse, entre otros supuestos, en el lugar en que el interesado tiene el principal asiento de sus negocios, lo cual queda subsumido al término "vive", pues constituye uno de los centros de la vida de las relaciones de la persona; y para los efectos del emplazamiento, el término ahí "vive" establecido en el referido artículo 76 debe interpretarse en un sentido amplio concatenado con los diversos 75 del código procesal y 37 del Código Civil, es decir, si las diligencias relativas al emplazamiento se realizan en el lugar en que tiene el principal asiento de sus negocios, resulta innecesario que en ésta, el actuario judicial, señale y se cerciore de que además de que es el principal asiento de sus negocios, el interesado ahí "vive", pues este requisito se tiene por cumplido al cerciorarse que se realiza en él.

Enajenación:

Enajenación: Transmisión a otra persona del derecho sobre un bien. (Real Academia de la Lengua Española)

Enajenación: Falta de atención a causa de un pensamiento o de una impresión fuerte. (Código Civil del Estado de Chihuahua)

Enajenación: Consiste en la transmisión del dominio sobre una cosa o derecho que nos pertenece, a otro u otros sujetos. (Diccionario Jurídico)

[TA]; 7a. Época; 1a. Sala; S.J.F.; Volumen 217-228, Segunda Parte; Pág. 65; Número de registro 234010

SALUD, DELITO CONTRA LA . PERMUTA CONSTITUYE UN ACTO DE ENAJENACION. No obstante que la figura jurídica de permuta no se encuentra prevista como modalidad específica del delito contra la salud a que se refiere el artículo 197, fracción I, del Código Penal Federal, es de considerarse que ésta en una especie del género "enajenación", que se entiende como la transmisión de un estupefaciente, del dominio propio al dominio ajeno, en el caso a cambio de otro bien, de tal forma que la responsable, al tener por acreditado el cuerpo del citado ilícito, en su modalidad de enajenación, no está aplicando inexacta o analógicamente la ley penal.

Error judicial: Es una categoría de abuso a los derechos humanos y, según definición de lo que podríamos llamar estado de derecho es una acción judicial cometida generalmente por órganos estatales en contra de personas naturales o jurídicas (SlideShare, 2012)

- Definición de Error Judicial "Nos Atrevemos a Defender Nuestros Derechos "Los errores judiciales se definen como aquellos equivocaciones con o sin dolo, cometidas por agentes del Estado, entiéndase; jueces, fiscales y policías con orden de investigar. (Diaz)

-El error judicial se define como una equivocación, con o sin dolo, cometida por funcionarios públicos pertenecientes al poder judicial, las policías y s(Vara, 2008)

[TA]; 10a. Época; T.C.C.; S.J.F. y su Gaceta; Libro XVIII, Marzo de 2013, Tomo 3; Pág. 2001; Número de registro 2003039

ERROR JUDICIAL. ELEMENTOS DE SU CONFIGURACIÓN Y SU CORRECCIÓN POR LOS ÓRGANOS DE CONTROL CONSTITUCIONAL. El "error" como vocablo es entendido como una equivocación. En el ámbito judicial presenta ciertas notas distintivas: i) surge de una decisión jurisdiccional, no exclusivamente de las sentencias; ii) los sujetos activos son Jueces y Magistrados o las personas que ejerzan sus funciones; y, iii) los errores han de ser crasos, patentes y manifiestos. Aunque los elementos pueden variar, lo cierto es que el último extremo señalado resulta de interés. Esto, porque a juicio de este tribunal, los errores deben ser patentes, al grado de que puedan asociarse con la idea de arbitrariedad, al hacer que la decisión judicial sea insostenible por ir en contra de los presupuestos o hechos del caso. En otras palabras, el error judicial adquiere relevancia constitucional cuando es producto de un razonamiento equivocado que no corresponde con la realidad, por haber incurrido el órgano judicial en un error manifiesto en la determinación y selección del material de hecho o del presupuesto sobre el que se asienta su decisión, de tal manera que el error sea inmediatamente verificable, en forma incontrovertible, a partir de las actuaciones judiciales y sea determinante en la decisión adoptada por el Juez por constituir su soporte único o básico. Aunado a lo anterior, el error judicial adquiere relevancia constitucional cuando atenta contra los principios esenciales del Estado de derecho, como la cosa juzgada -como cuando se obliga al demandado a dar cumplimiento a una sentencia, cuando lo cierto es que el Juez, en las consideraciones del fallo, lo absolvió en forma absoluta-. Ahora, los órganos de control constitucional, al conocer de los juicios de amparo sometidos a su potestad, se encuentran facultados para corregir el error judicial cuando éste presente las características apuntadas en líneas anteriores. Lo anterior, porque toda resolución fundada en el "error judicial" puede calificarse como arbitraria y, por esa sola razón, violatoria del derecho a la tutela judicial efectiva. Bajo esa óptica, no podría estimarse que el error judicial constituya "cosa juzgada" o que el derecho de los justiciables para combatirlo precluya porque ello se traduciría en que la decisión arbitraria sería incontrovertible por el simple transcurso del tiempo, cuando lo cierto es que la misma nunca debió existir.

Estado civil: Situación en que se encuentra una persona, cosa o asunto. Cecilia Bembibre La situación en que se encuentra el hombre, dentro de la sociedad, en relación con los diferentes derechos o facultades y obligaciones o deberes que le atañen. Diccionario jurídico El Estado nace, de un pacto   o contrato entre los hombres. (Jacques Rousseau)

[TA]; 5a. Época; Pleno; S.J.F.; Tomo II; Pág. 1210; Número de registro 2917053866

ESTADO CIVIL. Se comprueba por las actas del registro, o, cuando no existen éstas ni sus duplicados, por la prueba supletoria de testigos.

[TA]; 5a. Época; Pleno; S.J.F.; Tomo I; Pág. 887; Número de registro 292519

ESTADO CIVIL. No se puede usar ni abusar de las prerrogativas que confiere, transmitirlas entre vivos o por testamento, precisamente porque no son verdaderos derechos adquiridos como los que llegan a ser propiedad del sujeto que los posee.

Estado de interdicción: Cuando una persona es declarada judicialmente incapaz por carecer de las aptitudes generales para gobernarse, cuidarse, y administrar sus bienes, debe ser sometido a la guarda de un tutor. Juan Pablo Robles Ortega

Las capacidades mentales son fundamentales para tomar decisiones. Erika de Alonso

Estado de incapacidad para obrar, que es declarado por el juez de lo familiar, respecto de aquella persona mayor de edad, que no pueden gobernarse por si mismas, por estar perturbadas o disminuidas en su inteligencia o limitadas físicamente para externar su voluntad Diccionario jurídico [TA]; 9a. Época; T.C.C.; S.J.F. y su Gaceta; Tomo XVII, Mayo de 2003; Pág. 1227; Número de registro 184321

EXCEPCIÓN DE FALTA DE PERSONALIDAD DEL APODERADO. PARA QUE OPERE CUANDO SE OPONE POR LA INCAPACIDAD MENTAL DEL ACTOR, DEBE PROBARSE FEHACIENTEMENTE SU ESTADO DE INTERDICCIÓN A LA FECHA DE OTORGAMIENTO DEL PODER. Tratándose de la capacidad jurídica se distingue entre la de goce y la de ejercicio; la primera es la cualidad de ser sujeto de derechos y obligaciones y, por consiguiente, es inherente e inseparable a toda persona; y la segunda consiste en la posibilidad de efectuar manifestaciones de voluntad jurídicamente eficaces que pueden realizarse por sí o a través de otra persona; dicha capacidad de obrar tiene casos de excepción específicos, como son: 1. La interdicción, que consiste en una incapacidad legalmente declarada que restringe la personalidad jurídica (artículo 23 del Código Civil del Distrito Federal); 2. La minoría de edad, cuando no se han cumplido los dieciocho años; y, 3. La falta de personalidad del apoderado que a nombre del actor comparece y no acredita la representación con que se ostenta. Estos casos de excepción constituyen un impedimento para efectuar actos jurídicos; por tanto, si en un juicio se opone la excepción de falta de personalidad de un apoderado debido a la incapacidad mental del actor, los objetantes deben demostrar en forma fehaciente que el reclamante se encontraba en estado de interdicción, mediante resolución judicial pronunciada por Juez competente que hubiera causado ejecutoria, ya que la sentencia que declara la interdicción es declarativa y constitutiva, en tanto que, aparte de que proclama el estado de incapacidad, crea una relación jurídica y da nacimiento a un nuevo estado, motivo por el que precisamente, por su carácter de constitutiva, como generalmente sucede con este tipo de fallos, sus efectos empiezan cuando ha alcanzado la autoridad de cosa juzgada. Por ende, si se impugna la personalidad de quien comparece a nombre del actor argumentando que éste es incapaz, debe demostrarse que la persona cuya capacidad jurídica se cuestiona delegó poderes a diversos profesionistas cuando se había declarado su estado de interdicción; de no ser así, es incuestionable que no existirán elementos para invalidar por esa causa el derecho reclamado, toda vez que si no existe tal declaración, el actor se encuentra en aptitud de ejercer por sí o a través de apoderados los derechos y obligaciones de los que es titular.

Eventualidad: Eventualidad: "consiste en la necesidad de deducir conjuntamente los diversos medios de ataque o de defensa de que disponen las partes litigantes en previsión de que uno o varios de ellos sea desestimado." (Revista de Derecho Procesal, 1974)

Eventualidad "haciendo confrontación ante el principio de eventualidad señala que constituye un peligroso incentivo para la complicación y para la multiplicación inicial de las defensas, por que las partes por exceso de prudencia pueden ser inducidas a utilizar desde el principio del proceso un aparato impotente de deducciones, en el cual las razones más solidas se encontraran juntas con los mas sutiles virtuosismos curialescos." (Piero, 1962)

[TA]; 8a. Época; T.C.C.; S.J.F.; Tomo V, Segunda Parte-1, Enero-Junio de 1990; Pág. 293; Número de registro 225819

MATERIA ADMINISTRATIVA. PRINCIPIO DE EVENTUALIDAD. En atención al principio de eventualidad que rige en todos los procesos jurisdiccionales lato sensu, las partes tienen la carga de hacer valer, en la fase procesal oportuna, todos los fundamentos de hecho de la acción que ejercitan; y de ofrecer y de rendir las pruebas necesarias en que apoyan sus pretensiones, incluso hasta a exponer cuestiones ad cautelam, so pena de que precluya su derecho. La consideración antecedente lleva a concluir la inoperancia de un concepto de violación que contiene argumentos sobre cuestiones que no se plantearon en el momento procesal oportuno como lo son las relativas a la ilicitud de la notificación del acto administrativo que se dio a conocer por la autoridad en la contestación de la demanda y que en tal virtud, en los términos del artículo 210, del Código Fiscal de la Federación, ameritaba que la parte actora ampliara su demanda si consideraba que la notificación de mérito era incorrecta, pues al no haber actuado de tal suerte, ya no puede cuestionar la citada notificación en el juicio de amparo, porque ya precluyó su derecho, en atención al principio de eventualidad en materia administrativa.

Excepción: las excepciones son oposiciones sustanciales o de fondo y aunque se hayan confundido con elementos procesales pensamos que todavía es posible rescatar su esencia, su naturaleza original. Son oposiciones que no desconocen o niegan la existencia de la razón o de los hechos y derechos en los que el actor pretende fundamentar su demanda si no que le contraponen nuevos o diferentes hechos o derechos suficientes parta excluir desvirtuar o postergar, los efectos jurídicos pretendidos por el actor (Lauro, 1976).

Excepción: "un poder amplio cuyo ejercicio corresponde a quien es demandado o imputado en un proceso judicial, y que se satisface mediante la presentación de cuestiones jurídicas (simples negativas o afirmaciones) opuestas a las postuladas por el actor o acusador mediante el ejercicio de la acción." (Clariá, 2011)

Couture: "es el poder jurídico de que se halla investido el demandado, que lo habilita para oponerse a la acción promovida por el actor." (Couture, 2011)

[TA]; 10a. Época; T.C.C.; S.J.F. y su Gaceta; Libro XXII, Julio de 2013, Tomo 2; Pág. 1430; Número de registro 2003988

EXCEPCIÓN DE CONTRATO NO CUMPLIDO. LAS INSTITUCIONES DE FIANZAS TIENEN LEGITIMACIÓN PARA OPONER DICHAEXCEPCIÓN (ARTÍCULO 94, FRACCIÓN VIII, DE LA LEY RELATIVA).

Cuando existe una modificación a lo expresamente pactado como consecuencia de la celebración de un contrato de compraventa, la fiadora tiene legitimación para oponer la excepción de contrato no cumplido, porque ella garantizó por la fiada el cumplimiento de lo pactado en el contrato de compraventa, y al no haberse hecho el pago de la obligación en los términos pactados y al haber aceptado la vendedora tal circunstancia, implica que se modificaron las fechas de pago pactadas en el contrato de compraventa, lo que legitima a la fiadora a hacer valer dicha excepción para liberarse de la obligación materia de la fianza. De ahí que al existir la modificación a lo expresamente pactado y garantizado por virtud de la fianza, es evidente que por disposición expresa del artículo 94, fracción VIII, de la Ley Federal de Instituciones de Fianzas se extinguió la fianza, puesto que dicho precepto dispone: "Las instituciones de fianzas tendrán derecho, en los términos de la legislación aplicable, a oponer todas las excepciones que sean inherentes a la obligación principal, incluyendo todas las causas de liberación de la fianza.". Por esa razón, la afianzadora tiene legitimación para oponer la excepción de contrato no cumplido, para liberarse de la obligación que extinguió la fianza.

Excepción de arraigo: "Jurisprudencia Rubro: ARRAIGO DOMICILIARIO DE NATURALEZA PENAL, ARRESTO CIVIL COMO MEDIDA DE APREMIO Y ARRAIGO CIVIL. DIFERENCIAS Y EFECTOS. La legislación procesal penal establece el arraigo domiciliario en contra del probable responsable de la comisión de un delito, ante el riesgo de que se sustraiga a la acción de la justicia, constituyendo un acto que afecta y restringe la libertad personal, porque obliga a la persona en contra de quien se decreta, a permanecer en determinado inmueble y bajo la vigilancia de la autoridad investigadora y persecutora."(Diccionario Juridico) Época: Novena Instancia: Tribunales Colegiados de Circuito Fuente: Semanario Judicial de la Federación y su Gaceta Número: Fecha de publicación: Paginas: 2890 Tesis: I.2o.C.44 C Tipo: Tesis aislada. (Diccionario Juridico)Excepción de arraigo: "defensa dada ala demandado para paralizar la acción del demandante hasta que este de fianza suficiente para hacer frente a las responsabilidades inherentes a la demanda. Constituye una excepción dilatoria utilizable en determinadas circunstancia. Esta principalmente encaminada a evitar que cualquiera puede verse expuesto a una onerosa defensa frente a una demanda, antojadiza, estimulada por la insolvencia del actor, quién nada perdería aun perdiendo el pleito." (Manuel)

Excepción de arraigo: "la excepción de arraigo que legisla el Art. 348 del código procesal procede cuando el demandante no tiene domicilio o bienes inmuebles en nuestro país, es decir, no se funda en razones de extranjería sino que tiende a asegurar las eventuales responsabilidades inherentes a la demanda, o sea tiende a caucionar por los gastos originados por una futura sentencia desfavorable al actor (CNciv. Sala B, junio 22, 1978, vaca Guzmán Dalence, Boris c. Peralta de Urreta, Josefa y otro.) (Omar)

[TA]; 5a. Época; 3a. Sala; S.J.F.; Tomo LXII; Pág. 2520; Número de registro 355387

ARRAIGO, EXCEPCION DE. No basta el hecho de que el demandante sea extranjero, para que prospere la excepción establecida en el artículo 938 del Código de Procedimientos Civiles del Estado de Aguascalientes, contrariamente a lo que previene el 983 del mismo código, que subordina el ejercicio de la excepción, a los casos y a la forma que en el Estado o la nación a que pertenezca el extranjero, se exigiere a nuestros nacionales y si no se rinden pruebas respecto de esto, tal excepción no puede prosperar.

Excepciones dilatorias: Excepciones dilatorias: "son aquellas que impiden o posponen el ejercicio de la acción hasta en tanto se cumplan determinados requisitos." (Calvo M. Octavio, 1997)

Excepciones dilatorias: "son las que no niegan el derecho que hace valer el actor solo dilatan el ejercicio de la acción y ponen trabas al proceso."(Ramón)

Excepciones dilatorias o procesales, "que solo buscan retardar el camino de la pretensión del actor." (Alejandro)

[TA]; 5a. Época; Pleno; S.J.F.; Tomo XX; Pág. 57; Número de registro 281888

EXCEPCIONES DILATORIAS. Entre ellas ninguna puede ser considerada más esencial y excepcionalmente dilatoria, como la de arraigo personal, pues resultaría extemporáneo e ineficaz en cuanto a sus fines, resolver sobre ella en la sentencia definitiva del juicio, puesto que no tiende a otra cosa que a garantizar los derechos del demandado, en relación con la idoneidad del actor, al iniciarse el juicio; y si sobre la falta de idoneidad se resuelve en la sentencia definitiva, tal resolución, por ser extemporánea, no produciría resultado alguno práctico, respecto de la expresada excepción.

[TA]; 6a. Época; 3a. Sala; S.J.F.; Volumen XV, Cuarta Parte; Pág. 176; Número de registro 272380

EXCEPCIONES DILATORIAS, TIEMPO DE RESOLVERLAS. No es exacto que la resolución de un negocio principal en estado de apelación, por motivo alguno, corresponda al Juez a quo, pues el artículo 264 del Código de Procedimientos Civiles, tiene aplicación en tratándose de excepciones dilatorias, pero únicamente en primera instancia, en relación con la actuación del Juez, ni tampoco puede servir de apoyo el último párrafo del artículo 78, por lo que es de todo punto inusitada e ilegal la tesis que haga valer aquélla pretensión.

Excepciones perentorias: Excepciones perentorias.: "que pretenden destruir el derecho del actor en forma definitiva, (pago total)." (Alejandro)

Excepciones perentorias: "aquellas que tienden a destruir en todo o en parte la acción. Mismo que el de arriba." (Calvo M. Octavio, 1997)

Excepciones perentorias: "no son defensas sobre le proceso sino sobre el derecho. No procuran la depuración de elementos formales de juicio sino que constituyen la defensa de fondo sobre el derecho cuestionado."(Ramón)

[TA]; 10a. Época; T.C.C.; S.J.F. y su Gaceta; Libro XIII, Octubre de 2012, Tomo 4; Pág. 2529; Número de registro 2001917

EXCEPCIONES DILATORIAS Y PERENTORIAS. SU DISTINCIÓN NO DEBE APOYARSE SÓLO EN LA DENOMINACIÓN QUE LAS PARTES LES OTORGUEN, SINO EN SU NATURALEZA JURÍDICA.

La distinción entre excepción dilatoria y perentoria no debe apoyarse sólo en la denominación que las partes le den en sus escritos de contestación, sino que, por ser el rector del proceso, le corresponde al juzgador determinar su naturaleza jurídica, ya que ésta trasciende a la forma en que el mismo abordará el asunto sujeto a su consideración, pues si se trata de la primera, en principio deberá verificar que realmente su naturaleza sea dilatoria, es decir, que únicamente retrasan el conocimiento del asunto principal controvertido y ello sólo lo puede determinar con un análisis del caso concreto a la luz de las pruebas que obren en autos pues, de confirmarse dicha naturaleza, no se podrá entrar al estudio del fondo del asunto; en cambio la perentoria, como está destinada a destruir la propia acción, obliga al Juez a realizar un pronunciamiento sobre el fondo mismo de la controversia, analizar no sólo la procedencia o improcedencia de la acción, sino a valorar las pruebas exhibidas por las partes en el juicio para determinar si dicha excepción destruye por completo la acción o no.

Excluir: Dejar a una persona o cosa fuera de algún grupo

Dejar fuera alguna prueba, documento, tercero, en un juicio. (Enciclopedia Jurídica, 2005)

Es cuando una norma resulta incompatibles con otra del mismo ordenamiento o sistema jurídico. (Serna & Toller, 2000).

[TA]; 8a. Época; T.C.C.; S.J.F.; Tomo II, Segunda Parte-2, Julio-Diciembre de 1988; Pág. 578; Número de registro 230669

TERCERIA, PROCEDE LA, PARA EXCLUIR BIENES QUE FUERON MATERIA DE ADJUDICACION EN EL JUICIO SUCESORIO. El artículo 876, tercer párrafo del Código de Procedimientos Civiles de Jalisco, dispone que, aprobados por el juez el inventario y el avalúo, no podrán ser reformados sino por error o dolo declarados por sentencia definitiva pronunciada en juicio sumario. Por tanto, de acuerdo con tal precepto, el medio idóneo para excluir bienes que ya fueron materia de adjudicación en juicio sucesorio, es la tercería excluyente de dominio, que debe tramitarse con arreglo a lo preceptuado por el numeral 598 del propio ordenamiento.

Exhorto: Es un medio de comunicación entre dos juzgadores. Al juzgador que emite el exhorto de lle suele denominar juez exhortante o requirente; al destinatario juez exhortado o requerido. La finalidad del exhorto es que el juez exhortado lleve a cabo un acto procesado ordenado por el juez exhortante, que este no puede realizar porque dicho acto debe tener lugar fuera de su circunscripción territorial y dentro de la del juez exhortado. (Favela, Teoria General del Proceso, 2005)

Requerimiento escrito formulado por un juez a otro de igual categoría, de la misma o de diferente jurisdicción, para que se dé cumplimiento a las diligencias que en el mismo se le encargan. (Vara, 2005)

Escrito dirigido por un órgano judicial, solicitando auxilio judicial; sin embargo, en la jurisdicción penal reservado para el auxilio judicial entre órganos de igual grado. (Pales, 2001)

[TA]; 5a. Época; 1a. Sala; S.J.F.; Tomo LXXX; Pág. 2291; Número de registro 306697

EXHORTO. Si en él se llenan todos los requisitos que señala el artículo 7o. de la Ley de Entrega de Delincuentes, insertándose todas las constancias necesarias para que el exhorto deba ser diligenciado, se especifica la posible sanción que corresponderá al presunto responsable que se trata de aprehender y es un Juez de primera instancia el que se dirige a otro de igual categoría, para que cumplimente ese exhorto, es infundada la negativa del requerido a obsequiarlo, ya que en el caso se llenan los requisitos exigidos por el artículo 5o. de la Ley Reglamentaria del Artículo 119 Constitucional.

[J]; 9a. Época; T.C.C.; S.J.F. y su Gaceta; Tomo XXXII, Noviembre de 2010; Pág. 1232; Número de registro 163509

CADUCIDAD DE LA INSTANCIA EN MATERIA MERCANTIL. EL CÓMPUTO DEL TÉRMINO PARA QUE OPERE INICIA A PARTIR DEL PRIMER AUTO QUE SE DICTE EN EL JUICIO Y NO CUANDO SE RECIBA EL EXHORTO EN EL QUE CONSTE EL EMPLAZAMIENTO AL DEMANDADO.

Si bien es cierto que cuando el emplazamiento en un juicio ejecutivo mercantil se realiza mediante exhorto, es la autoridad exhortada y no las partes, quien está obligada al cumplimiento, diligenciación y devolución de esa comunicación procesal, también lo es que en términos del artículo 1076 del Código de Comercio, esa circunstancia no releva al interesado de impulsar el procedimiento mediante solicitudes tendentes a hacer patente su voluntad de continuar el juicio hasta su conclusión. De tal suerte que el cómputo del término para que opere la caducidad de la instancia inicia a partir del primer auto que se dicte en el juicio y no cuando se reciba el exhorto en el que conste el emplazamiento al demandado, pues en todo caso es obligación del interesado realizar la conducta procesal necesaria para impulsar el procedimiento. Asimismo, la diligenciación del emplazamiento mediante exhorto no suspende el procedimiento, en términos de la fracción VI del citado artículo 1076, según la cual la caducidad no puede operar cuando el procedimiento está suspendido por causa de fuerza mayor o en los casos en que sea necesario esperar la resolución de una cuestión previa o conexa, habida cuenta que la falta de emplazamiento o de la constancia de haberse realizado, no impide que la parte interesada solicite al Juez que tome las medidas conducentes a fin de continuar con la prosecución del juicio.

Expediente: Conjunto de documentos que incorporan los actos de la vida administrativa del personal de una empresa. El titular tiene derecho a conocer a su expediente, a acceder libremente, así como pedir certificación de los datos que se contienen y copias cotejadas de los documentos que forman parte.

[TA]; 9a. Época; T.C.C.; S.J.F. y su Gaceta; Tomo III, Abril de 1996; Pág. 338; Número de registro 202588

ARCHIVO DEL EXPEDIENTE LABORAL. SOLO PUEDE ORDENARLO LA JUNTA. La Ley Federal del Trabajo en los artículos 773, 837, fracción III, y 876, fracción III, establecen las causas por las cuales puede darse por concluido el juicio laboral y ordenarse su archivo como asunto concluido; esto es, por inactividad procesal, por laudo, y porque las partes lleguen a un acuerdo para dar por terminado el conflicto, determinaciones que deben tomarse por las Juntas que conocen de la controversia, y no sólo por su presidente.

Expresión de agravios:Alegación formulada en tiempo oportuno de los que fundan la interposición del recurso. (Vara, 2003).
A la exposición de argumentos o motivos en conformidad contra el acto o la omisión impugnados. (Favela, 2005)

Alegación formulada en tiempo oportuno de los que funda la interposición del recurso. (Vara, 2005)

La expresión de los agravios debe ser razonada, conteniendo la indicación de la norma legal y violada, en qué consiste esta violación y la parte de la resolución recurrida en que se encuentra. (Carpizo, 2001)

[TA]; 10a. Época; T.C.C.; S.J.F. y su Gaceta; Libro XVIII, Marzo de 2013, Tomo 3; Pág. 2079; Número de registro 2003146

REVISIÓN. AL NO CONSTITUIR LA EXPRESIÓN DE AGRAVIOS UN REQUISITO DE PROCEDENCIA DE DICHO RECURSO, NO DEBE DECLARARSE IMPROCEDENTE SINO CONFIRMARSE LA RESOLUCIÓN IMPUGNADA. De la interpretación teleológica y sistemática de los artículos 76 Bis, 83, 86 y 88 de la Ley de Amparo, se advierte que para que proceda el recurso de revisión es necesaria la concurrencia de los siguientes requisitos: a) actualización de los supuestos de procedencia previstos en el artículo 83 de la ley de la materia; b) legitimación; c) presentación por escrito; y, d) temporalidad. De lo que se colige que la expresión de agravios no constituye un requisito para su procedencia, sino que atañe a uno de fondo para el estudio de la resolución impugnada, en términos del artículo 91, fracción I, de la propia ley. Considerar lo anterior implicaría que aun en los casos en los que opere la suplencia de la queja prevista en el mencionado artículo 76 Bis, el recurso sería improcedente en observancia de las jurisprudencias 1a./J. 50/98 y P./J. 7/2006, publicadas en el Semanario Judicial de la Federación y su Gaceta, Novena Época, Tomo VIII, septiembre de 1998, página 228 y Tomo XXIII, febrero de 2006, página 7, de rubros: "SUPLENCIA DE LA DEFICIENCIA DE LA QUEJA EN MATERIA PENAL, NO IMPLICA EL HACER PROCEDENTE UN RECURSO QUE NO LO ES." y "SUPLENCIA DE LA QUEJA DEFICIENTE PREVISTA EN EL ARTÍCULO 76

BIS, FRACCIÓN I, DE LA LEY DE AMPARO. NO IMPLICA SOSLAYAR CUESTIONES DE PROCEDENCIA DEL JUICIO DE GARANTÍAS.", respectivamente, en las que se estableció que la suplencia de la queja sólo opera cuando se han superado los supuestos de improcedencia del juicio o recurso. Por tanto, ante la ausencia de agravios, y al no constituir éstos un requisito de procedencia del citado medio de impugnación no debe declararse improcedente sino confirmarse la resolución recurrida.

F

Facultad: Capacidad, facilidad, poder. Significa el poder o la habilidad para realizar una cosa, normalmente el término facultad se asocia a aquello que es optativo., potestativo; de ahí: facultativo. (Carpizo, 2001)

Derecho subjetivo. Atribución fundada en una norma derecho positivo vigente, posibilidad jurídica que un sujeto tiene de hacer o no hacer algo. (Vara, 2005)

La facultad disciplinaria, que se confiere a la administración pública para imponer, por si misma, sanciones administrativas a los servidores públicos que incumplan con sus obligaciones. (Favela, Teoria General del Proceso, 2005)

[J]; 10a. Época; 1a. Sala; S.J.F. y su Gaceta; Libro XVIII, Marzo de 2013, Tomo 1; Pág. 400; Número de registro 2003041

FACULTAD DE ATRACCIÓN. LAS RAZONES EMITIDAS POR LA PRIMERA SALA DE LA SUPREMA CORTE DE JUSTICIA DE LA NACIÓN PARA EJERCERLA NO SON DE ESTUDIO OBLIGADO AL ANALIZARSE EL FONDO DEL ASUNTO. Las razones emitidas por la Primera Sala de la Suprema Corte de Justicia de la Nación para ejercer la facultad de atracción de un caso no son de estudio obligado al analizarse el fondo del asunto, porque la naturaleza de dicha facultad es la de un estudio preliminar que tiene como fin determinar si un amparo directo o uno en revisión reúne los requisitos constitucionales de "interés" y "trascendencia", para que el alto tribunal pueda arribar a una conclusión informada en relación con la naturaleza intrínseca de un asunto y así fallar respecto a si debe atraerse o no. Además, al analizar un amparo directo o uno en revisión, la Primera Sala puede encontrarse, por un lado, con una barrera insuperable como sería una causal de improcedencia, lo que impediría entrar al fondo del asunto y obligaría a apartarse de las razones esgrimidas para atraerlo, ya que las causales de improcedencia constituyen una cuestión de orden público y, por otro, con problemas no advertidos o con vertientes distintas del mismo problema a las señaladas en la sentencia que determina el ejercicio de la facultad de atracción.

Facultad de corregir: JUECES DE DISTRITO. FACULTAD DE CORREGIR ERRORES DE LAS PARTES AL CITAR PRECEPTOS CONSTITUCIONALES.

Con la reforma que sufrió el artículo 79 de la Ley de Amparo, en el año de mil novecientos ochenta y cinco, prácticamente se trató de acabar con el amparo de estricto derecho, ya que éste se consideró anacrónico para los tiempos que se vivían; a partir de entonces se da más participación al Juez de Distrito otorgándole la facultad de corregir errores "de las partes" en la cita de los preceptos que se consideren violados y para apreciar en su conjunto los razonamientos de las partes con el propósito de resolver la cuestión planteada. La facultad concedida no es exclusiva a favor de la parte quejosa, sino que se le entregó al Juez para que decida lo que efectivamente se somete a su consideración.

[TA]; 9a. Época; T.C.C.; S.J.F. y su Gaceta; Tomo IX, Mayo de 1999; Pág. 1031; Número de registro 193962 JUECES DE DISTRITO. FACULTAD DE CORREGIR ERRORES DE LAS PARTES AL CITAR PRECEPTOS CONSTITUCIONALES. Con la reforma que sufrió el artículo 79 de la Ley de Amparo, en el año de mil novecientos ochenta y cinco, prácticamente se trató de acabar con el amparo de estricto derecho, ya que éste se consideró anacrónico para los tiempos que se vivían; a partir de entonces se da más participación al Juez de Distrito otorgándole la facultad de corregir errores "de las partes" en la cita de los preceptos que se consideren violados y para apreciar en su conjunto los razonamientos de las partes con el propósito de resolver la cuestión planteada. La facultad concedida no es exclusiva a favor de la parte quejosa, sino que se le entregó al Juez para que decida lo que efectivamente se somete a su consideración.

Facultad disciplinaria: Aquellas conferidas a los tribunales para velar por la mantención y el resguardo del correcto y normal funcionamiento de la función jurisdiccional.

Falta de personalidad: Excepción dilatoria oponible por el demandado a quien suscribe la demanda cuando la representación que dice ostentar, nunca la ah tenido o por cualquier causa, aun habiéndola tenido, no la tenga en el momento en que es opuesta.
Fuente: Art. 35 fracc. IV, del código de procedimientos civiles para el distrito federal
Falta de capacidad legal o civil del litigante con respecto al apoderado, o la falta o insuficiencia del mandato.

Excepción dilatoria oponible cuando la parte o su procurador carezca de las condiciones necesarias de capacidad o representación para comparecer en juicio.

[J]; 10a. Época; 2a. Sala; S.J.F. y su Gaceta; Libro VI, Marzo de 2012, Tomo 1; Pág. 444; Número de registro 2000359

FALTA DE PERSONALIDAD DEL ACTOR EN EL JUICIO CONTENCIOSO ADMINISTRATIVO. CASO EN QUE LA AUTORIDAD ADMINISTRATIVA PUEDE ADUCIRLA COMO AGRAVIO EN LA REVISIÓN FISCAL. La autoridad administrativa demandada en un juicio contencioso administrativo puede manifestar en vía de agravio, en la revisión fiscal, la falta de personalidad del actor, siempre que dicho argumento lo haya aducido en el juicio de origen al contestar la demanda, o bien, mediante la interposición del recurso de reclamación; asimismo, en caso de que el Tribunal Colegiado de Circuito del conocimiento califique el agravio como fundado, debe precisar las consecuencias legales que produzca la resolución, independientemente de lo pretendido por la autoridad recurrente, toda vez que es al órgano jurisdiccional a quien corresponde definir el derecho aplicable y resolver la controversia sujeta a su jurisdicción y, por ende, fijar los alcances de la resolución recaída al recurso de revisión fiscal.

Fedatario: Llamarse así al secretario judicial, en cuanto da fe de los actos realizados por el juez en el proceso. El juez no puede producir actos procesales validos sin que el secretario judicial de fe de ellos en los autos (salvo el caso de intervención del notario, es excepcional) (Vara R. d., 2008).

Para hacer constar los contratos, convenios y actos jurídicos de naturaleza mercantil, excepto en tratándose de inmuebles, así como en la emisión de obligaciones y otros títulos valor; en hipotecas sobre buques, navíos y aeronaves que se celebren ante él, así como para hacer constar los hechos de naturaleza mercantil. En la constitución y en los demás actos previstos por la Ley General de Sociedades Mercantiles incluso aquellos en los que se haga constar la representación orgánica (Correduría Pública No. 73, Distrito Federal.).

El fedatario judicial en el acta correspondiente debe asentar expresamente que el demandado no se encontraba en el domicilio señalado al efecto para que la diligencia relativa pueda practicarla con persona diversa (Zaldívar, 2011).

[J]; 9a. Época; 1a. Sala; S.J.F. y su Gaceta; Tomo XXXII, Agosto de 2010; Pág. 314; Número de registro 164080

DOCUMENTO PRIVADO. LA COPIA CERTIFICADA POR FEDATARIO PÚBLICO LO HACE DE FECHA CIERTA A PARTIR DE QUE LO TUVO A LA VISTA PARA SU REPRODUCCIÓN Y, ÚNICAMENTE, PARA EL EFECTO DE HACER CONSTAR QUE EXISTÍA EN ESE MOMENTO. La Suprema Corte de Justicia de la Nación ha sostenido que la fecha cierta de un documento privado es aquella que se tiene a partir del día en que tal instrumento se inscriba en un Registro Público de la Propiedad; desde la fecha en que se presente ante un fedatario público, o a partir de la muerte de cualquiera de los firmantes. De no darse alguno de esos supuestos, no puede considerarse que un documento es de fecha cierta, y por ende, no puede tenerse certeza de la realización de los actos que consten en tales documentos. Ahora bien, cuando ante un fedatario público se presenta un instrumento privado para su reproducción y certificación, la fe pública y facultades de que está investido permiten considerar que el instrumento reproducido existía en la fecha en que se realizó tal reproducción y cotejo. Por lo que la fecha cierta se adquiere a partir de dicha certificación y no a partir de la fecha que está asentada en el documento. Asimismo, tal certificación notarial no debe equipararse con los efectos jurídicos de una certificación notarial de la autenticidad de las firmas ni califica la legalidad del documento o de lo expresado en él.

Fianza judicial: Son aquellas garantías que una persona debe otorgar porque así se lo ha ordenado el juez o porque la Ley le exige garantizar u actuación (Mejan, 2005).

Artículo 2850 del Código Civil del Estado de Chihuahua: El fiador que haya de darse por disposición de la ley o de providencia judicial, excepto cuando el fiador sea una institución de crédito, debe tener bienes raíces inscritos en el registro de la propiedad y de un valor que garantice suficientemente las obligaciones que contraiga. Cuando la fianza sea para garantizar el cumplimiento de una obligación cuya cuantía no exceda de mil pesos no se exigirá que el fiador tenga bienes raíces. La fianza puede substituirse con prenda o hipoteca (Codigo Civil del Estado de Chihuahua, 2012).

Se caracteriza porque se constituye por mandato de una providencia judicial. Ello acontece, por ejemplo, cuando se exige una garantía para que surta efectos la medida suspensional decretada en un juicio de amparo; cuando se pretende ejecutar una sentencia que ha sido apelada y el recurso solo es admisible en el efecto devolutivo; cuando la autoridad judicial ha impuesto la obligación de garantizar el pago de los alimentos, etc. En estos casos, la fianza que se otorga por determinación de la autoridad judicial, es de esta clase (Paredes, 2003).

[TA]; 9a. Época; T.C.C.; S.J.F. y su Gaceta; Tomo III, Enero de 1996; Pág. 367; Número de registro 208062

FIANZA JUDICIAL. CUMPLIMIENTO DE LAS OBLIGACIONES DE LA AFIANZADORA. LEGISLACION APLICABLE. Es inexacto que el requerimiento que se le hace a la fiadora, para que con cargo a la fianza cubra a la actora la cantidad a que fue condenada la demandada, afecta sus intereses jurídicos y le sean aplicables los artículos 93, 94 y 95 de la Ley Federal de Instituciones de Fianzas, que establecen el procedimiento para hacer efectiva una fianza en favor de un particular; toda vez que tratándose de una fianza legal o judicial otorgada en un juicio ejecutivo mercantil, la fiadora se encuentra obligada a pagar al acreedor la cantidad a que fue condenado su fiado de conformidad con los artículos 2829, 2830 y 2855 del Código Civil para el Distrito Federal, los cuales establecen los efectos de la fianza entre fiador y deudor, de los que se desprende el derecho de ser indemnizado por su fiado por lo que hace al pago que efectúe, así como de los intereses respectivos, de los gastos erogados y de los daños y perjuicios que se le causen, por subrogarse en todos los derechos que el acreedor tenía contra el deudor, al efectuar el pago de la deuda a que fue condenada su fiada, sin que pueda en su caso solicitar la exclusión de los bienes del deudor, por tratarse de una fianza judicial o legal que se otorgó para garantizar a nombre de un tercero los daños y perjuicios que se pudieran causar con el levantamiento del embargo practicado en el juicio.

Fianza legal: Es legal la fianza que debe constituirse por disposición de la ley. En este concepto, afirma Miguel Ángel Zamora y Valencia, son fianzas legales las del tutor que antes de que se le descierna el cargo, debe garantizar el cumplimiento de sus obligaciones con hipoteca, fianza o prenda. Mientras sea la norma la que imponga la obligación de otorgar una garantía y esta sea precisamente la fianza, tendrá entonces el carácter de legal (Paredes, 2003).
La impuesta directamente por la ley para asegurar el cumplimiento de determinadas obligaciones o la gestión de ciertos cargos o encargos (Vara R. d., 2008).
Artículo 2855 del Código Civil del Estado de Chihuahua: El fiador legal o judicial no puede pedir la excusión de los bienes del deudor principal; ni los que fían a esos fiadores, pueden pedir la excusión de estos, así como tampoco la del deudor (Codigo Civil del Estado de Chihuahua, 2012).

[TA]; 5a. Época; 3a. Sala; S.J.F.; Tomo XLIV; Pág. 3380; Número de registro 360058

FIANZA LEGAL, NATURALEZA DE LA. Aun cuando la fianza legal o judicial no es propiamente un contrato, sí participa de los caracteres de la fianza contractual, que requiere, como condición fundamental, por ser obligación accesoria o secundaria, la existencia de una obligación principal, y es lógico y jurídico inferir, teniendo en cuenta que según el artículo 2794 del Código Civil vigente en el Distrito, la fianza es un contrato por el cual una persona se compromete con el acreedor a pagar por el deudor, si éste no lo hace, que los Jueces de Distrito no están en lo justo al aceptar la contrafianza que se dé a sí mismo, el tercero perjudicado, puesto que en tales condiciones no existiría la fianza, de acuerdo con la ley.

Firma autógrafa: Conjunto de signos que identifican a una persona, puesto que determinan su personalidad, así como sus derechos y obligaciones sobre el convenio de que se trata. (Acosta Romero, 2000)

*Son los caracteres, signos o nombres que use o estampe determinada persona en un documento para obligarse a responder del contenido de ese documento o para hacer constar que ha recibido alguna cosa. (Nación S. C.)

*Consiste en asentar al pie de una resolución o acto escrito de autoridad, el nombre y apellido de la persona que los expide, en la forma legible (o no) en que acostumbra hacerlo, con el propósito de dar autenticidad y firmeza a la resolución así como aceptar la responsabilidad que deriva de la emisión del mandamiento. (Morales, 2012)

[TA]; 10a. Época; T.C.C.; S.J.F. y su Gaceta; Libro XXIV, Septiembre de 2013, Tomo 3; Pág. 2588; Número de registro 2004488

INCIDENTE DE FALSEDAD DE FIRMA. EL TRIBUNAL DEBE DESIGNAR DE OFICIO AL PERITO DE ENTRE LOS NOMBRADOS POR LAS PARTES. El artículo 146, último párrafo, del Código Federal de Procedimientos Civiles dispone que si las partes no hicieren el nombramiento del perito que les corresponde, ni manifestaren estar conformes con la proposición del perito tercero efectuado por la parte contraria, el tribunal, de oficio, hará el o los nombramientos pertinentes, observando lo dispuesto por el artículo 145, que establece que si los que deben nombrar un perito no pudieren ponerse de acuerdo, el tribunal designará uno de entre los que propongan los interesados; de lo que se advierte que el tribunal al momento de realizar la designación debe hacerlo, precisamente, entre los propuestos por las partes. De lo anterior se concluye que conforme a las reglas derivadas de los invocados artículos 145 y 146, el tribunal no se encuentra en aptitud de designar un perito oficial, cuando una de las partes ha propuesto a un experto que funja como tercero en discordia, en el incidente de falsedad de firma, porque dichos numerales, en forma expresa, disponen que si uno de los litigantes no efectuó el nombramiento que le corresponde, ni manifestó su conformidad con el propuesto por su contraria, el juzgador debe designarlo de oficio de entre los propuestos.

Firma electrónica: En el Código Civil Federal se define el consentimiento, el cual se considera un elemento esencial para formalizar el contrato electrónico, el que se entiende otorgado en forma expresa cuando el mismo se contenga o se exprese por medios electrónicos y ópticos o de cualesquier tecnología; Se precisa también el reconocimiento por conducto electrónico tiene la misma validez y cumple el requisito de la forma escrita que se exige para el contrato y demás documentos legales que deban ser firmados por las partes. Esto se contempla en el Artículo 1803, fracción I; del Código Civil Federal, que dice:

"Artículo 1803.- El consentimiento puede ser expreso o tácito, para ello se estará a lo siguiente:"I. Será expreso cuando la voluntad, se manifiesta verbalmente, por escrito, por medios electrónicos, ópticos o cualquier otra tecnología, o por signos inequívocos; y

"II. El tácito resultará de hechos o de actos que lo presupongan o que autoricen a presumirlo, excepto en los casos de que por ley o por convenio la voluntad deba manifestarse expresamente (Codigo Civil Federal)."

2) Vale la pena una pequeña digresión, para comentar que por reforma publicada el 30 de mayo de 2000 en el Diario Oficial de la Federación, se agregaron diversos párrafos al artículo 69-C de la Ley Federal de Procedimiento Administrativo, en donde se autoriza a la Administración Pública Federal la recepción de promociones o solicitudes a través de medios de comunicación electrónica, en que se emplearán en sustitución de la firma autógrafa, medios de identificación electrónica, precisando que los Firma Electrónica 7 documentos presentados por medios de comunicación electrónica producirán los mismos efectos que las leyes otorgan a los documentos firmados autógrafamente (Ezquibel Vazquez, 2002).

3) "2.16.1 Los medios de identificación automatizados que las instituciones de crédito tengan establecidos con sus clientes, los medios de identificación electrónica confidencial que se generen por los contribuyentes mediante los desarrollos informáticos del SAT, así como el uso de la tarjeta tributaria, sustituyen a la firma autógrafa y producirán los mismos efectos que las leyes otorgan a los documentos correspondientes, teniendo el mismo valor probatorio (Ezquibel Vazquez, 2002).

[TA]; 9a. Época; 2a. Sala; S.J.F. y su Gaceta; Tomo XXVI, Agosto de 2007; Pág. 638; Número de registro 171757

FIRMA ELECTRÓNICA AVANZADA. EL HECHO DE QUE EL CÓDIGO FISCAL DE LA FEDERACIÓN NO ESTABLEZCA SU DEFINICIÓN NO VIOLA LA GARANTÍA DE LEGALIDAD. El artículo 17-D del Código Fiscal de la Federación establece que cuando las disposiciones fiscales obliguen a presentar documentos, éstos deberán ser digitales y contener una firma electrónica avanzada del autor, salvo los casos previstos en el propio precepto, y que para esos efectos deberá contarse con un certificado que confirme el vínculo entre un firmante y los datos de creación de una "firma electrónica avanzada", expedido por el Servicio de Administración Tributaria cuando se trate de personas morales y por un prestador de servicios de certificación autorizado por el Banco de México cuando se trate de personas físicas, mediante el cumplimiento de ciertos requisitos, entre ellos, el de la comparecencia del interesado o de su apoderado o representante legal en caso de personas morales, con la finalidad de acreditar su identidad. De lo anterior se concluye que no se viola la garantía de legalidad contenida en el artículo 16 de la Constitución Política de los Estados Unidos Mexicanos, por el hecho de que el Código Fiscal de la Federación no establezca una definición particular de lo que debe entenderse por "firma electrónica avanzada", pues del indicado numeral 17-D se advierte el propósito perseguido con ésta, el cual, además de identificar al emisor de un mensaje como su autor legítimo, como si se tratara de una firma autógrafa, garantiza la integridad del documento produciendo los mismos efectos que las leyes otorgan a los documentos con firma autógrafa, teniendo el mismo valor probatorio; lo anterior, en razón de que la firma electrónica avanzada está vinculada a un certificado expedido por una autoridad, en este caso, por el Servicio de Administración

Tributaria, en el que constan los datos del registro respectivo.

Fraude procesal: Acto o conjunto de actos procesales realizados en forma artificiosa o engañosa por una o ambas partes, para perjudicar a otra persona, obtener indebido o, en fin, lograr un objetivo que no sería posible satisfacer sino mediante un proceso regular. El fraude procesal tiene consecuencias tanto en el ámbito del derecho procesal civil, como en el campo del derecho penal. (Jurídicas, 1993)

2.- Que cometiere defraudación, substituyendo, ocultando o mutilando algún proceso, expediente, documento u otro papel importante. (Biblio juridica)

3.- Apariencia de legalidad, para obtener ventajas patrimoniales menos peligrosas, que otras formas de defraudar. (Cárdenas Rioseco, 2009)

[J]; 10a. Época; 1a. Sala; S.J.F. y su Gaceta; Libro XIV, Noviembre de 2012, Tomo 1; Pág. 767; Número de registro 2002149

FRAUDE PROCESAL PREVISTO EN EL ARTÍCULO 142 DEL CÓDIGO PENAL DEL ESTADO DE CHIHUAHUA ABROGADO, PUEDE AFECTAR BIENES JURÍDICOS DIVERSOS AL DE LA ADMINISTRACIÓN DE JUSTICIA. El referido delito de fraude procesal contiene como elementos típicos que: 1. Alguien simule actos jurídicos o altere elementos de prueba, 2. Se obtenga una resolución jurisdiccional; y 3. De ésta derive el perjuicio de alguien o un beneficio indebido. Ahora bien, este delito fundamentalmente protege como bien jurídico la correcta administración de justicia, pues busca evitar que en un juicio las partes realicen acciones que induzcan al error judicial, como la simulación de actos jurídicos y la alteración de elementos de prueba, para generar el dictado de una resolución jurisdiccional de la que derive un perjuicio para alguien o un beneficio indebido. Sin embargo, la tutela se extiende a la protección de la pluralidad de bienes jurídicos que pueden ponerse en peligro con la consumación de la conducta típica, en virtud de la declaratoria formal que deriva del dictado de una resolución judicial, pues el tipo penal de referencia, al ser pluriofensivo o plurilesivo, puede afectar bienes jurídicos diversos al de la administración de justicia.

Fuero: Jurisdicción especial. En sentido antiguo, exención o privilegio otorgado a alguna persona o clase social".(Vara R. D., 2008)

2.-"Jurisdicción, poder. Cada uno de los privilegios y exenciones que se conceden a una provincia, ciudad o persona"(Valleta, 2004)

3.-"El cuaderno legal o cuerpo de leyes concedido á alguna ciudad ó villa para su gobierno y la administración de Justicia"(Escriche, 1851)

[TA]; 5a. Época; Pleno; S.J.F.; Tomo III; Pág. 500; Número de registro 290329

Función judicial: Desde el punto de vista formal, la función judicial está constituida por la actividad desarrolladora por el Poder que normalmente, dentro del régimen constitucional, está encargado de los actos judiciales, es decir, el Poder Judicial. (Fraga, 2007)

La finalidad de la función Judicial es la solución de controversias o litigios, mediante la aplicación del Derecho, es una función pública de hacer justicia la cual impartirá conforme a derecho. (Favela, 2005)

Comprende todas las actividades que desempeña el Poder Judicial ya sea que impliquen o no la decisión sobre un litigio. (Favela, 2005)

[TA]; 9a. Época; Pleno; S.J.F. y su Gaceta; Tomo XXIII, Febrero de 2006; Pág. 21; Número de registro 175985

CONTROVERSIAS DENTRO DEL PODER JUDICIAL DE LA FEDERACIÓN. LA PROCEDENCIA DE LAS PREVISTAS EN

LA FRACCIÓN IX DEL ARTÍCULO 11 DE LA LEY ORGÁNICA RESPECTIVA TAMBIÉN SE ACTUALIZA CON MOTIVO DE CONDUCTAS OMISIVAS QUE TRASCIENDAN A LOS PRINCIPIOS CONSTITUCIONALES QUE RIGEN LA FUNCIÓN JUDICIAL. Atendiendo a los fines de la atribución conferida en el citado precepto al Pleno de la Suprema Corte de Justicia de la Nación, consistentes en velar por la autonomía e independencia de los órganos del Poder Judicial de la Federación y de sus integrantes, mediante la resolución de cualquier controversia relacionada con lo dispuesto en los artículos 94, 97, 99, 100 y 101 constitucionales, debe concluirse que la procedencia de una controversia de esa naturaleza está condicionada a que se acredite la existencia de alguna conducta atribuible a un órgano del Poder Judicial de la Federación que trascienda a los principios que en términos de lo previsto en esos preceptos constitucionales rigen la función judicial, conducta que puede ser de naturaleza positiva u omisiva, ya que la actividad jurisdiccional encaminada a resguardar las atribuciones constitucionales de esos órganos está condicionada a que exista cualquier conducta que por sus efectos trascienda al marco constitucional; máxime que la situación imperante con motivo de la conducta omisiva puede afectar los principios constitucionales y legales que rigen la función judicial y de no analizarse su validez podría prolongarse indefinidamente por el simple transcurso del tiempo y dar lugar a que las transgresiones al marco constitucional se consumaran en forma irreparable.

Función Jurisdiccional: La función jurisdiccional constituye el poder para llevar a cabo el conjunto de actos dispuestos y ordenados en procedimientos secuenciales e integrados en procesos coherentes previstos legalmente, realizados ordinariamente por los tribunales creados, organizados y sostenidos por el Estado, en ejercicio del poder soberano del Estado, y que tienen por objeto conocer y decidir los litigios sometidos a su consideración, mediante actuaciones y resoluciones obligatorias y exigibles para las partes litigantes, e imperativamente ejecutables coactivamente, de ser necesario. * Diccionario jurídico, Recuperado el 14 de Noviembre de 2012, de http://www.diccionariojuridico.mx/?pag=vertermino&id=1 463

2.- Resulta de la substitución de la actividad de los particulares por la del Estado, en la aplicación del derecho objetivo a casos concretos.* (García Máynez, Introducción al estudio del derecho, pag.228m ed. Porrúa, Mexica, 2010).

3.-Mecanismo típico que ofrece el Estado a los particulares para resolver controversias entre estos o entre estos y aquel. Recuperado el 14 de Noviembre del 2012, de http://biblio.juridicas.unam.mx/libros/1/47/6.pdf

[TA]; 10a. Época; T.C.C.; S.J.F. y su Gaceta; Libro VI, Marzo de 2012, Tomo 2; Pág. 1271; Número de registro 2000402

OBLIGACIONES DEL JUZGADOR EN SU FUNCIÓN JURISDICCIONAL. De conformidad con las reformas constitucionales en materia de derechos humanos acaecidas el diez de junio de dos mil diez, todas las autoridades, en el ámbito de sus competencias, tienen la obligación de promover, respetar, proteger y garantizar los derechos humanos. De acuerdo con lo anterior y atento al principio de tutela judicial efectiva previsto en el artículo 17 constitucional constituye una obligación del Juez asegurarse de que los gobernados obtengan una justicia completa e imparcial apegada a las exigencias formales que la Constitución consagra en materia jurisdiccional, particularmente en su artículo 14, para lo cual deben dirigir el proceso de tal forma que no haya dilaciones o entorpecimientos indebidos que conduzcan a la impunidad, tales como tramitar los recursos interpuestos por las partes de forma diferente a la prevenida

por la ley. Actuar de forma diferente constituiría además una violación al artículo 1.1 de la Convención Americana sobre Derechos Humanos.

G

Garantía de audiencia: audiencia .Diccionario Jurídico Mexicano. Garantía de audiencia: a garantía de audiencia, una de las más importantes dentro cualquier régimen jurídico, ya que implica la principal defensa de que dispone todo gobernado frente a actos del poder público, que tienden a privarlo de sus más caros derechos y sus más preciados intereses, está consignada en el segundo párrafo de nuestro Art. 14 constitucional .Constitución Política De los Estados Unidos Mexicanos. Garantía de audiencia: EL JUEZ DE DISTRITO NO ESTA OBLIGADO A ESTUDIAR SI SE CUMPLE CON EL REQUISITO QUE EXIGE EL ARTICULO 14 CONSTITUCIONAL, RESPECTO A LA GARANTIA DE AUDIENCIA, CUANDO EL ACTO RECLAMADO LO CONSTITUYE UNA ORDEN DE APREHENSION, PUES COMO TODA GARANTIA, LA DE AUDIENCIA NO OPERA POR MODO ABSOLUTO, ES DECIR, POR REGLA GENERAL TODO GOBERNADO, FRENTE A CUALQUIER ACTO DE AUTORIDAD QUE IMPORTE PRIVACION DE ALGUNO DE LOS BIENES JURIDICOS TUTELADOS POR EL ARTICULO 14 CONSTITUCIONAL, GOZA DEL DERECHO PUBLICO SUBJETIVO DE QUE SE LE BRINDEN LAS OPORTUNIDADES DEFENSIVA Y PROBATORIA ANTES DE QUE SE REALICE EN SU PERJUICIO EL ACTO PRIVATIVO, SIN EMBARGO, LA CONSTITUCION CONSIGNA ALGUNAS EXCEPCIONES AL GOCE DE ESTA GARANTIA, POR EJEMPLO, TRATANDOSE DE ORDENES JUDICIALES

DE APREHENSION, SALVEDAD QUE SE DERIVA DEL MISMO ARTICULO 16 CONSTITUCIONAL, CUYO PRECEPTO, AL ESTABLECER LOS REQUISITOS QUE EL LIBRAMIENTO DE AQUELLAS DEBE SATISFACER, NO EXIGE QUE PREVIAMENTE A EL SE OIGA AL PRESUNTO INDICIADO EN DEFENSA, PUES UNICAMENTE DETERMINA QUE DICHAS ORDENES ESTEN PRECEDIDAS POR ALGUNA DENUNCIA O QUERELLA RESPECTO DE UN HECHO QUE LEGALMENTE SE CASTIGUE CON PENA CORPORAL, APOYADA EN DECLARACION BAJO PROTESTA "DE PERSONA DIGNA DE FE" O EN OTROS DATOS "QUE HAGAN PROBABLE LA RESPONSABILIDAD DEL INCULPADO".http://info4.juridicas.unam.mx/const/tes/8/20/9649.htm

[TA]; 10a. Época; T.C.C.; S.J.F. y su Gaceta; Libro XXII, Julio de 2013, Tomo 2; Pág. 1296; Número de registro 2003914

ALIMENTOS. LA OBSERVANCIA DEL PRINCIPIO RECTOR DEL INTERÉS SUPERIOR DEL MENOR, NO SIGNIFICA QUE DEBA DEJAR DE OTORGARSE LA GARANTÍA DE AUDIENCIA A SUS DEUDORES ALIMENTARIOS, EN LA CUANTIFICACIÓN DE CANTIDADES DERIVADAS DE LA PENSIÓN ALIMENTICIA DEFINITIVA. Si bien es cierto que toda contienda judicial en que se vean involucrados los derechos inherentes a los menores, debe resolverse sin desatender el principio básico del interés superior del niño, de conformidad con el artículo 4o. de la Constitución Política de los Estados Unidos Mexicanos y la Convención sobre los Derechos del Niño, también lo es que tal circunstancia no se traduce en que el Juez deba dejar de conceder a sus deudores alimentarios la oportunidad de ser oídos previamente a establecer el monto líquido a pagar por concepto de pensión alimenticia definitiva, pues ello equivaldría a dejar de cumplir con la garantía de audiencia establecida en los artículos 14 constitucional y 8 de la Convención Americana sobre Derechos Humanos y, en cambio, otorgarles la oportunidad de hacer valer lo que corresponda con relación a la liquidación, no significa que se dejen de atender las necesidades del acreedor alimentario, ya que las formalidades esenciales del procedimiento deben observarse dentro de un justo equilibrio que, por un lado, no deje en estado de indefensión a las partes y, por el otro, asegure una resolución pronta y expedita de la controversia; además de que el caso referido actualiza un supuesto distinto del que se configura tratándose de la fijación de la pensión alimenticia provisional, hipótesis en la que el Pleno de la Suprema Corte de Justicia de la Nación ha determinado que debe darse preferencia al derecho de percibir alimentos inmediatamente, sobre el derecho a ser escuchado previamente, por tratarse de una medida transitoria, que se aplica durante el procedimiento y, por ello, sólo constituye un acto de molestia y no de privación. Tampoco es obstáculo a lo señalado, lo dispuesto por el artículo 942, primer párrafo, del Código de Procedimientos Civiles para el Distrito Federal, conforme al cual no se requieren formalidades especiales para acudir ante el Juez de lo Familiar cuando se solicite la declaración, preservación, restitución o constitución de un derecho o se alegue la violación del mismo o el desconocimiento de una obligación, tratándose de alimentos; pues en el caso que nos ocupa, atinente a la liquidación de pensiones alimenticias adeudadas, dicho precepto legal no tiene el alcance de establecer que en materia de alimentos pueda dejar de cumplirse con las garantías de audiencia, legalidad y debido proceso del deudor alimentario pues, de estimarse así, se colocaría a la ley secundaria por encima de las normas constitucionales, en contravención a lo dispuesto por el artículo 133 constitucional.

Garantías individuales: están consignadas en la constitución en la parte dogmatica y no incluyen todos los derechos del hombre, pero son un noble avance en nuestra legislación en la protección de los derechos del gobernado. (Jurídicas de la UNAM)

Se hace referencia a los derechos humanos para referirse a los derechos fundamentales que en el nivel constitucional se enuncian y se destacan, como forma de puntualizar que el orden jurídico constitucional se basa entre otras declaraciones en el conocimiento de principios referidos al ser humano que el estado mexicano está dispuesto a defender y proteger mediante acciones procesales interpuestas ante tribunales federales que permiten reiterar atributos y facultades en forma prioritaria. (http://catarina.udlap.mx)

Connotación de seguridad y protección a favor de gobernado dentro de un estado de derecho (Ignacio Burgoa)

[J]; 9a. Época; Pleno; S.J.F. y su Gaceta; Tomo XXVI, Diciembre de 2007; Pág. 8; Número de registro 170740

GARANTÍAS INDIVIDUALES. EL DESARROLLO DE SUS LÍMITES Y LA REGULACIÓN DE SUS POSIBLES CONFLICTOS POR PARTE DEL LEGISLADOR DEBE RESPETAR LOS PRINCIPIOS DE RAZONABILIDAD Y PROPORCIONALIDAD JURÍDICA. De los criterios emitidos por la Suprema Corte de Justicia de la Nación se advierte que el cumplimiento de los principios de razonabilidad y proporcionalidad implica que al fijar el alcance de una garantía individual por parte del legislador debe: a) perseguir una finalidad constitucionalmente legítima; b) ser adecuada, idónea, apta y susceptible de alcanzar el fin perseguido; c) ser necesaria, es decir, suficiente para lograr dicha finalidad, de tal forma que no implique una carga desmedida, excesiva o injustificada para el gobernado; y, d) estar justificada en razones constitucionales. Lo anterior conforme al principio de legalidad, de acuerdo con el cual el legislador no puede actuar en exceso de poder ni arbitrariamente en perjuicio de los gobernados.

Garantías judiciales: Se suelen entender el conjunto de condiciones previstas en la constitución con el fin de asegurar de la mayor medida posible el desempeño efectivo y justo de la función jurisdiccional. (Favela, 2005).

Instituciones establecidas en la C y desarrollada en las leyes, por medio de las cuales se crean condiciones necesarias para lograr y asegurar la independencia como autonomía, imparcialidad frente a los órganos del poder por lo que a la vez se constituyen de manera inmediata como garantía de los justiciables. (Zamudio, 2002).

Son las que exhiben la ley, que se otorgan en determinados casos para garantizar el pago de los danos y perjuicios que puedan resultar de las medidas de seguridad o de carácter coactivo que el juez autorice, a pedimento de alguna de las partes, y en contra de la otra. (Pallares, 1978)

[TA]; 10a. Época; T.C.C.; S.J.F. y su Gaceta; Libro VIII, Mayo de 2012, Tomo 2; Pág. 2170; Número de registro 2000940

VÍA, IMPROCEDENCIA DE LA. OBLIGAR A TRAMITAR UNA MENOS PRIVILEGIADA A LA PROPUESTA ES, POR EXCEPCIÓN, UN ACTO DE IMPOSIBLE REPARACIÓN CONFORME AL DERECHO CONSTITUCIONAL DE ACCESO A LA JUSTICIA Y A LASGARANTÍAS JUDICIALES DE LA CONVENCIÓN AMERICANA SOBRE DERECHOS HUMANOS. Teniendo como base el derecho a la tutela judicial o de acceso a la justicia establecido en el segundo párrafo del artículo 17 de nuestra Carta Magna, y definido como el derecho público subjetivo de toda persona para que los órganos jurisdiccionales atiendan en forma expedita su demanda, esto es sin que la sujeten a condiciones o

requisitos limitativos, innecesarios, excesivos y carentes de razonabilidad o proporcionalidad respecto de los fines que lícitamente persigue el legislador; criterio que no pugna sino coincide con las garantías judiciales a que refiere en sus artículos 8.1 y 25.1, la Convención Americana sobre Derechos Humanos. Es posible llegar a la conclusión de que, para no incurrir en restricciones a dicha prerrogativa constitucional, el acto judicial que declara fundada la excepción de improcedencia de una vía sumaria o privilegiada para tramitar el proceso en la ordinaria, sí es un acto de imposible reparación contra el cual por excepción procede el juicio de amparo indirecto. Lo anterior, pues de esperar la emisión de la sentencia definitiva en el trámite ordinario del procedimiento, se obligará al gobernado a la prosecución de una vía de mayor complejidad y demora; lo cual no es posible subsanar, ni a través de la obtención de una resolución definitiva favorable a sus intereses, ni por medio del juicio de amparo directo donde se analice como violación procesal, porque la única consecuencia, de resultar fundada la excepción, sería reponer el trámite para proseguirlo en la vía propuesta de inicio, sometiendo a las partes a un doble e innecesario trámite judicial y al retardo en la impartición de justicia.

Imparcialidad: Posición trascendente de quienes ejercen la jurisdicción respecto de los sujetos jurídicos afectados por dicho ejercicio (Pales, 2001)

Tiene el significado estricto de esa condición de ajenidad que el juez y los magistrados deben tener respecto de los intereses de las partes en conflicto. (Favela, 2005)

La cualidad preponderante que aparece en la idea misma de juez, desde su primera aparición de los albores de la civilización es la imparcialidad. (Calamandrei, 1960)

[J]; 10a. Época; 1a. Sala; S.J.F. y su Gaceta; Libro XVIII, Marzo de 2013, Tomo 1; Pág. 800; Número de registro 2003123

PRUEBA TESTIMONIAL. EL ARTÍCULO 245 DEL CÓDIGO DE PROCEDIMIENTOS PENALES PARA EL ESTADO DE VERACRUZ, NO VIOLA LA GARANTÍA DE IMPARCIALIDAD. Al disponer tal precepto que: "si fuere necesario examinar a personas que hayan presenciado o tengan datos informativos para el esclarecimiento del delito, de sus características o de las circunstancias particulares del indiciado, lo harán el Ministerio Público o el juez, en su caso", no se transgrede el principio de imparcialidad contenido en el artículo 17 constitucional, en virtud de que, por un lado, faculta al juzgador para desplegar su actividad en determinado sentido, esto es, allegarse de la prueba testimonial en forma oficiosa, cuando lo estime necesario, lo que resguarda el principio de legalidad consagrado en los artículos 14 y 16 de la Carta Magna, referente a que las autoridades sólo pueden hacer aquello para lo cual están expresamente facultadas por la ley; y por otro lado, los diversos artículos 5o. y 8o. de ese código adjetivo penal, imponen al juzgador como principios rectores: preservar el equilibrio procesal, así como la búsqueda y conocimiento de la verdad histórica de los hechos, sin esperar a que las partes impulsen el procedimiento. En suma, la finalidad del procedimiento penal radica en el interés público de resolver con apego a los postulados de justicia y, para cumplir con tal cometido, el legislador de esa entidad dotó al juzgador de una herramienta eficaz al permitirle, en el invocado artículo 245, indagar de oficio para conocer la verdad real de los hechos delictivos, a través del desahogo de la prueba testimonial, razones por las cuales deviene intrascendente si su resultado conduce a la obtención de un elemento de cargo o de descargo, puesto que el fallo se dictará inexcusablemente con arreglo al resultado de las pruebas que obren en autos y en forma objetiva.

[TA]; 10a. Época; 1a. Sala; S.J.F. y su Gaceta; Libro VIII, Mayo de 2012, Tomo 1; Pág. 1094; Número de registro 160120

GARANTÍA DE IMPARCIALIDAD. EL ARTÍCULO 124 DEL CÓDIGO DE PROCEDIMIENTOS PENALES PARA EL DISTRITO FEDERAL NO VIOLA LA. El artículo 124 del Código de Procedimientos Penales para el Distrito Federal que prevé la posibilidad de que el juez emplee los medios de prueba que estime convenientes para acreditar los elementos del tipo y la probable o plena responsabilidad de una persona, no infringe la garantía de imparcialidad contenida en el artículo 17 constitucional. La posibilidad de que el juez emplee las pruebas que sean necesarias para esclarecer la verdad de los hechos tiene como finalidad que pueda emitir un fallo justo, sin que ello signifique que invada o sustituya las funciones del Ministerio Público. Asimismo, se considera que la disposición en cuestión es de carácter garantista porque otorga la potestad al juzgador de emplear todos los medios de prueba que tenga a su alcance con la finalidad de conocer la verdad de los hechos y estar en aptitud de emitir un fallo ajustado a derecho.

I

Improcedencia: La improcedencia en general, de todo recurso, juicio o procedimiento judicial de cualquiera naturaleza que sea, debe relacionarse única y exclusivamente con la inexistencia de la acción procesal; si la que se intenta legalmente es deficiente, si no se tiene en toda su plenitud porque le falte alguno de los requisitos esenciales, sin el cual no es posible jurídicamente su existencia; si en fin, se puso en juego sólo la apariencia de, un derecho que de momento hizo creer al Estado que se encontraba en la obligación de actuar en bien de! particular que lo requería, pero que a la postre se ha determinado que aquel particular no tiene derecho a esa actuación o bien si se pretendió esa actuación no teniendo ni la apariencia del derecho para obtenerla, el recurso, el juicio o el procedimiento intentado, es improcedente, independientemente de que quien por error lo ha promovido tenga o no el derecho sustantivo perseguido, llamado acción civil. (Alfaro Jimenez).

Es la imposibilidad jurídica de que la acción alcance su objetivo por algún obstáculo legal, ya sea porque el obstáculo exista o sobrevenga durante el juicio. (Escriche, 1874)

[J]; 10a. Época; 2a. Sala; S.J.F. y su Gaceta; Libro XIX, Abril de 2013, Tomo 2; Pág. 1107; Número de registro 2003285

IMPROCEDENCIA DEL JUICIO DE AMPARO INDIRECTO POR CESACIÓN DE EFECTOS DEL ACTO RECLAMADO. SE ACTUALIZA ESTA CAUSA SI DURANTE LA TRAMITACIÓN DEL JUICIO EN EL QUE SE RECLAMA COMO AUTOAPLICATIVA UNA LEY, ÉSTA ES REFORMADA O DEROGADA.

Conforme al artículo 73, fracción XVI, de la Ley de Amparo, el juicio de amparo es improcedente cuando hayan cesado los efectos del acto reclamado. En ese sentido, resulta inconcuso que se actualiza dicha causa de improcedencia si en el juicio de amparo indirecto se reclama como autoaplicativa una ley o norma general prohibitiva, o la que establece una obligación, y durante la tramitación del juicio se reforma o deroga, eliminando la prohibición u obligación, destruyéndose así de manera total e incondicionada sus efectos, y no se demuestra que la que genera una obligación haya producido durante su vigencia alguna consecuencia material en perjuicio de la quejosa, derivada del incumplimiento de las obligaciones que estableció durante el periodo que estuvo vigente, pues una eventual concesión del amparo contra la ley carecería de efectos prácticos.

Impugnación: Acción y efecto de atacar, tachar o refutar un acto judicial, documento, de posición testimonial, informe de peritos etc. con el objeto de obtener su revocación o invalidación. (Couture)

El ejercicio del poder de oposición a los acuerdos adoptados por los órganos sociales deliberantes. (Pales, 2001)

Proviene del latín impugnatio, acción y efecto del verbo impugnare, del cual significa combatir, contradecir, refutar, luchar contra. En efecto en el derecho de la expresión impugnación tiene un sentido muy amplio se le utiliza para designar tanto las inconformidades de las partes y demás participante contra los actos del órgano jurisdiccional, como las objeciones que se formulan contra los actos de las propias partes. (Favela, 2005)

[J]; 9a. Época; T.C.C.; S.J.F. y su Gaceta; Tomo XV, Mayo de 2002; Pág. 928; Número de registro 186983

CONCEPTOS DE IMPUGNACIÓN. CUANDO RESULTA FUNDADO ALGUNO DE NATURALEZA PROCEDIMENTAL, ES INNECESARIO EL ESTUDIO DE LOS RESTANTES. El artículo 237 del Código Fiscal de la Federación establece la obligación por parte de las Salas del Tribunal Federal de Justicia Fiscal y Administrativa, de estudiar en primer término aquellas causales de ilegalidad que den lugar a declarar la nulidad lisa y llana del acto impugnado, y en caso de que ninguna produzca ese resultado, proceder al análisis de aquellos conceptos de nulidad relacionados con la omisión de requisitos formales exigidos por las leyes, y de los vicios del procedimiento que afecten las defensas del promovente. No obstante lo anterior, el examen de todos los puntos controvertidos no debe entenderse en el sentido de que aun cuando resulte fundado un motivo de anulación de naturaleza procedimental, dichos órganos deban pronunciarse respecto de los restantes argumentos, puesto que ello resultaría innecesario si atañen a los actos realizados posteriormente a esa violación, ya que, en todo caso, al subsanarse tales irregularidades por la autoridad, es posible que ésta cambie el sentido de su determinación.

Incidente: Del latín insidere, que significa sobrevivir, interrumpir, producirse. Procesalmente los incidentes son procedimientos que tienden a resolver controversias de carácter adjetivo relacionadas inmediata y directamente con el asunto principal. (Zamora, 1976)

Toda discusión accesoria que sobre viene en el curso de un pleito y con cierna a la forma del procedimiento o al fondo del litigio. (Capitant, 1986)

Son procedimientos que se siguen dentro de un mismo proceso para resolver una cuestión accesoria al litigio principal. (Favela, 2005)

[TA]; 10a. Época; T.C.C.; S.J.F. y su Gaceta; Libro XVIII, Marzo de 2013, Tomo 3; Pág. 2018; Número de registro 2003054

INCIDENTE DE NULIDAD DE ACTUACIONES. MOMENTO EN QUE SURTE EFECTOS, ACORDE CON EL PRINCIPIO DE EXHAUSTIVIDAD. El incidente de nulidad de actuaciones surte efectos desde la presentación del escrito respectivo pues, desde ese momento, el juzgador se hace sabedor de que el demandado cuestiona la legalidad del emplazamiento a juicio o la notificación de alguna actuación posterior, en esa virtud, acorde con el principio de exhaustividad surge la responsabilidad del Juez de atender tal reclamo, de lo contrario, no se podría, válidamente, resolver la controversia planteada, pues se infringiría el citado principio. Consecuentemente, el incidente de nulidad de actuaciones obliga al juzgador a atenderlo desde su presentación y no hasta que se acuerda o notifica a la contraparte dicho acuerdo.

[TA]; 10a. Época; T.C.C.; S.J.F. y su Gaceta; Libro XVI, Enero de 2013, Tomo 3; Pág. 2067; Número de registro 2002538

INCIDENTE DE LIQUIDACIÓN DE SENTENCIA. PROCEDE EL RECURSO DE REVOCACIÓN CONTRA LOS AUTOS DICTADOS DURANTE SU TRAMITACIÓN, POR NO CONSTITUIR PROPIAMENTE ACTOS DE EJECUCIÓN DE SENTENCIA, SINO PREVIOS A ÉSTA (LEGISLACIÓN DEL ESTADO DE MÉXICO). El artículo 2.163 del Código de Procedimientos Civiles del Estado de México establece que si la sentencia no contiene cantidad líquida, la parte interesada presentará su liquidación de la que se dará vista por tres días a la parte condenada, en el entendido de que si ésta no se opone el Juez decidirá; empero, si expresara su inconformidad, se dará vista a la otra parte por igual plazo, y dentro de los tres días siguientes el Juez resolverá. Esto significa que a través del incidente de liquidación de sentencia se determina la cantidad a la que asciende la condena a que se refiere la sentencia de fondo pues ese es su principal objetivo. En tal sentido, el incidente de liquidación de sentencia se torna un procedimiento previo a la ejecución de la sentencia, en el cual, al cuantificarse la condena, queda debidamente preparada esa ejecución, lo cual implica que no sea posible considerar a dicho incidente como un procedimiento directo de ejecución de sentencia, pues para que ésta pueda ser ejecutada, requiere haberse liquidado. En tales circunstancias, se concluye que los autos dictados en el referido incidente no quedan comprendidos en la hipótesis de irrecurribilidad de los actos de ejecución de sentencia a que se refiere el artículo 2.184 del Código de Procedimientos Civiles en cita, sino en la normativa de sus numerales 2.164 y 1.362, en orden con el principio de impugnabilidad de las resoluciones que se dicten en el procedimiento, en cuanto a que los autos que no son apelables y los decretos son revocables por el Juez que los dictó.

Independencia: Potestad conferida a los jueces en virtud de la cual se encuentra en la posibilidad de administrar justicia de acuerdo a su ciencia y su conciencia, sin que estén sujetos a consignas o vi rectrices de los órganos de los demás poderes del estado, o de los órganos superiores del poder al que pertenecen. (Lara, 2008)

Cualidad de la que en el ejercicio de su función jurisdiccional, deben gozar los jueces y que consisten en su absoluta soberanía y falta de dependencia, no ya respecto de los sujetos interesados en los procesos, sino de poder ejecutivo, del poder legislativo, de los órganos jurisdiccionales de superior categoría, de los órganos de gobierno administrativo, de los tribunales y de cuales quiera otras personas físicas y jurídicas. (Pales, 2001)

La situación institucional que permite a los juzgadores emitir sus decisiones conforme a su propia certeza de los hechos obtenida con base en las pruebas practicadas en el proceso y de acuerdo con el derecho que estimen aplicable al caso concreto sin tener que atacar o someterse a indicaciones sugestiones provenientes de órgano de los otros poderes o de sus superiores jerárquicos. (Favela, 2005)

[J]; 10a. Época; Pleno; S.J.F. y su Gaceta; Libro XIII, Octubre de 2012, Tomo 1; Pág. 89; Número de registro 2001845

AUTONOMÍA E INDEPENDENCIA JUDICIAL. EL LEGISLADOR DEBE ESTABLECERLAS Y GARANTIZARLAS EN LA LEY. Las garantías de autonomía e independencia judicial son instrumentales respecto del derecho humano de acceso a la justicia y se enmarcan en la fracción III del artículo 116 de la Constitución Política de los Estados Unidos Mexicanos, conforme al cual deben ser "establecidas" y "garantizadas", lo que se traduce en un doble mandato constitucional: el de establecer condiciones de independencia y autonomía, que exige una acción positiva y primigenia del legislador local para incluirlas en la ley; y el de garantizar esos contenidos, lo que significa para el legislador ordinario un principio general que presume la necesaria permanencia de los elementos y previsiones existentes, bajo una exigencia razonable de no regresividad, para evitar que se merme o disminuya indebidamente el grado de autonomía e independencia judicial existente en un momento determinado. Lo anterior significa que los componentes que integran la independencia y autonomía judicial deben preverse, por mandato constitucional, en normas materialmente legislativas que, una vez establecidas, dejan de estar a la libre disposición del legislador, de modo que el estudio de su constitucionalidad debe tomar en cuenta necesariamente el contexto de la evolución constitucional de cada entidad federativa.

Indiciado: En el proceso penal se dan diversas denominaciones al inculpado, según la etapa procedimental en la que se encuentre indiciado. (Favela, 2005)

Acción o señal que da a conocer lo culto. Significa también lo mismo que eleve presunción. (Pallares, 1978)

Prueba indirecta deducida de una circunstancia es decir, de cualquier accidente de tiempo, lugar, modo etc. que en relación con un hecho o acto determinado permite fundar su existencia. (Lara, 2008)

[J]; 10a. Época; 1a. Sala; S.J.F. y su Gaceta; Libro XXIII, Agosto de 2013, Tomo 1; Pág. 349; Número de registro 2004159

AVERIGUACIÓN   PREVIA.
EL INDICIADO TIENE INTERÉS LEGÍTIMO PARA PROMOVER JUICIO DE AMPARO INDIRECTO EN CONTRA DEL ACUERDO EMITIDO POR EL

MINISTERIO PÚBLICO QUE DETERMINA LA RESERVA DE AQUÉLLA. El artículo 131 del Código Federal de Procedimientos Penales faculta al Ministerio Público para reservar el expediente de averiguación previa a fin de recabar más datos para proseguir con la citada averiguación, y, de este modo, pueda ejercer la acción penal en contra del indiciado. Ello supone una carga para el indiciado derivada de una imposibilidad material imputable al Estado, que genera un estado de incertidumbre en relación con la situación jurídica en la que se encuentra; una situación que se traduce además en el desconocimiento del tiempo que durará la reserva y, en general, en un claro estado de inseguridad al no saber si finalmente será consignado o se dictará el acuerdo de archivo. Por lo anterior, se concluye que el indiciado tiene interés legítimo para promover juicio de amparo indirecto contra el acuerdo emitido por el Ministerio Público a través del cual determina la reserva de la averiguación previa y, por ende, la promoción del amparo en su contra no actualiza la causal de improcedencia establecida en el artículo 73, fracción V, de la Ley de Amparo, por lo que no debe sobreseerse en el juicio correspondiente. Lo anterior es así, porque el acuerdo de reserva afecta directamente la esfera jurídica del indiciado, de tal suerte que si llegara a concederse la protección constitucional, bien podría traducirse en un beneficio jurídico a su favor, a saber, dejaría de estar afectado por un estado de incertidumbre permanente.

Inhibitoria: El oficio que se dirige a un juez o tribunal par que se declare incompetente. (Pallares, 1978)
Solicitud que se formula a un juez para que mediante el examen de los motivos que se expresan en ella acepte conocer un proceso y se dirijan a otro juez o a cualquiera autoridad judicial distinta ante quien se encuentre en tramitación en juicio, expresándole que dicho juicio no es de su competencia y, por tanto procede que se abstenga de continuar diligenciándolo y remita a lo actuado a una

autoridad superior, a efecto de que esta sea quien determine cual de ellas es competente para proseguirlo hasta su terminación. (UNAM, 2002)

Cuestión de competencia que se presenta ante un juez o tribunal a quien se le considera competente para que así lo declare y reclame las actuaciones al órgano judicial que hubiese estado actuando hasta ese momento (Pales, 2001)

[J]; 9a. Época; 1a. Sala; S.J.F. y su Gaceta; Tomo XVI, Agosto de 2002; Pág. 60; Número de registro 186334

COMPETENCIA POR INHIBITORIA. EL AUTO QUE DESECHA ESA CUESTIÓN CONSTITUYE UN ACTO DENTRO DE JUICIO, QUE NO ES DE IMPOSIBLE REPARACIÓN, Y QUE PUEDE SER COMBATIDO EN AMPARO DIRECTO, CUANDO SEA DICTADA LA SENTENCIA DEFINITIVA. La cuestión de competencia, planteada en su modalidad de inhibitoria, constituye un acto que necesariamente se presenta dentro de juicio, aun cuando se tramite ante Juez diverso del que recibió la demanda e inició el procedimiento, toda vez que conforme a las reglas procesales respectivas, por definición y en atención a la forma y a los términos en que se tramita, necesariamente se plantea después de que el demandado ha sido emplazado, por lo que si el juicio se inició con la presentación de la demanda, entonces no cabe duda de que se trata de un acto dentro de juicio, ya que no es lógico ni jurídico plantearla previamente a dicha presentación, es decir, antes de iniciado el juicio. Además, al constituir el desechamiento de esa cuestión un acto dentro del juicio, de naturaleza meramente procesal, que no afecta derechos sustantivos, sino que atiende a razones procedimentales, porque sólo produce efectos intraprocesales, en modo alguno es constitutivo de derechos, por lo que no es un acto de imposible reparación. En consecuencia, el promovente de la inhibitoria puede impugnar el auto que la desechó de plano, a través del recurso correspondiente, lo que generalmente produce la suspensión del procedimiento y contra la resolución que se dicte en ese recurso podrá acudir al juicio de amparo directo, conforme a las reglas que al efecto se desprenden de los artículos 107, fracción III, de la Constitución Política de los Estados Unidos Mexicanos, y 114, fracción IV, 158 y 159 de la Ley de Amparo.

[TA]; 5a. Época; Pleno; S.J.F.; Tomo CXXX; Pág. 31; Número de registro 277934

INHIBITORIA ACEPTACION DE LA MISMA POR EL JUEZ REQUERIDO.

Las cuestiones de competencia entre autoridades judiciales son el reflejo de los atributos de jurisdicción en imperio de que están investidas y la Suprema Corte de Justicia sólo puede ejercer la facultad decisoria que le otorga el artículo 106 de la Constitución General de la República, con relación al punto concreto jurisdiccional de Derecho Público que le planteen las dos jurisdicciones que controviertan, para conocer de determinado asunto, de tal modo que el interés de las partes que figuren en la controversia judicial respectiva, queda relegado a segundo término, o mejor dicho, desaparece totalmente, en cuanto a los efectos de la cuestión competencial suscitada. Los jueces contendientes en esa clase de controversias son órganos de los respectivos poderes judiciales de las entidades a que pertenecen y por lo tanto, en los conflictos de competencia, lo que se hace valer es la soberanía de cada una de dichas Entidades, por lo que si la autoridad judicial requerida para que deje de conocer de determinado juicio, acepta la inhibitoria que se le propuso, con ello declina primordialmente la soberanía de que estaba investida, y renuncia en forma total a la jurisdicción que tal soberanía le irrogaba, la que desde ese momento y en uso de la soberanía de que, a su vez, disfruta el juez requirente, es asumida por él desde luego, surgiendo entonces su competencia para conocer del caso concreto que dio origen a la controversia y aplicar en el caso planteado en el mismo, las leyes vigentes en la materia de que se trata; en consecuencia, en esos casos, desaparece la controversia de derecho público iniciada entre las autoridades que tuvieron el carácter de contendientes, cesando por lo mismo, el conflicto de las soberanías que representan, quedando, ipso- facto, sin materia la controversia competencial que primitivamente surgió, sin que los intereses privados que se discutan ante aquellos jueces, por la inconformidad de alguna de las partes en el asunto, pueda mantener vivo el citado conflicto competencial, porque, como ya se estableció, las cuestiones de competencia se rigen de manera exclusiva, por el derecho público.

Inspección judicial: Medio de prueba que consiste en el examen directo por el juez de la cosa mueble o inmueble o persona sobre la que recae para formar su convicción sobre su estado situación o circunstancia que tenga relación con el proceso en el momento en el que la realizan. (Lara, 2008)

Es el examen o comprobación directa que realice el juez o tribunal a quien corresponda verificar hechos o circunstancias de un juicio, cuya descripción se consigna en los autos respectivos, para dar fe de su existencia así como de las personas, cosas o lugares que debían ser examinados a proposición de las partes en contienda. (UNAM, 2002)

Es el examen sensorial directo realizado por el juez en persona, sujetos relacionados con la controversia. (Juan, 1977)

[TA]; 9a. Época; T.C.C.; S.J.F. y su Gaceta; Tomo XVII, Junio de 2003; Pág. 1006; Número de registro 184109

INSPECCIÓN JUDICIAL. NO ES LA PRUEBA IDÓNEA PARA DEMOSTRAR O DESVIRTUAR ACTUACIONES QUE REQUIEREN CONOCIMIENTOS TÉCNICOS ESPECÍFICOS. De conformidad con los artículos 161 a 164 del Código Federal de Procedimientos Civiles, la finalidad de la inspección judicial es que el funcionario que la practique perciba por medio de sus sentidos alguna situación fáctica sobre lugares, personas u objetos relacionados con la controversia en un momento determinado, sin que para su comprensión o interpretación se requieran de conocimientos técnicos especiales; por tanto, el servidor público que realice tal diligencia no tiene manera de percibir actividades o circunstancias acontecidas en el pasado, pues para que así fuera, sería necesario que el fedatario se hubiese constituido en el momento en que sucedieron los hechos. Por tanto, la inspección judicial por sí sola es insuficiente para demostrar, o en su defecto desvirtuar, hechos contenidos en algún medio probatorio acaecidos con anterioridad y únicamente es apta para demostrar las características físicas de algún objeto o bien inmueble al momento de realizar la diligencia y, en su caso, dar fe de los hechos o actividades que pueda percibir en ese instante.

Instancia: Cada uno de los grados jurisdiccionales que la ley tiene establecidos para ventilar y sentenciar, en jurisdicción expedita, lo mismo sobre el hecho que sobre el derecho, en los juicios y demás negocios de justicia.
(Diccionario de la lengua española, 2001)
Conjunto de actos procesales comprendidos a partir del ejercicio de una acción en juicio y la contestación que se produzca, hasta dictarse sentencia definitiva.
Seguir juicio formal respecto a una cosa por el término y las solemnidades establecidas por las leyes. Se considera así mismo instancia, la impugnación que se hace respecto de un argumento jurídico.
En lo que atañe a los efectos jurídicos de la instancia, los tratadistas han reducido en la actualidad solo tres actos procesales: a) el inicio de un juicio en tanto que el hecho de la presentación de cualquier demanda constituye por sí solo la primera instancia, podrá abandonársele sin esperar la contestación, pero en poner en movimiento el aparato judicial, el actor abre la instancia da lugar a lo que Couture

a denominado el acto introductivo, por virtud del cual del cual se somete una pretensión al juez con las formas requeridas por la ley, pidiéndole una resolución favorable a su interés; b) el de caducidad, cuyo objeto es abreviar tramites y terminar pleitos, ya que a virtud de su aplicación se considera abandonado un juicio por quien lo intento, al dejar correr un tiempo sin ninguna actuación, sea por falta de interés o por alargar un procedimiento en perjuicio del demandado. La implantación del principio legal de caducidad de instancia impide que litigantes de mala fe o poco honorables hagan interminable un negocio; c) el desistimiento, si con el sobreviene la paralización de la actividad procesal, con diez a quo cierto como expresa Alcalá Zamora; esto es, que al momento en que se extienda la constancia judicial de haber recaído la conformidad del demandado respeto a la terminación de un juicio, no se dé curso a ninguna otra actuación bajo ningún concepto. Puede ocurrir —agrega Alcalá Zamora— que se promueva una nueva demanda dentro de los límites de la prescripción extintiva, pero esto a lugar a otros problemas jurídicos, que aunque ligados a la instancia, corresponden a diferentes actuaciones procesales.(Diccionario juridico mexicano, 1993)

Cada una de las etapas o graos jurisdiccionales del proceso destinado al examen de la cuestión debatida. // Actos de impulso procesal (Pina, 2008).

Es una conducta del particular o sujeto de derecho frente al Estado, frente a los órganos de autoridad, por la cual informa, pide solicita o de cualquier otra forma activa las funciones de esos órganos de autoridad. "El acto denominado instancia tiene forzosamente como presupuesto el procedimiento, tener derecho a instar es pretender algo de alguien en un procedimiento.(Gómez, 2004)

[TA]; 5a. Época; 1a. Sala; S.J.F.; Tomo XLIV; Pág. 191; Número de registro 312409

374

SENTENCIAS DE PRIMERA INSTANCIA.

Los efectos de las sentencias, respecto de las cuales se admitió el recurso de apelación, cesan, puesto que se sustituyen por los de la resolución de segunda instancia, y el amparo es improcedente contra dichas sentencias.

[TA]; 10a. Época; T.C.C.; S.J.F. y su Gaceta; Libro XXIV, Septiembre de 2013, Tomo 3; Pág. 2453; Número de registro 2004396

CADUCIDAD DE LA SEGUNDA INSTANCIA. NO OPERA SI LAS PARTES NO INTERVINIERON EN EL TRÁMITE DEL RECURSO PROPICIANDO LA REALIZACIÓN DE ACTOS DIVERSOS A LOS ENCOMENDADOS LEGALMENTE AL TRIBUNAL DE ALZADA (LEGISLACIÓN DEL ESTADO DE BAJA CALIFORNIA). En términos del artículo 138 del Código de Procedimientos Civiles para el Estado de Baja California, la caducidad opera en segunda instancia, si transcurridos seis meses naturales contados a partir de la notificación de la última determinación judicial, no hubiere promoción de cualquiera de las partes, que tienda a llevar adelante el procedimiento. Luego, de los artículos 689, 690 y 698 de ese ordenamiento, se obtiene que, admitido el recurso, la Sala mandará correr traslado a la parte contraria con el escrito de expresión de agravios, por el término de seis días, para que los conteste y, en caso de haberse adherido a la apelación, manifieste lo que corresponda a sus intereses y, que contestados los agravios o perdido el derecho de hacerlo, si no se hubiera promovido prueba o concluida la recepción de las que se hubieren admitido, serán citadas las partes para sentencia, la que se pronunciará en el término legal. Así, de la interpretación de esas disposiciones, acorde con el artículo17 de la Constitución General de la República, se concluye que la caducidad de la instancia no opera en los casos en que las partes no intervienen en el procedimiento de segundo grado y éste se integra únicamente con las actuaciones que resuelven en un mismo proveído sobre la procedencia y la admisión del recurso, la calificación del grado hecha por el Juez inferior y la orden de que se corra traslado a la contraria para que conteste los agravios dentro del plazo indicado. Lo anterior, porque una vez que este último concluye, la ley determina que el tribunal de alzada citará a las partes para sentencia, por lo que si no existe actuación que lo impida, lo esperado es que la Sala emita el fallo con el que cumple su deber de impartir justicia en la forma y términos que la ley indica.

Interdictos: Juicio posesorio de carácter sumario.(Pales, 2001)

Con ella se expresan instituciones jurídicas de índole diverso que ni siquiera pertenecen al mismo genero la ley y la doctrina conocen cinco clases de interdictos a saber: al de retener la posición, el de recuperar la posesión, el de adquirir la posesión, el de obra nueva y el de obra peligrosa. (Pallares, 1978)

Acciones posesorias de retener y recuperar la posesión o defenderse de una obra nueva o renosa. (CPCDF)

[J]; 9a. Época; T.C.C.; S.J.F. y su Gaceta; Tomo XVIII, Julio de 2003; Pág. 876; Número de registro 183802

INTERDICTOS, NATURALEZA DE LOS.

Los interdictos no se ocupan de cuestiones de propiedad y de posesión definitiva, sino sólo de posesión interina; pero esta preocupación no es el medio, sino el fin de los interdictos. O dicho de otro modo: a lo que todo interdicto tiende es a proteger la posesión interina del promovente, bien de que se trate de adquirir, de retener o de recuperar tal posesión, puesto que su real y positiva finalidad no es resolver en definitiva acerca de la posesión a favor del que obtiene el interdicto, sino sólo momentánea, actual e interinamente, dado que después de la protección así obtenida mediante sentencia judicial, puede muy bien discutirse la posesión definitiva en el juicio plenario correspondiente, e inclusive la propiedad en el reivindicatorio, sin que en forma alguna la resolución interdictal pueda invocarse en estos juicios con autoridad de cosa juzgada.

Interés jurídico: Otras veces se contrapone el interés jurídico al interés del mero hecho o simple pero aunque se caen en la cuestión de si existe un bien garantizado. (Pallares, 1978)

Los que producen en favor del acreedor, desde que fuere dictada en primera instancia toda sentencia o resolución que condene al pago de una cantidad de dinero liquida. (Pales, 2001)

La relación de utilidad existente entre la lesión de un derecho que a sido afirmada y el proveimiento de la tutela jurisdiccional que viene demandado. (Liebman, 1985)

[TA]; 10a. Época; 2a. Sala; S.J.F. y su Gaceta; Libro XXIV, Septiembre de 2013, Tomo 3; Pág. 1854; número de registro 2004501

INTERÉS LEGÍTIMO E INTERÉS JURÍDICO. SUS ELEMENTOS CONSTITUTIVOS COMO REQUISITOS PARA PROMOVER EL JUICIO DE AMPARO INDIRECTO, CONFORME AL ARTÍCULO 107, FRACCIÓN I, DE LA CONSTITUCIÓN POLÍTICA DE LOS ESTADOS UNIDOS MEXICANOS. El citado precepto establece que el juicio de amparo indirecto se seguirá siempre a instancia de parte agraviada, "teniendo tal carácter quien aduce ser titular de un derecho o de un interés legítimo individual o colectivo", con lo que atribuye consecuencias de derecho, desde el punto de vista de la legitimación del promovente, tanto al interés jurídico en sentido estricto, como al legítimo, pues en ambos supuestos a la persona que se ubique dentro de ellos se le otorga legitimación para instar la acción de amparo. En tal virtud, atento a la naturaleza del acto reclamado y a la de la autoridad que lo emite, el quejoso en el juicio de amparo debe acreditar fehacientemente el interés, jurídico o legítimo, que le asiste para ello y no inferirse con base en presunciones. Así, los elementos constitutivos del interés jurídico consisten en demostrar: a) la existencia del derecho subjetivo que se dice vulnerado; y, b) que el acto de autoridad afecta ese derecho, de donde deriva el agravio correspondiente. Por su parte, para probar el interés legítimo, deberá acreditarse que: a) exista una norma constitucional en la que se establezca o tutele algún interés difuso en beneficio de una colectividad determinada; b) el acto reclamado transgreda ese interés difuso, ya sea de manera individual o colectiva; y, c) el promovente pertenezca a esa colectividad. Lo anterior, porque si el interés legítimo supone una afectación jurídica al quejoso, éste debe demostrar su pertenencia al grupo que en específico sufrió o sufre el agravio que se aduce en la demanda de amparo. Sobre el particular es dable indicar que los elementos constitutivos destacados son concurrentes, por tanto, basta la ausencia de alguno de ellos para que el medio de defensa intentado sea improcedente.

J

Juez: Es la persona designada por el Estado para administrar justicia, dotada de jurisdicción para decidir litigios. En nuestro medio la palabra Juez puede tener dos significados: el primero de ellos y el más general que lo referimos a todo funcionario titular de jurisdicción; juez, se dice el que juzga. Por otro lado, y de manera más particular y precisa, juez es el titular de un juzgado tribunal de primera instancia unipersonal.

(Diccionario jurídico mexicano, 1993)

Se aplica esta denominación al funcionario público que participa en la administración de la justicia con la potestad de aplicar el derecho por vía del proceso, así como al ciudadano que accidentalmente administra justicia como jurado, arbitro, etc.

La función del juez e uno y en otro caso, es la de aplicar el derecho, no pudiendo crearlo, por no ser su tarea legislativa, si no jurisdiccional.

El juez no está instituido como tal para juzgar del derecho, ni para crearlo: su misión es aplicarlo

Aunque la función jurisdiccional se ejerce primordialmente por los jueces profesionales, nuestro sistema jurídico procesal permite la intervención en esta tare de los ciudadanos, convertidos en jueces no profesionales, que accidentalmente apliquen el derecho con la misma eficacia de los jueces funcionarios.

(Rafael de Pina, Rafael de Pina Vara., 2008)

[J]; 10a. Época; 2a. Sala; S.J.F. y su Gaceta; Libro XXIV, Septiembre de 2013, Tomo 2; Pág. 1177; Número de registro 2004413

COMPETENCIA PARA CONOCER DE LA ACCIÓN DE PAGO POR CONCEPTO DE LA OCUPACIÓN TEMPORAL DE UNA PARCELA EJIDAL CONTRA EL OCUPANTE. CORRESPONDE A UN JUEZ EN MATERIA CIVIL. La competencia para conocer de la acción de pago ejercida por un ejidatario por concepto de la ocupación temporal de la parcela de la que es titular contra su ocupante, se surte en favor de un Juez en materia Civil y no de un Tribunal Unitario Agrario, ya que su naturaleza es civil, en la medida en que el interés del actor es de carácter patrimonial y personal, que no repercute en el núcleo ejidal o comunal al que pertenece, en virtud de que lo que pretende con su ejercicio es obtener una cantidad de dinero que corresponda al valor económico de los perjuicios que le hubiera ocasionado no gozar de la posesión de la parcela, de manera que el reclamo de la prestación económica de que se trata escapa al ámbito de las normas agrarias y, por ende, la vía en la que se ventile la controversia debe resolverse bajo la aplicación de las normas del derecho civil.

Juicio de amparo: El juicio de amparo es un procedimiento autónomo con características específicas propias de su objeto, que es el de lograr la actuación de las prevenciones constitucionales a través de una contienda equilibrada entre el gobernador y el gobernante. (Nación, 2007)

El amparo mexicano es la institución jurídica por la que una persona física o moral, denominada quejosa, ejercita el derecho de acción ante un órgano jurisdiccional federal o local, para reclamar de un órgano del Estado, federal, local o municipal, denominado "autoridad responsable", un acto o ley que, el citado quejoso estima, vulnera las garantías individuales o el régimen de distribución competencial entre Federación, Estados y Distrito Federal, respectivamente, para que se le restituya o mantenga en el goce de sus presuntos derechos, después de agotar los medios de impugnación ordinarios. (García, 2008)

la acción que ejercita cualquier gobernado ante los órganos jurisdiccionales federales contra todo acto de autoridad (lato sensu) que le causa un agravio en su esfera jurídica y que considere contrario a la Constitución, teniendo por objeto invalidar dicho acto o despojarlo de su eficacia por su inconstitucionalidad o ilegalidad en el caso concreto que lo origine (Burgoa, 1955)

[J]; 10a. Época; 2a. Sala; S.J.F. y su Gaceta; Libro XVIII, Marzo de 2013, Tomo 2; Pág. 1242; Número de registro 2003074

JUICIO DE AMPARO INDIRECTO.

PROCEDE CONTRA ACTOS DICTADOS EN EL PROCEDIMIENTO ADMINISTRATIVO DE EJECUCIÓN CUANDO EL QUEJOSO SE OSTENTA COMO TERCERO EXTRAÑO. Esta Segunda Sala de la Suprema Corte de Justicia de la Nación, al interpretar las fracciones II y III del artículo 114 de la Ley de Amparo, ha establecido que, por regla general, el juicio de amparo es improcedente contra actos dictados dentro del procedimiento administrativo de ejecución, ya que el quejoso debe esperar a que se dicte la última resolución en ese procedimiento, para poder reclamar las violaciones procesales que se hubieren cometido, a fin de no obstaculizar injustificadamente la secuencia ejecutiva; sin embargo, cuando reclama un acto dictado dentro del citado procedimiento, alegando que desconoce el crédito fiscal que la autoridad pretende hacerle efectivo, se actualiza una excepción a la regla general mencionada, toda vez que comparece como persona extraña a la controversia, ya sea por no haber figurado como parte en el procedimiento de origen, por no haber sido llamado o por no habérsele notificado la resolución determinante del crédito fiscal, lo que hace innecesario que espere al dictado de la resolución final en la secuela ejecutiva para impugnar los actos intraprocesales en amparo, así como interponer los medios ordinarios de defensa procedentes contra el acto reclamado, al actualizarse la hipótesis de procedencia a que se refiere la fracción V del precepto citado; lo anterior, siempre que no se desvirtúe plenamente el carácter de tercero extraño con el que compareció, ya que en tal supuesto el juicio será improcedente.

[J]; 10a. Época; 2a. Sala; S.J.F. y su Gaceta; Libro XVIII, Marzo de 2013, Tomo 2; Pág. 1380; Número de registro 2003073

JUICIO DE AMPARO INDIRECTO. ES IMPROCEDENTE CONTRA LA DECLARACIÓN DE INCOMPETENCIA DE UNA SALA DEL TRIBUNAL DE LO CONTENCIOSO ADMINISTRATIVO DEL ESTADO DE GUANAJUATO. La declaración de incompetencia de una Sala del Tribunal de lo Contencioso Administrativo del Estado de Guanajuato que inicialmente conoce de una demanda de nulidad y remite los autos al Juzgado Administrativo Municipal correspondiente de la propia entidad federativa, no constituye un acto de ejecución irreparable en términos de la fracción IV del artículo 114 de la Ley de Amparo, puesto que se desconoce si la segunda autoridad aceptará o no la competencia, ni cómo se resolverá, en su caso, el conflicto competencial que llegara a suscitarse, razón por la que es improcedente el juicio de amparo indirecto; sin que sea óbice a lo anterior, que el artículo 206-A de la Ley Orgánica Municipal para el Estado de Guanajuato abrogada, establezca la posibilidad de que el actor elija ante qué órgano jurisdiccional presentará su demanda de nulidad, pues ello no implica que el tribunal que prevenga deba admitir la competencia, dado que este presupuesto procesal debe satisfacerse en concordancia con el cuerpo legal que rija el acto que se discuta por el actor ya que, en caso contrario, tramitaría el juicio una autoridad carente de competencia, en contravención a los derechos subjetivos del gobernado, lo cual evidentemente le depararía perjuicio jurídico.

Juicio político: El Juicio Político es un proceso sumario de una sola instancia a cargo de un órgano formalmente legislativo (Congreso de la Unión), pero el proceso es de índole materialmente jurisdiccional (se juzga y se condena con fuerza imperativa) seguido contra un servidor público de alta jerarquía de cualquiera de los tres poderes públicos por la comisión de conductas (acciones y omisiones) graves. (Ledezma, 2011)

Elizur Arteaga lo considera un procedimiento de excepción, porque se sigue a funcionarios que están al margen del sistema ordinario de persecución y castigo de ilícitos y porque el Congreso de la Unión sólo en forma aislada y ocasional abandona sus funciones naturales de legislar, vigilar y ratificar y se aboca a la tarea de juzgar. Es un juicio entre pares; la misma clase de gobernantes juzga a uno de sus miembros. (Arteaga, 2001)

El Juicio Político constituye una función de control constitucional: formalmente legislativa, pero materialmente jurisdiccional llevada a cargo por un órgano político (el Poder Legislativo) que sólo permite la remoción o inhabilitación de ciertos servidores públicos de alta jerarquía a los que se sancionan por violaciones a la Constitución, leyes y programas federales. (Gutiérrez, 1996)

[J]; 9a. Época; Pleno; S.J.F. y su Gaceta; Tomo XI, Febrero de 2000; Pág. 629; Número de registro 192345

JUICIO POLÍTICO. LOS GOBERNADORES DE LOS ESTADOS SON SUJETOS DE RESPONSABILIDAD OFICIAL, EN TÉRMINOS DE LOS ARTÍCULOS 109, PÁRRAFO PRIMERO Y FRACCIÓN I, Y 110, PÁRRAFO SEGUNDO, DE LA CONSTITUCIÓN FEDERAL. El artículo 110, párrafo segundo, de la Constitución Federal establece que los gobernadores de los Estados pueden ser sujetos de juicio político por violaciones graves a esa Norma Fundamental y a las leyes federales, así como por manejo indebido de fondos y recursos federales. En este caso, la resolución de responsabilidad que llegue a emitir la Cámara de Senadores, como Jurado de Sentencia, tendrá sólo un carácter declarativo y se comunicará a la Legislatura Estatal que corresponda, para que proceda en consecuencia. Por su parte, el artículo 109, primer párrafo, de la Carta Magna dispone que corresponde a los Congresos Locales expedir las leyes conducentes a sancionar a quienes, teniendo el carácter de servidores públicos, incurran en responsabilidad, siendo procedente el juicio político, según lo establecido en la fracción I del propio numeral, respecto de los sujetos enumerados en el artículo 110, cuando incurran en actos u omisiones que redunden en perjuicio de los intereses públicos fundamentales o de su buen despacho. La interpretación conjunta de los aludidos preceptos conduce a determinar que los gobernadores de los Estados pueden ser sujetos de juicio político por los motivos indicados, debiendo las Legislaturas Estatales emitir las normas reguladoras para la aplicación de las sanciones de destitución e inhabilitación para desempeñar funciones, empleos, cargos o comisiones de cualquier naturaleza en el servicio público, para el caso de comisión de conductas de esa índole por los mencionados funcionarios.

Jurisdicción concurrente: En el derecho mexicano, llamados jurisdicción concurrente a un fenómeno de atribución competencial simultánea o concurrente, a favor de autoridades judiciales federales y de autoridades judiciales locales. El supuesto está contemplado en el art. 104 de la Constitución Federal, el que ordena que tratándose de la aplicación de las leyes federales en caso que sólo afecten interés particular, pueden conocer, indistintamente, a elección del actor, los tribunales comunes de los estados o del Distrito Federal, o bien los jueces de distrito, que pertenecen al sistema judicial federal. (Lara C. G., 2000)

La violación de las garantías de los artículos 16, en materia penal, 19 y 20 fracciones I, VIII y X, párrafos primero y segundo de la Constitución Federal, podrá reclamarse ante el juez de Distrito que corresponda o ante el superior del tribunal que haya cometido la violación. (Art.37, 2012)

Las controversias sobre el cumplimiento y la aplicación de leyes federales y tratados internacionales que solo afecten intereses particulares podrán conocer a elección del actor, los tribunales federales o los tribunales de las entidades federativas. (Favela, Teoria General Del Proceso, 2005)

[TA]; 9a. Época; T.C.C.; S.J.F. y su Gaceta; Tomo XXXIII, Abril de 2011; Pág. 1222; Número de registro 162428

AMPARO POR JURISDICCIÓN O COMPETENCIA CONCURRENTE.

CONSTITUYE UNA EXCEPCIÓN AL PRINCIPIO DE CONTROL CONCENTRADO O DIFUSO DE LA CONSTITUCIONALIDAD. De conformidad con la jurisprudencia del Pleno de la Suprema Corte de Justicia de la Nación, publicada en el Semanario Judicial de la Federación y su Gaceta, Novena Época, Tomo X, agosto de 1999, página 18, de rubro: "CONTROL JUDICIAL DE LA CONSTITUCIÓN. ES ATRIBUCIÓN EXCLUSIVA DEL PODER JUDICIAL DE LA FEDERACIÓN.", por disposición de los artículos 103 y 107 de la Constitución Política de los Estados Unidos Mexicanos, el juicio de amparo representa un medio de defensa ex profeso, por vía de acción, que se encuentra constitucionalmente encomendado, en exclusiva, al Poder Judicial de la Federación, por lo que ninguna otra autoridad puede conocer de aquél; sin embargo, del referido artículo 107, fracción XII, así como de la interpretación sistemática de diversos artículos relativos al trámite del amparo indirecto y, especialmente, de los numerales 37 y 156 de la Ley de Amparo, se advierte la posibilidad de una excepción a dicho principio de control difuso o concentrado de la constitucionalidad, pues tratándose de la jurisdicción concurrente, del juicio constitucional podría conocer un tribunal de segunda instancia del orden penal perteneciente a una estructura diversa del Poder Judicial de la Federación, como puede ser una Sala Penal de un Poder Judicial Estatal; así, resulta inconcuso que la modalidad que se comenta del juicio de amparo, constituye una excepción constitucionalmente reconocida al principio de control judicial difuso o concentrado.

Jurisdicción voluntaria: La expresión "jurisdicción voluntaria", sigue siendo sumamente utilizada y con ella se quiere aludir a una serie de gestiones o de tramitaciones, en las cuales no hay litigio y que se desenvuelven o desarrollan frente a un órgano judicial, cuya intervención obedece a una petición de algún sujeto de derecho, y que tiene por objeto examinar, certificar, calificar o dar fe de situaciones. (Lara, 2000)

La jurisdicción voluntaria consiste en especiales actividades del estado, ejecutadas por los tribunales de justicia u otras autoridades a petición de un interesado con el fin de sustituir situaciones o estados jurídicos nuevos completar capacidades o solemnizando o autentificando ciertos actos para entrar al ejercicio o goce de un derecho. (Gonzalo figeroa tragle, 1950)

Es los cuales el juzgador no decide sobre un conflicto o litigio, por lo que en dichos procedimientos no ejerce, en sentido estricto, su función jurisdiccional, pese al nombre que aquellos todavía conservan. (Favela, 2005)

[TA]; 10a. Época; T.C.C.; S.J.F. y su Gaceta; Libro XXIV, Septiembre de 2013, Tomo 3; Pág. 2601; Número de registro 2004511

JURISDICCIÓN VOLUNTARIA. CONFORME A LOS NUMERALES 94 Y 878 DEL CÓDIGO DE PROCEDIMIENTOS CIVILES PARA EL ESTADO DE BAJA CALIFORNIA, NO ES LA VÍA IDÓNEA PARA PREPARAR UN JUICIO EJECUTIVO CIVIL, EN ATENCIÓN A SU NATURALEZA JURÍDICA, AL NO EXISTIR CONTROVERSIA ENTRE PARTES. Cuando el actor pretende el cobro de un adeudo atribuido a su contrario con motivo de una relación comercial, empero, ante la falta de documento fundatorio de la acción ejecutiva civil, promueve diligencias de jurisdicción voluntaria con el fin de constituir la prueba para ejercer esa acción, el efecto legal se traduce en pretender preparar el juicio a través de una figura jurídica impropia para tal fin, porque mediante diligencias de jurisdicción voluntaria el actor notificó a quien afirma es su deudor sobre el motivo de la visita, origen del adeudo y requiere por la entrega del numerario; sin embargo, si durante el desahogo de la diligencia en ningún momento se pidió y tampoco logró la confesión ni el reconocimiento de la obligación de pago, además de que el interpelado sólo manifestó a la diligenciaría que se entendiera con su abogado, significa que esa expresión no contiene la afirmación de aceptar o reconocer la indicada obligación, misma que no alcanza valor probatorio alguno, máxime si se desahogó en una vía no idónea, en virtud de que conforme al artículo 878 del Código de Procedimientos Civiles para el Estado de Baja California, la jurisdicción voluntaria es, por naturaleza, un instrumento legal para tramitar diversas solicitudes sin existir controversia entre partes, es decir, no hay conflicto por dirimir, carece de contienda; de ahí la diferenciación en cuanto al fin y a la sustancia del proceso; así, a través de aquella institución el juzgador se concreta a constatar, integrar, certificar o sancionar hechos descritos por el promovente o algún derecho, con la característica de que en relación con la decisión que pronuncie no opera la figura de la cosa juzgada, tampoco surte efectos contra terceros, tal como se advierte del precepto 94 del propio ordenamiento, con base en el cual sus resoluciones son provisionales y se pueden modificar por sentencia interlocutoria o definitiva, además de prever en forma expresa la posibilidad legal de alterarse y modificarse; por ello, lo actuado en éstas carece de valor probatorio cuando se ofrece, como en el caso, para demostrar un adeudo que no se reconoció ni confesó por el interpelado en un juicio contencioso, en donde la nota distintiva es que se genera, entre otros, el principio de contradicción entre partes, a fin de darles la oportunidad de imponerse del material probatorio y exponer en su defensa, con miras a refutar las probanzas del contrario para lograr satisfacer su pretensión.

Juzgado: Órgano estatal unipersonal, encargado, en primera o única instancia de la administración de justicia y, en algunos países de la instrucción de los sumarios en los procesos penales. (Lara, 2008)

El tribunal que cuesta de un solo juez, ósea el órgano de administración de justica que tiene a la cabeza a un solo juez, que es quien conoce de los juicios y pronuncia las sentencias. (Pallares, 1978)

Actualmente con la palabra juez se designa al titular de un órgano jurisdiccional unipersonal o unitario y al órgano en sí, así como el lugar en que ejerce su función, se le denomina juzgado. (Favela, 2005)

[TA]; 10a. Época; T.C.C.; S.J.F. y su Gaceta; Libro XIV, Noviembre de 2012, Tomo 3; Pág. 1844; Número de registro 2002125

COMPETENCIA POR TERRITORIO. SE SURTE A FAVOR DEL JUZGADO DE DISTRITO DEL LUGAR EN QUE SE UBICA EL TRIBUNAL AGRARIO QUE EJERCE JURISDICCIÓN EN EL PREDIO MATERIA DE LOS ACTOS RECLAMADOS, SIN QUE OBSTE QUE LA MULTA SE IMPUTE A UNA AUTORIDAD EJECUTORA CON DOMICILIO DIVERSO, SI NO SE RECLAMA POR VICIOS PROPIOS. Conforme al artículo 36 de la Ley de Amparo, una de las reglas para determinar la competencia por territorio del Juzgado de Distrito consiste en que ejerza jurisdicción en el lugar donde deba tener ejecución, trate de ejecutarse, se ejecute o se haya ejecutado el acto reclamado. En tales condiciones, si lo que se reclama es que un Tribunal Agrario hizo efectivo el apercibimiento por la violación a las medidas cautelares que decretó en relación con la enajenación de un terreno, la competencia por territorio para conocer del juicio de amparo se surte a favor del Juez de Distrito del lugar donde aquél ejerce su jurisdicción, no obstante que la autoridad que ejecute la multa respectiva tenga su domicilio en lugar diverso, si dicha sanción no se impugna por vicios propios, sino que su ilegalidad se hace depender de lo determinado acerca del desacato a la medida cautelar.

Juzgador: Persona a la que, de manera permanente o accidental se le a conferido la potestad de administrar justicia. (Lara, 2008).

Es la más amplia que existe para designar tanto al órgano que ejerce la función jurisdiccional como al o a los titulares de dichos órganos. (Favela, 2005)

Por juzgador en sentido genérico o abstracto el tercero imparcial instituido por el estado para decidir jurisdiccionalmente y, por consiguiente con operatividad de un litigio entre pares. (Castillo, 1974)

[TA]; 10a. Época; T.C.C.; S.J.F. y su Gaceta; Libro XXIV, Septiembre de 2013, Tomo 3; Pág. 2587; Número de registro 2004484

IMPEDIMENTO EN EL AMPARO. LA CAUSA PREVISTA EN EL ARTÍCULO 51, FRACCIÓN VIII, DE LA LEY DE LA MATERIA, NO SE ACTUALIZA POR EL HECHO DE QUE UN JUZGADOR MANIFIESTE QUE, PREVIO A QUE SE PROMOVIERA EL JUICIO, FUE COMPAÑERO DE TRABAJO DEL QUEJOSO (LEGISLACIÓN VIGENTE A PARTIR DEL 3 DE ABRIL DE 2013). Para que se materialice la referida causal de impedimento, es necesario que se satisfagan dos requisitos fundamentales: a) se trate de una condición diversa a las enunciadas en las restantes fracciones de ese numeral pero de forma actual, pues para ello el legislador se valió de la expresión "si se encuentra"; de ahí que, de haber estimado que podría abarcar una situación -procesal o personal- del pasado, lo habría expuesto expresamente como lo hizo en las otras hipótesis; y b) implique elementos objetivos de los que pudiera derivarse el riesgo de pérdida de imparcialidad. En tal virtud, si el juzgador sostiene su impedimento en el hecho

389

de que, previo a que se promoviera el juicio, mantuvo una relación laboral con el quejoso al haber sido compañeros de trabajo, es inconcuso que no está satisfecho el primer requisito, relativo a que al plantearse el impedimento la relación sea actual, en tanto se refiere a una cuestión acontecida en el pasado; por lo que si no se tiene la certeza de que el ánimo del resolutor actualmente se ve afectado para resolver con imparcialidad el asunto, ni lo manifiesta al rendir su informe, como es su obligación, es inconcuso que no existe dato objetivo que permita destruir la presunción constitucional de "imparcialidad" que a todo juzgador otorga el artículo 17 de la Constitución Política de los Estados Unidos Mexicanos y, por ende, que no se actualice la aludida causa de impedimento.

L

Laudo: Es una resolución dictada por un tribunal de trabajo que resuelve el fondo del negocio, ocupándose de las acciones deducidas y excepciones opuestas. (Román Zauza Pérez)

Resolución que dicta el árbitro o árbitros en el arbitraje de derecho, o arbitraje de equidad, resolviendo definitivamente el conflicto que les ha sido sometido. Dichas resoluciones son ejecutivas ante los Tribunales ordinarios. (Pales, 2001)

Laudo es la denominación de la resolución que dicta un árbitro y que sirve para dirimir (resolver) un conflicto entre dos o más partes. (Juridica, 2012)

[TA]; 10a. Época; 2a. Sala; S.J.F. y su Gaceta; Libro XXII, Julio de 2013, Tomo 1; Pág. 1116; Número de registro 2004017

LAUDO. EL ARTÍCULO 841 DE LA LEY FEDERAL DEL TRABAJO, NO VIOLA LOS PRINCIPIOS DE LEGALIDAD Y SEGURIDAD JURÍDICA

(LEGISLACIÓN ANTERIOR A LA REFORMA PUBLICADA EN EL DIARIO OFICIAL DE LA FEDERACIÓN EL 30 DE NOVIEMBRE DE 2012). El citado precepto no viola los principios de legalidad y seguridad jurídica contenidos en los artículos 14 y 16 de la Constitución Política de los Estados Unidos Mexicanos, ya que no es dable analizarlo en forma restrictiva, porque la Ley Federal del Trabajo, en su conjunto, es la que prevé las normas que regulan el procedimiento. Así, bajo un análisis sistemático puede advertirse lo siguiente: a) no se autoriza a las Juntas de Conciliación y Arbitraje a pasar por alto el principio de objetividad que impera en la función jurisdiccional; b) si bien la valoración de pruebas debe realizarse a partir de un análisis a conciencia, a verdad sabida y buena fe guardada, ello no implica que pueda ser arbitraria, sino que deben considerarse todos aquellos elementos objetivos y subjetivos que contribuyan a formar convicción en el ánimo del juzgador; c) las Juntas pueden dictar el laudo sin sujetarse a las reglas utilizadas por los órganos judiciales, por no ser un tribunal de derecho sino de arbitraje; pero deben fallar con base en la verdad que resulte de las actuaciones del juicio, por lo que están constreñidas a examinar las actuaciones habidas y a hacer constar en autos ese análisis; d) la apreciación en conciencia de las pruebas sólo tiene aplicación dentro de los límites fijados en la litis y deben descansar en la lógica y el raciocinio; e) verdad sabida y buena fe guardada es una clásica expresión forense usada desde hace siglos para dar a entender que un pleito o una causa debe sentenciarse sin atender a las formalidades del derecho; f) se les permite recabar pruebas oficiosamente para conocer la verdad buscada en aplicación de una justicia objetiva, acorde con la realidad de los hechos debatidos en el conflicto; g) pueden preguntar a los testigos y a las personas que intervengan en audiencias; examinar documentos, objetos y lugares, así como hacerlos reconocer por peritos; y, en general, practicar cualquier diligencia que a su juicio sea necesaria para esclarecer la verdad. En consecuencia, se cumple con la finalidad perseguida por el legislador al fijar las normas del derecho procesal del trabajo, las cuales tienden a establecer el predominio que requiere la verdad frente al hecho social, a veces en contradicción con la constancia formal, para responder necesariamente al propósito de hacer justicia como concepto regulador de las actividades sociales.

Legítima defensa: Acción necesaria para rechazar una agresión no provocada, presente e injusta, cuando la autoridad que pudiera evitarla se haya ausente, o cuando estando presente no interviene con la debida diligencia. (Lara, 2008)

Es aquella necesaria para repeler una agresión a ataque injusto y actual o inminente dirigido contra los bienes jurídicos propios o ajenos, en este caso los que son objeto de tutela por el derecho penal. (Pales, Diccionario Juridico, 2001)

Se presenta cuando una persona repele una agresión real actual o inminente, y sin derecho en protección bienes jurídicos propios o ajenos siempre que exista necesidad de la defensa y racionalidad de los medios empleados y no medio de provocación dolosa suficiente e inmediata departe del agredido o de la persona que se defiende. (Favela, 2005)

[TA]; 9a. Época; T.C.C.; S.J.F. y su Gaceta; Tomo XXXI, Enero de 2010; Pág. 2184; Número de registro 165442

PRESUNCIÓN   DE LEGÍTIMA DEFENSA. PARA DESVIRTUARLA EL MINISTERIO PÚBLICO TIENE QUE ACREDITAR QUE QUIEN PRODUJO EL DAÑO   NO   OBRÓ   EN DEFENSA PROPIA (LEGISLACIÓN DEL ESTADO DE CHIHUAHUA). La causa   de   exclusión   del   delito   por   presunción de legítima defensa,   según   se   expone   de   forma generalizada   en   la   doctrina,   constituye   una "legítima defensa privilegiada", que se basa en la condición de peligro implícito en determinados actos descritos por la ley y que prescinde de exigir la prueba de necesidad de defensa y la racionalidad de los medios empleados en ella; presunción que admite prueba en contrario, la cual corresponde, en todo caso, al Ministerio Público, quien deberá aportar los elementos necesarios para demostrar que la persona que produjo el daño no obró en legítima defensa. Por su parte, el artículo 28, fracción IV, párrafo segundo, del Código Penal del Estado de Chihuahua señala que se presume que concurren los requisitos de la legítima defensa respecto de aquel que cause un daño a quien a través de la violencia, del escalamiento o por cualquier otro medio trate de penetrar sin derecho al hogar o sus dependencias, a los de la familia, o los de cualquier persona que tenga el mismo deber de defender, o al sitio donde se encuentren bienes jurídicos propios o ajenos de los que tenga la misma obligación; o bien cuando se cause un daño a quien se encuentre en alguno de esos lugares, en circunstancias tales que revelen la posibilidad de una agresión. En consecuencia, para desvirtuar dicha figura cuando se ejercite acción penal en contra de quien prive de la vida a otro dentro de su domicilio, es necesario que el Ministerio Público acredite que quien produjo el daño no obró en defensa propia, pues a favor de éste opera la presunción de legítima defensa, lo cual constituye una causa de exclusión del delito de homicidio.

Legitimación: Efecto producido en relación con el estado civil de con los hijos habido antes del matrimonio de los padres por el casamiento subsecuente de esto, en virtud del cual son tenidos como hijos matrimoniales. (Lara, 2008)

La legitimación o posibilidad jurídicamente reconocida, de ejercitar un determinado contenido de un derecho, al ser referida al campo hipotecario provoca el estudio de uno de los grandes efectos del principio de publicidad. (Pales, Diccionario Jurídico, 2001)

Queda legitimado por siguiente matrimonio de los padres, el hijo concebido al tiempo que aun no hubiere sido dictada la sentencia que declaro presuntivamente fallecido al cónyuge de uno de los padres siempre que la concepción haya sido posterior al cumplimiento de los plazos establecidos. (flori, 1974)

[TA]; 10a. Época; T.C.C.; S.J.F. y su Gaceta; Libro XXIV, Septiembre de 2013, Tomo 3; Pág. 2441; Número de registro 2004382

AMPARO CONTRA LEYES. LA AUTORIDAD PROMULGADORA TIENE LEGITIMACIÓN PARA INTERPONER RECURSO DE REVISIÓN CONTRA LA SENTENCIA QUE LO RESUELVA, AUN SIN HABER SIDO EMPLAZADA AL JUICIO. El artículo 83 de la Ley de Amparo, vigente hasta el dos de abril del dos mil trece, establece una regla general relativa a la legitimación con que cuentan las autoridades para interponer recurso de revisión contra la sentencia que resuelva el juicio de amparo, la cual deriva de la afectación que de manera directa sufra el acto de autoridad que se les hubiera reclamado; sin embargo, el legislador estableció una excepción a dicha regla, relativa a que, tratándose de amparos contra leyes, la legitimación de las autoridades para interponer recurso de revisión contra la sentencia que afecte la norma general reclamada deriva únicamente de su carácter de titulares de los órganos de gobierno encargados de su promulgación. Por tanto, si en un juicio de garantías promovido contra una norma general no se llama como responsable a una de las autoridades promulgadoras, se debe concluir que aun cuando no hubiera sido parte material en el juicio, tiene legitimación para interponer el recurso de revisión contra la sentencia que declare inconstitucional el precepto legal reclamado, pues el derecho que para tal efecto le otorga el artículo 83 de la Ley de Amparo no está condicionado a su intervención en el juicio, sino a que se trate del órgano encargado de su promulgación.

Legitimación activa: La legitimación activa consiste en la propiedad o calidad que tiene el titulo de crédito de atribuir a su titular, es decir, a quien lo posee legalmente, la facultad de exigir del obligado en el título el pago de la prestación que en él se consigna. Sólo el titular del documento puede "legitimarse"□ como titular del derecho incorporado y exigir el cumplimiento de la obligación relativa. (Ahumada, 2000)

Por legitimación procesal activa se entiende la potestad legal para acudir al órgano jurisdiccional con la petición de que se inicie la tramitación del juicio o de una instancia. A esta legitimación se le conoce con el nombre de ad procesum y se produce cuando el derecho que se cuestionará en el juicio es ejercitado en el proceso por quien tiene aptitud para hacerlo valer, a diferencia de la legitimación ad causam que implica tener la titularidad de ese derecho cuestionado en el juicio. La legitimación en el proceso se produce cuando la acción es ejercitada en el juicio por aquel que tiene aptitud para hacer valer el derecho que se cuestionará, bien porque se ostente como titular de ese derecho o bien porque cuente con la representación legal de dicho titular. La legitimación ad procesum es requisito para la procedencia del juicio, mientras que la ad causam, lo es para que se pronuncie sentencia favorable. (criterios)

Se entiende la potestad legal para acudir al órgano jurisdiccional con la petición de que se inicie la tramitación del juicio o de una sentencia. (Favela, 2005)

[TA]; 10a. Época; T.C.C.; S.J.F. y su Gaceta; Libro XII, Septiembre de 2012, Tomo 3; Pág. 1941; Numero de registro 2001710

PERSONAS   COLECTIVAS. GOZAN DE LEGITIMACIÓN ACTIVA PARA   INSTAR   EL

JUICIO DE AMPARO A PESAR DE LA ENTRADA EN VIGOR DE LAS REFORMAS CONSTITUCIONALES PUBLICADAS EN EL DIARIO OFICIAL DE LA FEDERACIÓN EL 6 Y 10 DE JUNIO DE 2011. Las referidas reformas constitucionales sustituyeron el término "Garantías Individuales" por "Derechos Humanos"; sin embargo, ello por sí mismo no vuelve improcedentes los juicios de amparo promovidos por personas colectivas, al estimar que por efecto de su entrada en vigor no son titulares de los segundos. En efecto, del procedimiento de enmienda constitucional se advierte que su teleología fue realizar, en este aspecto, una adecuación terminológica para hacerla congruente con el lenguaje utilizado por el derecho internacional, recogiéndose la situación preexistente, ya que en dicho procedimiento no consta alguna expresión en el sentido de privarlas de la titularidad de algún derecho humano como el de acudir al juicio de amparo para su defensa. Además, los principios pro persona y de progresividad contenidos en los párrafos segundo y tercero del artículo 1o. de la Constitución Política de los Estados Unidos Mexicanos impedirían llegar a una conclusión contraria al retroceder en el espectro de protección que las "Garantías Individuales" ya protegían, dado que incluso se encuentran vigentes los preceptos de la Ley de Amparo que establecen la legitimación activa de las personas colectivas para acudir a esa instancia constitucional.

Legitimación pasiva: En su aspecto pasivo, la legitimación consiste en que el deudor obligado en el título de crédito cumple su obligación y por tanto se libera de ella, pagando a quien aparezca como titular del documento. El deudor no puede saber, si el título anda circulando, quién sea su acreedor, hasta el momento en que éste se presente a cobrar, legitimándose activamente con la posesión del documento.(Ahumada, 2000)

Es la aptitud que permite al deudor quedar liberado de su obligación, si paga al poseedor legitimado, aún cuando éste no sea el titular del derecho. (Juridica, 2012)

Es la identidad de la persona del demandado con la persona contra la cual es concebida la acción. (Favela, 2005)

[TA]; 9a. Época; T.C.C.; S.J.F. y su Gaceta; Tomo XXXIII, Febrero de 2011; Pág. 2346; Número de registro 162794

LEGITIMACIÓN PASIVA Y ACTIVA EN LA ACCIÓN DE EXTINCIÓN DE DOMINIO. SU REGULACIÓN EN LA LEGISLACIÓN DEL DISTRITO FEDERAL. El ocho de diciembre de dos mil ocho, en la Gaceta Oficial del Distrito Federal, se publicó el decreto por el que se expide la Ley de Extinción de Dominio para el Distrito Federal. Conforme a la exposición de motivos, la citada ley es de orden público y tiene por objeto reglamentar el ejercicio de una facultad del Estado relativa a la instauración del procedimiento de extinción de dominio previsto por el artículo 22 constitucional. La referida ley define que la legitimación pasiva recae en el sujeto afectado quien es la persona titular de los derechos de propiedad del bien sujeto al procedimiento de extinción de dominio, con legitimación para acudir a proceso. La legitimación activa para el ejercicio corresponde al agente del Ministerio Público especializado en el procedimiento de extinción de dominio de la Procuraduría General de Justicia del Distrito Federal.

Litigio: Proceso. Contienda judicial. Conflicto sometido a la decisión de los Tribunales. Varias expresiones se usan con significación parecida, pero técnicamente, deben diferenciarse. Así, proceso es una serie o sucesión de actos que componen el orden de actuar; procedimiento es la forma particular y concreta de encauzar un proceso; y el juicio está constituido por la voluntad manifestada del Tribunal a través de la sentencia.

(diccionario univesal, 2000)

Pleito, controversia o contienda judicial.

(Rafael de Pina, Rafael de Pina Vara., 2008)

Litigio son dos partes en donde una pretende que el derecho apoya en su favor un interés en conflicto con el interés en la otra, y que esta o aun no oponiéndose no cumple con la obligación que se le reclama.(Código de procedimientos civiles del estado de México,Artículo 2.97)

[TA]; 10a. Época; T.C.C.; S.J.F. y su Gaceta; Libro XX, Mayo de 2013, Tomo 3; Pág. 2137; Número de registro 2003767

SENTENCIAS DE AMPARO. LAS CUESTIONES QUE FUERON O DEBIERON SER MATERIA DE LITIGIO EN LA INSTANCIA CORRESPONDIENTE NO ACTUALIZAN LA IMPOSIBILIDAD JURÍDICA Y/O MATERIAL PARA SU CUMPLIMIENTO. La imposibilidad jurídica y/o material para cumplir con una resolución judicial existe únicamente cuando sobreviene una causa o situación ajena al proceso, que haya cesado o modificado las circunstancias conforme a la cuales se emitió el fallo. En ese sentido, no puede considerarse que se actualiza dicha imposibilidad para cumplir con una sentencia de amparo, si el motivo aducido descansa en un punto o una cuestión que fue o debió ser materia de litigio en la instancia correspondiente, habida cuenta que en la etapa del cumplimiento del fallo no pueden introducirse argumentos defensivos que debieron ventilarse ante la autoridad jurisdiccional previamente a la emisión de la resolución respectiva, pues hacerlo conllevaría la posibilidad de que se planeara que las sentencias de amparo se tornaran contrarias a derecho por haber protegido al gobernado respecto del goce de derechos que realmente no fueron violados.

Litisconsorcio: El litisconsorcio se conoce como proceso único con pluralidad de partes, es decir, es cuando una controversia jurídica que surge entre dos o más personas, se traba entre diversas personas (físicas o jurídicas, etc...) aunque formando una parte única de cada lado. Se trata de un proceso único con pluralidad de partes cuando dos o más personas se constituyen en él, en la posición de actor y/o de demandado, estando legitimadas para ejercitar o para que frente a ellas se ejercite una única pretensión, originadora de un único proceso, de tal modo que el Juez ha de dictar una única sentencia, en la que se contendrá un solo pronunciamiento, la cual tiene como propiedad inherente a la misma el afectar a todas las personas parte. (Pales, Diccionario Juridico, 2001)

Proviene de las locuciones latinas Litis y consortium: la primera significa litigio o pleito y la segunda, comunidad de destino. (Couture E. J., 1978)

Con esta expresión se designa el fenómeno que se presenta cuando dos o más personas ocupan la posición de la parte actora litisconsorcio activo, la posición de la parte demandada litisconsorcio pasivo. (Favela, 2005)

[J]; 10a. Época; 1a. Sala; S.J.F. y su Gaceta; Libro XXIII, Agosto de 2013, Tomo 1; Pág. 595; Número de registro 2004262

LITISCONSORCIO PASIVO NECESARIO.
CUANDO EL TRIBUNAL DE ALZADA ADVIERTA QUE ALGUNA DE LAS PARTES NO FUE LLAMADA AL JUICIO NATURAL, OFICIOSAMENTE DEBE MANDAR REPONER EL PROCEDIMIENTO. El litisconsorcio pasivo necesario implica pluralidad de demandados y unidad de acción; de ahí que deban ser llamados a juicio todos los litisconsortes quienes, al estar vinculados entre sí por un derecho litigioso, deben ser afectados por una sola sentencia. En ese sentido, cuando se interpone un recurso de apelación y el tribunal de alzada advierte que en el juicio hubo litisconsortes que no fueron

llamados, aunque no medie petición de parte, en cualquier etapa del procedimiento debe mandar reponerlo de oficio, para que el juez de primera instancia los oiga y dicte una sentencia apegada a los principios de igualdad, seguridad jurídica y economía procesal, sobre la base de que debe protegerse en todo momento el derecho humano de acceso efectivo a la justicia consagrado en el artículo 17 de la Constitución Política de los Estados Unidos Mexicanos. Lo anterior es así, toda vez que el litisconsorcio constituye un presupuesto procesal sin el cual no puede dictarse una sentencia válida, ya que involucra la protección de un derecho humano y la correlativa obligación de los jueces como autoridades a protegerlo, por lo que la carga procesal de citar a todas las partes corresponde al órgano jurisdiccional.

[J]; 10a. Época; 1a. Sala; S.J.F. y su Gaceta; Libro XX, Mayo de 2013, Tomo 1; Pág. 394; Número de registro 2003649

LITISCONSORCIO ACTIVO NECESARIO. EL ARTÍCULO 552 DEL CÓDIGO DE PROCEDIMIENTOS CIVILES DEL ESTADO DE AGUASCALIENTES, NO PREVÉ AQUELLA MODALIDAD PROCESAL, POR LO QUE LA FALTA DE CITACIÓN DE ALGUNO DE LOS ACREEDORES ANTERIORES QUE APAREZCAN EN EL TÍTULO CON QUE SE EJERCE EL JUICIO HIPOTECARIO, NO LLEVA A LA REPOSICIÓN OFICIOSA DEL PROCEDIMIENTO. El litisconsorcio necesario es una modalidad procesal en la que existe una pluralidad de partes que deben actuar conjuntamente en el proceso bajo una misma representación y ejerciendo una misma acción, en cuyo caso se denominará activo, u oponiendo una misma excepción, supuesto en el que se le llamará pasivo. Así, una de las consecuencias del litisconsorcio, conforme al artículo 48 del Código de Procedimientos Civiles del Estado de Aguascalientes, es la obligación de las partes de litigar unidas y bajo una misma representación. En este sentido, el artículo 552 del ordenamiento citado, al prever que si en el título base del juicio hipotecario se advierte que hay otros acreedores anteriores, el juez mandará notificarles personalmente su iniciación para que deduzcan sus derechos conforme a la ley, no regula un litisconsorcio activo necesario, porque no impone la obligación de ejercer la misma acción ni la de actuar bajo la misma representación, pues únicamente dispone que en el caso de una deuda hipotecaria, si existieran acreedores anteriores que aparezcan en el título con que se ejerce el juicio, se les notificará el inicio del procedimiento para que deduzcan sus derechos. Consecuentemente, no se justifica ordenar oficiosamente la reposición del procedimiento ante la falta de aquella notificación, pues al no actualizarse el litisconsorcio necesario, es improcedente que la autoridad jurisdiccional lo reponga ante la falta de llamamiento de alguno de los acreedores anteriores que aparezcan en el título base de la acción. Lo que no implica dejar en estado de indefensión al acreedor hipotecario anterior, ya que por un lado, lo puede hacer valer a petición de parte y por el otro, en la legislación procesal se establece que el remate del bien hipotecado no procederá si no se llama a todos los acreedores que aparezcan en el certificado de gravámenes, el que deberá pedir el juez antes de que se venda judicialmente el bien, por lo que en ese momento procesal el acreedor que no fue llamado a juicio puede hacer valer sus derechos, incluso como tercero ajeno a juicio.

Litispendencia: Estado del pleito antes de su terminación. //Estado litigioso, ante otro juez o tribunal, del asunto o cuestión que se pone o intenta poner sub judice. Es motivo para una de las excepciones dilatorias que admite la ley (Diccionario de la lengua española, 2001)
La indagación sobre el significado el vocablo tiene sus raíces latinas, nos proporciona estos datos; litigium, ligatus: querella, pleito, riña, disputa; litigio as are: disputa,

pleitear, litigar. Por otro lado, pendeo es are: estar adentro, pendiente, estar indeciso, estar sujeto a. de lo que anteriormente se desprende que etimológicamente litispendencia significa la existencia de un pleito que todavía no se resuelve.

Para la doctrina procesal la litispendencia supone que un litigio esta en acto o en su vida, está pendiente, circunstancia que cesara en el momento en que pase procesalmente a cosa juzgada.

(Diccionario juridico mexicano, 1993)

Excepción dilatoria que procede cuando un juez conoce ya el mismo negocio sobre el cual esta demandado el reo (Pina, 2008).

En una excepción procesal que puede interponer el demandado alegando que la misma cuestión planteada en juicio en el cual se interpone, está pendiente de resolverse, eta tramitándose, a raíz de una demanda previamente entablada, ante otro juez o ante el mismo juez que conoce el segundo asunto (Gomez, 2004).

Un mismo litigio seguido en dos procesos (Ruiz, 2007).

[TA]; 10a. Época; T.C.C.; S.J.F. y su Gaceta; Libro IV, Enero de 2012, Tomo 5; Pág. 4494; Número de registro 2000107

LITISPENDENCIA. PROCEDE LA EXCEPCIÓN RELATIVA CUANDO EXISTE IDENTIDAD PROCESAL EN CUANTO A CAUSAS, PERSONAS Y CALIDAD DE SU INTERVENCIÓN EN LOS JUICIOS, POR LO QUE ES INFUNDADA LA OPUESTA ÚNICAMENTE RESPECTO DE LAS CONDICIONES DE TRABAJO QUE RIGIERON LA RELACIÓN LABORAL. Si se considera que la litispendencia, como figura que busca evitar la tramitación paralela de dos juicios y la consecución de resoluciones con pronunciamientos judiciales contradictorios, exige para su acreditación, desde los puntos de vista doctrinal y jurisprudencial, una identidad procesal en las causas, cosas, personas y calidad de su intervención en los juicios, debe considerarse que es infundada la excepción opuesta por la demandada cuando la circunscribe única y exclusivamente a las condiciones fundamentales de la relación laboral que prevalecieron con la parte actora, ya que estas condiciones, a saber, el puesto, el salario y la jornada u horario de labores son conceptualmente distintos a las causas, cosas, personas y calidades de las partes, si se considera que hay una diferencia entre estas identidades, necesarias para la procedencia de la referida excepción de litispendencia, con el significado de las condiciones, pues éstas, a diferencia de aquéllas, se refieren a las obligaciones y derechos de los sujetos de una relación laboral.

M

Magistrado: La palabra latina magistratus proviene de magister, que significa maestro, dueño, propiamente el mayor, por oposición a minister, sirviente, propiamente el menor. Posteriormente magistrado significo cargo o función pública y finalmente designo a la persona misma que lo ejercía. (Couture)

El magistrado. La palabra se deriva del latín magister, maestro. Por una evolución del término, ha venido a significar el titular de un órgano judicial de jerarquía superior, comúnmente, de segundo grado o instancia. También se ha aplicado a los titulares de órganos colegiados o pluripersonales pero esto no siempre es así, porque encontramos tribunales unitarios, integrados por un solo magistrado. (Lara C. G., 2000)

Es un funcionario público que ejerce un cargo administrativo o judicial y que se encarga de juzgar y hacer ejecutar lo juzgado.(Vara R. D., 2008)

[TA]; 10a. Época; T.C.C.; S.J.F. y su Gaceta; Libro XXIII, Agosto de 2013, Tomo 3; Pág. 1659; Número de registro 2004236

IMPEDIMENTO MANIFESTADO POR UN
JUEZ DE DISTRITO O MAGISTRADO DE CIRCUITO.
NO PROCEDE TRATÁNDOSE DE LA SUSPENSIÓN
DE OFICIO. El artículo 53 de la Ley de Amparo establece
que el que se excuse deberá, en su caso, proveer sobre la
suspensión, excepto cuando aduzca tener interés personal
en el asunto, salvo cuando proceda legalmente la
suspensión de oficio. En armonía con lo anterior, el
artículo 48, primer párrafo, de la citada ley, dispone que:
"Cuando se presente una demanda de amparo ante Juez de
Distrito o Tribunal Unitario de Circuito y estimen carecer
de competencia, la remitirán de plano, con sus anexos, al
Juez o tribunal competente, sin decidir sobre la admisión ni
sobre la suspensión del acto reclamado, salvo que se trate
de actos que importen peligro de privación de la vida,
ataques a la libertad personal fuera de procedimiento,
incomunicación, deportación o expulsión, proscripción o
destierro, extradición, desaparición forzada de personas o
alguno de los prohibidos por el artículo 22 de la
Constitución Política de los Estados Unidos Mexicanos, así
como la incorporación forzosa al Ejército, Armada o
Fuerza Aérea nacionales."; por lo que, tratándose de la
suspensión de oficio, es improcedente anteponer algún
impedimento de un Juez de Distrito o Magistrado de
Circuito, a la resolución de ésta, aun cuando manifieste
tener interés personal en el asunto ya que, en este caso, el
legislador proscribió toda causal de impedimento para
resolver dicha medida cautelar.

Mediación: La función de este tercero puede limitarse a
propiciar la comunicación, la negociación entre las partes,
para tratar de que ellas mismas lleguen a un acuerdo que
resuelva el conflicto, la mediación se lleva a cabo de
manera informal y por lo mismo no existen organismos o
instituciones de prestar regularmente este servicio.
(Favela, 2005)

404

Es un modo de resolución de conflictos, que puede aplicarse como etapa prejudicial para evitar la iniciación de un juicio, mediante un arreglo extrajudicial entre las partes; o en cualquier otro ámbito. (Pales, Diccionario Juridico, 2001)

"Procedimiento estructurado, sea cual sea su nombre o denominación, en el que dos o más partes en un litigio intentan voluntariamente alcanzar por sí mismas un acuerdo sobre la resolución de un litigio con ayuda de un mediador". (Carrasco, 2009)

[TA]; 9a. Época; T.C.C.; S.J.F. y su Gaceta; Tomo XIX, Abril de 2004; Pág. 1435; Número de registro 181710

MEDIACIÓN. EL QUERELLANTE TIENE EL DERECHO DE EXIGIR SU INICIACIÓN EN CUALQUIER ETAPA DEL PROCEDIMIENTO INCLUIDA LA PROPIA AVERIGUACIÓN PREVIA, AUN CUANDO EN PRINCIPIO HAYA MANIFESTADO SU OPOSICIÓN A ELLA (LEGISLACIÓN DEL ESTADO DE PUEBLA). El derecho de mediación entra a la esfera jurídica del particular desde el momento en que formula querella por un delito que se persigue a instancia de parte, pero la actitud de no iniciar ese procedimiento por parte de la autoridad encargada de la mediación con vista en la oposición de aquél, no afecta sus intereses jurídicos, dado que este derecho se mantiene incólume, esto es, no lo pierde ni lo ve disminuido en la medida que lo puede hacer valer nuevamente en las diversas etapas del procedimiento en materia de defensa social, incluida la propia averiguación previa, aun cuando en principio lo haya desdeñado, lo que se confirma si se atiende a lo dispuesto en el artículo 405 del código procesal penal de esa entidad federativa, que establece que la autoridad encargada de la averiguación previa o del proceso pondrá en conocimiento de los involucrados que está abierta la posibilidad de mediación durante todo el procedimiento, y que de pedirlo alguna de las partes la autoridad citará a una audiencia, siguiendo los lineamientos establecidos al respecto por la propia ley; de ahí que el querellante sigue conservando la facultad de exigir la iniciación del procedimiento de mediación y, desde luego, es obligación del Ministerio Público, incluso del Juez del proceso, cumplir dicha exigencia.

[J]; 9a. Época; 1a. Sala; S.J.F. y su Gaceta; Tomo XXIV, Noviembre de 2006; Pág. 142; Número de registro 173911

MEDIACIÓN EN LA AVERIGUACIÓN PREVIA, PREVISTA EN LOS ARTÍCULOS 135 Y 136 DEL CÓDIGO DE PROCEDIMIENTOS PENALES PARA EL ESTADO DE VERACRUZ. LA OMISIÓN POR PARTE DEL MINISTERIO PÚBLICO DE INFORMAR AL QUERELLANTE SOBRE AQUELLA ALTERNATIVA, NO AFECTA LA ESFERA JURÍDICA DEL INCULPADO. Del contenido de las normas referidas y de su proceso legislativo se advierte el propósito del legislador de procurar el equilibrio de los derechos que asisten tanto al indiciado como a la víctima, surgiendo la mediación como una figura de atención y compensación a favor de ella, aplicable sólo tratándose de delitos no graves y cuyo propósito es evitar el proceso penal mediante un arreglo conciliatorio entre las partes en conflicto, respetando los derechos de ambas, en donde ordinariamente el Ministerio Público tiene el carácter de tercero mediador. Asimismo, de dichas normas se desprende que el querellante tiene derecho a ser informado de la existencia del mencionado procedimiento de mediación, así como de decidir si agota o no esa alternativa extrajudicial. Por tanto, si durante la averiguación previa el Ministerio Público no informa al querellante sobre tal alternativa y, por ende, no se lleva a cabo la mediación, se actualiza una violación al procedimiento que causa perjuicio a la víctima, mas no al indiciado o procesado, pues la referida legislación procesal dispone que el inicio de la conciliación aludida sólo es prerrogativa del querellante, de ahí que si el inculpado interpone juicio de amparo indirecto contra la orden de aprehensión, su equivalente o el auto de formal prisión, carece de interés jurídico para prevalerse de la referida omisión.

Medios de anulación: A través de estos el juzgador que conoce de la impugnación solo puede decidir sobre la nulidad o la validez del acto impugnado. (Favela, 2005)
La nulidad de cosa juzgada fraudulenta no puede considerarse como medio idóneo para la denuncia de nulidades procesales, ya que se trata de una pretensión impugnativa autónoma y nueva, desligada por completo de la acción primitiva. (Carvajal, 2009)
Es una situación genérica de invalidez del acto jurídico, que provoca que una norma, acto jurídico, acto administrativo o acto judicial deje de desplegar sus efectos jurídicos, retrotrayéndose al momento de su celebración. Para que una norma o acto sean nulos se requiere de una declaración de nulidad, expresa o tácita y que el vicio que lo afecta sea coexistente a la celebración del mismo.(Vara R. D., 2008)
[TA]; 9a. Época; T.C.C.; S.J.F. y su Gaceta; Tomo XXIII, Junio de 2006; Pág. 1140; Número de registro 174931
CONCEPTOS DE ANULACIÓN EN EL JUICIO CONTENCIOSO ADMINISTRATIVO FEDERAL. LA SALA FISCAL ESTÁ OBLIGADA A EXAMINAR LOS QUE SE HAGAN VALER AD CAUTELAM EN CONTRA DE LA RESOLUCIÓN COMBATIDA, SI NO PROSPERÓ LA IMPUGNACIÓN FORMULADA EN LOS PRIMEROS ARGUMENTOS DE INVALIDEZ. El artículo 237 del Código Fiscal de la Federación, vigente hasta el 31 de diciembre de 2005, establece el principio de exhaustividad en las sentencias, conforme al cual, el Tribunal Federal de Justicia Fiscal y Administrativa, al emitirlas, debe fundarse en derecho y resolver sobre la

pretensión que el actor deduzca de manera oportuna, con relación a una resolución impugnada. Por tanto, si en la demanda de nulidad el actor expresa argumentos dirigidos a controvertir precisamente la resolución impugnada en el juicio contencioso administrativo, manifestando que lo hace ad cautelam, es decir, a título preventivo, por si resultaran infundados los otros conceptos de anulación expresados en la demanda, la Sala Fiscal, en respeto al mencionado principio de exhaustividad y sobre la base de que también forman parte de la litis del juicio contencioso administrativo, está obligada a examinarlos al dictar sentencia, si no prosperó la impugnación formulada en los primeros argumentos de invalidez.

Medios de control: Que normalmente son verticales el tribunal ad quem no invalida ni convalida el acto impugnado, ni lo confirma, revoca o modifica, sino que se limita a resolver si dicho acto debe aplicarse; o si la omisión debe subsanarse. (Favela, 2005)

Define al control como el conjunto de medios que garantizan las limitaciones establecida al ejercicio del poder; la forma en que se asegura la vigencia de la libertad y de los derechos fundamentales del ser humano. El control es pues, un sistema de vigilancia que asegura la observancia del sistema jurídico. (Carla, mexico)

Los llamados medios de control constitucional, cuya finalidad es preservar el orden creado por la Ley Suprema, entre los que destacan al juicio de amparo, las controversias constitucionales, las acciones de inconstitucionalidad, los procesos jurisdiccionales en materia electoral y la facultad de atracción de la Suprema Corte. (Ignacio, 1992)

[J]; 10a. Época; Pleno; S.J.F. y su Gaceta; Libro XIII, Octubre de 2012, Tomo 1; Pág. 287; Número de registro 2001864

CONSTITUCIONES LOCALES. DENTRO DE SUS MEDIOS DE CONTROL CONSTITUCIONAL

PUEDEN ESTABLECERSE MECANISMOS PARA SUPERVISAR Y ORDENAR QUE SE SUBSANEN OMISIONES LEGISLATIVAS O NORMATIVAS. No existe disposición constitucional alguna que impida que las Constituciones estatales establezcan, dentro de sus medios de control constitucional, un mecanismo para supervisar y ordenar que se subsanen omisiones legislativas o normativas, y hacer efectivos y judicialmente exigibles los plazos y requisitos señalados en las leyes y decretos del Poder Legislativo, cuando se prevé en ellos la emisión o reforma de otros cuerpos normativos con el objeto de dar eficacia plena a la Constitución o a las leyes de cada entidad federativa.

[TA]; 10a. Época; 1a. Sala; S.J.F. y su Gaceta; Libro XXII, Julio de 2013, Tomo 1; Pág. 621; Número de registro 2003951

CONTROVERSIAS CONSTITUCIONALES Y ACCIONES DE INCONSTITUCIONALIDAD. LAS CONSIDERACIONES CONTENIDAS EN LAS RESOLUCIONES DICTADAS EN DICHOS MEDIOS DE CONTROL POR UNA DE LAS SALAS DE LA SUPREMA CORTE DE JUSTICIA DE LA NACIÓN, NO OBLIGAN A LA OTRA. Los artículos 43 y 73 de la Ley Reglamentaria de las Fracciones I y II del artículo 105 de la Constitución Política de los Estados Unidos Mexicanos, establecen que las razones contenidas en los considerandos que funden los resolutivos de las sentencias dictadas en controversias constitucionales y acciones de inconstitucionalidad, aprobadas por cuando menos ocho votos, serán obligatorias para las Salas de la Suprema Corte de Justicia de la Nación, los plenos de circuito, los tribunales unitarios y colegiados de circuito, los juzgados de distrito, los tribunales militares, agrarios y judiciales del orden común de los Estados y del Distrito

Federal, así como para los tribunales administrativos y del trabajo, sean éstos federales o locales. De lo anterior se advierte que no son obligatorias las consideraciones contenidas en las resoluciones de una de las Salas para la otra, pues únicamente los criterios aprobados en los juicios de controversia constitucional y en las acciones de inconstitucionalidad serán obligatorios cuando sean aprobados por el Pleno de la Suprema Corte de Justicia de la Nación, por cuando menos ocho votos.

Medios de impugnación: Los medios de impugnación son los procedimientos a través de los cuales las partes y los demás sujetos legitimados controvierten la validez o la legalidad de los actos procesales o las omisiones del órgano jurisdiccional, y solicitan una resolución que anule, revoque o modifique el acto impugnado a que ordene subsanar la omisión. (Favela, 2005)

Son los medios a través de los cuales se puede reclamar la nulidad de un acto procesal. (Favela, 2005)

El sistema de medios de impugnación regulado por esta ley tiene por objeto garantizar:

a) Que todos los actos y resoluciones de las autoridades electorales se sujeten invariablemente, según corresponda, a los principios de constitucionalidad y de legalidad; y

b) La definitividad de los distintos actos y etapas de los procesos electorales. (IFE, 2008)

[TA]; 9a. Época; T.C.C.; S.J.F. y su Gaceta; Tomo XXVIII, Agosto de 2008; Pág. 1175; Número de registro 169072

PERSONALIDAD DEL PROMOVENTE DEL JUICIO DE AMPARO. MEDIOS DE IMPUGNACIÓN QUE PUEDEN INTERPONERSE CUANDO LA DEMANDA FUE ADMITIDA. La personalidad es un presupuesto procesal que debe analizarse de oficio por el juzgador y cuando sea objetada. Ahora bien, en relación con la objeción de falta de personalidad cuando la demanda de amparo ya fue admitida, la Ley de Amparo no establece un medio exclusivo para tal efecto, sino que de su artículo 35 se advierte la posibilidad de que pueda promoverse un incidente, y en el numeral 95, fracción I, prevé la procedencia del recurso de queja contra el auto que admite una demanda notoriamente improcedente, que en el caso lo constituye el reconocimiento de la legitimación de quien la promueve cuando se estima que no está debidamente demostrada; luego entonces, si en ninguna parte del referido ordenamiento legal se señala una vía exclusiva para su impugnación, y tomando en cuenta el principio general de derecho que reza "donde la ley no distingue no cabe distinguir al juzgador", se concluye que la Ley de Amparo establece diversos medios para impugnar la falta de personalidad del promovente en el juicio constitucional.

Medios de prueba: Son los instrumentos y las conductas humanas con los cuales se pretende lograr la verificación de las afirmaciones de hecho. (Favela, 2005)

Son definidos como toda cosa, hecho o acto que sirve por solo para demostrar la verdad o falsedad de una proposición formulada en juicio. (Couture)

Sirven como pruebas, la declaración de parte, el juramento, el testimonio de terceros, el dictamen pericial, la inspección judicial, los documentos, los indicios y cualesquiera otros medios que sean útiles para la formación del convencimiento del juez. El juez practicará las pruebas no previstas en este código de acuerdo con las disposiciones que regulen medios semejantes o según su prudente juicio. (civiles)

[TA]; 9a. Época; T.C.C.; S.J.F. y su Gaceta; Tomo XXXIII, Mayo de 2011; Pág. 1055; Número de registro 162186

CONFESIÓN EXPRESA. DEBE ADMINICULARSE CON OTROS MEDIOS DE PRUEBA PARA DEMOSTRAR LA EXISTENCIA DE UN CONTRATO DE COMPRAVENTA Y EL RECONOCIMIENTO DEBE INCLUIR TODOS LOS ELEMENTOS DE LA ACCIÓN O EXCEPCIÓN PLANTEADA. El sistema de sana crítica no impide que un solo medio de prueba resulte suficiente para acreditar un hecho, en atención a la naturaleza de dicho elemento convictivo. Por otra parte, para que lo anterior surta eficacia debe atenderse al hecho por demostrar. Así, para comprobar la existencia de un contrato, el medio de prueba debe generar en el juzgador un grado de convencimiento equivalente al que producirían los documentos no objetados, ni impugnados de falsedad. Ahora, aunque la confesión expresa se traduce en la aceptación manifiesta de un hecho, lo cierto es que jurisprudencialmente se ha determinado que aun cuando exista el reconocimiento expreso, la valoración debe efectuarse a partir de las demás probanzas, en términos del artículo 402 del Código de Procedimientos Civiles para el Distrito Federal. En consecuencia, la confesión expresa, como reconocimiento de un hecho, aunque no se encuentre contradicha, debe adminicularse a otros elementos de convicción para generar certeza en el juzgador, cuando se pretende acreditar la existencia de un contrato que debió, en un inicio, constar por escrito, como es el caso de la compraventa. Además, el reconocimiento efectuado a través de la confesión debe ser pleno. Esto es, si los elementos esenciales del contrato de compraventa son: consentimiento -conformado por el acuerdo de voluntades entre las partes- y el objeto -integrado por la cosa y el precio-; entonces, el reconocimiento debe referirse a la totalidad de dichos elementos y, al carecer de alguno, no resulta eficaz para demostrar la existencia del contrato.

[TA]; 9a. Época; T.C.C.; S.J.F. y su Gaceta; Tomo XVII, Marzo de 2003; Pág. 1705; Número de registro 184677

CONTRATO VERBAL. SU CELEBRACIÓN PUEDE DEMOSTRARSE POR MEDIOS DE PRUEBA DISTINTOS DE LA TESTIMONIAL. Si bien es cierto que la existencia de un contrato verbal, por regla general, se demuestra con el dicho de los testigos que presenciaron su celebración, también lo es que aunque dicho medio de convicción sea el idóneo no es el único, en virtud de que la celebración de tal acto jurídico puede acreditarse en juicio a través de diversas probanzas debidamente adminiculadas entre sí; considerar lo contrario implicaría admitir que un pacto verbal que no fue presenciado por testigos no pueda ser demostrado a pesar de contar con otros medios de prueba que acrediten su celebración.

Ministerio público: Es el órgano del estado instituido para promover la actuación jurisdiccional de las normas de orden público. (Liebman, 1985)

Por ministerio público cabe entender solo el representante de la causa pública en el proceso. (Vescovi, 1984)

Es el órgano del estado instituido para investigar los delitos y ejercer la acción penal en contra de los probables responsables de aquellos; así como para intervenir en los procesos y los procedimientos judiciales no contenidos a través de los cuales se controviertan o apliquen normas de orden público o se afecten intereses de personas ausentes, menores o incapaces. (Favela, 2005)

[J]; 10a. Época; 1a. Sala; S.J.F. y su Gaceta; Libro XXIII, Agosto de 2013, Tomo 1; Pág. 326; Número de registro 2004140

ACCIÓN PENAL. CONTRA LA ABSTENCIÓN DEL MINISTERIO PÚBLICO DE RESOLVER SOBRE SU EJERCICIO, DEBE AGOTARSE EL RECURSO DE QUEJA PREVISTO EN LOS ARTÍCULOS 28, PÁRRAFO ÚLTIMO Y 29 DEL CÓDIGO DE PROCEDIMIENTOS PENALES PARA EL ESTADO DE

QUINTANA ROO, ANTES DE ACUDIR AL JUICIO DE AMPARO. En términos del artículo 73, fracción XV, de la Ley de Amparo, vigente hasta el 2 de abril de 2013, el juicio de amparo es improcedente contra actos de autoridades distintas de los tribunales judiciales, administrativos o del trabajo, que deban revisarse de oficio, conforme a las leyes que los rijan, o proceda contra ellos algún recurso, juicio o medio de defensa legal por virtud del cual puedan modificarse, revocarse o nulificarse, siempre que conforme a las mismas leyes se suspendan los efectos de dichos actos, mediante la interposición del recurso o medio de defensa legal, sin que exista obligación de agotarlo si el acto reclamado carece de fundamentación. Ahora bien, de los artículos 28, párrafo último y 29 del Código de Procedimientos Penales para el Estado de Quintana Roo, se advierte que contra la abstención del Ministerio Público de resolver sobre el ejercicio de la acción penal en una averiguación previa, procede el recurso de queja ante la Sala Constitucional y Administrativa del Tribunal Superior de Justicia de esa entidad federativa; de ahí que al preverse ese medio de defensa en una ley formal y material, cuyo efecto sería modificar, revocar o nulificar dicho acto de autoridad, se impone al quejoso agotar dicho medio de defensa antes de acudir al juicio de amparo para cumplir con el principio de definitividad. Lo anterior, aunado a que no se actualiza el supuesto de excepción contenido en el párrafo último de la fracción XV del artículo 73 de la ley de la materia, pues la abstención de la autoridad no constituye un acto que carezca de fundamentación por ser un acto negativo; además, porque la observancia del citado presupuesto de procedencia exige la exclusión de interpretaciones arbitrarias ambiguas, pues de lo contrario se generaría una amplia gama de excepciones ajenas a las establecidas legalmente y contrarias a la excepcionalidad del medio extraordinario de defensa que representa, sumado a que la referida Sala al conocer del recurso de queja no actúa como órgano de control de la constitución local, sino como órgano de carácter administrativo-jurisdiccional.

Ministerio Público Federal: Es una institución encargada de auxiliar la administración de justicia en el orden federal; de procurar la persecución, investigación, y represión de los delitos de la competencia de los tribunales federales. (Fix-Zamudio, 2002)

La ley de secretarias de estado de 1891 incluyo al ministerio público federal dentro de la secretaria de justicia e instrucción pública. En las reformas a los artículos 91 y 96 de la constitución de 1857, de mayo de 1900, se separa el ministerio público federal y al procurador general de la república de la suprema corte de la nación, empleándose por primera vez el término de ministerio público federal. (REPUBLICA, 2010)

Se configura como un órgano sin personalidad ni patrimonio propio (actuando, por tanto, bajo la personalidad jurídica del estado), lo que no significa que carezca de autonomía e independencia funcional administrativa y financiera. (Caselli, 2005)

[TA]; 10a. Época; T.C.C.; S.J.F. y su Gaceta; Libro XXIV, Septiembre de 2013, Tomo 3; Pág. 2439; Número de registro 2004380

AGENTES DEL MINISTERIO PÚBLICO DE LA FEDERACIÓN. LA CONTROVERSIA QUE SE SUSCITE POR SU SEPARACIÓN DEL SERVICIO PROFESIONAL DE CARRERA MINISTERIAL, POLICIAL Y PERICIAL POR NO APROBAR LOS PROCESOS DE EVALUACIÓN DE CONTROL DE CONFIANZA, DEBE RESOLVERSE POR EL TRIBUNAL FEDERAL DE JUSTICIA FISCAL Y ADMINISTRATIVA. En términos de los artículos 73, fracción XXIX-H y 123, apartado B, fracción XIII, segundo párrafo, de la Constitución Política de los Estados

Unidos Mexicanos, la prestación del servicio de los agentes del Ministerio Público de la Federación que estén sujetos al Servicio Profesional de Carrera Ministerial, Policial y Pericial, deriva de una relación jurídica de orden administrativo. Por tanto, la controversia suscitada por su separación de dicho servicio, al no aprobar los procesos de evaluación de control de confianza previstos en los artículos 34, fracción II, inciso b) y 49 de la Ley Orgánica de la Procuraduría General de la República, debe resolverse por el Tribunal Federal de Justicia Fiscal y Administrativa, ya que de lo contrario quedarían sin un recurso efectivo para inconformarse, lo cual violaría sus derechos humanos de acceso a la justicia y al debido proceso, previstos en los artículos 17 constitucional y 8 de la Convención Americana sobre Derechos Humanos.

N

Normas formales: Determinan la creación de tal órgano y el procedimiento que el mismo debe seguir. (Kelsen, 1969)

El derecho procesal es el instrumento para hacer efectivo el cumplimiento del derecho material. Este ayuda a lograr que se cumpla, aunque sea forzadamente, el precepto del derecho material que se ha trasgredido. (Lara C. G., 2000)

Son las formas en que se expresan las normas jurídicas en la vida social. (Pales, Diccionario Juridico, 2001)

[TA]; 10a. Época; 1a. Sala; S.J.F. y su Gaceta; Libro II, Noviembre de 2011, Tomo 1; Pág. 206; Número de registro 160660

PROHIBICIÓN DE IMPONER UNA MULTA EXCESIVA. LAS NORMAS QUE ESTABLECEN REQUISITOS FORMALES PARA REALIZAR DEDUCCIONES NO LA VIOLAN. Las normas que establecen requisitos para poder realizar deducciones no son contrarias a la prohibición de imponer una multa excesiva prevista en el artículo 22 constitucional. Cualquiera que sea la interpretación que se haga de una norma que prevé formalidades para realizar deducciones no puede considerarse una multa. En este sentido, es evidente que el artículo 22 constitucional no resulta aplicable a estas normas.

O

Objeto de prueba: Consiste en los procesos no penales, en los hechos afirmados y discutidos por las partes; y en el proceso penal, en los hechos que el ministerio publico imputa al inculpado y que el juzgador define y califica jurídicamente en el auto de formal prisión o en el auto de sujeción a proceso. (Zamora, introduccion al estudio de la prueba, 1965)

A partir del lenguaje común conceptualiza a la prueba como "comprobación de la verdad de una proposición, sólo se habla de prueba a propósito de alguna cosa que ha sido afirmada", para concluir que las partes afirman y el juez comprueba. (Carnelutti, la prueba civil, 1982)

Couture sostiene que probar es demostrar la certeza de un hecho o la verdad de una afirmación. Para este autor la prueba civil es "...comprobación, demostración, corroboración de la verdad o falsedad de las proposiciones formuladas en el juicio". Empero atenúa un tanto su afirmación al sustentar que el objeto de la prueba lo constituye el hecho o conjunto de hechos alegados por las partes. (Couture E. , 1977)

[TA]; 8a. Época; T.C.C.; S.J.F.; Tomo XII, Julio de 1993; Pág. 274; Número de registro 216015

PRUEBA. NATURALEZA Y OBJETO JURIDICOS DE LA. Los hechos, siempre, y las pruebas, en su normalidad, preexisten a la contienda judicial, en su generalidad; en ésta, lo que ha de probarse, lógicamente, son las afirmaciones de las partes sobre hechos preexistentes, mediante pruebas, coexistentes o también preexistentes a esos, pero siempre preexistentes al juicio. No han de confundirse, pues, las pruebas testimoniales y los careos constitucionales con las documentales y sus ratificaciones ministeriales, en tanto que unas y otras, aunque en ellas intervengan las mismas personas y se refieran al mismo punto, son autónomas y de naturaleza jurídica diversa, debiendo apreciarse, en su valoración, los principios procesales de inmediatez y espontaneidad, esto es, el tiempo y el modo en que han sido producidos.

[TA]; 10a. Época; T.C.C.; S.J.F. y su Gaceta; Libro XXIII, Agosto de 2013, Tomo 3; Pág. 1632; Número de registro 2004205

DERECHO EXTRANJERO. EN MATERIA MERCANTIL ES OBJETO DE PRUEBA POR DISPOSICIÓN EXPRESA DE LA LEY. Conforme al artículo 1197 del Código de Comercio, y al principio iura novit curia, el derecho no estará sujeto a prueba, sólo los hechos, y aquél cuando se funde en leyes extranjeras, lo que implica la presunción, sin prueba en contrario, de que el juzgador conoce el derecho; entendido dicho conocimiento al derecho nacional, al del sistema jurídico en que se encuentra incorporado el órgano jurisdiccional. De ahí que, cuando el precepto de referencia establece que el derecho no es objeto de prueba, salvo que se trate del extranjero, ello implica que no son aplicables para su interpretación las reglas generales sobre carga de la prueba, pues la potestad del Juez, conforme al principio de referencia implica que deba allegarse los medios que le permitan resolver esas propias cuestiones que suelen presentarse en la realidad, dado que si las partes tienen que demostrar el sustento fáctico de sus pretensiones, el juzgador es quien debe investigar cuál es el derecho aplicable para resolver. El derecho cuyo conocimiento se presume en el juzgador, en la instancia que fuere, es el derecho interno (legislado y jurisprudencial); por lo que el relativo al derecho extranjero, foráneo o no nacional, no se presume. De ahí que, conforme al precepto citado, esa normativa ajena al sistema jurídico nacional deba acreditarse en cuanto a su existencia y alcances aplicativos.

P

Perdón del ofendido: Semejante al desistimiento de la acción por sus efectos sobre el contenido del proceso (litigio) y sobre el proceso mismo es la institución conocida como perdón del ofendido en los delitos que se persiguen por querella. (Favela, 2005)

Es la vía de solución mediante su renuncia a la pretensión litigiosa en delitos perseguidos por querella: fraude adulterio o daño en propiedad ajena. (Guasp, 1962)

Un proceso penal por delito privado termina anormalmente con sentencia absolutoria por perdón del ofendido. El que fue imputado se querella por falsa denuncia. (Vescovi, 1984)

[TA]; 10a. Época; T.C.C.; S.J.F. y su Gaceta; Libro XII, Septiembre de 2012, Tomo 3; Pág. 1938; Número de registro 2001707

PERDÓN DEL OFENDIDO. EL ARTÍCULO 100 DEL CÓDIGO PENAL DEL ESTADO DE CHIHUAHUA AL ESTABLECER QUE EL OTORGADO A FAVOR DE UNO DE LOS IMPUTADOS O SENTENCIADOS, BENEFICIARÁ A LOS DEMÁS PARTICIPANTES DELDELITO Y ENCUBRIDORES, ES APLICABLE SÓLO A LOS DELITOS QUE SE PERSIGUEN DE OFICIO Y NO POR QUERELLA. El artículo 98, párrafo segundo, del Código Penal del Estado de Chihuahua contiene una limitante expresa al alcance del perdón del ofendido tratándose de delitos que se persiguen por querella, al señalar que sólo beneficia al imputado en cuyo favor se otorga. Por su parte, en su numeral 99 indica que procederá el perdón tratándose de delitos que se persigan de oficio, siempre y cuando se cumplan los requisitos señalados en sus cuatro fracciones y que no procederá tratándose de los delitos que el propio numeral menciona. En ese sentido, el artículo 100 del propio código, denominado: "Alcance del perdón", al establecer que el otorgado a favor de uno de los imputados o sentenciados beneficiará a los demás participantes del delito y encubridores, es aplicable sólo a los delitos que se persiguen de oficio y no por querella, aunque no lo indique expresamente, pues si el legislador hubiera querido que lo dispuesto en el citado artículo 100 fuera aplicable al perdón tanto para los delitos de querella, como a los perseguibles de oficio, no hubiera señalado expresamente en el segundo párrafo del mencionado artículo 98, que dicha figura sólo beneficia al imputado en cuyo favor se otorga. Consecuentemente, si la voluntad del ofendido fue otorgar el perdón sólo a uno de los inculpados, y se trata de un delito perseguible por querella, jurídicamente es imposible que dicha figura se extienda a los demás acusados, al no existir fundamento legal para ello.

[TA]; 9a. Época; T.C.C.; S.J.F. y su Gaceta; Tomo XXXII, Diciembre de 2010; Pág. 1801; Número de registro 163305

PERDÓN DEL OFENDIDO. CASO EN QUE NO DEBE HACERSE EXTENSIVO A TODOS LOS COINCULPADOS (INTERPRETACIÓNDEL ARTÍCULO 117 DEL CÓDIGO DE DEFENSA SOCIAL DEL ESTADO DE PUEBLA). De la interpretación del artículo 117 del Código de Defensa Social del Estado de Puebla se llega a la convicción de que el perdón del ofendido no necesariamente debe hacerse extensivo a todos los coinculpados, en tanto dicho precepto legal también dispone que ello será así, siempre y cuando el ofendido hubiese obtenido la satisfacción de sus intereses y derechos, máxime cuando aparezca en autos que éste al otorgar el perdón a uno de los activos, deja a salvo sus derechos por los demás coinculpados, al no haber obtenido la satisfacción de todos sus intereses o derechos.

Plazo: (Del latín placitum, convenido; termino o tiempo señalado para una cosa) Una de las modalidades a que pueda estar sujeta una obligación es el pazo o termino definido como un acontecimiento futuro de realización cierta al que está sujeta la eficacia o extinción de una obligación

Espacio de tiempo que generalmente se fija para la ejecución de actos procesales unilaterales, es decir, para las partes fuera de las vistas. // Interposición de un recurso. // Acatamiento futuro pero cierto cuya realización determina la efectividad o la extinción efectos de un acto jurídico. La palabra plazo se considera como sinónimo de término.

(Rafael de Pina, Rafael de Pina Vara., 2008)

Para la doctrina procesal alemana y española, un plazo es un periodo de tiempo (que puede ser un conjunto de horas o días) dentro del cual pretende realizarse válidamente una actuación procesal.

(Humberto Enrique Ruiz Torres, 2007)

Los plazos son lapsos dentro de los cuales es oportuna y procedente la realización de determinados actos procesales.

(Cipriano Gomez Lara, 2004)

[TA]; 10a. Época; 1a. Sala; S.J.F. y su Gaceta; Libro XXIII, Agosto de 2013, Tomo 1; Pág. 739; Número de registro 2004181

CONTRATO DE SEGURO. PLAZO DURANTE EL CUAL QUEDA VINCULADO EL PROPONENTE PARA SU PERFECCIONAMIENTO. El artículo 21, fracción I, de la Ley sobre el Contrato de Seguro prevé que el referido contrato se perfecciona desde el momento en que el proponente tuviere conocimiento de la aceptación de la oferta. Por su parte, el artículo 5o. del mismo ordenamiento establece que el proponente del seguro, esto es, quien hace una oferta para contratar, queda vinculado con su oferta durante quince días, que pueden extenderse a treinta cuando se requiere un examen médico del posible asegurado; plazo que es necesario para que la aseguradora evalúe los elementos de la oferta que le fue realizada, recabe información para la apreciación del riesgo y, en su caso, determine qué condiciones debe fijar para aceptar el seguro propuesto. Lo anterior, debido a que la aseguradora debe analizar la relación entre la gravedad del riesgo que pretende asegurarse, el monto de la suma asegurada y la capacidad económica del proponente, para evitar que la suma asegurada pueda ser excesiva o el monto de la prima inadecuado, así como para fijar las condiciones en que la aseguradora pueda aceptar el seguro propuesto, la extensión de la cobertura, las limitaciones del riesgo, las exclusiones, la determinación de deducibles, etcétera.

Potestad sancionadora de la administración pública

: La potestad sancionadora es aquella facultad de la administración pública de imponer sanciones a través de un procedimiento administrativo, entendida la sanción administrativa como aquel mal infligido a un administrado como consecuencia de una conducta ilícita, con finalidad represora, consistiendo la sanción en la privación de un bien o derecho, o la imposición de un deber, al estar vedada para la administración pública las sanciones consistentes en privación de libertad. (Juridica, 2012)

La potestad sancionadora de la Administración pública, como es bien sabido, debe ejercerse con entero sometimiento al procedimiento legalmente establecido, aspecto que es corolario del genérico principio de legalidad proclamado en el artículo 103 de la Constitución. (Carrero)

Esta potestad sancionadora, al igual que la facultad disciplinaria, se ejerce por medio de la auto tutela, pues en el conflicto entre la administración pública y el particular o el servidor público la primera impone su propia determinación, si bien antes de hacerlo debe seguir un procedimiento en el que otorgue al particular (potestad sancionadora) o al servidor público (facultad disciplinaria) la oportunidad de aportar pruebas y alegar en su defensa. (Favela, 2005)

[TA]; 9a. Época; T.C.C.; S.J.F. y su Gaceta; Tomo XXXII, Octubre de 2010; Pág. 3121; Número de registro 163604

MULTA POR INFRACCIÓN A REGLAMENTOS DE TRÁNSITO DE VEHÍCULOS. RESPECTO DE SU DETERMINACIÓN, NO NECESARIAMENTE TIENE QUE REGIR LA GARANTÍA DE AUDIENCIA PREVIA.

La Suprema Corte de Justicia de la Nación ha establecido en diversos precedentes que la mencionada prerrogativa, consagrada en el párrafo segundo del artículo 14 constitucional, no es de carácter absoluto, sino que existen supuestos en los que por la naturaleza de la actividad administrativa y su impacto en la esfera jurídica de los particulares, el derecho fundamental de ser oído y vencido en juicio, puede otorgarse con posterioridad a la emisión del acto de autoridad correspondiente. Criterio que resulta aplicable al ejercicio de la potestad sancionadora de la administración pública establecida en el artículo 21, párrafo cuarto, constitucional, que versa sobre la aplicación de sanciones por infracción a los reglamentos gubernativos y de policía, penas que únicamente pueden consistir en multa, arresto hasta por treinta y seis horas o trabajo a favor de la comunidad, dado el carácter ejecutorio de esas determinaciones, en tanto que imponen deberes y restricciones a los particulares, que deben hacerse efectivos aun contra su voluntad. En ese tenor, tratándose de la determinación de infracciones a los reglamentos de tránsito de vehículos e imposición de las sanciones correspondientes, no necesariamente debe regir la garantía de audiencia previa, por lo que el afectado puede ser escuchado en su defensa con posterioridad a la emisión del acto de autoridad; máxime que de no considerarse así, se afectarían gravemente las funciones relativas de la autoridad, al tener que instaurar, en todos los casos, un procedimiento previo, lo que incluso no sería acorde con la naturaleza ejecutoria de esos actos administrativos.

Preclusión: Entendemos por preclusión la pérdida de los derechos procesales por no haberlos ejercido en la oportunidad que la ley da para ello. (Lara C. G., 2000)

La pérdida, extinción o consumación de una facultad procesal. Esta puede resultar de tres situaciones diferentes: "a) por no haber observado el orden u oportunidad dado por la ley para la realización de un acto; b) por haberse cumplido una actividad incompatible con el ejercicio de otra; c) por haberse ejercido ya una vez, válidamente, esa facultad.

La preclusión es uno de los principios que rigen el proceso y se funda en el hecho de que diversas etapas del proceso se desarrollan en forma sucesiva, mediante la clausura definitiva de cada una de ellas, impidiéndose el regreso a momentos procesales ya extinguidos y consumados, esto es, en virtud del principio de la preclusión, extinguida o consumada la oportunidad para realizar un acto, este ya no podrá ejecutarse nuevamente. (Justicia, 2002)

[TA]; 10a. Época; 1a. Sala; S.J.F. y su Gaceta; Libro XXII, Julio de 2013, Tomo 1; Pág. 565; Número de registro 2004055

PRECLUSIÓN DE UN DERECHO PROCESAL. NO CONTRAVIENE EL PRINCIPIO DE JUSTICIA PRONTA, PREVISTO EN EL ARTÍCULO 17 DE LA CONSTITUCIÓN POLÍTICA DE LOS ESTADOS UNIDOS MEXICANOS. La preclusión es una sanción que da seguridad e irreversibilidad al desarrollo del proceso, pues consiste en la pérdida, extinción o consumación de una facultad procesal, y por la cual las distintas etapas del procedimiento adquieren firmeza y se da sustento a las fases subsecuentes, lo cual no sólo permite que el juicio se desarrolle ordenadamente, sino que establece un límite a la posibilidad de discusión, lo cual coadyuva a que la controversia se solucione en el menor tiempo posible; de ahí que dicha institución no contraviene el principio de justicia pronta que prevé el artículo 17 de la Constitución Política de los Estados Unidos Mexicanos, que se traduce en la obligación de las autoridades encargadas de su impartición, de resolver las controversias ante ellas planteadas, dentro de los términos y plazos que al efecto establezcan las leyes.

Presupuestos procesales: Los presupuestos procesales son condiciones que deben existir a fin de que pueda tenerse un pronunciamiento favorable o desfavorable sobre la demanda. (Calamandrei, 1960)

Los Presupuestos Procesales son requisitos previos que necesariamente han de darse para constituirse una relación jurídica.(BULOW, 1868)

Estos consisten en las condiciones que deben cumplir los sujetos procesales (la competencia e imparcialidad del juzgador, la capacidad procesal de las partes y la legitimación de sus representantes), así como el objeto del proceso (ausencia de litispendencia y cosa juzgada), la demanda y su notificación al demandado. (Favela, 2005)

[TA]; 10a. Época; T.C.C.; S.J.F. y su Gaceta; Libro XIV, Noviembre de 2012, Tomo 3; Pág. 1923; Número de registro 2002177

PRESUPUESTOS PROCESALES. EL RELATIVO A LA PRESENTACIÓN DE UNA DEMANDA FORMAL Y SUSTANCIALMENTE VÁLIDA SE SATISFACE SI EN LOS HECHOS SE

ENCUENTRA IMPLÍCITO EL DERECHO SUSTANTIVO. Tomando en consideración que el derecho civil goza de unidad de ordenamientos que lo rigen, de sistematización en sus materias y de la tendencia a una mayor permanencia en sus instituciones, la falta de cita expresa de los preceptos legales aplicables en la demanda ordinaria no genera, necesariamente, la ausencia de la expresión del derecho en que se basa dicha demanda, ya que puede darse el caso de que los hechos en que se sustentan conduzcan ineludiblemente a los preceptos legales aplicables. Consecuentemente no puede decirse que, en ese supuesto, en la demanda esté ausente el fundamento legal y que por tal motivo no se cumple con el presupuesto procesal de presentar una demanda formal y sustancialmente válida, si es que del contenido del escrito surgen los preceptos legales aplicables.

[J]; 9a. Época; T.C.C.; S.J.F. y su Gaceta; Tomo XXXIII, Enero de 2011; Pág. 3027; Número de registro 163049

PRESUPUESTOS PROCESALES. LAS AUTORIDADES JURISDICCIONALES, EN CUALQUIER ESTADO DEL JUICIO, DEBEN CONTROLAR DE OFICIO O A PETICIÓN DE PARTE SU CONCURRENCIA, PUES LA AUSENCIA DE ALGUNO CONSTITUYE UN OBSTÁCULO QUE IMPIDE EL CONOCIMIENTO DEL FONDO DEL ASUNTO. Siempre que sea descubierta la ausencia de algún presupuesto procesal, de oficio o a petición de parte, las autoridades jurisdiccionales razonablemente deben proceder a subsanarla en cualquier estado que se halle el juicio; de lo contrario, el proceso no se encontrará en un estado de cognición óptimo ni jurídicamente aceptable; no es posible la existencia de un juicio válido o proceso verdadero sin la concurrencia in limine litis de los presupuestos procesales que condicionan, a su vez, la existencia del debido proceso, siendo por ello que su presencia generalmente se encuentra normativamente reconocida; lo anterior, con el objeto de que las autoridades jurisdiccionales controlen su concurrencia, máxime que su falta constituye un obstáculo procesal que impedirá entrar al conocimiento del fondo del asunto para su resolución final; sólo de esta manera puede asegurarse que el cauce procedimental sea el legalmente establecido, atendiendo a las circunstancias, tanto objetivas como subjetivas, que la propia ley, de forma imperativa, toma en consideración y pormenoriza.

Pretensión: Es la declaración de voluntad hecha en una demanda mediante la cual el actor aspira a que el juez emita una sentencia que resuelva efectiva y favorablemente el litigio que le presenta a su conocimiento. (Velloso, 2012) La pretensión es la petición o reclamación que formula la parte actora o acusadora, ante el juzgador, contra la parte demandada o acusada, en relación con un bien jurídico. (Favela, 2005)

Toda pretensión tiende a obtener una resolución; se hace valer por medio de la acción, cuyo ejercicio se funda en un derecho público subjetivo, y se refiere a un derecho sustancial (Dorantes, 2000)

[TA]; 10a. Época; T.C.C.; S.J.F. y su Gaceta; Libro XXIII, Agosto de 2013, Tomo 3; Pág. 1674; Número de registro 2004252

INTERÉS LEGÍTIMO PARA EL OTORGAMIENTO DE LA SUSPENSIÓN PROVISIONAL EN EL AMPARO. EL QUEJOSO DEBE ACREDITARLO PRESUNTIVAMENTE Y NO EXIGÍRSELE UN GRADO DE PRUEBA PLENA. En términos de los artículos 107, fracción I, de la Constitución Política de los Estados Unidos Mexicanos, 5o., fracción I y 131 de la Ley de Amparo, vigente a partir del 3 de abril de 2013, cuando el quejoso aduzca en la demanda de amparo ser titular de un interés legítimo derivado de su especial situación frente al orden jurídico y, con base en él solicite la suspensión provisional de los actos reclamados, debe acreditar, cuando menos presuntivamente, que éstos producen un daño inminente e irreparable a su pretensión, así como justificar el interés social en su otorgamiento, a fin de que el órgano jurisdiccional pueda tener por satisfecho su interés legítimo para la obtención de la medida cautelar, es decir, debe probar el interés legítimo presuntivo en la suspensión y no exigírsele un grado de prueba plena, pues el citado artículo 131 debe interpretarse con apoyo en el principio pro personae, según el precepto 1o. de la Constitución Federal, lo que conduce a establecer la interpretación más favorable a las personas de lo establecido en el mencionado artículo 131.

Pretensiones individuales: Deseo o intención que tiene una persona de conseguir una cosa.
(diccionario univesal, 2000)
Petición general // Derecho real o ilusorio que se aduce para obtener algo o ejercer título jurídico // Propósito intención.
(Diccionario de Derecho Mexicano, Tecnologico de Monterrey, 2012)

NOMBRE, PRETENSION DE RECTIFICACION DE ACTA DE NACIMIENTO POR CAMBIO CAPRICHOSO DEL.

Es evidentemente caprichosa la pretensión de cambiar el nombre asentado en el acta de nacimiento de una persona con todas sus letras, por el de la forma abreviada del mismo (Ma. por María), si sólo se aduce que la duplicidad de escritura de tal nombre contenido en la misma acta le causa perjuicios, por no constituir ello razones lógicas, legítimas, serias y atendibles para modificarlo.
(Pretensiones indivuduales, 2012)
[TA]; 10a. Época; T.C.C.; S.J.F. y su Gaceta; Libro XXII, Julio de 2013, Tomo 2; Pág. 1443; Número de registro 2004009

INTERÉS SUPERIOR DEL MENOR. DICHO PRINCIPIO NO IMPLICA QUE SE ACATE SU

VOLUNTAD O PRETENSIONESINDIVIDUALES, NI IMPIDE EL CUMPLIMIENTO A UN MANDATO JUDICIAL. Atento a los artículos 4o. de la Constitución Política de los Estados Unidos Mexicanos, 3, inciso A y 4 de la Ley para la Protección de los Derechos de Niñas, Niños y Adolescentes, así como al contenido de los instrumentos internacionales de observancia obligatoria para el Estado Mexicano, conforme al artículo 1o. de la propia Constitución Federal, tales como la Convención sobre los Derechos del Niño, la Convención Americana sobre Derechos Humanos, así como al Protocolo de Actuación para Quienes Imparten Justicia en Casos que Afecten a Niñas, Niños y Adolescentes emitido por la Suprema Corte de Justicia de la Nación, en febrero de dos mil doce; el interés superior del menor, consiste, esencialmente, en respetar sus derechos y el ejercicio de éstos, para su sano desarrollo cognitivo, psicológico y emocional, y debe tenerse en cuenta preponderantemente en cualquier decisión y actuación de los órdenes públicos, así como por la sociedad en su conjunto; sin embargo, dicho principio no implica, de ningún modo, que se acate la voluntad o pretensiones individuales de un menor; además, debe puntualizarse que todo mandamiento judicial en que se ordene a un tutor presentar a un menor en determinado lugar, no significa, en modo alguno, que pueda o tenga que hacer uso de coacción, amenaza o intimidación, por virtud de que la guarda y custodia que ejerce sobre él, implica enseñar a éste las reglas sociales que debe cumplir, como es evidentemente la obediencia a sus indicaciones, como sería asistir a la escuela, por ser lo mejor para él y, de igual forma inculcarle el respeto a las leyes y decisiones válidas de la autoridad. De ahí que no deba considerarse que el cumplimiento del mandato afecte el interés superior del menor.

Principio publicistico: Es el principio y función básica del Registro que consiste en revelar la situación jurídica de los bienes y derechos registrados, a través de sus respectivos asientos y mediante la expedición de certificaciones y copias de dichos asientos, permitiendo conocer las constancias registrales. (Art.12, 2011)

El Registro Público de la Propiedad se creó para dar publicidad y seguridad jurídica frente a terceros, sobre la propiedad y posesión de bienes inmuebles: garantías sobre muebles y sobre la constitución de sociedades y asociaciones civiles. (Cartillo, 2007)

La denominación de este sector y principió orientador no deben conducir al error de considerar que solo dicho sector pertenece al derecho público, pues, como ya ha quedado señalado todo el derecho procesal, con independencia de la naturaleza pública. Social o privada del derecho sustental aplique, tiene carácter público, en cuanto regula el ejercicio de una función del Estado como es la jurisdiccional. (Favela, 2005)

[TA]; 5a. Época; 1a. Sala; S.J.F.; Tomo LXXXIV; Pág. 1406; Número de registro 305193

QUERELLA DE LA PARTE OFENDIDA, SI ES UNA SOCIEDAD MERCANTIL (LEGISLACION DE TAMAULIPAS). Si bien es cierto que no se necesita del registro de una sociedad para que ésta pueda exigir responsabilidades a uno de sus miembros, ya que la finalidad del registro es la de producir efectos contra tercero, si consta que una persona no se querelló del delito de abuso de confianza a nombre propio, sino que lo hizo como presidente y a nombre de una sociedad, un documento privado, por sí solo, no acredita su personalidad como presidente de esa sociedad, cuya existencia y funcionamiento no están justificadas, si no fueron exhibidos el contrato escrito de sociedad, que se exige en el Estado, conforme a los artículos 1330 y 1333 del Código Civil, ni sus estatutos, ni sus actas, ignorándose por tanto, la constitución y objeto de la sociedad, su administración y gobierno, facultades de sus representativos, la elección de éstos y demás datos necesarios para que pueda saberse quién es su presidente o representante legal y que éste tiene facultades para presentar, a nombre de la sociedad, por sí, representa a la sociedad; pero conjuntamente con su Consejo, delega o nombra a un representante jurídico o a un apoderado cuyo nombramiento recae, en algunos casos, en el mismo presidente, que puede ser también gerente de la sociedad, pero necesita probarse que el presidente es también gerente o apoderado de la sociedad y aun cuando se tratara de una sociedad momentánea o en participación, se necesitaría comprobar su organización. Se ha creído por algunos procesalistas que la intervención de la víctima, como parte civil u ofendida, es una derogación parcial del principio publicístico del proceso penal, lo que no es exacto, pues se ha llegado a la conclusión de que la querella es solamente una condición de procedibilidad y por ende, de punibilidad, en que el Ministerio Público se funda, si la estima probada, para el ejercicio de las acciones penales, en esos casos; lo cual hace que la parte civil u ofendida, tenga que probar sus derechos civiles en la forma y términos que lo exige el derecho civil, porque son derechos civiles los que ejercita dentro del proceso penal y necesita de las formalidades de esta disciplina jurídica para ejercitarlos.

Procedimiento administrativo: Conjunto de trámites y formalidades jurídicas que preceden a todo acto administrativo, como su antecedente y fundamento, los cuales son necesarios para su perfeccionamiento, condicionan su validez y persiguen un interés general. (Legislacion, 1995)

Conjunto de actos y diligencias tramitadas por las entidades, conducentes a la emisión de un acto administrativo que produzca efectos jurídicos individuales o individualizables sobre intereses, obligaciones o derechos de los administrados. (Ibáñez, 2005)

El camino que debe seguir la administración en relación con los ciudadanos, constituyendo, por tanto, una garantía para los mismos. (Gema Campiña, 2010)

[J]; 10a. Época; 2a. Sala; S.J.F. y su Gaceta; Libro XXIV, Septiembre de 2013, Tomo 2; Pág. 1446; Número de registro 2004553

PROCEDIMIENTO CONTENCIOSO ADMI NISTRATIVO. EL ARTÍCULO 28 DE LA LEY FEDERAL RELATIVA (REFORMADO MEDIANTE DECRETO PUBLICADO EN EL DIARIO OFICIAL DE LA FEDERACIÓN EL 10 DE DICIEMBRE DE 2010) NO ESTABLECE MAYORES REQUISITOS QUE LA ABROGADA LEY DE AMPARO PARA CONCEDER LA SUSPENSIÓN DE LA EJECUCIÓN DEL ACTOADMINISTRATIVO IMPUGNADO. El citado artículo dispone que la solicitud de suspensión de la ejecución del acto administrativo impugnado debe presentarse por el actor o su representante legal en cualquier etapa del juicio, y que ésta se concederá si no se afecta el interés social ni se contravienen disposiciones de orden público, además de que sean de difícil reparación los daños y perjuicios que se causen al solicitante con esa ejecución. Asimismo, contempla su concesión en caso de determinación, liquidación, ejecución o cobro de contribuciones, aprovechamientos y otros créditos fiscales, si se ha constituido o se constituye la garantía del interés fiscal ante la autoridad ejecutora por cualquiera de los medios permitidos; si se trata de posibles afectaciones no estimables en dinero, la medida cautelar se concede fijándose discrecionalmente la garantía, y si pudiera causar daños o perjuicios a terceros, si se otorga garantía para reparar el daño o indemnizar el perjuicio que se cause. De ahí que el citado precepto legal no establece mayores requisitos que la Ley de Amparo vigente hasta el 2 de abril de 2013, para conceder la suspensión de la ejecución del acto administrativo impugnado y, por consiguiente, atento al principio de definitividad, el juicio de amparo indirecto promovido contra actos de autoridades administrativas es improcedente si previamente no se agota el juicio contencioso administrativo ante el Tribunal Federal de Justicia Fiscal y Administrativa.

Procesado: Persona frente a la cual se ha dictado auto de procesamiento por existir indicios racionales de que ha participado en la comisión de un delito. (Juridica, 2012)

Es la persona contra la cual se dicta el "auto de procesamiento". Esto es que habiéndose acreditado la existencia de un hecho constitutivo de delito, tiene sobre esta persona fundada sospechas de que sea: autor, cómplice o encubridor de dicho delito. (Pales, 2001)

En el proceso penal se dan diversas denominaciones al inculpado, según la etapa procedimental en la que se encuentre: iniciado, durante la averiguación previa; procesado, una vez que se constituye la relación jurídica procesal. (Favela, 2005)

[J]; 10a. Época; 1a. Sala; S.J.F. y su Gaceta; Libro XXIV, Septiembre de 2013, Tomo 1; Pág. 869; Número de registro 2004393

AUTO QUE APERCIBE AL PROCESADO CON REVOCAR SU LIBERTAD PROVISIONAL BAJO CAUCIÓN. PROCEDE EL JUICIO DE AMPARO EN SU CONTRA, SIN NECESIDAD DE AGOTAR PREVIAMENTE LOS MEDIOS ORDINARIOS DE DEFENSA. El juicio de amparo contra el auto que apercibe al procesado con revocar su libertad provisional bajo caución, resulta procedente sin necesidad de agotar previamente el medio de defensa ordinario previsto en el ordenamiento respectivo, toda vez que el auto reclamado es de carácter concreto e individualizado, y el agraviado se halla en riesgo inminente de ser privado de su libertad personal, respecto de la cual opera una excepción al principio de definitividad del juicio de amparo, en términos del artículo 73, fracción XIII, párrafo segundo, de la ley de la materia vigente hasta el 2 de abril de 2013.

Proceso: La suma de los actos que se realizan para la composición del litigio (Carnelutti, 1944)

Conjunto complejo de actos del Estado como soberano, de las partes interesadas y de los terceros ajenos a la relación sustancial, actos todos que tienden a la aplicación de una ley general a un caso concreto controvertido para solucionarlo o dirimirlo. (Lara C. G., 2000)

Proceso es una serie de actos coordinados y regulados por el Derecho Procesal, a través de los cuales se verifica el ejercicio de la jurisdicción" (Calamandrei, 1960)

[TA]; 10a. Época; 1a. Sala; S.J.F. y su Gaceta; Libro XVIII, Marzo de 2013, Tomo 1; Pág. 881; Número de registro 2003017

DERECHO AL DEBIDO PROCESO. SU CONTENIDO. Dentro de las garantías del debido proceso existe un "núcleo duro", que debe observarse inexcusablemente en todo procedimiento jurisdiccional, mientras que existe otro núcleo de garantías que resultan aplicables en los procesos que impliquen un ejercicio de la potestad punitiva del Estado. En cuanto al "núcleo duro", las garantías del debido proceso que aplican a cualquier procedimiento de naturaleza jurisdiccional son las que esta Suprema Corte de Justicia de la Nación ha identificado como formalidades esenciales del procedimiento, cuyo conjunto integra la "garantía de audiencia"; las cuales permiten que los gobernados ejerzan sus defensas antes de que las autoridades modifiquen su esfera jurídica en forma definitiva. Al respecto, el Tribunal en Pleno de esta Suprema Corte de Justicia de la Nación en la jurisprudencia P./J. 47/95, de rubro: "FORMALIDADES ESENCIALES DEL PROCEDIMIENTO. SON LAS QUE GARANTIZAN UNA ADECUADA Y OPORTUNA DEFENSA PREVIA AL ACTO PRIVATIVO.", sostuvo que las formalidades esenciales del procedimiento son: (i) la notificación del inicio del procedimiento; (ii) la oportunidad de ofrecer y desahogar las pruebas en que se finque la defensa; (iii) la oportunidad de alegar; y, (iv) una resolución que dirima las cuestiones debatidas y cuya impugnación ha sido considerada por esta Primera Sala como parte de esta formalidad. Ahora bien, el otro núcleo es comúnmente identificado con el elenco mínimo de garantías que debe tener toda persona cuya esfera jurídica pretenda modificarse mediante la actividad punitiva del Estado, como ocurre, por ejemplo, con el derecho penal, migratorio, fiscal o administrativo, en donde se exigirá que se hagan compatibles las garantías con la materia específica del asunto. Así, dentro de esta categoría de garantías del debido proceso se identifican dos especies: la primera, corresponde a todas las personas independientemente de su condición, nacionalidad, género, edad, etcétera, dentro de las que están, por ejemplo, el derecho a contar con un abogado, a no declarar contra sí mismo o a conocer la causa del procedimiento sancionatorio; la segunda, resulta de la combinación del elenco mínimo de garantías con el derecho de igualdad ante la ley, y protege a aquellas personas que pueden encontrarse en una situación de desventaja frente al ordenamiento jurídico, por pertenecer a algún grupo vulnerable, por ejemplo, el derecho a la notificación y asistencia consular, el derecho a contar con un traductor o intérprete, el derecho de las niñas y niños a que su detención sea notificada a quienes ejerzan su patria potestad y tutela, entre otras de la misma naturaleza.

Proceso administrativo: Todo proceso administrativo, por referirse a la actuación de la vida social, es de suyo único, forma un continuo inseparable en el que cada parte, cada acto, cada etapa tienen que estar indisolublemente unidos con los demás, y que además, se da de suyo simultáneamente. (Ponce, 2004)

Seria ordenada de actos que sirve de caude formal a la actividad administrativa. (Rodriguez-Arana, 2009)

Es la rama especial que estudia el proceso destinado a solucionar los conflictos que surgen entre los particulares y la administración pública, con motivo de la interpretación y aplicación de los actos y contratos de carácter administrativo. (Favela, 2005)

[TA]; 10a. Época; T.C.C.; S.J.F. y su Gaceta; Libro XXII, Julio de 2013, Tomo 2; Pág. 1385; Número de registro 2003969

DEMANDA EN EL PROCESO ADMINISTRATIVO. CUANDO EN ELLA SE SOLICITA LA SUSPENSIÓN DEL ACTO O RESOLUCIÓN IMPUGNADA, DEBE PROVEERSE LO ANTES POSIBLE SOBRE SU ADMISIÓN, ANTE LA FALTA DE DISPOSICIÓN EXPRESA DE UN PLAZO PARA ELLO (LEGISLACIÓN DEL ESTADO DE GUANAJUATO). En términos de los artículos 268 y 275 del Código de Procedimiento y Justicia Administrativa para el Estado y los Municipios de Guanajuato, en el proceso administrativo el actor puede solicitar la suspensión del acto o resolución impugnada en su demanda o en cualquier momento de aquél, para mantener las cosas en el estado en que se encuentran, en tanto se pronuncia sentencia. En el primer supuesto, el órgano jurisdiccional tiene la obligación, de ser procedente, de concederla en el acuerdo que provea sobre la admisión del escrito inicial y hacerlo saber inmediatamente a la autoridad demandada para su cumplimiento, sin demora, para lo cual podrá utilizar telegrama, telefax, medios electrónicos o cualquier otro proporcionado por la tecnología, siempre que pueda comprobarse fehacientemente su recepción, con la posibilidad de otorgarla con efectos restitutorios para conservar la materia del litigio o impedir perjuicios irreparables al particular; exigencias de las cuales deriva la obligación del juzgador de proveer lo antes posible sobre la admisión de la demanda, ante la falta de disposición expresa de un plazo para ello en el referido ordenamiento.

[TA]; 10a. Época; T.C.C.; S.J.F. y su Gaceta; Libro XXII, Julio de 2013, Tomo 2; Pág. 1525; Número de registro 2004063

PROCESO ADMINISTRATIVO. DEBE AGOTARSE PREVIO AL AMPARO, AUN CUANDO EL CÓDIGO DE PROCEDIMIENTO Y JUSTICIA ADMINISTRATIVA PARA EL ESTADO Y LOS MUNICIPIOS DE GUANAJUATO NO DISPONGA EXPRESAMENTE UN PLAZO PARA PROVEER SOBRE LA ADMISIÓN DE LA DEMANDA RELATIVA. Este órgano jurisdiccional, al emitir la jurisprudencia XVI.1o.A.T. J/18, publicada en el Semanario Judicial de la Federación y su Gaceta, Novena Época, Tomo XXXII, septiembre de 2010, página 1107, de rubro: "PROCESO ADMINISTRATIVO. DEBE AGOTARSE PREVIO A PROMOVER EL JUICIO DE GARANTÍAS, AL EXIGIR LA LEY DE AMPARO MAYORES REQUISITOS QUE EL CÓDIGO DE PROCEDIMIENTO Y JUSTICIA ADMINISTRATIVA PARA EL ESTADO Y LOS MUNICIPIOS DE GUANAJUATO PARA OTORGAR LA SUSPENSIÓN DEL ACTO O RESOLUCIÓN IMPUGNADA EN AQUÉL.", sustentó que del análisis de los artículos 268 a 278 del citado código, que regulan la suspensión del acto o resolución impugnada en el proceso administrativo, en comparación con los numerales de la abrogada Ley de Amparo que la prevén en el juicio constitucional, se observa que ésta exige mayores requisitos que aquél para otorgar la medida cautelar, pues tratándose del cobro de contribuciones y aprovechamientos, la supedita a que se deposite el total en efectivo de las cantidades correspondientes, para lo cual no se otorga un plazo ni se permite una forma distinta de garantía, por lo que, en atención al principio de definitividad, previo a promover el juicio de amparo, debe agotarse el proceso administrativo. Así, esta conclusión se actualiza también, aun cuando el referido código no disponga expresamente un plazo para proveer sobre la admisión de la demanda en el proceso administrativo, pues de los preceptos 268 y 275 del citado ordenamiento local, se advierte la obligación del Juez de comunicar a la autoridad demandada sobre la suspensión del acto, exigencia de la que se entiende la obligación del juzgador de acordar lo antes posible respecto a la admisión o desechamiento de la demanda, a diferencia del artículo 148 de la mencionada Ley de Amparo, el cual prevé que el Juez de Distrito o la autoridad judicial que conozca del juicio de garantías deberá resolver si admite o desecha la demanda dentro del término de veinticuatro horas, contadas desde aquella en que fue presentada.

Prueba: Es la obtención del cersioramiento del juzgador acerca de los hechos discutidos y discutibles, cuyo esclarecimiento resulte necesario para la resolución del conflicto sometido a proceso. (Bermudez Cisneros, 1976)
En sentido estricto, la prueba es la obtención del cersioramiento del juzgador acerca de los hechos, discutidos y discutibles; cuyo esclarecimiento resulte necesario para la resolución del conflicto sometido a proceso. En este sentido la prueba es la verificación o confirmación de las afirmaciones de hecho expresadas por las partes. (Jurídicas, 2002)
Actividad procesal encaminada a la demostración de la existencia de un hecho o acto o de su inexistencia. (Vara, 2005)
A través de la prueba, las partes se verifican sus afirmaciones de hecho, y con base en la misma, el juzgador

determina los hechos que servirán de motivación a su sentencia. (Favela, Teoria General del Proceso, 2005)

[TA]; 10a. Época; T.C.C.; S.J.F. y su Gaceta; Libro XXIV, Septiembre de 2013, Tomo 3; Pág. 2640; Número de registro 2004547

PRESCRIPCIÓN ADQUISITIVA.

LA PRUEBA TESTIMONIAL NO ES EL ÚNICO MEDIO PARA DEMOSTRAR LOS ELEMENTOS DE LA ACCIÓN CONSISTENTES EN LA POSESIÓN PACÍFICA, PÚBLICA Y CONTINUA. Si bien es cierto que de acuerdo con la naturaleza de cada prueba, hay unas más aptas que otras para demostrar el hecho que se pretende acreditar, también lo es que las partes tienen la oportunidad de escoger y decidir con cuál de ellas pretenden acreditar el hecho concreto a conocer e, incluso, aportar distintos medios probatorios complementarios entre sí para dar mayor certidumbre legal. Entonces, cuando en el juicio de prescripción adquisitiva o positiva son ofrecidos diversos medios de convicción, sin que sean contrarios a la moral o al derecho, deben estudiarse de manera concatenada para determinar si permiten justificar los elementos de la acción. Por tal motivo, a pesar de que la testimonial goza de mayor idoneidad para aportar elementos de convicción sobre la posesión, ello no lleva al extremo de tomar esa prueba como exigencia absoluta, porque existe la posibilidad de que la pluralidad de probanzas allegadas al juicio, sometidas a una apreciación valorativa consistente y exhaustiva, pueda generar en el juzgador la convicción plena de la posesión con las características exigidas. En conclusión, para acreditar la posesión pacífica, pública y continua, aunque la prueba idónea sea la testimonial, pues de ella se desprende la observación de hechos a través del tiempo; sin embargo, también pueden desahogarse otro tipo de pruebas que resulten aptas para ese fin.

Puja: El aumento de precio que se ofrece por una cosa que se vende o arrienda en subasta pública. (Escriche, 1851)

[TA]; 8a. Época; T.C.C.; S.J.F.; Tomo XI, Abril de 1993; Pág. 303; Número de registro 216726

REMATES. POSTURA LEGAL, PUEDE PROPONERSE AL MOMENTO DE LA PUJA. Si en la audiencia de remate existió puja, ello implica la existencia de posturas legales; sin éstas no puede llevarse aquélla. Lo anterior se debe a que la puja no es sino la acción de los postores mediante la cual aumentan el precio de su postura. Tal conclusión no se desvirtúa con lo que previene el artículo 579 del Código de Procedimientos Civiles es verdad que de dicho numeral se desprende que una vez que el juez declara que va a procederse al remate, revisará las propuestas presentadas y desechará las que no tengan postura legal y las que no estuvieren acompañadas del billete de depósito a que se refiere el artículo 574; sin embargo, ello no impide que la postura legal se proponga al momento de la puja, ni el precepto mencionado, ni ningún otro establecen que la postura legal debe ofrecerse antes del remate o antes de que concluya la media hora a que se refiere el artículo 579 del Código de Procedimientos Civiles; el término previsto en este numeral es para pasar lista y admitir, en su caso nuevos postores. Para que éstos sean admitidos basta, en términos de lo previsto por el artículo 574 del Código de Procedimientos Civiles, que los licitadores consignen previamente, en el establecimiento de crédito destinado al efecto por la ley, una cantidad equivalente por lo menos al diez por ciento efectivo del valor de los bienes, que sirva de base para el remate, sin cuyo requisito no serán admitidos. Resulta contrario al espíritu de la ley que admitiéndose postores, éstos, al momento en que se vaya a proceder al remate, estén impedidos para formular sus posturas. De este modo no podía obtenerse el mejor precio posible de los bienes subastados, mediante la competencia de los postores, en beneficio del ejecutado cuyos bienes deben ser enajenados por la mejor oferta.

Q

Querella: La acusación o queja que uno pone contra otro que le ha hecho algún agravio o cometido algún delito, pidiendo se le castigue. (Pañares, 1978)

Acusación ante el juez o tribunal competente, con que se ejecutan en forma solemne y como parte en el proceso la acción penal contra los responsables de un delito. (Carpizo, 2001)

Al igual que la denuncia también consiste hacer del conocimiento del M.P la comisión de hechos que pueden llegar a constituir algún delito; pero, a diferencia de la denuncia la querella solo puede ser presentada por la persona afectada por el delito, es decir por el ofendido. (Favela, Teoria General del Proceso, 2005)

[TA]; 10a. Época; T.C.C.; S.J.F. y su Gaceta; Libro XVII, Febrero de 2013, Tomo 2; Pág. 1433; Número de registro 2002873

QUERELLA EN EL DELITO DE LESIONES CULPOSAS CON MOTIVO DEL TRÁNSITO DE VEHÍCULOS. SI EL LESIONADO MAYOR DE EDAD CARECE DE REPRESENTANTE LEGAL Y NO PUEDE PRESENTARLA POR SÍ MISMO POR ESTAR INCAPACITADO A CONSECUENCIA DEL PERCANCE, ELLO NO OBSTA PARA QUE EL MINISTERIO PÚBLICO EJERZA ACCIÓN PENAL POR DICHO ILÍCITO (LEGISLACIÓN DEL ESTADO DE SAN LUIS POTOSÍ). El artículo 66 del Código Penal del Estado de San Luis Potosí establece que sólo a petición del ofendido o de su legítimo representante, se procederá contra quien, por culpa y con motivo del tránsito de vehículos, cause lesiones, cualquiera que sea su naturaleza, siempre que el conductor no se hubiese encontrado en estado de ebriedad o bajo el influjo de estupefacientes, psicotrópicos o de cualquiera otra sustancia que produzca efectos similares y no haya dejado abandonada a la víctima. Por su parte, el artículo 146 del Código de Procedimientos Penales de la misma entidad señala que en los casos en que el ofendido sea menor de edad o mayor incapacitado, la querella será presentada por conducto de quien ejerza la patria potestad o la tutela o por quien tenga el carácter de víctima del delito, y que en los casos de menores de edad pero mayores de dieciséis años, lo podrá hacer por sí mismo. Sin embargo, tales disposiciones son omisas para el caso en que el afectado mayor de edad carezca de representante legal y las lesiones provocadas por dicho percance lo incapaciten para presentar por sí mismo la querella, lo cual no implica que, ante la carencia de esa formalidad, el Ministerio Público no pueda ejercer la acción penal, pues si se toma en cuenta que la Asamblea General de la Organización de las Naciones Unidas, aprobó las Normas Uniformes sobre la igualdad de oportunidades para las personas con discapacidad, que comprenden, entre otras, aquellas que padezcan una deficiencia física, intelectual o sensorial, una dolencia que requiera atención médica o una enfermedad mental, sean permanentes o transitorias y el artículo 13 de la Convención sobre los Derechos de las Personas con Discapacidad, que establece que los Estados Partes asegurarán que las personas con discapacidad tengan acceso a la justicia en igualdad de condiciones con las demás, si el ofendido se encontraba imposibilitado físicamente para expresarse, por estar inconsciente, y con fractura de maxilar inferior, es evidente que presentaba un estado, al menos temporal, de incapacidad; en tal caso, la ausencia de querella por parte del propio lesionado no debe impedir el ejercicio de la acción persecutora del delito, porque lo contrario se traduce en un acto discriminatorio, que afecta su derecho de acceso a la justicia.

R

Recurso: Es el medio de impugnación que se interpone contra una resolución judicial pronunciada en un proceso ya iniciado, generalmente ante un juez o tribunal de mayor jerarquía y de manera excepcional ante el mismo juzgador con el objeto de que dicha resolución sea revocada, modificada o anulada. (Carpizo, 2001)

Instrumento o institutos procesales de resoluciones no firmes. (Pales, 2001)

Medio de impugnación de los actos administrativos o judiciales establecidos expresamente al efecto por disposición legal. (Vara, 2005)

[TA]; 10a. Época; 1a. Sala; S.J.F. y su Gaceta; Libro XXIV, Septiembre de 2013, Tomo 1; Pág. 992; Número de registro 2004491

INCONFORMIDAD. SI QUIEN PROMUEVE EL RECURSO SE DESISTE DE ÉL, DEBE DEJARSE FIRME LA RESOLUCIÓN IMPUGNADA. Del artículo 202 de la Ley de Amparo, publicada en el Diario Oficial de la Federación el 2 de abril de 2013, se advierte que el recurso de inconformidad procede únicamente a instancia de parte -del quejoso o, en su caso, del tercero interesado o el promovente de la denuncia a que se refiere el artículo 210 de la citada ley-, mediante escrito presentado por conducto del órgano judicial que haya dictado la resolución impugnada, dentro de los 15 días contados a partir del siguiente al en que surta efectos la notificación, o bien, de una persona extraña a juicio que resulte afectada por el cumplimiento o ejecución de la sentencia de amparo en los mismos términos señalados con anterioridad. Por tanto, como el recurso de inconformidad se tramita únicamente a solicitud de parte, si quien lo promueve se desiste de éste, debe dejarse firme la resolución impugnada.

Recurso de apelación: Es el recurso ordinario y devolutivo, por el cual el litigante perjudicado por una resolución judicial somete de nuevo la materia de dicha resolución a un tribual superior del que la dicto. (Pales, 2001)

En la segunda instancia o el segundo grado se inicia, por regla, cuando la parte afectada por la decisión del juzgado de primera instancia interpone el recurso que procede contra tal decisión, este recibe el nombre de apelación. (Favela, Teoria General del Proceso, 2005)

Recurso ordinario y devolutivo para impugnación de resoluciones judiciales ante el tribunal superior del que la dicto. (carpizo)

[TA]; 10a. Época; T.C.C.; S.J.F. y su Gaceta; Libro XXIV, Septiembre de 2013, Tomo 3; Pág. 2706; Número de registro 2004625

VÍCTIMA U OFENDIDO DEL DELITO.

ESTÁ LEGITIMADO PARA INTERPONER EL RECURSO DE APELACIÓN CONTRA   LA SENTENCIA ABSOLUTORIA QUE DETERMINA QUE NO SE ACREDITA EL DELITO O LA RESPONSABILIDAD PENAL (INTERPRETACIÓN DEL ARTÍCULO 385, FRACCIÓN III, DEL CÓDIGO DE PROCEDIMIENTOS PENALES DEL ESTADO DE CHIAPAS, EN ABROGACIÓN PAULATINA). El artículo 20, apartado B, fracción IV, de la Constitución Política de los Estados Unidos Mexicanos (en su texto anterior a la reforma publicada en el Diario Oficial de la Federación el 18 de junio de 2008), establece el derecho fundamental de la víctima u ofendido del delito a que se le repare el daño. Por ello, para hacer efectivo ese derecho y el de defensa, es imprescindible que pueda inconformarse contra cualquier decisión que tenga lugar en el proceso penal y que eventualmente pueda impedir el acceso a la reparación del daño. En consecuencia, el artículo 385, fracción III, del Código de Procedimientos Penales para el

Estado de Chiapas (en abrogación paulatina conforme el Nuevo Código entre en vigor sucesiva y territorialmente por regiones) que establece: "Tendrán derecho de apelar: ... III. El ofendido o sus legítimos representantes, cuando aquél o éstos coadyuven en la acción reparadora y sólo en lo relativo a ésta."; debe interpretarse conforme a la norma constitucional citada, en el sentido de que el ofendido o la víctima del delito está legitimado para promover el recurso de apelación contra una sentencia definitiva absolutoria en la que no se acredita el delito y/o la responsabilidad penal del inculpado, pues constituyen un presupuesto lógico para que se determine la procedencia de la reparación del daño; además de que hace efectivo, en sede judicial, su derecho fundamental de tener acceso a los medios de impugnación ordinarios que le permitan inconformarse con cualquier decisión relacionada con los presupuestos lógicos de dicha reparación.

Recurso de queja: Medio de impugnación utilizado en relación con aquellos actos procesales del juez y contra los de los ejecutores y secretarios que quedan fuera del alcance de los demás recursos legalmente admitidos. (Vara, 2005)

Recurso ordinario y evolutivo, por el cual se pide al tribunal superior del que dicto una resolución que revoque esta sustituyéndola por otra que favorezca al recurrente. (Pales, 2001)

El recurso de queja procede contra las conductas omisibas de los jueces de distrito que no emitan las resoluciones o señalen la práctica de diligencias dentro de los plazos y términos que señale la ley, o bien que no cumplan las formalidades o no despáchenlos asuntos a lo establecido en este código. (Federal, articulo 442)

[TA]; 10a. Época; T.C.C.; S.J.F. y su Gaceta; Libro XXIV, Septiembre de 2013, Tomo 3; Pág. 2656; Número de registro 2004571

RECURSO DE QUEJA. CASO EN QUE RESULTA INNECESARIO REQUERIR EL SEÑALAMIENTO DE CONSTANCIAS. De conformidad con los numerales 97, fracción II, inciso b) y 101 de la nueva Ley de Amparo, cuando se impugnan en queja actos de las autoridades responsables, como el auto que se pronuncia sobre la suspensión solicitada al promover un juicio de amparo directo, el órgano jurisdiccional debe requerir informe sobre la materia de la queja, copia de la resolución impugnada, de las constancias solicitadas por las partes y las que estime pertinentes para la resolución del juicio. Cuando se advierte que no se hizo el requerimiento a las partes para que señalaran qué constancias en copia certificada debían remitirse al órgano resolutor, es innecesario que éste se haga cuando la demanda de amparo directo relacionada con el recurso de queja se encuentra en el mismo Tribunal Colegiado de Circuito y a ella se acompañó la totalidad de constancias que integran el juicio de origen, en términos del artículo 178, fracción III, de la ley de la materia, lo que implica que el órgano colegiado cuenta con todas las constancias que integran el juicio para resolver también la queja, lo cual puede invocarse como un hecho notorio en términos del artículo 88 del Código Federal de Procedimientos Civiles, de aplicación supletoria a la nueva Ley de Amparo, conforme a su artículo 2o.

[TA]; 10a. Época; T.C.C.; S.J.F. y su Gaceta; Libro XXIV, Septiembre de 2013, Tomo 3; Pág. 2657; Número de registro 2004572

RECURSO DE QUEJA. SI SE PROMOVIÓ A TRAVÉS DE LO QUE ASENTÓ EL QUEJOSO EN LA CONSTANCIA DE NOTIFICACIÓN PERSONAL DEL AUTO QUE TUVO POR NO INTERPUESTA LA DEMANDA DE AMPARO Y NO POR ESCRITO PRESENTADO ANTE EL ÓRGANO JURISDICCIONAL QUE CONOCIÓ DEL JUICIO, AQUÉL ES IMPROCEDENTE (LEGISLACIÓN VIGENTE A

PARTIR DEL 3 DE ABRIL DE 2013). De la interpretación sistemática de los artículos 99 y 100 de la Ley de Amparo, publicada en el Diario Oficial de la Federación el 2 de abril de 2013, vigente a partir del día siguiente, se advierte que es requisito de procedencia del recurso de queja, que se interponga por escrito ante el órgano jurisdiccional que conoció del juicio de amparo, en el que se expresen los agravios correspondientes, sin importar la materia o el asunto en particular de que se trate. Por tanto, debe declararse improcedente ese medio de impugnación, si de autos se aprecia que éste deriva únicamente de lo que el quejoso asentó en la constancia de notificación personal del auto que tuvo por no interpuesta la demanda de amparo; ya que no podría considerarse que lo anotado en la citada razón actuarial releve o constituya la formalidad escrita que como requisito de procedencia del recurso de queja prevé expresamente la ley, al constituir la razón de notificación una actuación procesal propia del funcionario judicial que la elabora, que no puede ser objeto de alteración o sujeta de escritura por las partes, salvo la firma de la constancia que denota el conocimiento de la diligencia para la cual fue creada.

Relación jurídica procesal: Se desarrolla a través de las diversas etapas que integran el proceso. Dicha relación tiene un momento final, que consiste en su terminación, la cual se da normalmente por medio de la sentencia, o bien a través de algún otro medio anormal o extraordinario. (Favela, Teoria General del Proceso, 2005)
Relación entablada entre las partes y entre el juez y cada una de las partes desde el momento de la notificación de la demanda en cualquiera de las formas legalmente autorizada. (Vara, 2005)
Es la de carácter público que vincula a las partes con el juez y que sirve de fundamento a las diversas expectativas y cargas de las primeras y de las atribuciones del segundo durante el desarrollo del segundo. (Carpizo, 2001)

[TA]; 10a. Época; T.C.C.; S.J.F. y su Gaceta; Libro XXIV, Septiembre de 2013, Tomo 3; Pág. 2500; Número de registro 2004428

CONEXIDAD EN EL JUICIO DE AMPARO DIRECTO. LA LEY DE AMPARO, PUBLICADA EN EL DIARIO OFICIAL DE LA FEDERACIÓN EL 2 DE ABRIL DE 2013, CONTIENE IMPLÍCITAMENTE DICHA FIGURA PROCESAL. La Ley de Amparo, publicada en el Diario Oficial de la Federación el dos de abril de dos mil trece, no prevé disposición expresa con respecto a resolver en una misma sesión y de manera simultánea los juicios de amparo directo relacionados, como sí lo establecía la ley abrogada en su artículo 65, párrafo primero. No obstante lo anterior, de la interpretación correlacionada de los artículos 13, párrafo segundo, 46 y 47, párrafo segundo, de la ley vigente, se advierte que contiene implícitamente la figura procesal de conexidad, ya que dichos preceptos aluden a la concentración de procesos, así como a la incompetencia por inhibitoria y declinatoria que, en lo conducente, refieren como condición para su procedencia que los asuntos guarden íntima conexión. De lo que se infiere, que sigue vigente la regla relativa al análisis simultáneo en una misma sesión de los asuntos que se encuentren relacionados, toda vez que con ello se otorga certidumbre jurídica a las partes de la relación jurídica procesal, a fin de que no se dicten sentencias contradictorias.

Reposición del procedimiento: La reposición del procedimiento no se decretará de oficio. Cuando se pida, deberá expresarse el agravio en que se apoya la petición, no pudiendo alegarse aquel con el que la parte agraviada se hubiere conformado expresamente, o contra el que no se hubiere intentado el recurso que la ley concede, o si no hay recurso, si no se protestó contra dicho agravio en la instancia en que se causó. (Federal, Art. 430)

La reposición del procedimiento se decretará a petición de parte, debiendo expresarse los agravios en que se apoye la petición. No se podrán alegar aquellos con los que la parte agraviada se hubiere conformado expresamente, ni los que cause alguna resolución contra la que no se hubiere intentado el recurso que la ley conceda o, si no hay recurso, si no se protesta contra dichos agravios al tenerse conocimiento de ellos en la instancia en que se causaron. (Penales, Art. 386)

En el proceso penal también se admite que se reclame la nulidad de actuaciones con motivo de la interposición de la apelación, por medio de lo que se denomina reposición del procedimiento. (Favela, Teoria General del Proceso, 2005)

[TA]; 10a. Época; T.C.C.; S.J.F. y su Gaceta; Libro XXIII, Agosto de 2013, Tomo 3; Pág. 1718; Número de registro 2004310

REPOSICIÓN DEL PROCEDIMIENTO EN MATERIA PENAL. SI ORIGINA QUE EL INCULPADO QUE SE ENCUENTRA EN LIBERTAD PROVISIONAL BAJO CAUCIÓN PROLONGUE EL CUMPLIMIENTO DE SUS OBLIGACIONES CONTRAÍDAS CON MOTIVO DE DICHO BENEFICIO HASTA EL DICTADO DE UN NUEVO FALLO, RESTRINGIENDO SU LIBERTAD DE TRÁNSITO, ELLO CONSTITUYE UN ACTO DE IMPOSIBLE REPARACIÓN PARA EFECTOS DE LA PROCEDENCIA DEL AMPARO INDIRECTO (LEGISLACIÓN DEL ESTADO DE TAMAULIPAS). Por regla general, la reposición del procedimiento no constituye un acto de imposible reparación respecto del cual, en términos del artículo 114, fracción IV, de la Ley de Amparo (vigente hasta el 2 de abril de 2013), proceda el juicio de amparo, en virtud de que no vulnera derechos sustantivos ni actualiza una violación exorbitante o

superior, dado que, en principio, sólo produce el reinicio del procedimiento; sin embargo, si de los alcances de la reposición se advierte que generan lesión a un derecho sustantivo, entonces, como excepción, se estará frente a una violación que ameritará analizarse en la vía de amparo indirecto. Acorde con lo anterior, si el inculpado se encuentra en libertad provisional bajo caución y se resuelve un recurso de apelación que ordena reponer el procedimiento, dejando insubsistente la sentencia de primer grado, y si dicha determinación origina que aquél prolongue el cumplimiento de sus obligaciones contraídas con motivo de ese beneficio hasta el dictado de un nuevo fallo, ello constituye un acto de imposible reparación para efectos de la procedencia del amparo indirecto, ya que de conformidad con el artículo 406 del Código de Procedimientos Penales para el Estado de Tamaulipas, el procesado debe cumplir determinadas obligaciones para la subsistencia de su libertad caucional, entre otras, no ausentarse del lugar de residencia sin permiso de la autoridad que conozca del expediente, compromiso que en caso de incumplimiento trae consigo su revocación. Por tanto, si bien es cierto que, al otorgarse ese derecho, el inculpado acepta el cumplimiento de tales requisitos, también lo es que su prolongación hasta que se dicte nuevo fallo en virtud de la reposición ordenada, entraña una ejecución irreparable, pues restringe de manera cierta e inmediata su libertad de tránsito contenida en el artículo 11 de la Constitución Política de los Estados Unidos Mexicanos, al limitar su derecho a entrar en la República, salir de ella, viajar por su territorio y mudar de residencia, sin necesidad de carta de seguridad, pasaporte, salvoconducto u otros requisitos semejantes. SEGUNDO TRIBUNAL COLEGIADO DE CIRCUITO DEL

Representación voluntaria: La representación Voluntaria se realiza dentro del ámbito de la libertad y autonomía de la libertad y autonomía de la voluntad; por medio de ella, una persona faculta a otra para actuar y decidir en su nombre o por su cuenta. (Arias, La teoria General del proceso y su aplicacion al proceso civil en nayarit)

En primer lugar y respecto a quien debe conferir la representación, establece que en el caso de personas físicas con capacidad de obrar la representación será conferida por ellas mismas, y en el caso de personas físicas sin capacidad de obrar, de personas jurídicas , la representación voluntaria podrá ser conferida por quienes tengan la representación legal y esta lo permita. (Kluwer, 2007-2008)

Las personas en pleno ejercicio de sus derechos pueden comparecer en juicio, las personas físicas pueden hacerlo por sí mismas o bien por medio de un representante designado voluntariamente a través de un mandato judicial o de un poder para pleitos y cobranzas (representación voluntaria). (Favela, Teoria General del Proceso, 2005)

[TA]; 9a. Época; T.C.C.; S.J.F. y su Gaceta; Tomo XXXIII, Mayo de 2011; Pág. 1036; Número de registro 162212

AUTOCONTRATACIÓN O CONTRATO CONSIGO MISMO, NATURALEZA JURÍDICA.
La representación puede tener dos fuentes: la voluntad del representado, denominada representación voluntaria o la ley, denominada representación legal; la primera tiene su origen en un acto unilateral, por medio del cual se faculta a otro para que actúe en su nombre y representación; esa relación jurídica entre el representante y el representado se funda en un vínculo de confianza cuyo límite se encuentra en las facultades que le son conferidas y las instrucciones que el representado extiende al representante, y dentro de esos límites puede actuar este último. La representación crea la posibilidad de que una persona que actuó por sí y en representación de otra, o que represente a dos partes, concluya un contrato. Por regla general, las relaciones

contractuales suponen un encuentro de voluntades diversas, distintas o antagónicas que llegan a un punto de equilibrio a fin de satisfacer una determinada necesidad; es esta última la que justifica el contrato como un acto de cooperación que permite la realización de una transacción de intereses diversos. También es cierto que nadie puede ser acreedor y deudor de sí mismo, porque si ello ocurriere se produciría la confusión y se extinguirían las obligaciones; sin embargo, puede ocurrir que una persona física pretenda un determinado fin lícito que puede ser satisfecho por una persona moral o física, de la que es representante o mandatario, en cuyo caso, dada la representación que tiene de esa persona física o moral, y además del ejercicio de su propio derecho, funja a la vez, como parte directa y como representante de la otra; como representante de ambas partes o como titular de dos patrimonios sometidos a regímenes jurídicos distintos. Es lo que la doctrina ha definido como la auto contratación o contrato consigo mismo. Es el acto jurídico que una persona celebra consigo misma y en el cual actúa a la vez como parte directa y como representante de la otra o como representante de ambas partes; y se encuentra presente en diversas instituciones reguladas por nuestro sistema jurídico, como por ejemplo: a) Si una persona actúa por sí y en representación de otra, ya sea una representación de tipo legal o convencional; esto es, el caso del padre que contrata para sí y también por el hijo; o, el del mandante representado por el mandatario con el mandatario por sí. b) Si una persona es representante (legal o voluntaria) de dos personas diferentes. c) Si una persona tiene dos patrimonios o fracciones de patrimonios sometidos a regímenes jurídicos distintos, y necesita precisar la condición jurídica de ciertos bienes. Es el caso del heredero al que se le concede la posesión provisoria de los bienes del desaparecido, y entre esos bienes hay algunos en que él es comunero. d) Respecto de los bienes del desaparecido, el heredero es usufructuario, y si quiere producir la partición de dichos bienes, deberá acudir al autocontrato. e) El del representante legal de una persona moral consigo mismo.

Resoluciones judiciales: Proceden realmente al examen del cumplimiento de los requisitos de necesidad y proporcionalidad que usualmente comporta la norma jurídica de base. (Lanz, 2006)

Son los actos procesales por medio de los cuales el órgano jurisdiccional decide sobre las peticiones y los demás actos de las partes y los otros participantes. La resolución judicial más importante en el proceso es la sentencia, en la que el juzgador decide sobre el litigio sometido a proceso. (Favela, Teoria General del Proceso, 2005)

Cualquiera de las decisiones, desde las de mero trámite hasta la sentencia definitiva, que dicta un Juez o tribunal en causa contenciosa o en expediente de jurisdicción voluntaria. En principio se adoptan por escrito, salvo algunas de orden secundario que se adaptan verbalmente en las vistas o audiencias, de las cuales cabe tomar nota a petición de parte. (Ossorio)

[TA]; 10a. Época; T.C.C.; S.J.F. y su Gaceta; Libro XXIII, Agosto de 2013, Tomo 3; Pág. 1700; Número de registro 2004289

PRINCIPIO DE CONGRUENCIA QUE DEBE OBSERVARSE EN LAS RESOLUCIONES JUDICIALES. NO SE INFRINGE AL VALORARSE EL MATERIAL PROBATORIO APORTADO POR LAS PARTES. El pronunciamiento jurisdiccional por antonomasia, la sentencia, no puede estimarse incongruente cuando se atienden los elementos probatorios que han arribado al juicio con motivo del cumplimiento que cada parte realiza respecto de las cargas procesales que les son propias, entre ellas la carga de la afirmación y la carga de la prueba, en sus variantes subjetiva y objetiva, que se traducen en quién y qué se debe probar, respectivamente (lo que se vincula estrechamente con la carga de la afirmación), pues la ponderación, conforme a la normativa aplicable, de las pruebas que obran en el sumario no encuentra mayor vinculación con la congruencia, que debe ser consubstancial a toda resolución judicial, ni aun cuando se afirme una inexistente alteración de la litis.

S

Sentencia: resolución judicial que pone fin a un proceso o juicio en una instancia o en un recurso extraordinario. En el código de procedimientos civiles para el distrito federal (art 79) se hace referencia a dos clases de sentencias: la interlocutoria (que resuelven un incidente promovido antes o después de la resolución del juicio) y las definitivas (que contienen esta resolución).

Rafael de pina vara. Diccionario de derecho. Porrúa. 2012. Pág. 452.

Sentencia; la decisión legitima del juez sobre la causa controvertida en su tribunal, el juez declara lo que siente según lo que resulta del proceso. La sentencia es de dos maneras, interlocutoria y definitiva.

Instituto de investigación jurídica de la UNAM. Diccionario razonado de legislación y jurisprudencia. (Escriche, 1851).

Sentencia.- es la resolución que pronuncia el juez o tribunal para resolver el fondo del litigio, conflicto o controversia, lo que significa la terminación normal del proceso. Que pone fin al proceso decidiendo el fondo del litigio, se han calificado como tales otras resoluciones que no tienen estas características, y a la inversa, lo que ha provocado confusión especialmente en la legislación y en la jurisprudencia.

Alcalá Zamora y Castillo, Niceto. Examen crítico del código de procedimientos civiles de chihuahua. Derecho procesal mexicano, México, Porrúa. 1976.

[TA]; 10a. Época; 2a. Sala; S.J.F. y su Gaceta; Libro XXIV, Septiembre de 2013, Tomo 3; Pág. 1852; Número de registro 2004378

ACUMULACIÓN EN EL JUICIO DE AMPARO. PARA EL DICTADO DE LA SENTENCIA, EL JUEZ DE DISTRITO DEBE ANALIZAR TANTO LAS PRETENSIONES COINCIDENTES, COMO LAS DIFERENTES O PARTICULARES DE CADA EXPEDIENTE ACUMULADO. Los artículos 57 a 63 de la Ley de Amparo vigente hasta el 2 de abril de 2013, regulan la acumulación en el juicio de amparo; figura procesal respecto de la cual esta Suprema Corte de Justicia de la Nación ha determinado que su existencia obedece a razones de economía procesal y a la necesidad y conveniencia de evitar que, de seguirse separadamente los diversos procesos, pudieran dictarse sentencias contradictorias; sin embargo, la circunstancia de decretar la acumulación y emitir una sola sentencia no se traduce en que el Juez pueda dejar de respetar la independencia o individualidad de los expedientes acumulados, o de pronunciarse respecto de todos los argumentos expuestos por las partes, ya que en atención a los principios de exhaustividad y congruencia que rigen en la emisión de toda sentencia, debe analizar tanto las pretensiones coincidentes como las diferentes o particulares, y armonizarlas de forma que una sola sentencia se ocupe de todos los planteamientos de los autos acumulados.

Sobreseimiento: Es una resolución judicial fundada mediante la cual se decide la finalización de un proceso criminal respecto de uno o de varios imputados determinados, con anterioridad al momento en que la sentencia definitiva cobre autoridad de cosa juzgada, por medir una causal que impide en forma concluyente la continuación de la persecución penal. (Gonzales, 2008)

455

El sobreseimiento puede ser solicitado por el fiscal del MP y por la partes y tiene la virtud de extinguir la acción penal mediante la conclusión anticipada del proceso. (Vilela, 2001)

El sobreseimiento es un acto procesal que pone fin al juicio; pero le pone fin sin resolver la controversia de fondo, sin determinar si el acto reclamado es o no contrario a la Constitución y, por lo mismo, sin fincar derechos u obligaciones en relación con el quejoso y las autoridades responsables. Es, como acertadamente anota don Ignacio Burgoa, de naturaleza adjetiva, ajeno a las cuestiones sustantivas, ya que ninguna relación tiene con el fondo. (Nacion, 2007)

[TA]; 10a. Época; T.C.C.; S.J.F. y su Gaceta; Libro XIII, Octubre de 2012, Tomo 4; Pág. 2623; Número de registro 2001956

JUICIO ORAL SUMARÍSIMO. CONTRA LA RESOLUCIÓN QUE DECRETA SU SOBRESEIMIENTO PROCEDE APELACIÓN (LEGISLACIÓN DEL ESTADO DE PUEBLA). Tomando en cuenta que la propia exposición de motivos del Código de Procedimientos Civiles para el Estado de Puebla, vigente a partir del uno de enero de dos mil cinco, menciona que la teleología de tal normatividad tiende a la economía procesal y a la ágil administración de justicia, pero de ninguna forma limita el derecho de defensa de los gobernados para impugnar aquellas resoluciones con las cuales concluyen los procedimientos ahí establecidos, en tanto que alude que la apelación se instituye como un instrumento procesal para combatir sentencias definitivas o determinaciones con las que concluyen los juicios; y que tratándose del juicio oral sumarísimo el propio artículo 584 del referido ordenamiento legal sólo proscribe la procedencia de recursos contra determinaciones de mero trámite, no así respecto de aquellas que culminan esos asuntos; se concluye que el recurso de apelación previsto en ese numeral es procedente, por analogía, en contra de la resolución que decreta el sobreseimiento del juicio, pues es evidente que genera efectos similares a los de una sentencia puesto que lo da por concluido. Lo que resulta acorde al artículo 17 de la Constitución Política de los Estados Unidos Mexicanos, ya que permite la existencia de un medio ordinario de defensa a favor de los contendientes para combatir ese tipo de determinaciones que ponen fin al procedimiento, pues sostener un criterio adverso implicaría tornar irrecurribles todas aquellas determinaciones que concluyen procedimientos orales sumarísimos que no sean sentencias definitivas, lo cual es contrario al sistema de recursos establecido por el legislador civil local.

[TA]; 10a. Época; 1a. Sala; S.J.F. y su Gaceta; Libro XXIII, Agosto de 2013, Tomo 1; Pág. 746; Número de registro 2004331

SOBRESEIMIENTO POR CESACIÓN DE EFECTOS EN EL AMPARO DIRECTO. INTERPRETACIÓN CONFORME DEL ARTÍCULO 73, FRACCIÓN XVI, DE LA LEY DE AMPARO (VIGENTE HASTA EL 2 DE ABRIL DE 2013).

Según la disposición citada, el juicio de amparo es improcedente cuando hayan cesado los efectos del acto reclamado; sin embargo, esta causal de improcedencia no puede tener un alcance irrestricto cuando se trate de un juicio de amparo directo relacionado con otro, por impugnarse en ambos una misma sentencia, y en uno de ellos se otorga la protección constitucional, esto es, es inadmisible una interpretación expansiva que lleve a sobreseer cuando en uno de ambos juicios se deje insubsistente la sentencia reclamada, sin distinguir la causa de invalidez -por vicios de fondo, procesales o de forma-, pues debe partirse de la premisa de que la insubsistencia formal de la resolución o el acto impugnado no deja sin materia a un medio de control constitucional, ya que ello no implica necesariamente la supresión de todas las condiciones tachadas como violatorias de derechos humanos -la invalidez formal de un acto no significa que no existan consecuencias o efectos jurídicos susceptibles de afectar los derechos humanos-, además de que el diseño del juicio de amparo exige a los jueces agotar la materia impugnativa respecto de una misma sentencia reclamada, en la medida de lo posible, en el menor número de sentencias. De ahí que el citado artículo 73, fracción XVI, no resulta violatorio de los derechos humanos de acceso a la justicia y tutela efectiva, si su contenido es interpretado de conformidad con su ámbito protector, esto es, debe estimarse que no se actualiza la cesación de efectos del acto reclamado cuando formalmente se deja insubsistente la sentencia reclamada al concederse el amparo en el juicio relacionado y la parte quejosa plantea violaciones cuyo estudio es técnicamente posible, pues, con base en el principio de concentración contenido en el artículo 107, fracción III, inciso a), segundo párrafo, constitucional, y el derecho humano de tutela efectiva, que exige proveer un medio idóneo y eficaz para lograr el estudio de violación de derechos humanos, debe maximizarse su derecho a la administración de justicia pronta y completa. Por tanto, debe ser la viabilidad técnica de estudio de la materia del amparo directo relacionado, el criterio rector que ha de determinar cuándo se actualiza la referida causal de improcedencia.

Sustanciación: Tramitación de un juicio hasta que está listo para sentencia. (Escriche, 1851)

Una vez determinados la admisibilidad y los efectos del medio de impugnación, continuara la sustanciación de este, en la que normalmente se dará oportunidad a la contraparte para expresar sus argumentos sobre los motivos de inconformidad (agravios, conceptos de violación o conceptos de anulación) aducidos por el impugnador; y excepcionalmente se podrán practicar pruebas y formular alegatos. (Favela, Teoria General del Proceso, 2005)

Es un medio para llegar la fin; el medio de servirse del instrumento que se llama ley, y descubrir los medios de usar un instrumento antes de haber descrito el instrumento mismo. (Francisco Ferrer, 1834)

Es el debate oral sobre todas y cada una de las cuestiones formales, referidas o no a los presupuestos del proceso, que tengan vinculación con la existencia y validez de la relación jurídica procesal, especialmente para evitar quebrantamientos de orden pública y efectiva. (Morais, 2008)

[TA]; 10a. Época; T.C.C.; S.J.F. y su Gaceta; Libro XXII, Julio de 2013, Tomo 2; Pág. 1440; Número de registro 2004002

INEJECUCIÓN DE SENTENCIA. PARA LA INTEGRACIÓN DEL EXPEDIENTE QUE SE REMITIRÁ A LA SUPREMA CORTE DE JUSTICIA DE LA NACIÓN PARA LA SUSTANCIACIÓN DEL INCIDENTE RELATIVO, BASTAN TRES REQUERIMIENTOS (LEGISLACIÓN VIGENTE HASTA EL 2 DE ABRIL DE 2013). El artículo 105 de la Ley de Amparo, vigente hasta el 2 de abril de 2013, relativo al procedimiento a seguir para el cumplimiento de la ejecutoria de garantías, establece que para la integración del expediente que se remitirá a la Suprema Corte de Justicia de la Nación para la sustanciación del incidente de inejecución de sentencia, bastan tres requerimientos: el primero, a la autoridad responsable; el segundo, al superior jerárquico inmediato, en caso de que aquélla no lo atendiere; y, el tercero, únicamente en el supuesto de que el superior inmediato de la autoridad responsable tuviere, a su vez, superior jerárquico y aquél tampoco lo atendiere. Dicha conclusión guarda consonancia con la última parte del segundo párrafo del artículo en cita, pues mientras no se logre el cumplimiento del fallo protector, la autoridad de amparo, una vez remitido el expediente, debe continuar requiriendo a fin de que se realicen los actos necesarios para ello.

Sustitución procesal: Sujeto comparece en juicio en nombre propio por un derecho ajeno. (Chiovenda, 1977)

Tiene lugar cuando el intertanto de la presentación de la demanda y el registro de la medida cautelar se traslada la propiedad del demandado inicial a un tercero, disponiendo que este último se tenga como sustituto procesal del primero, de manera oficiosa, notificándosele la orden de apremio, y con el cual se tramitase el curso del proceso. Dicha sustitución trae aparejadas dos consecuencias la primera, la sustitución procesal implicara que se desplace plenamente al deudor originario constituyente del gravamen: la segunda, que en tal condición asumirá las vicisitudes del proceso la defensa, formulando excepciones, y en general aceptara las resultas del juicio. (Cavero Ruiz, ciancia, Guarin Ariza, Guzmán Caballero, &Marín Charris, 2010).

Es una relación de naturaleza sustancial, existente entre el sustituto y el sustituid, en consecuencia de la cual compete al sustituto el poder de conducir un proceso en nombre propio y relativamente a un derecho del sustituid, de tal forma que los efectos sustanciales del proceso lleguen a alcanzar ala sustituido, aun cuando no haya participado en el mismo proceso. (jr, 1971)

[TA]; 9a. Época; T.C.C.; S.J.F. y su Gaceta; Tomo XIV, Octubre de 2001; Pág. 1199; Número de registro 188480

SUSTITUCIÓN PROCESAL. NO AFECTA A LA RELACIÓN SUSTANCIAL PACTADA (LEGISLACIÓN DEL ESTADO DE MÉXICO). De acuerdo con lo dispuesto por el artículo 99 del Código de Procedimientos Civiles para el Estado de México, toda persona puede intervenir en un asunto judicial por sí o por conducto de procurador con poder bastante; además, el precepto 105 del propio ordenamiento estatuye que las sustituciones personales de las partes en un procedimiento no afectarán a éste a menos que tales impliquen una variación de la relación sustancial; de ahí que si el Juez del conocimiento, al recibir la demanda, advirtió que en el poder la parte actora no autorizó al poderdante para intervenir en un juicio relativo a la terminación del contrato de arrendamiento, y así la requirió para que exhibiera en un término de tres días el testimonio correspondiente, no obstante, destaca que el actor, a fin de dar cumplimiento a ese requerimiento, ya no compareció por conducto de apoderado, sino que lo hizo por propio derecho y así se le tuvo por admitida la demanda, ante ello es indiscutible que por solo haberse tratado de una sustitución personal de la parte actora, no pudo afectar ni trascender ello en el procedimiento porque no hubo variación en la relación sustancial en el juicio de referencia. En estas condiciones, no es óbice el hecho de que el Juez natural hubiere tenido por presentado al actor desahogando en tiempo y forma la prevención que le mandó dar, dejando sin efecto el nombramiento de sus apoderados y teniéndolo por presentado por su propio derecho, pues con tal actitud se actualizó la referida sustitución procesal de la parte actora, lo que, se reitera, en lo más mínimo afectó ni implicó y menos suscitó una variación de la relación sustancial, porque es distinta la falta de personalidad a la falta de acción.

T

Tercería: La tercería es la participación del tercerista en el proceso y puede clasificarse, como señala Alcalá-Zamora puede ser espontánea y provocada. (Favela, Teoria General del Proceso, 2005)

Es la participación de un tercero con interés propio y distinto o concordante con el del actor o del reo, en un proceso que tiene lugar antes o después de pronunciada sentencia firme. (Arias, La teoria General del proceso y su aplicacion al proceso civil en nayarit)

Derecho que deduce un tercero entre dos o más litigantes. (Vara, 2005)

[TA]; 10a. Época; T.C.C.; S.J.F. y su Gaceta; Libro XX, Mayo de 2013, Tomo 3; Pág. 1702; Número de registro 2003467

AMPARO DIRECTO. ES IMPROCEDENTE CONTRA LA SENTENCIA DE PRIMERA INSTANCIA DICTADA EN LA TERCERÍAEXCLUYENTE DE DOMINIO PROMOVIDA CON MOTIVO DE UN JUICIO EJECUTIVO MERCANTIL, CON INDEPENDENCIA DE LA CUANTÍA DE ÉSTE. El juicio de tercería excluyente de dominio, cuya materia es ajena a la controversia mercantil principal, es de cuantía indeterminada cuando en el escrito de demanda respectivo la reclamación primordial no consiste en una prestación económica directa, sino en dejar sin efectos un acto jurídico, como es el embargo. En este sentido, la sentencia definitiva es recurrible mediante el recurso de apelación porque se ubica en los supuestos del artículo 1341 del Código de Comercio, ya que el asunto es de cuantía indeterminada y la procedencia de ese medio de impugnación está prevista en el numeral 1339 Bis de ese ordenamiento legal. Lo anterior, sin tener que tomar en cuenta el monto de lo reclamado en el juicio mercantil en el que se promueve dicha tercería, pues la Suprema Corte de Justicia de la Nación ha considerado a las tercerías como un juicio distinto e independiente del principal y, por lo mismo, autónomo, observándose en la tramitación de cada uno de estos juicios las formalidades esenciales del procedimiento sin que el tercero coadyuvante o excluyente deba aceptar el estado que guarde el juicio principal en el momento en que se promueve la tercería. Bajo esa lógica, la sentencia dictada en la tercería excluyente de dominio interpuesta en un juicio ejecutivo mercantil en que se hace consistir el acto reclamado en el amparo directo no se ubica en ninguno de los supuestos de los artículos 107, fracciones III, inciso a) y V, inciso c), de la Constitución Federal, ni de los diversos 44, 46 y 158 de la Ley de Amparo, toda vez que dicho acto reclamado no constituye una sentencia definitiva para los efectos de la procedencia del juicio de amparo directo por proceder en su contra el recurso de apelación mencionado. Por tanto, la competencia legal para conocer de la demanda respectiva radica en un Juzgado de Distrito, en términos de los artículos 36 y 47, párrafo tercero, de la propia ley.

[TA]; 9a. Época; T.C.C.; S.J.F. y su Gaceta; Tomo XXIII, Enero de 2006; Pág. 2508; Número de registro 176090

TERCERÍA COADYUVANTE. NO PUEDE VARIARSE LA LITIS FIJADA POR LAS PARTES, AUNQUE LA TERCERISTA ARGUMENTE QUE ES POR CAUSAS SUPERVENIENTES. Cuando un tercero comparece a juicio en su carácter de tercerista coadyuvante, el órgano jurisdiccional está obligado a determinar si en el caso concreto cobra actualidad o no la tercería de referencia en la forma en que fue planteada. De manera que si el tercerista pretende variar la litis bajo el argumento de que por causas supervenientes ya no tiene los mismos intereses que la parte con la que coadyuva, sino diversos y que, por ello, dejó de ser tercerista coadyuvante, para convertirse en excluyente, al no formar parte de la litis esas nuevas circunstancias no pueden ser analizadas por la autoridad responsable, por no haber sido alegadas al momento de promoverse la tercería coadyuvante; en la inteligencia de que la litis no puede ser variada durante el transcurso del procedimiento, dado que ésta se integra con el escrito de tercería y con el desahogo a la vista que se dio a las partes y, por ende, las cuestiones que no formaron parte de tales ocursos, tampoco forman parte de aquélla, por lo que no deben ser resueltas ni por el juzgador ni por el tribunal de alzada.

Tercería coadyuvante: La tercería coadyuvante se da cuando un sujeto inicialmente extraño al proceso se encuentra legitimado y tiene un interés propio para acudir a ese proceso preexistente, con el fin de ayudar, de coadyuvar o colaborar en la posición que alguna de las dos partes iníciales adopte en el desenvolvimiento de ese proceso. (Lara, 2005)

En cuanto a este tipo de tercerías, se expresa en la doctrina que pueden oponerse en cualquier juicio, sea cual fuere la acción que en el se ejercite, con tal que no se haya pronunciado sentencia que cause ejecutoria. (Larrañaga, 1979)

Se da cuando un sujeto inicialmente extraño al proceso se encuentra legitimado y tiene un interés propio para acudir a ese proceso con el fin de ayudar, de coadyuvar o colaborar en la posición que alguna de las dos partes iníciales adopte en el desenvolvimiento de ese proceso. (Cipriano Gómez Lara, 2004)

[TA]; 9a. Época; T.C.C.; S.J.F. y su Gaceta; Tomo VI, Noviembre de 1997; Pág. 491; Número de registro

LITISCONSORCIO Y TERCERÍA COADYUVANTE.

DIFERENCIAS. [...]También en un proceso pueden intervenir otras personas que reciben el nombre de terceros y esta participación puede ser de diferente naturaleza, ya que el tercero puede deducir un derecho propio distinto del actor o del demandado, y esta intervención se vuelve principal, pues el tercero hace valer un derecho propio. En cambio, cuando el tercero interviene coadyuvando con cualquiera de las partes, esto es, actor o demandado en la defensa del derecho subjetivo hecho valer, recibe el nombre precisamente de tercero coadyuvante, pues interviene para sostener las razones de un derecho ajeno y puede comparecer al juicio en forma espontánea o provocada, ya que la sentencia que se dicte puede pararle perjuicios y, por ello, puede comparecer a juicio en cualquier momento, siempre y cuando dicha sentencia no haya causado ejecutoria. Lo anterior, se corrobora con la tesis jurisprudencial que se encuentra visible a foja 458, Quinta Época, Tomo XVIII, del Semanario Judicial de la Federación, intitulada: "TERCERÍAS COADYUVANTES.". Luego, la institución del litisconsorcio sea activo o pasivo es diferente a la de tercero coadyuvante, pues en la primera si bien intervienen varias personas del lado del actor o del demandado, lo cierto es que tienen el mismo interés y en cambio en la segunda, el tercero no comparece al juicio defendiendo un derecho propio sino que pertenece al actor o demandado con el que coadyuva, porque la sentencia que se dicte podrá pararle un perjuicio si es adversa a la parte con quien coadyuva.

Tercerías excluyentes: A estas tercerías se les llama excluyentes precisamente porque mediante ellas se pretende sustraer los bienes, que son objeto de la afectación o ejecución. (Lara, 2005)

La tercería espontánea puede ser excluyente cuando es adverso al interés de ambas partes. Las tercerías excluyentes se clasifican en de dominio-si el tercerista reclama la propiedad del bien o los bienes afectados por el proceso- y de preferencia- cuando el tercerista reclama su mejor derecho a ser pagado con el producto de la enajenación de los bienes embargados. (Favela, Teoria General del Proceso, 2005)

En cuanto a la tercería excluyente de preferencia, esta implica que sobre los bienes efectuados para la ejecución, un sujeto extraño a las partes originales se presente o inserte en dicho proceso y alegue que tiene mejor derecho a ser pagado con el producto de la ejecución de dichos bienes. (Lara, 2005)

[TA]; 10a. Época; T.C.C.; S.J.F. y su Gaceta; Libro XIII, Octubre de 2012, Tomo 4; Pág. 2833; Número de registro 2002083

TERCERÍA EXCLUYENTE DE DOMINIO.
ELEMENTOS ESENCIALES QUE IMPLICAN SU
EJERCICIO LÍCITO (ARTÍCULO 659 DEL CÓDIGO DE
PROCEDIMIENTOS CIVILES DEL DISTRITO
FEDERAL). El artículo 659 del Código de Procedimientos
Civiles para el Distrito Federal prevé que las tercerías
excluyentes de dominio tienen como objeto central tutelar
el derecho de propiedad, por lo que para su procedencia es
necesario acreditar plenamente la propiedad del bien que se
busca excluir de la ejecución en el juicio principal. En
consecuencia, es imprescindible comprobar la existencia de
los elementos siguientes: 1) el título de propiedad o
dominio del bien materia de la tercería, esto es un
presupuesto procesal de observancia necesaria prevista en
el artículo 661 del ordenamiento en cita, que establece que
con la demanda de la tercería excluyente se deberá
presentar el título de fecha cierta en original o copia
certificada en que se funde la acción. Esto es porque en las
tercerías excluyentes de dominio sobre bienes inmuebles,
se pretende demostrar que el tercerista adquirió antes que el
ejecutado y que, por ello, el gravamen es sobre un bien que
ha salido del patrimonio del demandado en el juicio
principal, de donde deriva un embargo o gravamen, por lo
que aquél debe ser excluido al haberse demostrado que se
ha producido un error en la atribución de la titularidad de
los bienes; 2) la traba del embargo, que se refiere a un
procedimiento que exige el cumplimiento de obligaciones
no imputables al verdadero dueño del bien y para cuya
liberación promueve la tercería, lo que implica que el
titular del dominio del bien debe demostrar que lo adquirió
con anterioridad a la constitución del embargo y que exista
la identidad de las cosas que se reclaman en virtud de ese
título con las que fueron objeto de embargo; el título de
propiedad o justificación del dominio que invoca el
tercerista debe ser real y actual al momento del embargo de
los bienes, pues es cuando se produce la colisión de
derechos contrarios. En suma, en una tercería de dominio

se calificará la condición de extraño del tercerista, respecto del ejecutante y del ejecutado, con relación a la deuda reclamada; y se ponderará el hecho de que el tercerista es el titular del bien afecto al pago de esa deuda, pues lo que prevalece en la tercería excluyente, es la preferencia cronológica en cuanto a que era titular del bien antes de que existiera el embargo trabado; y su calidad de tercerista implica que además de ser titular de los bienes embargados debe estar legitimado para impugnar el embargo, lo que no puede hacer el deudor ejecutado ni la persona que sin ser propiamente deudora ejecutada, debe soportar en sus bienes la responsabilidad por la que se ejecuta en la medida en que guarda un vínculo con la relación jurídica que se discute, porque haya consentido la constitución del gravamen o del derecho real en garantía de la obligación del demandado, según lo dispone el referido artículo 659; una conducta diversa o asimilable a estos últimos supuestos debe ser calificada de ilícita y rechazada por el Juez ejecutante en la acción que se ejerza.

Tercero: La expresión tercero, dentro del derecho procesal, se define por exclusión: es tercero todo aquel que no es parte en un proceso. En este sentido, son terceros tanto aquellas personas que no han participado en el pro0ceso como las que han intervenido en el mismo, pero sin tener el carácter de parte: por ejemplo, los testigos, los peritos etc. (Favela, Teoria General del Proceso, 2005)

Desde el punto de vista del derecho civil, el tercero es aquél que no ha sido parte en un contrato, y por lo tanto no le es oponible. Ello no obstante, ese tercero lo puede ser en términos absolutos, es decir, que sea totalmente ajeno al contrato, o por el contrario que se trate de un tercero que posteriormente entrará en relación con los contratantes. (García, 2008)

Se entiende por tercero a una persona natural o jurídica que no interviene en la realización de un acto jurídico, y por permanecer extraña, no puede ser favorecida ni afectada por el acto. (Puppio, 2008)

[TA]; 10a. Época; T.C.C.; S.J.F. y su Gaceta; Libro XXIII, Agosto de 2013, Tomo 3; Pág. 1722; Número de registro 2004316

RESPONSABILIDAD EXTRACONTRACTUAL EXIGIDA A UN TERCERO LLAMADO A JUICIO. NO PUEDE EXCEPCIONARSE OPONIENDO CUESTIONES DERIVADAS DE ACTOS JURÍDICOS EN CUYA CELEBRACIÓN NO INTERVINO DIRECTAMENTE.

Cuando la responsabilidad que se pretende atribuir a una persona, en su calidad de tercera llamada a juicio, deriva de una causa eficiente ajena a una específica relación contractual, por no haber sido parte en los actos jurídicos base de la acción, es decir, cuando el motivo determinante de la pretensión intentada en el juicio de origen no encuentra sustento en los contratos que constituyeron la materia de la controversia entre las partes, actora y demandada, sino en una causa extracontractual, no pueden válidamente proponerse, como razones para evidenciar la inconstitucionalidad de la sentencia reclamada y, con ello, evadir la responsabilidad atribuida, perspectivas derivadas de esos actos jurídicos a los que resulta formalmente ajena. Esto es, si dicha persona no fue parte formal en ninguno de los contratos base de la acción y, por ello, la causa eficiente de la acción intentada se sustentó en el incumplimiento que se atribuyó al contenido obligacional pactado en esos actos jurídicos, resulta claro que una persona ajena a los mismos, en tanto no los suscribió directamente, no puede sostener su esquema defensista, en el contenido y alcances jurídicos que puedan tener entre las partes que sí los firmaron a través de sus representantes. Así se considera, porque los actos jurídicos tienen como fin inmediato establecer entre las partes relaciones jurídicas y ello implica que todos esos actos producen las consecuencias previstas en la ley, a favor o en contra de personas determinadas. Por ello, el contrato es una fuente de obligaciones entre las partes que los conciben y les dan vida; de ahí que ese contenido obligacional concierne a las personas que le han dado entidad al acto, es decir, a los autores, tratándose de actos jurídicos unilaterales, o a las partes, si se trata de uno bilateral. Por tanto, quien no es actor ni parte en el contrato, tiene la calidad de tercero al mismo, y conforme al principio res inter alios acta, los contratos sólo pueden generar efectos, es decir, obligaciones y derechos, en relación con las partes, no respecto de terceros que no intervinieron en su celebración; de ahí que sus efectos no pueden beneficiar ni perjudicar a quien no intervino de manera expresa en su contenido obligacional. Esto es, si el motivo determinante de la responsabilidad civil que se atribuye a la quejosa deriva de causas extracontractuales, no es en los contratos donde se debe sustentar la visión que conduzca a determinar la inviabilidad de lo así pretendido.

Termino: Es el momento (día y la hora) señalado para el comienzo de un acto procesal. (Favela, Teoria General del Proceso, 2005)

El término en un sentido estricto es el momento preciso señalado para la realización de un acto. (Cipriano Gómez Lara, 2004)

Término o plazo, por lo general, todo acto jurídico está sometido a una fecha de inicio y a una fecha de terminación. (Castro, 2009)

[TA]; 10a. Época; T.C.C.; S.J.F. y su Gaceta; Libro XXIII, Agosto de 2013, Tomo 3; Pág. 1605; Número de registro 2004160

CADUCIDAD DE LA INSTANCIA. EL CÓMPUTO DEL TÉRMINO PARA QUE OPERE, DEBE REALIZARSE CONFORME A LA NORMA SUPLETORIA, AL NO EXISTIR DICHA FIGURA EN EL CÓDIGO DE COMERCIO VIGENTE ANTES DE LA

REFORMA DE 24 DE MAYO DE 1996 (LEGISLACIÓN DEL ESTADO DE NUEVO LEÓN). El artículo primero transitorio de la reforma al Código de Comercio, de veinticuatro de mayo de mil novecientos noventa y seis, establece que no es aplicable a persona alguna que tenga contratados créditos con anterioridad a su entrada en vigor; por lo que en los casos en que se esté en ese supuesto, continuarán aplicándose las disposiciones contenidas en el ordenamiento anterior a la citada reforma. Ahora bien, si se parte de que en aquella legislación comercial no se contempló la figura de la caducidad, resulta de aplicación supletoria el Código de Procedimientos Civiles del Estado de Nuevo León, para todos los juicios de naturaleza mercantil; supletoriedad que debe efectuarse integralmente; en esa tesitura, si el citado código, en su artículo 3o., segundo párrafo, señala que los términos comprenderán tanto los días hábiles como los inhábiles, esto es, en días naturales; ello implica una total supletoriedad en ese tenor, sin que obste que el diverso numeral 1076 del Código de Comercio, anterior a la referida reforma, dispusiera que para los términos sólo se contarán los días hábiles; esto es así, toda vez que dicho precepto legal regirá únicamente para las figuras jurídicas contempladas en el propio ordenamiento mercantil, mas no para la caducidad, en cuyo caso se aplica supletoriamente, de manera total, el referido código, incluyendo los plazos y forma de computar el término para que se actualice.

Testimonios: Declaraciones de terceros ajenos a la controversia, acerca de hechos referentes a esta. (Favela, Teoria General del Proceso, 2005)

Testimonio es la copia en la que se transcribe íntegramente una escritura o un acta, y se transcriben, o se incluyen reproducidos, los documentos anexos que obran en el apéndice, con excepción de los que ya se hayan insertado en el instrumento y que por la fe del Notario y la matricidad de su protocolo tiene el valor de instrumento público. (Federal L. d., Art. 143)

Atestación o aseveración de una cosa. Instrumento autorizado por un secretario judicial o notario, en que se da fe de un hecho, se traslada total o parcialmente un documento. Declaración judicial de un testigo. (Ossorio)

[TA]; 9a. Época; T.C.C.; S.J.F. y su Gaceta; Tomo XXXII, Julio de 2010; Pág. 2096; Número de registro 164202

TESTIMONIOS EN LA PREINSTRUCCIÓN. LA INJUSTIFICADA OMISIÓN DE DESAHOGARLOS DURANTE EL PLAZO CONSTITUCIONAL O SU AMPLIACIÓN, ACTUALIZA UNA VIOLACIÓN DE IMPOSIBLE REPARACIÓN QUE DEBE ENMENDARSE EN EL AMPARO INDIRECTO PROMOVIDO EN CONTRA DEL AUTO DE FORMAL PRISIÓN (LEGISLACIÓN DEL ESTADO DE TABASCO). Si el Juez del proceso admite testimonios durante el plazo constitucional o su ampliación y no señala fecha para su desahogo a pesar de que aún contaba con tiempo suficiente, se actualiza un acto de imposible reparación en términos del artículo 114, fracción IV, de la Ley de Amparo e infringe un derecho en grado predominante o superior que debe enmendarse en el amparo indirecto que se promueva en contra del auto de formal prisión, a través de la protección constitucional, para el efecto de dejarlo insubsistente y reponer el procedimiento, a fin de que se provea tal desahogo, dado que la omisión destacada imposibilitó al inculpado para ejercer su derecho de defensa y para aportar pruebas de descargo durante el periodo de preinstrucción tendientes a desvirtuar los datos incriminatorios consignados; derecho que está salvaguardado en los artículos19 y 20, apartado A, fracción V, de la Constitución Política de los Estados Unidos Mexicanos, en su texto anterior a la reforma publicada en el Diario Oficial de la Federación el 18 de junio de 2008 y 169 del Código de Procedimientos Penales para el Estado de Tabasco; lo anterior es así, toda vez que trascendió al resultado del auto de formal prisión combatido, ya que fue dictado sin respetar previamente dicha oportunidad probatoria y generó la prosecución del formal procesamiento que amerita prisión preventiva hasta el dictado de la sentencia definitiva, máxime que el eventual desahogo de esos testimonios de descargo ofrecidos durante el periodo de instrucción no le repararía el trascendente perjuicio relatado, susceptible de evitarse mediante su oportuno desahogo dentro del plazo constitucional o su ampliación a fin de acreditar la falta de elementos para procesarlo y obtener el consecuente auto de libertad con las reservas de ley.

Transacción: Es indudablemente la figura característica de autocomposición bilateral. Es decir, es un negocio jurídico a través del cual las partes encuentran mediante el pacto, mediante el acuerdo de voluntades, la solución de la controversia o del litigio. (Bailon Valdovinos, Teoría General del Proceso y Derecho procesal Civil, 2004)

Es un medio auto compositivo bilateral, porque a través de ella las dos partes solucionan el litigio renunciando parcialmente a su respectiva pretensión y resistencia. Desde el punto de vista de la justicia de la solución, la transacción debe implicar una renuncia o concesión equilibrada y razonable de cada parte. La transacción al igual que el desistimiento y el allanamiento, es un acto de disposición de derechos o, al menos, de pretensiones litigiosas, por lo que solo puede recaer sobre derechos renunciables. (Favela, Teoria General del Proceso, 2005)

Un contrato por el cual las partes, haciéndose reciprocas concesiones, terminan una controversia presente o previenen una futura. (Civil, art. 2944)

[TA]; 9a. Época; T.C.C.; S.J.F. y su Gaceta; Tomo XXXII, Octubre de 2010; Pág. 3219; Número de registro 163527

TRANSACCIÓN. FINALIDAD, EFECTOS Y OPORTUNIDAD PARA SU CELEBRACIÓN EN PROCESO DE JURISDICCIÓN VOLUNTARIA O JUICIO. Los artículos 2944 a 2963 del Código Civil para el Distrito Federal regulan la figura de la transacción a la que atribuyen el carácter de un contrato por el cual las partes haciéndose recíprocas concesiones, terminan una controversia presente o previenen una futura y establecen ciertos casos en que no hay lugar para transigir, como cuando se trata de los ascendientes y los tutores respecto de las personas que tienen bajo su potestad o bajo su guarda, a no ser que sea necesaria o útil para los intereses de los incapacitados y previa autorización judicial; tampoco se puede transigir sobre el estado civil de las personas, ni sobre la validez del matrimonio; pero sí se puede sobre la acción civil proveniente de un delito, aunque no por eso se extingue la acción pública para la imposición de la pena, ni se da por probado el delito; es válida cuando recae sobre los derechos pecuniarios que de la declaración del estado civil pudieran deducirse a favor de una persona, pero ello no importa la adquisición del estado. También será nula cuando verse sobre delito, dolo y culpa futuros; sobre la acción civil que nazca de un delito o culpa futuros; sobre sucesión futura; sobre una herencia, antes de visto el testamento, si lo hay; y, sobre el derecho de recibir alimentos, aunque la autoriza sobre las cantidades que ya sean debidas por alimentos. En ese sentido, con las salvedades anotadas, la transacción tiene, respecto de las partes, la misma eficacia y autoridad que la cosa juzgada; pero podrá pedirse la nulidad o la rescisión de aquélla en los casos autorizados por la ley. Es un instrumento útil para evitar o poner fin a dispendios o controversias que puede producir un litigio presente o futuro. Para que exista la transacción judicial no es necesario que exista un juicio iniciado, porque atento a su naturaleza, sirve para prevenir una controversia presente, o una futura, de ahí que si en los medios preparatorios a juicio las partes determinan llegar a

473

una transacción sobre una cuestión que guarda relación con el juicio principal que se entablará, ya sea que se trate del objeto principal o uno que esté vinculado con él, y es sancionado judicialmente con su aprobación, ese acto jurídico tiene, respecto de las partes, la misma eficacia y autoridad que la cosa juzgada; y, podrá solicitarse su ejecución en la vía de apremio. Se parte de la base de que cuando las partes realizan una transacción para resolver un pleito presente o evitar un conflicto futuro, se encuentran conformes con los términos presentados porque existe certeza en el alcance, naturaleza, cuantía, validez y exigibilidad de derechos ya definidos en esa transacción; sus efectos se consideran como cosa juzgada, razón por la cual no podrá ser materia de modificación, y excepcionalmente, aunque esté aprobada judicialmente, podrá ser rescindida y anulada de la misma manera que en un contrato, pero siempre deberá encontrarse establecido en la ley o en el contrato de transacción. La circunstancia de que las partes hayan realizado una transacción dentro de un procedimiento de medios preparatorios a juicio, que tuvo por objeto prevenir la controversia futura que derivaría posiblemente de ese juicio principal a instaurarse, no afecta su validez ni su vinculatoriedad para las partes, porque tal eventualidad procesal no se encuentra prohibida en el procedimiento y sí está reconocida por el orden jurídico como un medio a través del cual pueden resolverse las controversias.

Tribunal: En cuanto a este término han surgido diversas discusiones, porque se piensa que etimológicamente la palabra tribunal implica tres titulares del órgano jurisdiccional y, así, se quiere ver en este órgano a una entidad de jerarquía superior y de integración colegiada o pluripersonal. Lo cierto es que existe la excepción de los tribunales unipersonales. En nuestro medio forense, la palabra empleada en plural, o sea, tribunales, se usa para designar genéricamente a todos los órganos judiciales. (Lara C. G., Teoria general del proceso, 2000)

La palabra tribunal se utilizaba en el derecho romano para designar el lugar ubicado en un lugar mas elevado que el de las partes y los demás asistentes, desde el cual el magistrado impartía justicia. (Favela, Teoria General del Proceso, 2005)

Cortes o grupos de jueces o magistrados encargados de impartir justicia, cada uno propio de su propia jurisdicción. (Carpizo, 2001)

[J]; 10a. Época; 2a. Sala; S.J.F. y su Gaceta; Libro XXIV, Septiembre de 2013, Tomo 2; Pág. 1411; Número de registro 2004536

ORDEN DE VISITA DOMICILIARIA. SU REVOCACIÓN POR PARTE DE LA AUTORIDAD FISCAL NO CONSTITUYE UNA RESOLUCIÓN FAVORABLE PARA EFECTOS DE SU IMPUGNACIÓN MEDIANTE EL JUICIO DE LESIVIDAD ANTE EL TRIBUNALFEDERAL DE JUSTICIA FISCAL Y ADMINISTRATIVA. De conformidad con lo dispuesto en el artículo 36, primer párrafo, del Código Fiscal de la Federación, las resoluciones administrativas de carácter individual favorables a un particular sólo podrán ser modificadas por el Tribunal Federal de Justicia Fiscal y Administrativa, mediante juicio contencioso administrativo iniciado por las autoridades fiscales. La resolución favorable a que se refiere dicho precepto legal, es el acto de autoridad emitido de manera concreta, particular o individual, precisando una situación jurídica favorable a un particular determinado, sin que con ella se den o se fijen criterios generales que pueden o no seguirse por la autoridad emisora o por sus inferiores jerárquicos, pues la mayoría de las veces obedece a una consulta jurídica sobre una situación real, concreta y presente realizada por el particular a la autoridad fiscal, que vincula a ésta y, por ende, no puede revocarla o modificarla por sí y ante sí, pues debe someter su validez al juicio contencioso administrativo ante el citado Tribunal; de ahí que la resolución que deja sin efectos la primera orden de visita domiciliaria no constituye una resolución favorable al particular, pues no crea una situación jurídica ni genera derechos a su favor, además de que no se trata de una determinación que resuelva su situación fiscal, por lo que es innecesario promover el juicio de lesividad antes de emitir una segunda orden de visita domiciliaria, si la primera se dejó sin efectos, sin decidir la situación jurídica fiscal del contribuyente.

Tribunal de primera instancia: En 1988 se creó el tribunal de primera instancia, como órgano jurisdiccional de primer grado de conocimiento de los litigios sobre el derecho comunitario. (Favela, Teoria General del Proceso, 2005)

Se agrega al tribunal de justicia, un tribunal encargado de conocer, en primera instancia, sin perjuicio de un recurso ante el tribunal de justicia limitado a las cuestiones de derecho y en las condiciones establecidas por el Estatuto, de determinadas categorías de recurso definidas en las condiciones establecidas en el apartado. El tribunal de primera instancia no será competente para conocer de las cuestiones perjudiciales planteadas en virtud del art. 177. (Quiroga)

El tribunal de primera instancia será competente para conocer de los recursos que se impongan contra las resoluciones de las salas jurisdiccionales, las resoluciones dictadas por el tribunal de primera instancia podrán ser reexaminadas con carácter excepcional por el tribunal de justicia, en las condiciones y dentro de los limites fijados en el Estatuto, en caso de riesgo grave de que se vulnere la unidad o la coherencia del derecho comunitario. (Navarro, 2005)

[J]; 9a. Época; 1a. Sala; S.J.F. y su Gaceta; Tomo XXXIII, Marzo de 2011; Pág. 341; Número de registro 162515

PERSONALIDAD. ES IMPROCEDENTE SU ANÁLISIS EN LA ALZADA, CUANDO ES MATERIA DE AGRAVIO Y NO SE IMPUGNÓ ENPRIMERA INSTANCIA, SIN PERJUICIO DE QUE EL TRIBUNAL DE ALZADA PUEDA ESTUDIARLA DE OFICIO. La personalidad de las partes es un presupuesto procesal cuya violación resulta en un acto de ejecución de imposible reparación. En consecuencia, debe ser planteada por las partes en primera instancia. Por lo tanto, si no se impugnó la personalidad de una de las partes en la primera instancia, y se pretende introducir como agravio en la apelación que se hace valer contra la sentencia de primer grado, es improcedente el estudio de dicho agravio por el Tribunal de Alzada. Asimismo, el Tribunal de Apelación debe omitir el examen de la personalidad, en el caso de que hubiera sido impugnada y se encuentre consentida la resolución recaída a la impugnación, porque entonces habrá operado la preclusión del derecho para atacarla. Todo ello sin perjuicio de que la Sala o el Tribunal de Alzada puedan, de oficio, analizar la personalidad de las partes en ejercicio de sus atribuciones, por tratarse de un presupuesto procesal.

Tribunal electoral: Autoridad administrativa encargada de la organización de las elecciones federales, en sustitución de la Comisión Federal Electoral. (Favela, Teoria General del Proceso, 2005)

El tribunal electoral es la máxima autoridad jurisdiccional en esa materia y un órgano especializado por el poder judicial de la federación. Funciona con una sala superior y con salas regionales. Al tribunal electoral le corresponde resolver en forma definitiva e inatacable las impugnaciones electorales. (Angeliza Cruz Gregg)

En cuanto a la competencia del Tribunal Electoral, a este le corresponde resolver en forma definitiva e inatacable, las siguientes cuestiones: las impugnaciones en las elecciones federales de diputados y senadores; las impugnaciones que se presenten sobre la elección del Presidente de la República, que serán resueltas en única instancia por la Sala superior; las impugnaciones de actos y resoluciones de la autoridad electoral federal, distintas a las señaladas en las dos fracciones anteriores, que violen normas constitucionales o legales; las impugnaciones de actos o resoluciones definitivos y firmes de las autoridades competentes de las entidades federativas para organizar y calificar los comicios o resolver las controversias que surjan durante los mismos, que puedan resultar determinantes para el desarrollo del proceso respectivo o el resultado final de las elecciones; las impugnaciones de actos y resoluciones que violen los derechos políticos electorales de los ciudadanos de votar, ser votado y de afiliación libre y pacífica para tomar parte en los asuntos políticos de país; los conflictos o diferencias laborales entre el Tribunal y sus servidores. (Schmal, 2007)

[TA]; 9a. Época; 1a. Sala; S.J.F. y su Gaceta; Tomo XXXII, Septiembre de 2010; Pág. 963; Número de registro 163719

SUSPENSIÓN EN CONTROVERSIA CONSTITUCIONAL. LA QUE SE OTORGA RESPECTO DE LA REDUCCIÓN DEL PRESUPUESTO DE RECURSOS APROBADOS A FAVOR DEL TRIBUNAL ELECTORAL DEL DISTRITO FEDERAL, NO SE TRADUCE EN LA ASIGNACIÓN DE EFECTOS RESTITUTORIOS A ESA MEDIDA CAUTELAR. Si bien es cierto que la Suprema Corte de Justicia de la Nación ha determinado que no procede conceder la medida suspensional de actos consumados al no tener efectos restitutorios, también lo es que excepcionalmente procede concederla anticipando los posibles resultados que pudieran conseguirse al resolver el fondo del asunto, cuando de las particularidades del caso se advierta que existe razonable probabilidad de que las

pretensiones del promovente tengan una apariencia de juridicidad y un peligro en la demora, como sucede al otorgar la suspensión de los actos que ordenan la reducción del presupuesto de recursos aprobados a favor del Tribunal Electoral del Distrito Federal, a efecto de paralizar los descuentos ordenados a las ministraciones mensuales correspondientes en tanto se resuelve el fondo del asunto, sin que con ello se entienda que se den efectos restitutorios a la medida cautelar, máxime que no se trata de actos en los cuales se ordene devolver recursos al actor.

Turno: Este es un fenómeno de afinación de la competencia que se presenta cuando en el mismo lugar, en el mismo partido o distrito judicial, o de la misma población, existen dos o más jueces que tienen la misma competencia tanto por materia como por territorio, grado y cuantía. (Bailon Valdovinos, Teoría General del Proceso y Derecho procesal Civil, 2004)

Se denomina turno al orden o modo de distribución interno de las demandas o los asuntos que ingresan, cuando en un lugar determinado existen dos o más juzgadores con la misma competencia. El turno se puede llevar a cabo por periodos (hora, día, semana, etc.), por orden de ingreso, por programas automatizados, etcétera. (Favela, Teoria General del Proceso, 2005)

El turno es un sistema de distribución de los asuntos nuevos entre diversos órganos jurisdiccionales, ya sea en razón del orden de presentación de dichos asuntos o en razón de la fecha en la cual éstos se inician. (Lara C. G., Teoria general del proceso, 2000)

[TA]; 9a. Época; 1a. Sala; S.J.F. y su Gaceta; Tomo XXXIV, Julio de 2011; Pág. 287; Número de registro 161672

CONFLICTO COMPETENCIAL. EL TURNO NO ES MATERIA DE. Para que se considere legalmente planteado un conflicto competencial y pueda ser dirimido por la Suprema Corte de Justicia de la Nación, en términos del artículo 106 constitucional, es necesario que la negativa de las autoridades contendientes para conocer de un asunto, se refiera exclusivamente a un punto concreto jurisdiccional, es decir, que se trate de una cuestión de grado, territorio o materia para conocer de un asunto y no de cuestiones de mero trámite o turno, en virtud de que éste constituye sólo una forma de distribuir la labor judicial, consistente en un prorrateo de los expedientes entre varios tribunales que tienen igual circunscripción territorial de competencia, o tienen esta misma por razón de la materia o del grado; y en consecuencia, no puede ser considerado como un criterio que sustancie válidamente la relación jurídica procesal del conflicto, toda vez que la competencia se surte en cualesquiera de los tribunales colegiados de las mismas materia y circuito.

Tutela jurisdiccional: El derecho que toda persona tiene a que se le haga justicia a través de un proceso jurisdiccional del que conozca un tribunal independiente e imperial, que emita una decisión sobre el conflicto planteado y, en su caso ejecute lo resuelto. (Favela, Teoria General del Proceso, 2005)
El derecho a la tutela jurisdicción efectiva es aquel por el cual toda persona, como integrante de una sociedad, puede acceder a los órganos jurisdiccionales para el ejercicio o defensa de sus derechos o intereses, con sujeción a que sea atendida a través de un proceso que le ofrezca las garantías mínimas para su efectiva realización. (Martel Chang)
Es el derecho de toda persona a que se le haga justicia; a que cuando pretenda algo de otra, esta pretensión sea entendida por un órgano jurisdiccional, a través de un proceso con garantías mínimas. (González, 1985)
[TA]; 10a. Época; T.C.C.; S.J.F. y su Gaceta; Libro XXIV, Septiembre de 2013, Tomo 3; Pág. 2526; Número de registro 2004438

DEFENSA Y ACCESO EFECTIVO A LA TUTELA JURISDICCIONAL. EL ARTÍCULO 360 DEL CÓDIGO DE PROCEDIMIENTOS PENALES PARA EL ESTADO DE TAMAULIPAS, AL LIMITAR EN SEGUNDA INSTANCIA LA SUPLENCIA DE LA QUEJA DEFICIENTE A FAVOR DEL OFENDIDO DEL DELITO SÓLO A LA REPARACIÓN DEL DAÑO, VIOLA ESOS DERECHOS FUNDAMENTALES. De la interpretación que la Primera Sala de la Suprema Corte de Justicia de la Nación hizo del artículo 20, apartados A y B, de la Constitución Política de los Estados Unidos Mexicanos (en su texto anterior a la reforma publicada en el Diario Oficial de la Federación el 18 de junio de 2008), en la jurisprudencia 1a./J. 29/2013 (10a.), de rubro: "SUPLENCIA DE LA QUEJA DEFICIENTE EN MATERIA PENAL. OPERA EN FAVOR DE LA VÍCTIMA U OFENDIDO POR EL DELITO, CONFORME AL MARCO CONSTITUCIONAL SOBRE DERECHOS HUMANOS QUE RESGUARDAN LOS ARTÍCULOS 20, APARTADO B Y 1o. DE LA CONSTITUCIÓN FEDERAL, NO OBSTANTE QUE EL ARTÍCULO 76 BIS, FRACCIÓN II, DE LA LEY DE AMPARO, LA PREVEA SÓLO EN BENEFICIO DEL REO.", se advierte que actualmente los derechos del acusado y de la víctima u ofendido del delito se encuentran en un mismo plano, así como que las normas relativas a los derechos humanos se interpretarán de conformidad con la propia Carta Magna y con los tratados internacionales de los que México es parte, de forma que se analice el contenido y alcance de tales derechos a partir del principio pro persona. En ese contexto, el hecho de que en segunda instancia, el artículo 360 del Código de Procedimientos Penales para el Estado de Tamaulipas, limite la suplencia de la queja deficiente a favor de la parte ofendida al tema de la reparación del daño, implica una transgresión al principio de equilibrio procesal que debe regir en el procedimiento penal y, por ende, viola los derechos fundamentales de defensa y acceso efectivo a la tutela jurisdiccional, pues de acuerdo con el citado criterio, el suplir la queja únicamente al reo, ya no corresponde a la realidad constitucional y social de la Nación, al haber quedado rebasado por la transformación de los derechos humanos, por lo que dicha institución debe extenderse en pro de la víctima u ofendido del delito; criterio que es aplicable también a los procesos jurisdiccionales naturales, pues en éstos es en donde la práctica jurisdiccional ha puesto en evidencia que se llegan a cometer violaciones a derechos fundamentales de las víctimas u ofendidos del delito. De ahí que el citado numeral resulte violatorio de las mencionadas prerrogativas contenidas en los artículos 1o. y 20 constitucionales y 8 de la Convención Americana sobre Derechos Humanos.

[TA]; 10a. Época; 2a. Sala; S.J.F. y su Gaceta; Libro XX, Mayo de 2013, Tomo 1; Pág. 989; Número de registro 2003749

RESPONSABILIDAD PATRIMONIAL DEL ESTADO. EL ARTÍCULO 18 DE LA LEY FEDERAL RELATIVA NO RESTRINGE EL DERECHO A LA TUTELA JURISDICCIONAL (LEGISLACIÓN VIGENTE A PARTIR DEL 13 DE JUNIO DE 2009). Dicho precepto, al establecer la obligación de la parte interesada de presentar la reclamación respectiva ante la dependencia cuya actividad administrativa se considera irregular, no restringe el derecho a la tutela jurisdiccional previsto en el artículo 17 de la Constitución Política de los Estados Unidos Mexicanos, al tener el gobernado la posibilidad de exigir al órgano que ejerce funciones materialmente jurisdiccionales que dé trámite y resuelva los conflictos jurídicos en que sea parte, ya que específicamente el artículo 24 de la Ley Federal de Responsabilidad Patrimonial del Estado, es el que permite que la persona que se considere afectada por la actividad administrativa irregular desplegada por alguna entidad del

Estado impugne directamente por la vía jurisdiccional ante el Tribunal Federal de Justicia Fiscal y Administrativa la resolución administrativa que niegue la indemnización por responsabilidad patrimonial o que, por su monto, no le satisfaga -ello una vez que se cumpla con la formalidad de presentar previamente la reclamación ante la autoridad presuntamente responsable-.

V

Vía de apremio: Se traduce regularmente en el embargo de bienes del deudor, para enajenarlos y con su producto pagar el deudor. (Favela, Teoria General del Proceso, 2005)

Es un medio judicial introducido a favor de cierta clase de acreedores para conseguir el pago de sus créditos de una manera más breve y sumatoria aun que la vía ejecutiva. (Cirilo Álvarez Martínez, 1850)

Artículo 73. Los jueces, para hacer cumplir sus determinaciones, pueden emplear cualquiera de los siguientes medios de apremio, sin que para ello sea necesario que el juzgador se ciña al orden que a continuación se señala:

I. La multa hasta por las cantidades a que se refiere el artículo 62, la cual podrá duplicarse en caso de reincidencia;

II. El auxilio de la fuerza pública y la fractura de cerraduras si fuere necesario; III. El cateo por orden escrita; IV. La presentación de los testigos por la fuerza pública. (Código de procedimientos civiles para el DF, Art. 73)

[TA]; 10a. Época; T.C.C.; S.J.F. y su Gaceta; Libro XXIV, Septiembre de 2013, Tomo 3; Pág. 2704; Número de registro 2004623

VÍA DE APREMIO. NO CONSTITUYE UNA ETAPA DE CONTINUIDAD EN EL JUICIO ESPECIAL HIPOTECARIO, AUNQUE LA EJECUTANTE TENGA DERECHOS REMANENTES A SU FAVOR. Conforme al artículo 2893 del Código Civil para el Distrito Federal, la hipoteca es una garantía real constituida sobre un bien que no se entrega al acreedor y que da derecho a éste en caso de incumplimiento de la obligación garantizada a ser pagado con el valor del bien en grado de preferencia establecido en la ley. Por lo que si el bien inmueble hipotecado es insuficiente para asegurar la deuda, corresponde al acreedor exigir que se mejore la hipoteca y si quedare comprobada la insuficiencia de la finca, y el deudor no mejorare la hipoteca, se hará efectivo el cobro del crédito hipotecario, dándose por vencida la hipoteca; sin embargo, no se puede ejercitar este juicio especial hipotecario para después de adjudicada la finca hipotecada, proceder al embargo y rematar otros bienes del deudor, porque el acreedor ya hizo uso de la hipoteca. En este contexto, al existir una reserva de derechos a favor del acreedor hipotecario, éstos se deben ejecutar en un procedimiento distinto a la vía de apremio, ya que la finalidad del contrato de hipoteca que es el garantizar el cumplimiento de la deuda contraída por alguna de las partes en caso de incumplimiento se encuentra configurada, por lo que para requerir el remanente generado derivado de la sentencia condenatoria producto del juicio especial hipotecario, el acreedor hipotecario está en aptitud de hacer valer este remanente, por medio de una vía procedimental independiente al juicio especial hipotecario.

[TA]; 9a. Época; T.C.C.; S.J.F. y su Gaceta; Tomo XXVIII, Diciembre de 2008; Pág. 1097; Número de registro 168243

VÍA DE APREMIO. RESULTA PROCEDENTE PARA LA EJECUCIÓN DE CONVENIOS RATIFICADOS EN JURISDICCIÓN VOLUNTARIA (LEGISLACIÓN DEL ESTADO DE CHIHUAHUA). No existe precepto alguno en la ley que impida a los celebrantes a ratificar un convenio de transacción ante el Juez y en vía de jurisdicción voluntaria, máxime si del artículo 856 del código procesal civil del Estado de Chihuahua se advierte que la jurisdicción voluntaria comprende todos los actos en que, entre otras cosas, a solicitud de los interesados, se requiera la intervención del Juez, tal como sucede en una ratificación de convenio. De ahí que para la ejecución de los convenios o transacciones ratificadas ante el Juez, aun en vía de jurisdicción voluntaria, sí es procedente la vía de apremio.

[TA]; 10a. Época; T.C.C.; S.J.F. y su Gaceta; Libro XXIV, Septiembre de 2013, Tomo 3; Pág. 2703; Número de registro 2004622

VÍA DE APREMIO. LAS RESOLUCIONES EMITIDAS EN ÉSTA SON RECURRIBLES (LEGISLACIÓN DEL ESTADO DE CHIAPAS). El artículo 507 del Código de Procedimientos Civiles del Estado de Chiapas establece: "Contra las resoluciones dictadas en ejecución de una sentencia, no se admitirá otro recurso que el de responsabilidad; salvo aquellas que nieguen o impidan su ejecución, se admitirá la apelación en el efecto devolutivo.". Al interpretar este enunciado normativo, debe considerarse que el llamado "recurso de responsabilidad" no es un auténtico recurso procesal, es decir, no es un medio de impugnación a través del cual se puedan modificar, revocar o nulificar las resoluciones jurisdiccionales. Antes bien, de acuerdo con los artículos 701 a 709 del mencionado ordenamiento, se advierte que es un juicio de responsabilidad civil que puede promoverse contra los funcionarios judiciales por la negligencia o ignorancia en la que hubiesen incurrido durante el ejercicio de sus cargos. Así pues, el citado artículo 507 debe entenderse en el sentido de que, por regla general, las resoluciones emitidas durante la fase de ejecución de sentencia son irrecurribles, salvo aquellas en las que se niegue o impida la ejecución, las cuales son apelables. Esta última salvedad, sin embargo, no es la única excepción a la regla general de inimpugnabilidad, ya que el referido código contiene varias normas dispersas en las que se prevé la posibilidad de recurrir otras resoluciones emitidas en la vía de apremio. Por ejemplo, son apelables las resoluciones en las que se apruebe o desapruebe el remate o la adjudicación (artículo558); las sentencias interlocutorias que resuelvan los incidentes de costas (artículo 141); y las que resuelvan los incidentes de liquidación (artículo 495). Asimismo, son impugnables mediante el recurso de queja las demás sentencias interlocutorias emitidas en la vía de apremio (artículo 697, fracción II).

Fuentes y referencias.

Alcala-Zamora, N. (1974). el antagonismo juzgador-partes; situaciones intermedias y dudosas. mexico.

Alcala-Zamora, N. las comunicaciones por correo, telegrafo, telefono y radio, en el derecho procesal comparado.

Alcalá-Zamora, y. C. (1992). Estudios de Teoría General e Historia del Proceso. México: Universidad Nacional Autónoma de México.

Acto inminente. Caracteristica, VI.2o.138 K (SEGUNDO TRIBUNAL COLEGIADO DEL SEXTO CIRCUITO Marzo 11, 1993).

Alessandri, A., Somarriva, M., & vonadovic, A. (1998). Tratado de Derecho Civil. Chile: Editorial Juridica de Chile.

Alfredo Montoya Melgar, A. V. (1990). El nuevo procedimiento laboral. Tecnos.

Ahumada, R. C. (2000). Titulos y operaciones de credito. México.

Amuchategui Requena, G., & Villasana Díaz, I. (2009). Diccionario de derecho penal. México: Oxford.

Anabalon, H. p. (1961). Derecho Procesal del Trabajo. Santiago Chile: Editorial Juridica de Chile.

Angelis, D. B. (1975). La udiencia preliminar. Uruguay.

Angeliza Cruz Gregg, R. S. Fundamentos de derecho positivo mexicano.

Apelación extraordinaria. Auto que desecha la. No admite mas recurso que el de responsabilidad, por equipararse a la sentencia prevista en el artículo 720 del código de procedimientos civiles (Noveno Tribunal Colegiado de Circuito Mayo de 1995).

Arias, R. T. La teoria General del proceso y su aplicacion al proceso civil en nayarit. Universidad Autonoma de Nayarit.

Arias, R. T. Teoria general del proceso y su aplicacion al proceso en Nayarit. Mexico.

Art.12. (2011). Ley registral para el Distrito federal. Mexico.

art.14. (2012). Constitucion politica de las estados unidos mexicanos. México.

Art.37. (2012). LEY DE AMPARO, REGLAMENTARIA DE LOS ARTÍCULOS 103 Y 107 DE LA CONSTITUCIÓN POLÍTICA DE LOS ESTADOS UNIDOS MEXICANOS. México.

Art.50. (2012). Constitucion Federal.

Art.50. (2012). Constitución Política de los Estados Unidos Mexicanos . Mexico.

Art. 56. Código Procesal Penal Del Distrito Federal . México D.F.

Art.80. (2012). Constitución Política de los Estados Unidos Mexicanos . Mexico.

Art.94. (2012). Constitución Política de los Estados Unidos Mexicanos. Mexico.

Arteaga, E. (2001). Derecho Constitucional. México: Oxford.

Bailon Valdovinos, R. (2003). Derecho Procesal Penal. Mexico: LIMUSA.

Bailon Valdovinos, R. (2004). Teoria general del proceso y derecho procesal civil. Mexico.

Bailon Valdovinos, R. (2004). Teoria General del Proceso y Derecho procesal Civil. Mexico: LIMUSA.

. Baqueiro, R. E. (2005). Derecho Civil. México: Oxford University Press.

Barrera, F. O. (2005). La ordenacion de los establecimientos comerciales

Bazdresch, L. (2008). Garantias constitucionales. México.

Bechler, R. (1977). Der Sociologishe . Berlin.

Betancourt, E. L. (2007). Introduccion al derecho penal. México.

Biebrich Torres, C. A., & Spindola Yáñez, A. (2009). Diccionario de la constitución

Biebrich Torres, C. A., & Spindola Yáñez, A. (2009). Diccionario de la constitución mexicana. México: Porrúa.

mexicana. México: Porrúa.

Binder, A., Gudea, D., & Gonzales Alvarez, D. (2006). Derecho procesal Penal. Santo Domingo: Escuela Nacional de la Judicatura.

Bordiu, C. (1836). Cuestiones Politicas y Administrativas .

Bosch, J. M. (1999). El concepto de prueba ilicita y su tratamiento en el proceso penal. Barcelona.

Brech.

BULOW, O. V. (1868). Teoría de las excepciones y lo presupuestos.

Burgoa, I. (1955). El uuicio de amparo. México .

Bustos Rodríguez, Wong Bermúdez, Torres Estrada, & Bejarano Sánchez. (2006). Diccionario de derecho civil. México: Oxford.

Cabanellas, G. (1993). Diccionario Jurídico Elemental. Heliasta S.R.L.

Cabanellas, G., & Hoague, E. (1996). Diccionario Jurídico. Buenos Aires: Editorial Heliasta S.R.L.

CaicedoCastilla José,(1967)Derecho internacional privado ,Colombia, Temis, Bogotá.

Calamandrei, P. (1960). proceso y democracia. Argentia.

Calera, M. d.-A. (2003). lecciones del derecho civil.

California, C. d. (art. 4).

Camacho, A. (2000). Manual de Derecho Procesal . Temis.

Campbel, j. c. (1997). los actos procesales. Juridica de chile.

Campell, J. C. (1997). Los actos procesales. santiago: Editorial Juridica de Chile.

Capitant, H. (1986). vocabulario juridico. argentina.

Capitant, H. (1986). Vocabulario juridico. Buenoa Aires: Depalma.

Carla, H. O. (México). mecanismos constitucionales para el control del poder politico.

Carnelutti, F. (1959). Instituciones del proceso Civil. Buenos Aires.

Carnelutti, F. (1982). la prueba civil.

Carnelutti, F. (1944). sistema de derecho procesal civil. buenos aires.

Carnelutti, F. (1944). Sistema de derecho procesal civil. Buenos Aires : UTHEA .

carpizo, J. Diccionario jurídico Mexicano.

Carpizo, J. (2001). Diccionario Juridico Mexicano. Mexico: Porrua.

Carrero. EL PROCEDIMIENTO ADMINISTRATIVO.

Cartillo, B. P. (2007). Derecho Registral. México: Porrua.

Carvajal, K. P. (2009). derecho procesal cilvil. mexico.

Caselli, G. C. (2005). Il ruolo del Pubblico Ministero Esperienze in Europa. Roma.

Castillo, N. A. (1985). Derecho Procesal Mexicano. México.

Castillo, N. A. (1974). el antagonismo juzgador-partes: situaciones intermedias y dudosas. mexico.

castillo, N. A. (1970). Proceso, autocomposicion y autodefensa. México.

castillo, N. A.-Z. (1972). Cuestiones de terminologia procesal. México.

Castillo, N. A.-Z. (1974). Estudios de Teoria General e Historia del Proceso. Mexico: UNAM.

Castro, L. P. (2009). Introduccion al estudio del derecho. México: Oxford.

Castro Villalobos, J. H., & Agramon Gurrola, C. B. (2010). Derecho internacional público. México: Oxford.

Catena, V. M. (2003). Introduccion al derecho procesal. España.

Cavero Ruiz, H., calvinho, G., Ciancia, O. E., & Cornejo, O. (Bogota). Actualidad y Futuro del Derecho Procesal. 2010: Editorial Universidad del Rosario.

Cavero Ruiz, H., ciancia, o., Guarin Ariza, A., Guzman Caballero, A., & Marin Charris, L. F. (2010). Actualidad y Futuro el Derecho Procesal principios, reglas y pruebas. Universidaddel Rosario.

Chiovenda, G. (1973). principios de derecho procesal. Buenos Aires.

chiovenda, G. (1977). principios de derecho procesal civil. madrid.

Chiovenda, J. Derecho procesal Civil. España.

Cipriano Gomez Lara, M. D. (2004). Teoria General del Proceso como banco de preguntas. Mexico: Oxford.

Cipriano Gomez Lara. (2004). teoria genreal del proceso banco de pregntas. mexico: Oxford.

Cirilo Alvarez Martinez, J. D. (1850). Derecho y Administracion. Madrid .

Ciudadanos Unidos y Actuando A.C. (2011). Acciones Colectivas para la Ciudadanía. Retrieved Noviembre 10, 2012, from afectadosgnj.com: http://afectadosgnj.com/wp-content/uploads/2012/04/guia_practica.pdf

Civil, C. (art. 2944).

Civil, C. (n.d.). articulo 737.

civiles, c. d. (n.d.). articulo 175.

CIVILES, C. D. ARTICULO 472.

Civiles, C. F.

Código Civil Federal. (Articulo. 2163).

Código Civil Federal. (2012). México: Anaya Editores.

Código Civil para el Distrito Federal . (1928). México D.F.

Cordero, J. S. (1982). Diccionario Jurídico Mexicano. México, D.F.: Universidad Autónoma de México.

Couture. vocabulario juridico.

Couture, E. (1977). Fundamentos del derecho procesal civil.

Couture, E. J. (1978). estudios de derecho procesal civil. argentina: Depalma.

Couture, E. J. (1974). Fundamentos del Derecho Procesal Civil. Buenos Aires: Editor Depalma.

Couture, E. J. Vocabulario Juridico.

CPCDF. (n.d.). Art 19 y 20.

CPDPFD/UNAM. (2005). Derecho Procesal. México: Oxford University Press.

Crespo, E. D. (1999). Prevencion general e individualizacion judicial de la pena. España: Salamanca.

criterios, u. p. Semanario Judicial de la Federación y su Gaceta.

de Pina, R., & Castillo Larrañaga, J. (1966). Instituciones de derecho procesal civil. Porrua.

derecho, D. j. (1997).

De Pina, R. (2008). Diccionario de Derecho. México: Editorial Porrúa.

De Pina, R., & De Pina Vara, R. (2008). Diccionario de Derecho. México D.F.: Porrúa.

De Pina Vara , Rafael;. (1998). Diccionario de derecho. México: Porrúa.

De Pina Vara, R. (2008). Diccionario de derecho. México: Porrúa.

De Pina Varar(2008).Diccionario de derecho mexicano: Porrúa

Diez, M. M. (1961). El acto administrativo. Buenos Aires: Tipografica editora.

Diccionario de Derecho Mexicano, Tecnologico de Monterrey. (2012, 2 23). Retrieved 11 12, 2012, from http://www.cem.itesm.mx/derecho/referencia/diccionario/bodies/p.htm

Diccionario de la lengua española. (2001). numerario. España: Real academia española

Diccionario jurídico mexicano. (1993). instancia. México: Porrúa.

diccionario universal. (2000). litigio. México: aula 200.

Dorantes, G. A. (2000). Diccionario de derecho procesal. México: Oxford.

Emilio, B. (1959). Teoría General del Negocio Jurídico. Madrid, España .

Escriche, D. J. (1876). Diccionario razonadode legislacion y jurisprudencia. madrid: eduardo cuesta, rollo.

Escriche, D. J. (s.f.). dicioario razonaso .

Escriche, J. (1851). Diccionario razonado de la legislación y jurisprudencia. México, D.F.: París.

Eduardo García Máynez. (2002). Filosofía del Derecho. México. Porrúa.

Eduardo, G. M. (1986). Introduccion al Estudio del Derecho . México : Porrua .

Efraín González Morfin. (1999). Temas de Filosofía del Derecho. México. Oxford.

Efren Arellano Trejo, G. C. (2012). Las Acciones Colectivas en Mexico.

Espinoza, J. E. los principios contenidos en titulo preeliminar del codigo civil . venezuela.

Fasolino, A. N. (1974). Enciclopedia Juridica . Omeba.

Favela, J. O. (2003). Derecho Procesal Civil. Mexico: Oxford.

Favela, J. O. (2005). Teoria General del Proceso. Mexico: Oxford.

Favela, J. O. (2005). Teoria General Del Proceso. mexico.

Favela, J. O. Teoría General Del Proceso . Editorial Limusa .

Federal, C. d. (articulo 442).

federal, C. P. (art. 430).

Federal, L. d. (Art. 143).

Fenech, M. Derecho Procesal.

Fix-Zamudio, H. (1964). El juicio de amparo. Mexico: porrua.

Fix-Zamudio, H. (2002). funcion constitucional del ministerio publico; estudios comparativos. mexico.

Fix-Zamudio, H. (1979). reflexiones comparativas sobre el ombudsman. mexico.

flori, m. o. (1974). enciclopedia juridica. argentina.

Foschini, P. G. italia.

Fraga, G. (2007). Derecho Administrativo. México.

Francisco Ferrer, J. V. (1834). Principios de legislacion y de codificacion . Madrid.

García, C. A. (2008). El juicio de amparo. México.

Garcia, I. G. (2008). lecciones de derecho inmobilario registral. Barcelona: Atelier.

Garófalo, S. (2000). Diccionario de Derecho Comercial. Buenos Aires : Valletta.

Garrone, J. A. (Buenos Aires). Diccionario Juridico Abeledo- Perrot. Abeledo perrot.

Gema Campiña, M. J. (2010). Empresa y Administracion. Editex.

Godínez, L. T. (1998). El Acto Jurídico. Elementos, Ineficacia y su Confirmación . México D.F.: Anales De Jurisprudencia .

Goldeshmidt, J. (1983). Principios Generales de Proceso. Mexico.

Goldschmidt, J. (1983). principios generales del proceso. mexico.

González, E. G. (2001). Derecho De Las Obligaciones . México D.F.: Porrúa.

Gómez, L. C. (2006). Teoría General del Proceso. México: Oxford University Press.

Gonzales, M. V. (2008). Derecho Procesal Penla Venezolano. Caracas: Universidad Catolica.

González Navarro. (2011). Derecho agrario. México: Oxford.

Gonzalez, J. P. (1985). El derecho a la tutela jurisdiccional efectiva. España: Civitas.

Gonzalo figeroa tragle, D. f. (1950). Comentarios al codigo de aguas. Chile: Pacifico.

Guasp, J. (1962). Derecho procesal civil.

Guillien, R., & Vincent, J. (1996). Diccionario Jurídico. Santa Fe de Bogotá: TEMIS.

Gutiérrez, L. H. (1996). El sistema de responsabilidades de los servidores públicos. México: Porrúa.

Gutiérrez y González, E. (2008). Derecho de las Obligaciones. México: Editorial Porrúa.

Herrero, M. M. (2000). Limites constitucionales de las administraciones publicas.

Humberto, B. S. (1970). Derecho Procesal. Mexico.

Humberto Enrique Ruiz Torres. (2007). Curso general de ampro, banco de preguntas. México: oxford.

Hurtado, A. L. (1991). la voluntad y la capacidad en los actos juridicos. Chile: Editorial Juridica de Chile.

Ibáñez, S. G.-V. (2005). Derecho administrativo iberoamericano. España.

IFE. (2008). ley general del sistema de medios de impugancion en materia electoral.

IIJ/UNAM. (2001). Diccionario Jurídico Mexicano. México: Editorial Porrúa.

instituto de investigaciones jurídicas. (1993). Diccionario jurídico mexicano. México: Porrúa.

Iriarte, H. C. (2011). Diccinario de derecho fiscal. mexico: oxford.

Jellinek, G. (1941). Allgemeine Staatslehre. Berlin.

Jesus, Z. P. (1997). El Derecho a la Jurisdiccion, revista de la facultad de Derecho de Mexico.

Jose, B. B. (1980). El proceso Civil en Mexico. Mexico: Porrua.

Jose Humberto Castro Villalobos, C. V. (2010). Diccionario de dercho internacional publico .Mexico: Oxford.

jr, w. m. (1971). sustitucion procesal revista de los tribunales.

Juan, B. B. (1977). el proceso civil en mexico. mexico: porrua.

Juan Pablo PampilloBaliño. (2008). Historia general del derecho. México. Oxford.

judicial, t. e. (n.d.).

Juridica, E. (2012).

Jurídicas, I. D. (1993). Diccionario Jurídico Mexicano . México D.F.: Porrúa.

Juridicas, I. d. (2002). Enciclopedia Juridica Mexicana . Mexico: Porrua.

Jurusprudencia. (2009). Rubro: Derecho al Mínimo Vital. Su Alcance en Relación Con el Principio de Generalidad Tributaria. Semanario Judicial de la Federación y su Gaceta

Justicia, S. C. (2002). Jurisprudencia, Semanario Judicial de la Federación y su Gaceta.

Kelsen, H. (1969). teoria general del derecho y del proceso.

Kluwer, G. W. (2007-2008). Todo Procedimiento Tributario. edicion fiscal CISS.

Lanz, J. G. (2006). La interpretacion de la expresion en perjuicio de en el codigo penal. Madrid: Dykinson.

lara, c. g. (2005). derecho procesa. Mexico: Oxford.

Lara, C. G. (2005). Derecho Procesal Civil. Mexico: Oxford.

Lara, C. G. (2000). teoria general del proceso. mexico: oxford.

Lara, C. G. (2000). Teoria general del proceso. Mexico: Oxford.

Lara, C. G. (2000). Teoria general del Proceso. México: Oxford.

Lara, R. d. (2008). diccionario de derecho. México.

495

Ledezma, E. S. (2011). Manual de Derecho Procesal Constitucional. México: Porrua.

Legislacion. (1995). Ley de Procedimiento Administrativo del Distrito Federal. Mexico.

Liebman. (1985). accion.el interes como requisito esencial de.

liebman, E. t. (1980). manual de derecho procesal civil . Buenos Aires.

Luis Alberto Razo García. (2007). La decisión judicial en la sentencia penal. México. Comité editorial.

Luis RecansensSiches. (2002). Filosofía del Derecho. México. Porrúa.

MAC-GREGOR, E. F. (2003). Derecho Procesal Constitucional. México: Porrúa.

Mangione, M., Maggi, J. C., Luna, D., Krasnow, A., Ramos, R., & Alliaud, A. (2004). Introduccion en el Derecho Privado. Argentina: Editorial Juris.

Martel Chang, R. A. acerca de la necesidad de legislar sobre las medidas autosatisfactivas en el proceso civil. tesis UNMSM.

Martí, J. L. Perspectivas del derecho en la negociación de conflictos.

Marx, C.

Martínez, J. A. (2008). Derecho Civil. México: Porrúa.

Martínez, J. A. (2008). Derecho Civil: Parte general, personas, cosas, negocio jurídico e invalidez. México: Porrúa.

Martínez, R. (2005). Diccionario administrativo. México: Porrúa.

Massieu, M. R. (1981). Introduccion al derecho Mexicano, Derecho agrario. México: UNAM.

Medina Cervantes, J. R. (1987). Derecho agrario. México: Harla.

Melendez, V. G. (España). Judios o Cristianos. 2000: Universidad de Sevilla.

Merkl, A. (1975). Teoria general del derecho administrativo. Mexico.

Miguel, A. R. (1979). Teoria General del Derecho Administrativo. Mexico: Porrua.

Miguel Villoro Toranzo. (1999). Introducción al Estudio del Derecho. México. Porrúa.

Montesquieu. (1971). Del espiritu de las leyes. Claridad Buenos Aires.

Montt, M. G. (1984). Etapas de dejecucion del delito. Autoria y Participacion. Santiago de Chile: Editorial Juridica de Chile.

Morais, M. G. (2008). Jornadas sobre la ley organica para la proteccion del niño y del adolescente: Reforma.

Moreno, F. C. (1992). la excepcion de la litispendencia.

Moscoso, R. A. (19989). De la autocomposicion una contribucion al estudio de la solucion de los conflictos juridicos. santiago chile: Editorial Juridica de Chile.

Munoz, M. B. (2007). La accion de grupo normativa y aplicacion en colombia. Editorial Universidad del Rosario.

Nación, S. C. (2007). Manual de juicio de amparo. México.

Nacion, S. C. (2007). Manual del juicio de amparo. Mexico: themis.

Navarro, F. M. (2005). Oficiales de gestión. España: Mad.

Niceto Alcalá-Zamora y Catillo, (1985). Derecho Procesal Mexicano. México. Porrúa, S. A.

Nilsson, P.-E. (1986). el ombudsman, defensor del pueblo o que? mexico.

Norberto Bobbio, Nicola Matteucci y Gianfranco Pasquino. (1983). Diccionario de política. Italia: siglo veintiuno.

numerario, 160004 (TERCER TRIBUNAL COLEGIADO EN MATERIA CIVIL DEL PRIMER CIRCUITO 08 2012).

numerario, 227710 (SEGUNDO TRIBUNAL COLEGIADO EN MATERIA CIVIL DEL TERCER CIRCUITO 07 1989).

Olmedo, C. derecho procesal.

Ossorio, M. Diccionario de ciencias juridicas politicas y sociales.

Ovalle, F. J. (2001). Teoría General del Proceso. México: Oxford University Press.

Pabon, J. E. (2010). Derecho Civil. Bogota: Editorial Universidad del Rosario.

Palacios, L. E. Manual de Derecho Procesal Civil. Albeldo Perrot.

Pales, M. (2001). Diccionario Juridico. españa: espasa.

Pales, M. (2001). Diccionario Juridico Espasa. españa: espasa.

Pales, M. (2001). Diccionario Juridico Espasa. Madrid.

Pallares, E. (1978). Diccionario de derecho procesal civil. mexico.

Pallares, E. (1985). Derecho Procesal Civil. México: Editorial Porrúa.

Pallares, E. (1999). Diccionario de Derecho Procesal Civil. México: Editorial Porrúa.

Pañares, E. (1978). Diccionario de Derecho Procesal Civil. Mexico: Porrua.

Payares, E. (1978). Diccionario de derecho procesal civil. mexico.

Penales, C. F. (art. 386).

Penco, A. A. (2010). Teria General de las obligaciones. Madrid: Dykinson.

Pina Vara, R. (1965). Diccionario de derecho. México: Porrúa.

Pliego, J. A. (2006). Programa de derecho procesal penal. Mexico.

Ponce, A. R. (2004). Administracion de empresas teória y practica. México: LIMUSA.

Pretensiones indivuduales, 240635 (Tercera sala 09 12, 2012).

Puppio, V. J. (2008). Teoria general del proceso.

Queretaro, C. d. (art. 4).

Quiroga, J. L. Instituciones del derecho procesal penal. Argentina: Jurídicas cuyo.

Rafael de Pina, Rafael de Pina Vara. (2008). Diccionario jurídico. México: Porrúa

Regla, J. A. (2000). Fuentes Del Derecho Y Normas De Origen Judicial. Alicante, España.

Repertorio de Legislacion y jurisprudencia chilena. (1999). santiago: Editorial juridica cde Chile.

Repertorio de legislacion y jurisprudencias Chilenas. (1998). Santiago-Chile: Editorial Juridica de Chile.

REPUBLICA, P. D. (2010). HISTORIA DEL MINISTERIO PÚBLICO FEDERAL. MÉXICO.

Revista Jurídica . (1945). Modificación a la ley sobre Actos del Estado Civil. Santo Domingo .

Rios, H. L. (1994). Lecciones de Derecho Civil. Chile: Editorial Juridica de Chile.

Roberto Valdivia Vázquez. (2001). PraxiologiaJurídica. México. Trillas.

Robles, M. L. (2006). Derecho agrario. Hermosillo Sonora: unison.

Rocha, Carlos I. Muñoz. (2011). Lexicologíajurídica. México: Oxford.

Rodriguez-Arana, J. (2009). Derecho administrativo español. España.

Rojas, A. S. (2003). Derecho administrativo. México: Porrua.

Román Zauza Pérez. Universidad america latina.

Rosalio, B. V. (2003). Derecho Procesal Penal. Mexico: LIMUSA.

Rueda, L. H. (2000). Derecho Procesal del Trabajo.

Sáez, M. A. (2005). Funciones, procedimientos y ecenarios; un analisis del poder legislativo en latinoamerica. españa: Salamanca.

Sánchez Castañeda, A. (2009). Diccionario de derecho laboral. México: Oxford.

Schmal, R. G. (2007). Programa de derecho constitucional. Mexico: LIMUSA.

SCJN. (2003). Elementos de Teoría General del Proceso. México: Poder Judicial de la Federación.

Suprema Corte de Justicia de la Nación. (2010). el poder judicial de la federación para los jóvenes. México.

temas actuales de derecho procesal penal. (2003).

Temas actuales de Derecho Procesal Penal. (2003). caracas: Universidad Catolica Andres Bello.

Tómas Dahm, A. V. (1964). Facultad de ciencias juridicas y sociales, Seminario de derecho procesal. Juridica de Chile.

Torres, E. A. (2006). Diccionario de Derecho Civil. México: Oxford University Press.

Torruco, J. G. (2001). Derecho constitucional mexicano. México: Porrua.

Treviño, G. R. (2007). Teoría General de las Obligaciones. México: McGraw Hill.

UNAM. (2002). enciclopedia juridica mexicana. mexico: porrua.

Vacha, J. C. Derecho Procesal Administrativo. Bogota: Facultadde ciencias juridicas.

Vara, R. d. (2005). Diccionario de Derecho. mexico.

Vargas, A. L. Estudios de Derecho Procesal. Argentina: Ediciones Juridicas Cuyo.

Vázquez, A. T. (1998). Acto Jurídico. Lima, Perú.

Vázquez, d. M. (2001). Contratos Mercantiles. México: Editorial Porrúa.

Velloso, A. (2012). Lecciones de Derecho Procesal Civil.

Vescovi, E. (1984). teoria general del proceso. colombia: Temis.

Victor, F. G. (1969). Juicio Ordinario, plenarios rapidos sumarios y sumarisimos. Madrid.

Vilar, S. B. (1999). Tutela Civil y penal de la publicidad. Valencia.

Vilela, M. T. (2001). Algunos aspectos en la evaluacion de la aplicacion del COPP. caracas : UniversidadCatolica Andres Bello.

Vizcaíno, A. A. (2003). Derecho Fiscal. Mexico.

Vodanovic, a. (1998). ratado de derecho civil partes preliminar y general. Chile: Editorial Juridica de Chile.

W. N. Hohfeld. (2001). Conceptos Jurídicos Fundamentales. México. Fontamara S.A.

Zea, A. V., & Monsalve, Á. O. Derecho Civil: Tomo I.

Zamora, N. A. (1976). Derecho procesal mexicano.México: porrua.

Zamora, N. A. (1965). Introducción al estudio de la prueba.

Zamudio, F. (2002). Los problemas contemporaneos. México.